[ポイエーシス叢書]
62.

コーネル・ウエスト
村山淳彦・堀智弘・権田建二 訳

The American Evasion of Philosophy: A Genealogy of Pragmatism Cornel West

哲学を回避するアメリカ知識人

プラグマティズムの系譜

未來社

Mirai-sha's edition of The American Evasion of Philosophy by Cornell West
is published in Japan by arrangement with the University of Wisconsin Press.

Japanese translation rights arranged
with University of Wisconsin Press, Madison
through Tuttle-Mori Agency, Inc., Tokyo

哲学を回避するアメリカ知識人――プラグマティズムの系譜★目次

哲学を回避するアメリカ知識人——プラグマティズムの系譜

装幀——戸田ツトム

並みの兄弟以上に親密な、私の愛しい兄クリフトン・L・ウェスト三世へ哲学しなければならないのなら、哲学せざるをえない。また、哲学してはいけないとしても、哲学せざるをえない。したがって、いずれにせよ、哲学せざるをえないのだ。というのも、しなければならないのなら、哲学が存在するかぎりあらゆるかたちで哲学することを余儀なくされる。そして、してはいけないとしても、その場合にも、どうして哲学が存在しないということが可能なのか考察することを余儀なくされる。そして、その考察をすることによって哲学することになる。なぜならば、考察こそ哲学の原因だからである。

アリストテレス

プラグマティストは、非哲学的な言語で反哲学的な主張をするやり方を見つけ出そうと試みつづけるものである。

リチャード・ローティ

謝辞

この本は――私の著作すべてがそうであるように――私の家族と友人たちのおかげでできあがった。すなわち、私の無類の両親、クリフトン・L・ウェスト二世とアイリーン・ビーアス・ウェスト。確固たる兄クリフトン・L・ウェスト三世。協力的な姉妹たち、シンシア・ウェスト・コールとシェリル・ウェスト。親友でニューヨーク市のユニオン神学校教会史教授ジェームズ・メルヴィン・ワシントン。すばらしい息子クリフトン・ルイス・ウェスト。リチャード・ローティ、フランク・レントリッキア、スタンリー・アロノウィッツには原稿を批判的に閲読していただき、おおいに助けられた。アレン・フィッチェンの忍耐と支援にも感謝する。そして最後に、私のすてきな連れ合いがそばにいて、霊感をかきたててくれなかったら、この本はけっして完成しなかったであろう。

プラグマティズムの大旗のもと、ひとつのささやかな知的復興運動が浮上してきている。議論をかもしたリチャード・ローティの著作群が、ヒラリー・パトナム、イアン・ハッキング、リチャード・バーンスタインなど、多彩なプラグマティスト仲間からの応援も得て、哲学界に揺さぶりをかけた。フランク・レントリッキア、スタンリー・フィッシュのような、プラグマティズムを信奉する文芸批評家たちが、旧来のヒューマニストたちを動顚させた。ジョン・デューイを創造的に再解釈してラディカルな民主主義思想を現代向けに更新した政治学者たち——たとえばシェルドン・ウォリン、マイケル・ウォルツァー、ベンジャミン・バーバー——が、リベラルたちの政治理論に異議を申し立てはじめている。さらに、ジェフリー・スタウトのようなプラグマティスト思想家たちが、宗教思想において流布している諸概念の改鋳にとりかかっている。

三つの基本的な争点が、近年におけるこの復活の底流にある。第一に、旧来のイメージどおりの哲学にはもう期待できないという実感が広まっている。つまり、超越論的な思索としての哲学、《真》《善》《美》に関する主張の基礎をなす理性が司る法廷としての哲学にたいする失望である。専門的学問としての哲学は、いまや王位空白期におちいっている。分析的方法に頼る哲学的考察の行きづまりを自覚しているのに、プラグマティズムや歴史主義という不気味な荒野へ踏み込んでいき、それにともなってどうしても避けられない、社会理論や文化批評や修史《ヒストリオグラフィ》といった問題に取り組むだけの決心はまだつけられないでいる。このような状況におちいっているうちに、哲学は学問的な厳格さばかりを過剰に求めるくせに、手応えのある知的活力を失い、正当な研究課題をしっかりと見定めることができなくなってしまった。多くの哲学者が荒野に踏み込むのをためらうのは、専門領域の縄張りを守り、学者としての自己了解にしがみつくからである。ざっくりといってしまえば、たいていの哲学者は、文芸批評家や歴史家や社会理論家と対話するだけの訓練を受けていないし、「本格的な」哲学研究に携わっているという学者の安全な自己像を捨てる覚悟がないのである。

二点目としては、超越論的概念に頼る哲学への幻滅が広がったために、関心の対象が、知と力、認識と統制、言説と政治のあいだの関係へ移ってしまった。人文系の学者たちはもはや、科学や道徳や芸術を歴史化するというだけでよしとせず、支配や従属の構造と密接不可分に結びついている科学や道徳や芸術のあり方から、目をそむけない。言語の物質性——たとえば、合理性とか科学性とか、あるいはアイデンティティとか主体性とかを表現する様式が、社会的に構築され、歴史的に構成されるときの経緯にあらわれる物質性——にたいするこの注視のおかげで、修辞の説得力であれ、経済力であれ、軍事力であれ、さまざまな形態の力の生産、分配、流通について、文化的に研究する気運が高まった。

三点目に、このように力が注視されるようになったために、人文系の学問が、人間の歴史を動かしている根本的な素材にたちかえりはじめた。すなわち、人間にそなわる執行主体《エージェンシー》としての力を、それがさまざまなかたちで構造化され限界づけられているにせよ、取りあげるようになったのである。かつて流行華やかなポスト構造主義が唱えていた、主体を排除しなければならないなどという主張は、もう見られなくなった。しかし、古いヒューマニストの考え方も廃れてしまった。こちらは、文化の創造に携わるエリート層が有する執行主体としての人間の力を持ち上げることに没頭して、社会の構造的拘束力、つまり、階級、人種、ジェンダー、性的指向にもとづいたヒエラルキーを強化したり再生産したりする拘束力を無視していたからだ。

アメリカのプラグマティズムが今日ふたたび脚光を浴び、北米の知識人の注目を集めるのは、なにも偶然ではない。というのも、プラグマティズムは、認識論中心の哲学を忌避し、人間の力を強調し、宗教および／ないし倫理における理想から見て旧態たる社会的ヒエラルキーを変えようということを中心テーマとしているおかげで、今日的であり、かつ魅力をそなえているからである。ポストモダンの現代においてアメリカのプラグマティズムが発揮する魅力は、道徳を堂々と強調し、社会改革への意志を明言する点にある。シニシズム、ニヒリズム、テロリズムがはびこり、もしかしたら絶滅に瀕しているかもしれないような、この厭世的な時代において、変化をもたらす基準や価値にたいする待望が高まり、現代の絶望的な苦境を変革しうる規律ある抵抗や闘争への渇望が広まっている。

北米における現代の知的状況の皮肉は、知識人がヨーロッパの理論や哲学にとりつかれたあと、探し求めていたものをアメリカの知的遺産のなかに見出しつつあるということである。このように米国の知的遺産に目を向けはじめたことは、精神生活における単純なアメリカ第一主義でも、国際的な視野を斥ける素朴な郷党心でもないはずである。そうではなくて、米国の過去に埋もれている知的政治的遺産が米国知識人の目に入らなくなってしまうことがいかに多いか、ということのあらわれにすぎない。言うまでもなく、この遺産を研究しようとすれば、マルクス主義、構造主義、ポスト構造主義などといったヨーロッパの産物に頼って知的鍛錬をしておくのがいい。だが、これらヨーロッパの遺産には欠陥があることも認識しておかなければならない。すなわち、現代の危機に具体的に取り組むにはけっきょく無力だったという欠陥である。米国の知的遺産――とりわけアメリカのプラグマティズム――に目を向けようといっても、われわれの病にたいする万能薬を探そうというのでもなければ、諸問題にたいする解決策を探そうというのでもない。そんなことよりも、米国の瀕死の大学、無気力な政治、退廃的な文化、混沌とした私生活を再活性化して、人格の多面的な開花や、民主主義や自由の隆盛をめざす試みとするべきである。

本書における私の基本的な狙いは、アメリカのプラグマティズムの出現、発展、衰退、再起の道程をたどることにある。私の理解では、アメリカのプラグマティズムとは、アメリカ文明独特の歴史的文化的産物であり、アメリカ人の一定の欲望、価値、反応を表現し、主にアメリカ中産階級の重要な一部分が牛耳る社会機構で練り上げられた、特定のまとまりをなす社会実践である。

浮上してきたアメリカのプラグマティズムは、深遠な洞察と近視眼的な蒙昧、知的活性化をもたらす威力と不能に堕する弱点とを併せもっている。これらの長所、短所はいずれも、アメリカ文明独自の特徴から生じている。その特徴とはすなわち、革命的な起源を有しながらも奴隷制を基盤にした経済に支えられた文明、柔軟で大らかな法による支配がおこなわれながらも事実上は実業界が強固に支配している社会、雑種的文化でありながら英国系アメリカ人の均質的集団として自己規定する姿勢、社会的移動性、偶発性、金銭的流動性に執着しているくせに不抜の道徳的衝動にとりつかれている社会、理論や哲学を毛嫌いする一方で、巧妙な科学技術革新、妥協を図る政治戦略、個人のための逸楽と便宜をもたらすための創意工夫に秀でた文明であるという点にある。このような（ヘンリー・ジェームズのうまい表現を借りていえば）「ホテル文明」は、資本主義市場の不安定さと家庭の安全さを求める心情とを融合しつつ、アメリカ土着の思考様式を生みだした。知より力を、伝統より創意工夫を、教示より挑発を、共同体より個性を、当面する課題よりユートピア的可能性を重んじる思考様式である。

アメリカのプラグマティズムは、多様で異種混交的な伝統である。だが、その一貫する通性は、より効果的な行動を可能にする武器として思考を用いようとする、未来志向的な道具主義にある。その底にある衝動は、個人を豊かにし、民主主義を拡大するという道徳的な目標をめざして、反貴族的な叛逆をあおり立てる平民的ラディカリズムである。この叛逆精神は、この国の反植民地主義の遺風に根ざしているものの、白人中心主義や愛国主義のためにはなはだ制約されている。有色人種、一部の移民、女性を排除することに敏であり、かつ、これらの排除された集団が体制転覆的な要求を提起したり体現したりするかもしれないと恐れているからである。

本書の根底をなす主張は、認識論中心の哲学を――エマソンからローティにいたる知識人が――回避したことにより、哲学が文化批評の一形態として構想されることになったということである。この文化批評のなかでアメリカの意味が、明確な社会的文化的危機にたいする反応として唱導される。そうであるからには、アメリカのプラグマティズムは、プラトンによって開始された西洋哲学における対話でくりかえし議論された諸問題への解決を提起しようとする哲学的伝統に属するというよりも、むしろ、ある特定の歴史的瞬間におけるアメリカの自己弁明を試みるための、たえまない文化的論評ないし解釈群なのである。

プラグマティストが――たとえば、知が成立する基盤を探ったり、教育を系統化したり、伝統を称揚したりするのとは対照的に――力や挑発や人格にこだわるのは、社会の危機という旋風にあおられ、イデオロギー的な十字砲火にさらされ、階級、人種、ジェンダーにかかわる闘争の嵐にもまれて混乱している民衆に、救いの手をさしのべるという知的使命を意識していることのあらわれである。この根強い知的使命感は、大学の教職につきまとっていると思える無気力とは大違いであり、そのためにアメリカの主要なプラグマティストは、ある種の有機的知識人たらざるをえなくなる。すなわち、思想的営為にふけり、思想を行動に関連づけようとして、道徳的な目標や政治的な目的のもとに支持者層を創り出し、連携させ、結束させる精神活動に参加する者にならざるをえないのである。アメリカのプラグマティズムにおける中心的な人物たちが、危機を訴える言葉づかいをするのは偶然ではない――だからこそ、危機意識が彼らの著作の中心を占めている。そして彼らは、支持者たちにたいする知的道徳的指導力を発揮できるようになるための戦略や戦術を探究することに、鋭意取り組むのである。さらに、もっと深いレベルにおいて、これらの人物たちは悪の問題と格闘し、たえず変化しながらも輪郭の明確なイデオロギー的構築物たるアメリカ的神義論を生みだす。

本書は、アメリカのプラグマティズムに関する概説を意図したものではない。それどころか、米国の社会や文化の現状（あるいは、それについての私見）にもとづいて、アメリカのプラグマティズムにたいするきわめて選択的な解釈を述べたものである。たとえば、ジョージ・ハーバート・ミードやC・I・ルイスを省いているからといって、彼らがアメリカのプラグマティズムのために重要な知的貢献をしたことを否定しているわけではない。同様に、ジョン・デューイの扱いに比してチャールズ・パースやウィリアム・ジェームズが軽んじられているからといって、パースやジェームズに私が深い敬意を寄せていることに変わりはない。扱いの軽重が生じたわけはむしろ、論理学に没頭するパースや個人性にこだわるジェームズよりも、デューイに見られる徹底した歴史意識や、社会的政治的問題を重視する姿勢のほうが、私のめざすものと響き合っていると感じたからである。私見によれば、パースとジェームズは、エマソンを部分的に引き継いでいる深遠な先覚者である。しかし、アメリカのプラグマティズムが、知的成熟や歴史的視野や政治的関与をそなえるにいたったのは、デューイの登場によるものであると私は信じる。この意味において、アメリカのプラグマティズムについて私が描き出す系譜は、あからさまに政治的な解釈であるが、悪い意味のイデオロギー的な解釈には陥っていないと望みたい。

　私は、アメリカのプラグマティズムの政治的道徳的側面を重視したおかげで、エマソンこそがプラグマティズムの伝統の創始者と見なされるにふさわしいという、おなじみながらきちんと論じられることがあまりない主張を、本書で述べることができた。そのうえ、歴史家（デュボイス）、神学者（ニーバー）、社会学者（C・ライト・ミルズ）、文芸批評家（トリリング）についても論じることにより、現代において細分化されている学知を横断して、エマソン的な感性やプラグマティズムの継承が認められるということを示そうとした。

　方法についていえば、本書は思想の社会史である。本書では、歴史のなかの知的領域が、その領域を包摂する社会や文化の同時代の発展と密接に関連した、画然として、独自の、個々人による一連の文化的実践であると把握される。一方では、社会史家の斬新な研究が本書にとって裨益するところ大である。社会史家たちは、搾取され抑圧された民衆にたいする制度的な拘束力や、執行主体としての民衆の実行力を追究するからである。ただし、本書が主として見据えるのは、搾取したり抑圧したりする社会構造が、アメリカのプラグマティストたちの提起する複雑な定式や議論によっていかに形づくられ、また、それをいかに形づくっているかという問題である。他方で本書は、観念論的修史の壮大な伝統から――それを支持するわけでないにしても――学んでいる。思想の社会的役割や機能を明らかにするだけでその存在意義が尽きてしまったり、その知的おもしろさが失せてしまったりすることのないように、アメリカのプラグマティストたちの提起する複雑な定式や議論の内側に入りこもうとしているからである。アメリカのプラグマティズムにたいする内在的な関心（ないし享楽的効果）と道具的な関心（ないし政治的効用）とのこのような融合こそ、思想の社会史としての本書がめざす目標である。

本書はまた、米国の左翼の危機について論じる試みでもある。そのためにはまずなによりも、米国の社会と文化を改造改革しようとする現代の運動を鼓舞し、手引きとなりうる、進歩的伝統についてのある解釈を提起する。預言的なプラグマティズム——読者は本書における説明を読み、実例を示されたなら、この語句が形容矛盾を犯すものではないと了解してくれるはずである——に関する私自身の構想は、アメリカのプラグマティズムの伝統の極致となる。つまり、アメリカの思想においてプラグマティズムがもっと大きな役割を果たすべきなのに、それを妨げている大きな要因に挑む展望にして企画なのである。

私は自己点検をするつもりで本書の執筆を始めた。ひとりの知識人、活動家、人間としての私自身の仕事を、歴史的、社会的、実存的に位置づけてみようとしたのだ。ある程度アメリカのプラグマティズムの伝統によって形成された者としての私自身の矛盾や行きづまり、欠陥や弱点が、自分自身に見えるようにしたかった。私の最初の著書『預言は救済！——アフロアメリカンの革命的キリスト教』（一九八二）は、預言にもとづくキリスト教——とりわけ黒人教会の伝統における最良の部分によって伝えられてきたキリスト教——の反体制的潜勢力を解明しようとした。『預言的断章』（一九八八）は同じ課題を引き継いだ本である。私はマルクス主義による分析を一部批判的に受け入れたために、解放神学と呼ばれることの多い、世界規模で展開されているキリスト教の反帝国主義反資本主義運動に結びつくことになった。だが、アメリカのプラグマティズムは説得力のある哲学であるとともに米国土着の左翼政治運動の原点でもある、と私が触れまわったことに、多くの人びとは戸惑いを見せた。したがって、前著が、預言的キリスト教を通じた私自身の政治実践や献身の産物だったのと同様、本書は、私が合衆国の民主的社会主義運動（アメリカ民主社会党）に参加し、アメリカの学術機関（プリンストン大学）のなかで特定の役割を担い、黒人教会の片隅に（平信徒の説教師として）存在しているということを視野に入れつつ、みずからの哲学的立場と折り合いをつけようとする試みである。

本書はなによりもまず、アメリカにおける知的活動にたいする私自身の幻滅や、この国の政治や文化の状態への失望落胆が引き金となって書かれた。たとえば、きわめて頭のいいリベラルな知識人たちが、粗雑な自民族中心の考え方や俗悪な新国家主義的心情に支配され、偏向した新保守主義者〔ネオコン〕に変わってしまったのを見て、私は不安を覚える。かつての新左翼の活動家たちが、まじめさも誠実さも欠きながら野党政治運動の修辞を振りまわしつつ、私利を図るキャリア追求に血道を上げるようになり、専門家として体制のなかに編入されているさまを見せつけられ、私はがっかりしている。さらに重大なことに、アメリカ社会の労働者階級やアンダークラスに広まるまぎれもないニヒリズム――薬物依存の蔓延、自殺、アル中、女性にたいする男性の暴力、黒人やアジア系やラテン系にたいする白人の暴力、他人とりわけ他の黒人にたいする黒人の犯罪――を見ると、落ち込んでしまう。本書を執筆したときの私の確信によれば、アメリカのプラグマティズムにとことん再検討を加え、それにつきまとう神話や戯画やステレオタイプをはぎ取って、それを米国土着の反権力的な思想や行動の斬新な形態を構成する一要素とみるならば、米国や世界の根本的な変化や変容をもたらすための第一歩を踏み出すことになりうる。レイモンド・ウィリアムズの『文化と社会』やフレドリック・ジェイムソンの『マルクス主義と形式』に似て、本書はなににもまして政治的な行為である。

著者としての私は、アメリカのプラグマティズムの急所を突く痛烈な批判を提起する一方で、プラグマティズムを深め、豊かにすることをめざしている。私は自分が根深いところからアメリカ文明によって作りあげられてきたと思っているが、アメリカ文明に完全に組み込まれているわけではない。アメリカのプラグマティズムの伝統の最良の部分は、米国が自国と世界にもたらす最良の貢献になりうると私は確信しているけれども、この最良の部分さえも、われわれが今日直面している国内外の危機の深さに比すればまだじゅうぶんとはいえないかもしれないと、甘んじて認める覚悟もある。しかし、こんなわずかな可能性しかないとなれば、私の努力も無力な道徳的身振りにすぎないと思われるかもしれないけれども、それでもやはり、戦場のまっただなかにいるわれわれにとって、たたかう以外に選択の余地はない。

第1章　アメリカのプラグマティズムの前史としてのエマソン

想像力に訴えるエマソン氏の威信は、彼の教養や学問に由来するものではなく、まったく単純に彼自身に、生来の人格に由来している。エマソン氏よりも進んだ思想の持ち主は大勢いる。彼らの分析力や見識や教養のほうがよほど優れている。（中略）にもかかわらずエマソン氏は、あなた方の科学的知性に訴えかける教育者的素質を有していた。あらゆる点においても無意識的な預言者であり、もっぱら人類の更生した心に働きかけ、そういう心にいつも宿っている希望が早々と達成されると告げてくれたのである。洗礼者ヨハネのような人物であり、イスラエルの民たるアメリカ国民に福音をもたらしてくれた。ただし、やはり洗礼者ヨハネと同様、予言された福音がいかなるかたちをとってあらわれるのかということについては、エマソン氏もほとんど教えてくれなかった。だから、尋ねにいってみたところで、来たるべき救いの主とは誰なのかということについては、いつもあやふやなのだった。

ヘンリー・ジェームズ・シニア

アメリカのプラグマティズムにラルフ・ウォルドー・エマソンが長い影を投げかけているということは、これまで見過ごされることが多く、議論の俎上にものぼらなかった。しかしながら、エマソンは、アメリカのプラグマティズムの主要なテーマを予示しているだけでなく、さらに重要なことには、米国のプラグマティストたちがヨーロッパの主流哲学からそれていくことを可能にし、それを促すような文化批評の知的様式を具現している。☆1 エマソンは、フリードリッヒ・ニーチェに劣らず——ニーチェから深く敬愛されもした——独特無類の人物であり、北大西洋圏の知的風土のなかでなんらかの専門領域に分類されることを拒んでいる。

エマソンは偉大な詩人になるだけの忍耐や持続力に欠けている。深遠な預言者になるだけの強烈な疎外感や周縁者意識をもっていない。それに、厳密な哲学者になるだけの論理的な正確さや粘り強い論述に向いた才能をそなえていない。☆2 とはいえ、エマソンは凡庸な文人や華々しい講演者にとどまるものでもない。それどころか、当時の教養ある階級の少なからぬ人びとにたいして知的道徳的指導力を発揮するために、広範におよぶ修辞的戦略を編み出し、実行に移した文化批評家なのである。その修辞的戦略は、主としてアメリカをアメリカのために説明することをめざし、☆3 力と挑発と人格に関する新しい観念を縦横に用いて、主意主義的な永遠不滅性やユートピア的可能性を謳いあげる、力強く浮上しつつあったアメリカ・イデオロギーを織り上げている。

エマソンは、同時代人（かつ二十世紀における重要な競争相手）であるカール・マルクスと同じく、根っからのロマン派的思想家であり、現実のなかに理想を実現したり、実際的なことのなかに原則を現実化したりすることに大まじめに取り組む——つまり、思想と行動、理論と実践のあいだの、切っても切れないなんらかの繋がりを重視する。☆4 マルクスと同様エマソンは、アメリカ革命、フランス革命、産業革命によってもたらされた喫緊の諸問題を注視している。

☆1　この「それていく」傾向について考察した近年の重要な二つの試みとして、Stanley Cavell, *The Sense of Walden*, 2d ed. (San Francisco: North Point Press, 1981) のなかの "Thinking of Emerson" と "An Emerson Mood" (pp. 123-38, 141-60), および、Harold Bloom, *Agon: Towards a Theory of Revisionism* (New York: Oxford University Press, 1982), pp. 16-51, 145-78 がある。

☆2　エマソン自身が『日記』のなかで「わたしの推論能力は相対的に弱い」と書き、「論理的に考えたり話したりすること——その習慣がわたしにはないし、身につけようと望んでも無駄かもしれない」と述べている。そのかわりエマソンは、みずからの「道徳的想像力」や、「よどみない雄弁にたいする熱烈な偏愛」について語っている。

それはつまり、人間の力の規模や人間社会の偶然性をめぐる諸問題である。これらの諸問題を扱うにあたり、先行する環境に直面して、それを克服しようとする意志にとりつかれた自我(ないし自我群)を担ぎ上げる。あるいは、社会科学の言葉づかいで言えば、意図をもった主体と支配的な構造とのあいだの関係、意識的な執行主体としての人間と社会的な拘束力とのあいだの関係に注目するのである。

マルクス、エマソンが他のたいていの同時代人とちがう点は、自我や構造が流動的であること、伝統が改変可能であること、人類史に変化の潜勢力があることを、両者ともに強調したことである。[☆5] また、エマソンがマルクスと袂を分かつのは、後者が、事物の力動性を注視して、不可避的な階級闘争を通じて社会の根本的な変革を展望するのにたいして、エマソンの力動説は、一般社会の規範を拒否し、論理的整合を無視することによって、勇気ある自己信頼の精神を貫くための処方を提起するからである。マルクスにとって敵視すべきは、階級的な搾取、および民衆が生活を統御する力を奪われていることである。エマソンにとって主要な敵は、個々人の停頓、および民衆の生活における創意工夫の欠如である。マルクスもエマソンも、自己実現を唱導し、民主主義(そのスタイルは異なっても)を促進する。だが、マルクスが力や階級や社会的自由にかかりっきりになったおかげで、史的唯物論や社会主義イデオロギーや共産党が生まれたのにたいして、エマソンは力や挑発や人格にとらわれたために、文化批判やプラグマティズムのイデオロギーや改革運動の伝統を後世に残した。現実に存在した共産圏文明が人間的自由を展望したマルクスの夢を愚弄したのと軌を一にして、今日のアメリカ文明は個々人

Emerson in His Journals, selected and edited by Joel Porte (Cambridge: Harvard Univesity Press, 1982), pp. 45, 46. この論理性欠如の実例は、David Van Leer, *Emerson's Epistemology: The Argument of the Essays* (New York: Cambridge University Press, 1986) を参照されたい。

☆3 「わたしが迫ろうとし、引きつけられる観念——それはわたしの国である。」*Emerson in His Journal*, p. 321.

☆4 もしエマソンの思想に最重要なテーマがあるとしたら、それは彼のエッセイ「経験」のなかの、つぎのような有名な結語に凝縮されている。「世界が現実のものとしようと努めている真のロマンスとは、天才というものが実践的な力に変容することなのである」。"Experience," *Selected Writings of Ralph Waldo Emerson*, ed. William H.

の解放を展望したエマソンの期待を俗悪なものに引きずり下ろした。だが、共産圏文明の周縁に息づく革命的社会主義の伝統（たとえばローザ・ルクセンブルグ、アントニオ・グラムシ）を、マルクスが誇るかもしれないとすれば、アメリカ文明の中心近くに根を下ろしたアメリカのプラグマティズムの伝統（たとえばウィリアム・ジェームズ、ジョン・デューイ）を、エマソンは評価するかもしれない。後者の場合、エマソンもアメリカのプラグマティズムの主な論者たちも、アメリカ社会に反主流派的な姿勢で対峙し、文化的批判を加えたにもかかわらず、アメリカ文明のなかに安定した地位を得ている。アメリカのプラグマティズムの前史としてのエマソンを考察すれば、なぜそうなったのかという問題を解く最初の鍵が与えられる。

力（および伝統）についてのエマソンの見解

たいていのエマソン解釈は、彼が歴史から逃避したこと、過去を拒絶したこと、権威を突っぱねたことに重きをおいている。[☆6]「拡張する」自我の内面的葛藤にエマソンがこだわりつづけたのは、時間を否定し、あれこれの超自我を簒奪し、邪魔の入らない空間をたっぷり与えられていることに依存しているとみられる。彼の貪欲な個人主義や自我の飽くなき膨張志向は、どうやら、人間に備わる創造的な力のおかげで美徳や偉大さがやがて支配的になるという可能性を道徳として信じようとする衝動からもたらされていると思われている。

　残念ながら、これらの有力な——かつ、洞察にあふれた——エマソン解釈は、エマソンのものの見方にどれほど歴史意識がしみこんでいるかということを押し隠している。のみならず、

Gilman (New York: New American Library, 1965), pp. 347-48.〔小泉一郎訳「経験」、『エマソン選集3・生活について』日本教文社、一九六一年、二一六頁〕

☆5 「人間は誰でも、世界のなかで仕事に励む者というよりは、むしろ彼本来のあるべき姿を暗示する者なのだ。人間はつぎの時代の予言として、この時代を歩んでいる。／一歩一歩とわれわれは、この神秘の梯子をのぼっていく。踏みしめる一段一段は行為であり、かなたに望む新しいものの姿は能力だ。（中略）罪はただひとつ、限界を設けることである。」"Circles," *Selected Writings of Ralph Waldo Emerson*, pp. 298, 299.〔酒本雅之訳「円」、『エマソン論文集』下、岩波文庫、一九八一年、四九、五二頁〕「社会は流動である。」"Politics," ibid., p. 349.〔原島善衛訳「政治について」、『エマソ

力に関するエマソンの独創的な思索をも隠蔽している。このような解釈上の盲点が生じるわけは、カール・マルクス、ジョン・スチュアート・ミル、トマス・カーライル、フリードリッヒ・ニーチェを産したヨーロッパの（知的、社会的）激発にエマソンを関連させて考察するのではなく、アメリカ文学のルネッサンスの時代に（ホーソーン、メルヴィル、ソロー、ホイットマンと並べて）エマソンを位置づけることにある。もはや、エマソンをアメリカの領域内にとどめておくわけにはいかないし、とどめておくのを正当化することはできない。エマソンは、近代世界を理解するための課題や用語法を定めた、北大西洋圏の文化批評家からなるあの高踏知識人群に属する一員である。エマソンには、米国のコスモポリタニズムを唱導したことに内在していたような偏狭な郷党心もあった。そのことを無視してはならないが、現代の偏狭な視野からそれを評価してももはや始まらない。[☆7]

以上のことがまずなによりも示しているのは、エマソンがたんにアメリカのお上品な伝統から依怙地になって逃避しようとした人物であるというわけではないし、拡張的な自我の「世俗的受肉」を売り込む者であるとか、何度でも自己を改造するヴィーコのアメリカ版であるとか、アメリカの自然、アメリカの自我、アメリカの運命を拵えあげる壮大なイデオロギー制作者であるとか、そんな解釈はあたっていないということである。[☆8] なるほど、これらの解釈もエマソンにたいする豊かな洞察をもたらしてくれる。しかし、掘り下げ方が中途半端である。つまり、エマソンが有機的知識人として担った役割や働きにまで考察を及ぼすにいたっていない。彼の念頭を占めていたのは、瀕死状態にあった宗教的伝統とか、誕生したばかりの産業社

ン選集4・個人と社会』日本教文社、一九六〇年、九五頁〕「頑迷固陋な惑星の可塑性はめざましい。」"Journals and Letters," ibid., p. 179.

☆6　このことを示すテキストとしては以下の著作がある。John Jay Chapman, "Emerson," *Selected Writings of John Jay Chapman*, ed. Jacques Barzun (New York: Funk and Wagnalls, Minerva Press, 1968); Quentin Anderson, "The Failure of the Fathers," *The Imperial Self: An Essay in American Literary and Cultural History* (New York: Alfred A. Knopf, 1971), pp. 3-58; O. W. Firkins, *Ralph Waldo Emerson* (Boston: Houghton Mifflin, 1915); Stephen E. Wicher, *Freedom and Fate: An Inner Life of Ralph Waldo Emerson* (Philadelphia: University of Pennsylvania Press, 1953); Joel Porte, *Representative Man: Emerson in His Time*

会とか、もっとも重要なことには、みずからの本性や将来の行方に関してあやふやなままにとどまっているポストコロニアルでかつ帝国主義的な国家とかにまつわる危機であった。彼はみずからのための天職や支持者——米国社会において有機的知識人が活動するための論壇や機関——を創設するだけでなく、自身や周囲の人びとが時代の危機に応答することを可能にするような、力に関する新しい概念を構築してもいる。したがって、後世のアメリカ人たちがまた別の危機に直面したときに、エマソンは唯一とはいわないまでもおおいに参考となるべき対応の仕方を示してくれたのだから、彼のものの見方を歴史的に位置づけ、歴史的に読み解く必要がある。

まず取りあげるのにふさわしい問題は、力に関するエマソンの思索である。第一に、力にたいする彼の見方は多層的である。すなわち、考察は国民の力、経済、人格、伝統、言語にわたり、それらの区別におよぶ。第二に、ある種の力を所持したり、振るったり、拡張したりすることを彼は称揚する。とりわけ、教養のある人びとが道徳的目的や個人的充足を促進するためにおこなう逸脱行為を称える。第三に、力にたいするエマソンの見方においては、人間と自然との関係や交渉のなかの流動的で変幻自在のダイナミックな要素が、かつてなかったようなやり方で重視される。このような点から見て、力にたいするエマソンの複雑で鋭い思索を推し進めている原動力は、深い歴史意識であると言える。

エマソンの有名な（オリヴァー・ウェンデル・ホームズが与えた呼び名によれば）「米国民の知的独立宣言」、すなわち『アメリカの学者』（一八三七）の最終節抜粋から始めよう。

（New York: Oxford University Press, 1979); Sherman Paul, *Emerson's Angle of Vision* (Cambridge: Harvard University Press, 1952); F. O. Matthiessen, *American Renaissance: Art and Expression in the Age of Emerson and Whitman* (New York: Oxford University Press, 1941); B. L. Packer, *Emerson's Fall: A New Interpretation of the Major Essays* (New York: Continuum, 1982).

☆7　ヘンリー・ジェームズはこの点を衝いて、「ニューイングランドの空気の薄さ」や「選択肢のはなはだしい乏しさ」に言及し、また、エマソン時代の米国は「変化に富んでいなかった」と主張している。"The Correspondence of Carlyle and Emerson" and "Emerson," *Henry James: The American Essays*, ed. Leon Edel (New York: Vintage, 1956), pp. 31-52, 51-76. 引

生まれあわせたいと願うような時代がもしあるとしたら、それは「革命の時代」ではないでしょうか。古いものと新しいものとが肩を並べていて、自由に比較することができる時代、あらゆる人びとの活力が不安と希望によってくまなく点検される時代、古い時代の歴史的栄光を新しい時代の豊かな可能性が補うことのできる時代こそ、生まれたいと願わないでしょうか。あらゆる時代と同じように、現代も、わたしたちがその過ごし方を心得てさえいれば、非常にいい時代です。

貧者の文学、子どもの感情、巷の哲学、家庭生活の意味が、現代では話題となります。たしかに大きな前進です。手足が活気を帯び、暖かいいのちの流れがその手と足に流れこむとき、たしかにこれは新しい活力の兆しです——そうではありませんか。偉大なもの、はるかなもの、ロマンティックなもの、イタリアやアラビアの事情、ギリシャ芸術とかプロヴァンスの吟遊詩人などというものを、わたしは欲しくありません。わたしは平凡なものを抱擁し、見慣れたもの、卑近なものをあれこれとまさぐり、その足もとに座ります。わたしが欲しいのはただ現代を洞察する力だけ、古代や未来の世界は喜んでお譲りいたします。

わたしたちの時代のもうひとつの兆しは、（中略）個人というものをあらためて重視しよう

用箇所はpp. 45, 56.

☆8　個々にあげた四通りのエマソン観は、それぞれジョージ・サンタヤナ、クエンティン・アンダーソン、ハロルド・ブルーム、サクヴァン・バーコヴィッチによって提起されたものである。George Santayana, "The Genteel Tradition in American Philosophy," *Winds of Doctrine* (London: J. M. Dent and Sons, 1913), pp. 186-215; Anderson, *Imperial Self*, pp. 3-58; Harold Bloom, *Poetry and Repression: Revisionism from Blake to Stevens* (New Haven: Yale University Press, 1976), pp. 235-66; Sacvan Bercovitch, *The American Jeremiad* (Madison: University of Wisconsin Press, 1979), pp. 182-205.

とする動きです。個人を周囲から引き離して、――それぞれに世界が自分のものだと感じ、人間同士が独立国家同士のようにおたがいに遇し合うようになることを意図して、個人のまわりに人間天与の権利である尊敬の防壁をめぐらすことに役立つことなら、すべて偉大さのみならず、本当の連帯にも役立ちます。（中略）学者とは、その時代の能力、過去の寄与、未来の希望を、ことごとく一身に吸収しなければならないひとのことです。彼はさまざまな知識を集めた総合大学でなければなりません。もしも彼の耳をとくに打つような教訓があるとすれば、それはこうです。世界は無であり、人間こそすべてだ、あなた自身の内部には自然全体を支配する法則があり、しかもあなたには樹液の小さな一滴がのぼっていくさますらまだわかっていない、あなた自身の内部には《理性》がそっくりまどろんでいる、すべてを知ることはあなたのつとめ、思いきってすべてにいどむことはあなたのつとめ、会長ならびに皆さん、人間の未知の力にたいするこの信頼は、あらゆる動機、あらゆる予言、あらゆる準備の結実として、当然《アメリカの学者》がそなえるべきものです。[☆9]

力にたいするエマソンの思索のはっきりした特徴は、神話的な自我をほかならぬアメリカの内容と性格に結びつけるという点にある。彼の個人主義は、たんに別々の個々人に関係しているだけでなく、もっと重要なことには、個人をアメリカとして構想することによって規範とし、訓戒にしようとする姿勢にも結びついている。[☆10] 最初の新国民をイデオロギー的に投影しようと

☆9 Emerson, *The American Scholar, Selected Writings of Ralph Waldo Emerson*, pp. 238, 239-40.〔酒本雅之訳「アメリカの学者」、『エマソン論文集』上、岩波文庫、一九七二年、一四三、一四四、一四六―七、一四七頁〕

☆10 この思想についてのみごとな解釈は、Sacvan Bercovitch, "Emerson the Prophet: Romanticism, Puritanism, and Auto-American-Biography," in *Ralph Waldo Emerson*, ed. Harold Bloom (New York: Chelsea House, 1985), pp. 29-40. を参照されたい。

した彼の試みは、神話的な自我の観点からなされている。ここに引用した一節のなかで、神話的自我は、英雄的な《アメリカの学者》の役をあてられている。つまり、神のような力や権能を専有し、この力や権能を「世界を回心させること」に向けて用いるだけの自信をつけた人間である。☆11

エマソンにとって国民の力は、「国民」を言説のなかで明確な対象として構築する修辞の力と不可分である。国のアイデンティティはあまりにも長いあいだ、英国から独立したという事実に追いつけないでいた。この遅滞のおかげで、古いヨーロッパ諸国にたいする文化的依存、知的寄生、国民の劣等感が強まっていた。エマソンは、新国民の力を鼓舞するために、新しい修辞の力――神話や象徴や物語を雄弁かつ創造的にまとめ上げる営み――を褒めそやす。彼は文化を、主として知識人によって展開された修辞の力が、「国民」を言説上のりっぱな仕組みとして仕立て、「国民」を地理的、政治的な実在として確立するための場とみなす。

人間たちは、卑小な者でありながら、かねや力を生来ほしがります。力をほしがるのは、それがかね同様のものだからです、――「官職が与えてくれる」いわゆる「役得」のためです。そしてそれも無理のないこと、彼らは最高のものにあこがれていながら、夢遊病にかかっているために、これが最高だと夢想しているからです。目をさましてやれば、きっと偽りの利益を見捨てて、本当の利益に飛びつき、政府のことなど事務官と事務机にまかせるはずです。この革命は、《教養》という理念を徐々になじませていけば起こすことが

☆11 Emerson, *American Scholar*, p. 240.〔前掲酒本訳「アメリカの学者」、一四八頁〕

できます。輝かしさと広大さを求めて世界が企てる主な事業は、人間を育成することです。

一個の統一体でないこと――ひとつの性格と見なされないこと――人間誰もが生を受けたからにはそれぞれに実らせねばならぬあの特定の果実を結ばず、いたずらに全体のなかに埋没し、おのれの属する党や派閥の百人千人のなかのひとりとして勘定され、自分のいだく意見まで、これは北部だ、あれは南部だと、まだ表明もせぬまえから地理的に予言されるなどということ――いったいこれほどに大きな恥辱があるでしょうか。これではいけません。兄弟たち、そして友人の皆さん――願わくは、わたしたちの意見はそうあってほしくはありません。自分自身の足で歩きましょう、自分自身の手で仕事をしましょう、自分自身の心を語りましょう。学問の研究を、もはや憐れみ、疑い、感覚的耽溺の別名にさせてはなりません。人間にたいする畏れ、人間に寄せる愛こそ、いっさいをとりまく防壁、喜びの花輪でなければなりません。こうして人間の寄りつどうひとつの国が初めて出現することになるでしょう。人間ひとりひとりが、万人にいのちを吹きこむ《神聖な魂》によって、自分もいのちを吹きこまれていると信じるからです。☆12

エマソン自身の修辞戦略は複雑な仕方で作用する。一方では、例外的な個人をアメリカとみなす彼の神話的な構想は、「現に存在している」アメリカにたいする完膚なき批判を組み立て

☆12 Ibid., pp. 236, 240.〔同右訳書、一四〇、一四八―九頁〕

るための資源となる。そういう批判は彼の著作のいたるところで見出される。一八四一年八月十一日メイン州ウォーターヴィル・カレッジ（のちのコルビー・カレッジ）でおこなった講演は、「わたしたちはちっぽけでか弱い民族です」という言葉で締めくくられた。[☆13] 二度目の英国旅行の直前、エマソンは友人の同胞マーガレット・フラー（当時イタリア在住）にあてた一八四七年六月四日の手紙で、アイルランドの飢饉は「ジャガイモの疫病によって引き起こされたにすぎないが、アメリカの不毛は男性の生殖能力の問題として継続しています」と書いた。[☆14] 一八五〇年十月下旬には、「アメリカにたいしてわたしが噛みつきたい点は言うまでもなく、国土はすばらしいのに、住民はそうでもないということである」と記した。「利己心や欺瞞や陰謀」が国じゅうに蔓延していたというのである。[☆15] この感想は主として、逃亡奴隷取締法の改悪強化を求める煽動に業を煮やして抱くにいたったものであった。それは、「われわれをひとり残らずむりやり政治に巻き込んでしまった」法律だというのである。[☆16] エマソンは、かつて彼にとっての英雄だったダニエル・ウェブスターが、一八五〇年三月七日にヘンリー・クレイの提案した（一七九三年の逃亡奴隷取締法の強化を含む）妥協法案を擁護しておこなった演説に反論して、ウェブスターが代表しているのは「巨大な物質的利害や、物欲にとりつかれた知性や、低劣な道徳を有する、あるがままのアメリカ国民」であると書いた。[☆17] また、『エッセイ第二集』（一八四四）のなかの一篇「政治」では、アメリカ政体の独自性を無批判に特別視する論調を拒否した。

☆13　Gay Wilson Allen, *Waldo Emerson* (New York: Penguin Books, 1982), p. 381. に引用。
☆14　Ibid., p. 495.
☆15　Ibid., p. 545.
☆16　Ibid., p. 554.
☆17　Ibid., p. 555. *Emerson in His Journals*, p. 426 も参照のこと。奴隷制の不道徳性についてエマソンは、早くも一八三五年二月二日につぎのように書いていた。「キリスト教は貧しい人びとや卑しい人びとをいつも代弁するべきである。社会の声はあらゆる機関を通して奴隷制を擁護するように求めているけれども、そういう役割を果たすことは、わたしに期待されてもだめだ。わたしの意見などなんの価値もないが、わたしが習い覚えた言語のどこを探ってみても、奴隷農場主のために発する言葉など持ち合わせていない。奴隷制に反対することによって社会機構を根元から掘り崩すこわれわれは、この国における政治制度をおおいに自慢している。この制度は、いま生きている人びとの記憶にあるかぎり、国民の性格と条件から生まれた点において、特異性をそなえている。この制度は、これらの性格や条件をじゅうぶん忠実に表現し、われわれは、これを歴史上どの制度よりもすぐれたものとして誇らかに採用している。われわれにとってさらによい制度があるかもしれないが、現在においては比較的に適切な制度である。近代においてわれわれは、民主政体の長所を主張するのが賢明であろうが、宗教が君主政体を神聖視する他国の社会状態にとっては、君主政体のほうが民主政体よりも便利であったのだ。現代の宗教感情は民主主義によく合致するので、われわれにとっては、この制度のほうがすぐれている。われわれは生まれつきの民主主義者だから、君主制度を判断する資格は、どのような意味においても欠けている。君主制度的な理念のうちに生活したわれわれの祖先にとっては、この制度もまた相対的に正しかったのである。しかし、われわれの制度は時代精神にたまたま一致しているとはいえ、他の形式による政体の信用を失墜させたのと同じような、実際面の欠陥がないわけではない。現在の国家はどれも腐敗している。善良な人びとはあまり忠実に法律に従ってはいけない。支配にたいする諷刺のうち、**政治**という語にこめられる辛辣な非難に匹敵できる諷刺はあるだろうか。この語はすでに幾時代にわたって**ずるさ**を意味し、国家はからくりの一種であることを暗示してきた。☆18

だが他方で、例外的な個人をアメリカとして打ち立てるエマソンの神話的な構想は、アメリ

とになろうとも、わたしは奴隷制が存在しているような国家のなかで暮らしたくないと告白する。」*Emerson in His Journals*, p. 136.

☆18 Emerson, "Politics," *Selected Writings of Ralph Waldo Emerson*, pp. 352-53.〔前掲原島訳、一〇一―二頁〕

カ的生活様式を不敗不滅とする米国例外主義イデオロギーの支柱にもなる。

アメリカ的な理念、解放は、われわれの自由な思惟作用に、われわれの改革に、そしてわが国の拙劣な政治にあらわれる。それにはもちろん不吉な側面がある。それをもっとも感じるのは、軍事訓練を受けた人びとや学者的な人びとである。だが、これを奉じれば、天国のような域にまで達する。[☆19]

アメリカの「不吉な側面」にもかかわらず、アメリカとしてふるまう例外的な個人たちは、あらゆる障碍を乗りこえ、あらゆる問題を解決し、あらゆる限界を突破することができる。このようなエマソン流の単純な――楽観的、道徳主義的、行動主義的な――神義論は、三つの根本的な前提に依拠している。第一の前提になっているのは、事物の基本的な性質、世界の根本的なあり方が、選ばれた例外的な国民すなわちアメリカ人の、道徳的な目標や進歩に適合しているし、それを支える基盤となっているということである。はじめて出版した刊本であるエッセイ『自然』(一八三六)の有名な第一パラグラフは、このエマソンの信念を宣言している。

われわれの時代は振り返ってばかりいる。たとえば父祖の墓を建てる。あるいは伝記や歴史や批評を書く。われわれに先だつすべての世代は面と向かって神と自然を直視したが、われわれは彼らの目をとおして見る。われわれだとて宇宙にたいして独自な関係を結んで

☆19 *Emerson in His Journals*, p. 354.「アメリカとは解放の思想のことである」(p. 428) というエマソンの警句にも注目されたい。

もいいではないか。われわれだとて伝来のではなく、われわれの洞察にもとづく詩と哲学をもってもいいではないか。彼らの宗教の歴史をではなく、われわれが受けた啓示にもとづく宗教をもってもいいではないか。しばらくのあいだ自然の懐にいだかれ、その生命の豊かな川の流れによって身の外も内も洗われ、それが与える力によって自然に比肩する行為へ誘われるならば、われわれだとて過去の干からびた白骨のなかを手探りし、あるいは生きているいまの世代を過去の色あせた衣裳で仮装させているにはおよぶまい。太陽はきょうも輝いている。野にはまだ羊毛もあり亜麻もある。新しい土地があり、新しい人間がおり、新しい思想がある。われわれ自身の仕事と法則と礼拝を要求しようではないか。

むろんわれわれの問いかける疑問には、答えることのできぬものはひとつもない。ものの秩序がわれわれの心に目ざめさせた好奇心を、ものの秩序がことごとく満足させることができると信じるほどに、創造されたこの世界が完全であることをわれわれは信頼していなければならぬ。何びとであれ、そのひとの状況こそ、彼が問いかけようとする質問にたいする象形文字で書かれた解答なのだ。人間は真理として理解する以前にすでに生活として行為している。[☆20]

エマソンの第二の前提は、事物の基本的な性質、世界の根本的なあり方とは、それ自体不完全であり流動しているもので、いかなる場合でも、人間たちが実験的に物づくりをしたり、働

☆20 Emerson, *Nature, Selected Writings of Ralph Waldo Emerson*, pp. 186-87. 〔酒本雅之訳「自然」、前掲『エマソン論文集』上、三七—三八頁〕

いたり、何かしたりすることの結果にして、そういう営みを招き寄せるものだということである。言語、伝統、社会、自然、自我いずれにも、偶然性、変化、難題が充ち満ちている。このような感じ方がもっとも生き生きととらえられているのは、『エッセイ第一集』(一八四一)のなかの一篇として刊行された「円」においてである。

どんな行為でも必ず出し抜かれてしまうものだ(中略)。われわれの生涯とは、あらゆる円のまわりにさらに円を描くことができ、自然には終わりがなく、あらゆる終わりが始まりであり、いつも真昼になれば新たな曙光がさしのぼり、あらゆる深淵のしたにはさらに深い淵が口をあけているという真理を学びとるための徒弟奉公なのだ。

この事実は、人間がどんなに両手をめぐらしてもとらえきれない「到達不可能なもの」、逃げ足の速い「完全なもの」、あらゆる成功を鼓舞しながら同時に非難もするこの精神的な事実を象徴しているかぎり、われわれがあらゆる部門で人間の能力のおびただしい実例を結びつけようとするのにうまく役立つかもしれない。

自然界には固定したものはひとつもない。宇宙は流動し浮動している。永続などということは、程度をあらわす言葉にすぎない。われわれの地球も、神の目から見れば、一個の透明な法則であり、事実の集積ではない。法則が事実を溶かして、流動させておくのだ。

自然界ではあらゆる瞬間が新しく、過去はいつでも呑みこまれ忘れ去られる。これからくるものだけが神聖なのだ。確固たるものは、いのち、変化、元気に活動する雲、ただこれだけだ。どんな愛でも、さらに高尚な愛にとられまいとして、誓いや契りでしばりつけておくことはできない。どんなに崇高な真理でも、新しい想念の光があたれば、あすはもうつまらないものになるかもしれぬ。人びとはしきりに落ち着きたがるが、落ち着く場所をもたぬあいだだけ、彼らにはいささかなりとも希望があるのだ。☆21

エマソンの神義論にとって第三の前提は、人間たちが実験的に物づくりをしたり、働いたり、何かしたりすることが、近代の世界においてじゅうぶんに理解されたことも、完全に遂行されたこともなかったということである。もっと言えば、これまでよりも深い理解や徹底した遂行がなされるのは、巨人の進出によって、つまり、みずからを恃み、信頼する意気込みにあふれた個々人の天才が開花することによって、あらゆる障碍や問題や限界がとるにたらぬものになるときである。エマソンから見て近代の世界が必要としているのは、叡知を獲得するために、すなわち「ありふれたもののなかに奇跡を見る」ために、また、「自然を支配する人間の王国」を築くために、知的、社会的、政治的、経済的な力をふるうような自立的、克己的個人たちなのである。☆22 人間の力や幻視の能力や清新さや征服力にたいするこのような讃辞がもっともはっきりと力強い表現であらわれているのは、『自然』（一八三六）掉尾の数節である。

☆21 Emerson, "Circles," *Selected Writings of Ralph Waldo Emerson*, pp. 296, 305.〔前掲酒本訳「円」、四五―四六、六四頁〕
☆22 Emerson, *Nature*, pp. 222, 223.〔前掲酒本訳「自然」、一〇七、一〇九頁〕

いまのところ人間は自然を相手に自分の力を半分しか使っていない。(中略)世界にたいして悟性だけで働きかけている。目先のことしかわからぬ知恵で、世界のなかに住み、世界を支配している。世界のなかでもっとも働きのいいひとも半人前の人間にすぎず、たとい腕は強く、消化は申し分なくとも、精神は獣同然、自分のことしか考えぬ野蛮人だ。彼が自然を相手に結ぶ関係、自然を支配する彼の力は、たとえば肥料を使うとか、火、風、水の経済的な利用や、羅針盤の針とか、蒸気、石炭、化学農法とか、歯科医や外科医による人体の治癒とか、すべて悟性を通じてだ。これは、まるで追放された王が、いっきに王位を回復するのではなくて、もとの領地を少しずつ買いもどしていく場合のような権力の回復の仕方だ。回復しきらぬあいだにも、あたりをおおう濃い闇のなかに明るい光が時折り閃かぬわけではない、――人間が全力を傾けて、悟性ばかりか理性までも動員し、――自然にたいして働きかける例が欠けているわけではない。こういう例は、たとえばどんな国にも最古の時代には必ずそなわっている奇蹟の伝説、イエス・キリストの物語、たとえば宗教革命や政治革命、奴隷貿易の廃止などに見られるような原理の成就、たとえばスウェーデンボリ、ホーエンローエ、シェーカー教徒について報告されているような法悦の奇蹟、現在では「動物磁気」という名称のもとに整理されている曖昧でしかも異論の多い数多の事実、祈禱、弁舌、自家療治、子どもの知恵などだ。これらは「理性」が主権を一瞬手にした例だ。時間や空間には存在せず、即座に流入してくる根源の力の行使なのだ。人間にそなわる現実の力と理念の力とのちがいについて、スコラ哲学者は適切な比喩を使って、人間にかかわる知識は「ヴェスペルティーナ・コーグニティオー」、つまり夜の知識だと言い、しかし神にかかわる知識は「マートゥティーナ・コーグニティオー」、つまり朝の知識だと言っている。

本来の不滅の美を世界にとりもどさせる問題は、魂を回復することによって解決する。われわれが自然を見るときに目にうつる荒廃や空虚は、じつはわれわれ自身の目のなかにある。(中略)世界が統一を欠いていて、散乱したり山積みになったりしている理由は、人間がおのれ自身との統一を失っているからだ。

こうしてわれわれは、世界を新しい目で見るようになる。世界は教育された「意志」にわが身を従順にゆだねることによって、知性が果てしなくくり返す問いかけ――「真理とは何だ」――と、感情の問いかけ――「善とは何だ」――とに答えるだろう。すると、かつてわたしの詩人の言ったことが実現する、「自然は固定せず、流動している。霊が自然を変え、思いのままのかたちにしたてて作り上げる。自然が身動きできなかったり野蛮であったりするのは霊が欠けているということにほかならず、純粋の霊にとっては自然は流動し、変動し、従順きわまりない。あらゆる霊がおのれのために住居を建てる、そしてその住居のかなたに世界を、世界のかなたに天を築く。だから、世界が君のために存在していることを知りたまえ。君にとって現象は完全なのだ。われわれ自身のありようを、ただそれだけを、われわれは見ることができる。かつてアダムがそなえていたもの、かつてシーザーが果たしえたことを、君だってことごとくそなえているし、果たすことができる。アダムが自分の住居と呼んだのは、天と地だった。シーザーが自分の住居と呼んだのは、ローマだった。君が自分の住居と呼ぶものは、おそらく靴の修理屋か、百エーカーの耕地か、学者の見すぼらしい勉強部屋だろう。しかし線を一本一本くらべ、点をひとつひとつくらべてみても、君の支配がおよぶ世界は、たといりっぱな名前こそついていなくとも、彼らのものに劣らず偉大なのだ。だから君自身の世界を築きたまえ☆23」。

エマソンの神義論の主張は、本質的に以下の三点に絞られる。まず、「罪はただひとつ、限界をもつことだ☆24」、すなわち力に制約を課することであり、つぎに、罪は超克可能であること、そして、超克されるために罪が存在しているのは、美しくていいことであるということである☆25。エマソンがこのような神義論を明確にしたことをとらえて、シドニー・アールストロムは、「エマソンはじっさい「アメリカ教という宗教」とも呼べそうなものについての神学者である」と述べ、ハロルド・ブルームは、エマソンの「もっとも真価をそなえた功績はアメリカ教という宗教を創案したことである」と結論づけるにいたった☆26。

人間の力や構想力や清新さや征服力を称揚するこのアメリカ教という宗教は、エマソン自身が提起したアメリカ文明にたいする痛烈な批判を弱め、薄める。そうなるわけは、力——人間の意志によって成し遂げられる前向きの変遷や上昇の越境——についてエマソンの抱く想念

☆23 Ibid., pp. 221, 222-23.〔同右訳書、一〇五—六、一〇八—九頁〕

☆24 Emerson, "Circles," p. 299.〔前掲酒本訳「円」、五二頁〕

☆25 このような表現の仕方は、カルヴィニズムにたいするサンタヤナのつぎのような有名な記述を、エマソンに倣って私なりに言い換えたものである。「カルヴィニズムの主張は本質的につぎの三点に要約できる。すなわち、罪は存在するということ、罪は罰せられるということ、そして、罪が存在して罰せられるのは美しいということである。」"Genteel Tradition in American Philosophy," p. 189.

☆26 Sydney E. Ahlstrom, *A Religious History of the American People* (New Haven: Yale University Press, 1972), p. 605. Bloom, *Agon*, p. 145.

が、社会革命を放棄したうえでなされる道徳的逸脱の礼賛だからである。エマソンは社会革命家ではない。なぜなら「彼はすでに正しい道をたどっており、すばらしい運命に向かって進んでいると信じている」からである。☆27 道徳的逸脱とは、エマソンにとっては本質的に、慣習や法律や伝統に逆らって個人的な良心を貫くことにある。その底には、大衆にたいする根深い不信、政治などという不潔な営為にたいする心底からの幻滅、個人的自由にたいする熱烈な擁護が横たわっている。「政治」からよく引用される以下の一節においてエマソンは、イデオロギー上の――社会主義や進歩的ポピュリズムにたいしては冷ややかなリベラリズム左派の――漠然とした守備範囲を指し示している。そして、彼のプラグマティズムを受け継ぐ人びとは、この枠内にとどまることになる。

> 目下、国民をほとんど二分している二大政党について、わたしは、一方は最高の根本方針をとり、他方は最良の人員を擁していると思う。もちろん、思想家、詩人、宗教家は、自由貿易、選挙権の拡張、刑法上合法とされている残虐行為の廃止、また若者や貧乏人があらゆる面において富と勢力の源に接近するための便宜をはかろうとして、民主党に投票するだろう。しかし彼らは、このいわゆる人民の政党がこうした寛大な政策の代表者として提示する人びとをめったに容認することができない。代表者たちは、民主主義という名称にふくまれる希望と美徳とを与える目的は何であるかを知らないからだ。アメリカにおける急進主義の精神は、破壊的であり、目的に欠けている。それは愛情に欠け、将来にたい

☆27　この引用は、アメリカの典型的な理想主義者についてサンタヤナがつぎのように述べた文章からのものである。「アメリカ人の理想主義はしたがって、現在にたいする満足感、および未来がじっさいにもたらしてくれる可能性がおおいに高そうなものにたいする予見とともにあらわれる。彼は革命家ではない。彼はすでに正しい道をたどっており、すばらしい運命に向かって進んでいると信じている。革命家においては、これとは正反対に、理想主義が不満を基盤にして築かれ、不満をあらわにする。」Santayana, "Materialism and Idealism in American Life," *Character and Opinion in the United States* (1920; New York: Norton Library, 1967), p. 176.

する目的も、神聖な目的ももたない。そして憎悪と利己主義とによって破壊をもっぱらにするにすぎない。他面において保守政党は、もっとも穏健で有能であり、かつ教養ある部類の人員をかかえているが、臆病で財産の防衛にあくせくしているにすぎない。この政党は権利の擁護もせず、真の善にあこがれず、罪悪に汚名をつけず、寛大な政策を提案しない。そればかりか、建設も著述もせず、芸術や宗教を育成せず、学校を建てず、科学を奨励せず、奴隷を解放せず、貧民、インディアン、移民の味方になろうとしない。世人はどちらの政党が政権をにぎろうと、科学、芸術、人道の面において、国家の資源にふさわしい福利を期待できないのだ。[☆28]

同様に、幻視の能力にたいするエマソンの理解――というよりも、見ることや視力にたいする彼の執着の大部分――は、連帯に対置して孤絶、協同に対置して離反、集団的行動に対置して個人的直感を奨励する。『自然』（一八三六）のなかでももっとも知られた以下の一節に見られるとおり、エマソンは幻視の能力を、政治や社会性やどんな類の物質性からも切り離している。

たそがれどき、曇り空の下、雪でぬかるむ殺風景な広場をとおりぬけていると、とくに幸運なできごとのことを考えていたわけでもないのに、わたしはある種の完璧な爽快さを味わってしまう。不安になるほど嬉しいのだ。森のなかにいても、人間は、ちょうど蛇が皮

☆28 Emerson, "Politics," p. 354.〔前掲原島訳、一〇三―四頁〕この曖昧な政治的立場は、限定的ながらも意味深い左派的実質と強い無政府主義的傾向を含む、徹底した絶対自由主義的見解に属すると説明できる。

を脱ぐように、おのれの年齢を脱ぎ捨てて、たとい人生のどの時期に達していても、いつも子どものままだ。森のなかにはいつまでも失われることのない若さがある。こういう神の植林場には、ある種の神々しい儀礼が支配していて、終わることを知らぬ祭礼が美々しく催され、招かれた客は、たとい千年を経ても、よもやこれほどのものに飽きることはあるまいと思う。森のなかで、われわれは理性と信仰をとりもどす。そこにいれば、わたしは自分の人生に、自然がつぐなえないようなことはなにひとつ——どんな恥辱も、どんな災いも起こることはない（わたしに目だけは残してくれる）と感じる。むき出しの大地に立ち——頭をさわやかな大気に洗われて、限りない空間のさなかに昂然ともたげれば、——いっさいの卑しい自己執着は消え失せる。わたしは一個の透明な眼球になる。いまやわたしは無、わたしにはいっさいが見え、《普遍者》の流れがわたしの全身をめぐり、わたしは完全に神の一部だ。そうなれば、たといもっとも近しい友の名ですら、聞きなれぬゆきずりの名と聞こえ、兄弟であり、知己であり、主人とか召使いであることが、とるに足りぬこと、煩わしいこととなる。限りを知らず死滅を知らぬ美をわたしは愛する。曠野にいるときのほうが、わたしは、街や村のなかにいるときよりも、なにかいっそういとしくて、わたしとひとつの血縁につながるものを感じとる。静かな風景のなかに、そしてとくにはるかな地平線に、ひとはおのれ自身の本性に劣らず美しいなにものかを認める。[☆29]

だが、このような切り離しは魅力があるとはいえ、ひとを欺くものである。なぜならば第一

☆29 Emerson, *Nature*, pp. 222, 223.〔前掲酒本訳「自然」、四二—三頁〕

に、そこでは世界を永遠の相のもとに《スブ・スペキエ・アエテルニタティス》見ることが暗黙のうちに前提されているが、エマソン自身のダイナミックな（スタンリー・カヴェルの的確な言いまわしに倣って言えば）「気分に頼る認識論」のせいで、そのような見方ははじめから排除されているからだ。[☆30] ヘーゲルに似てエマソンは、見るために用いる手段や枠組によって見る対象が左右されるという事情を承認し、強調する。エマソン独特の「透明な眼球」さえ、ありうる多くの地平のうちのひとつにすぎないし、**彼にとっての**美を見せてくれる**彼の**地平なのである。『エッセイ第二集』（一八四四）のなかのすばらしいエッセイ「経験」では、この知覚のコンテクスト依存主義がつぎのように確認されている。

> 自分が生きているのだということをわたしたちが発見したのはたいへん不幸なことだが、いまさらどうなるものでもない。その発見は《人間の堕落》とも呼ばれている。爾来わたしたちは、自分のもつ道具に疑念をいだくようになった。自分たちが直接的にではなく、間接的にしか物を見られないこと、自分たちはいわば色のついた、ゆがんだレンズであって、それを矯正する手段も、その誤差の量を算定する手段も持ち合わせていないことがわかったのである。おそらくこれらの主観というレンズは創造力をもっているのだ。おそらく対象などというものは存在しないのである。

こうして宇宙は、必然的にわたしたち自身の色彩を帯びるようになり、あらゆる対象はつ

☆30 Cavell, "Thinking of Emerson" and "Emerson Mood," pp. 126, 154. Emerson, "Experience," p. 341 も参照せよ。

ぎつぎと主観のなかに流れこんでくる。主観は存在し、主観は拡大する。いっさいのものは、早晩、その占むべき位置におさまる。わたしは、わたしという人間どおりの物の見方しかできない。わたしたちは、どんな言葉を使っても、本当の自分以外のことはなにひとつ言えないのである。

わたしが描いてみせたものが完璧なものだと主張するつもりは毛頭ない。わたしという人間は一個の断片にすぎないし、わたしの描いたものはわたしという人間の断片にすぎない。[☆31]

幻視の能力を政治や社会性や物質性と切り離すエマソンのやり方がひとを欺くと言える第二の理由は、そのダイナミックな「気分に頼る認識論」には目的論的な次元があるからである。すなわち、見ることとの目的やねらいは、「いち早く見ること、まるでこれまでわれわれ以前には誰も目にしたことがなかったかのように見ること」にあるのだ。[☆32] この究極目的は、時間を否定し、歴史を拒絶し、権威を簒奪するための戦略であるにとどまらない。もっと重要なことにそれは、人跡未踏の森や処女地やいつも心を占めている曠野などの広大無辺の空間とつり合い、それにふさわしいものとして、時間や歴史や権威を思い描きたいという、深い欲望のあらわれである。幻視の能力についてエマソンが考えるときに時間の要素がすっかり消されてしまうのは、時間を止めたり超越したりするためではなく、新しい時間の始まりに立ち会うためで

☆31 Emerson, "Experience," pp. 342, 344, 346.〔前掲小泉訳、二〇六、二一〇、二一三頁〕
☆32 Bloom, *Agon*, p. 19.

ある。それはちょうど、森や曠野のなかを高揚した気分に浸りながら散策することによって彼が、フロンティアの一部をなす新しい空間に踏み込んでいくのと同じことである。新しい時間と空間の出発点に立ちたいというこのエマソン特有の希求は、例外的な個人をアメリカとして思い描く彼の神話的構想と密接につながっている。すでに見たとおり、この神話的な個人は、神のような力、すべてを包括する幻視、世界を回心させるための清新さへの志向をもっている。だが、この回心は征服の形をとるわけにはいかない。なぜならば、エマソン的なレンズを通して見えるものは、これから作らなければならない新たな自我、企てなければならない新たな歴史、根元から掘り崩さなければならない新たな権威や伝統、無類のアメリカのような例外的個人の英雄的エネルギーが注がれなければならない新しい土地や曠野しかないのだから。エマソンにとって回心とは、道徳的再生の譬喩であり、この再生自体、闘争、つまり(自我の内部で、また自我間で)対立する意志の発奮、暴力によって駆り立てられる過程なのである。マイケル・ロペスがつぎのように的確に記しているとおりである。

エマソンにとって、戦争は「あらゆるものの《父》」にほかならなかった。世界は「戦場であり、原則はそれぞれ(中略)ひとつの軍歌」であった。(エマソンの形而上学のこの基本的な側面を理解しないかぎり、戦争の創造力をエマソンが礼賛した言葉を受けとめるのは困難である。)人間の「堕落した段階」においては、人間の活力を試す危機が、宇宙の進行や変容をもたらすあの成長の自然史としてではなく、むしろ「惨禍の自然史」としてあらわれることもありうる。戦争は「最高の正義」に属していた。なぜならば、戦争は自然の傾向を模倣して、「古くから固定した事物を破砕」し、「社会の原子が新たな秩序を築く」ようにするからである。同様に、魂がその内面で遂行する絶えざる闘争は、「死せる環境」を日々うち捨てずにおかなかった。自我の征服という課題を遂げようとすれば、それと同時に自我を破壊しなければならなかった。自我の拡張の歴史は、自我の敗北の歴史と平行している。☆33

世界の回心や個人の道徳的再生が征服および暴力と関係する理由は、エマソンが、処女地や安価な労働や曠野を連想させる人びと――たとえばインディアン、黒人、女性――の価値を低く見積もるからだけでなく、エマソンにとって土地や労働や曠野が、道徳的成長のための限りない可能性や空前の好機を意味するからでもある。それは、彼が一八五一年五月から六月までの日記に、つぎのように書いたことからもうかがえる。

白人男性に道徳的感情がなければ、それこそわたしの嘆く惨禍である。千人の黒人が囚われの身になっていようと、そんなことはわたしにとって何事でもない。☆34

そういうわけだから、エマソンの「アメリカ教という宗教」は、アメリカにたいする彼の道徳的異議や文化的批判を、実際上無力で、政治的に無効なものに変えてしまう。もっと重大な

☆33 Michael Lopez, "Transcendental Failure: 'The Palace of Spiritual Power'," in *Emerson: Prospect and Retrospect*, ed. Joel Porte (Cambridge: Harvard University Press, 1982), p. 140. これに関連の深いエマソンの文章は、つぎの一節である。「戦争が平和に劣らず人びとの天才を引き出してくれたらいいとわたしは願う。（中略）戦争は、わたしの知るところでは、まじりっけなしの悪というわけではない。それは強力な代替策であり、強壮剤であり、磁化器であり、男性力を何百倍、何千倍も強化してくれる。それは冷え冷えとした十月のようにやってくるとわたしには見える。夏のあいだうだってだらけた連中の知的、道徳的な力を回復してくれるのだ。」*Emerson in His Journals*, p. 512.「火薬はときにはいい臭いがする」というエマソンの警句にも注

ことに、彼の神義論は、近年リチャード・スロトキンがフロンティアの神話に孕まれたイデオロギーとして析出したものと、まったく同じとまではとても言えないにしても、酷似してくる。[☆35] この神話によれば、アメリカの地理もアメリカの文化的言説も二つの領域にわかれる。つまり、欠乏、稠密、競争、文化を連想させるメトロポリス／文明と、安価で豊かな資源、権威や伝統の簒奪、植民地化の必要性を意味する曠野／野蛮との二つである。これら二つの領域を分かちながらたえず移動していく境界線こそ、フロンティアである。

フロンティアの神話のきわだつ特徴は二つある。第一に、アメリカの進歩をメトロポリスから出ていく移民と関連づけること。第二に、フロンティアでの経験には、移民してきた者たちを道徳的、経済的、文化的な位相において変えてしまうだけの影響力があるという信念に支えられていること。この神話――アメリカ史のなかでもっとも古くて中心的な神話――のおかげで、ヨーロッパの旧世界的貴族制に対抗しつつ、アメリカの新世界的「野蛮人たち」、すなわち、インディアンや黒人や、ある程度までは白人女性をも、服従させることが正当化される。のみならず、合衆国資本主義に特有の発展方式が合理化されもする。帝国主義的征服や新世界の「野蛮人たち」を隷属させることが、その結果もたらされる安価な土地や労働力や剰余資本などとともに、アメリカが力や幻視や清新さに心を奪われるにいたる「見えざる」要因となっている。この国内的な帝国主義は、メトロポリス内部に渦巻く激しい階級的、人種的、民族的、宗教的抗争にたいする解毒剤の役割を果たし、アメリカにおける移住や移動のユートピア的な価値を形成すると同時に、その限界を画している。

目せよ。これはAllen, *Waldo Emerson*, p. 608に引用あり。

☆34 *Emerson in His Journals*, p. 426.

☆35 Richard Slotkin, *The Fatal Environment: The Myth of the Frontier in the Age of Industrialization, 1800-1890* (New York: Atheneum, 1985), pp. 33-47. もっと早くにおおざっぱながらこの神話を扱って、その社会経済的基礎に注目した研究としては、以下のものがある。Bernard Smith, *Forces in American Criticism* (New York: Harcourt, Brace, 1939), pp. 95-114; V. F. Calverton, *The Liberation of American Literature* (New York: Scribners, 1932), pp. 224-57; Ernest Marchand, "Emerson and the Frontier," *American Literature*, 3, no. 2 (May 1931), 149-74.

したがって、力に関するエマソンの考え方は、フロンティア神話にたいするスロトキンの分析にあてはまる。エマソンは力に関して、彼としてはもっとも明示的な言葉を「自己信頼」のなかでつぎのように書いている。

いま生きていることだけが役に立ち、かつて生きたことは無用のものだ。落ち着いてしまうと、とたんに力がきかなくなる。力が生まれるのは、過去から新しい状態へ移る瞬間であり、深淵を乗り越えるとき、ある目標に向かって突き進むときだ。世間が心底嫌うことはただひとつ、魂が蘇るという事実だ。魂が蘇れば、過去の価値は永遠に下落し、いっさいの富が貧困に、いっさいの名声が恥辱に変わり、聖者を悪漢と同一視し、イエスとユダをひとしなみに押しのけてしまうからだ。それならばなぜわれわれは自己信頼のことを臆面もなく喋りたてるのか。魂が存在しているかぎり、力は、自信をそなえているだけではなく、実際に活動することになるだろう。信頼について語ることは貧しい表面的な言い方にすぎぬ。むしろおのれが働き存在しているからこそ信頼する、そういうものについて語ることだ。[☆36]

もちろん、自己信頼についてのエマソンの非順応主義的な考え方（「こうして、「財産」にたいする信頼は、財産を守ってくれる政府への信頼もふくめて、自己信頼の欠如にほかならない」[☆37]）は、資本主義的発展をイデオロギー的に支持するだけの姿勢を受けつけない。だが、彼の視座

☆36　Emerson, "Self-Reliance," *Selected Writings of Ralph Waldo Emerson*, pp. 269-70.〔酒本雅之訳「自己信頼」、前掲『エマソン論文集』上、二一八頁〕
☆37　Ibid., p. 278.〔同右訳書、二三七頁〕

からは、それにたいする有効な対決を期待することもできない。エマソン学者たちはよく、彼の「雑食性の意識」、あるいは、彼が書物を「食い物にし」ながら、それでもまだ「空白の消化」にかまけるために飢えていたという事実について云々したり、[☆38] 彼が一八四〇年に見たという、世界を「食べる」夢についての記録が重視されたりしてきた。[☆39] このために、消化と専有と帝国主義的征服とを単純に結びつける見方が成り立ちうる。

しかし、合衆国の資本主義社会にたいするエマソンの批判と最小限の抵抗とを解き明かすための鍵は、見過ごされがちではあれ、彼の人生と著作につきまとう二つの相貌にあると私は思う。すなわち、自分が活動に消極的で不能だということにたいする彼の後ろめたさや恥辱、および、讃辞や謝辞を気にする彼の独特な感じ方、この二つである。[☆40] 一八三五年のチェロキー・インディアン事件から、逃亡奴隷取締法の復活（一八五〇年）、メキシコ戦争（一八四六年）、南北戦争（一八六一―六五年）などにいたる、生涯で直面した重大事件にたいして、エマソンは自分が能動的に毅然として反応することができなかったと考えていたことに、疑問の余地はない。「屈託《アンニュイ》」（ないし意志薄弱）に襲われたことはなかったようだけれども、不活動や不能や無力さを恐れていたことは隠れもない。じつは、この不安こそみずからの時代の特徴であるというのが彼の見方である。

　新しい病が人間の生活を襲っている。（中略）われわれの悩みは懐疑であり、何をなすべきかという問題に関する心もとなさである。（中略）教養ある人びとの額に大きな戸惑いが雲

☆38 「雑食性の意識」という語句は、Anderson, *Imperial Self*, p. 58 から借用、「空白の消化」という語句は、Santayana, "Genteel Tradition in American Philosophy," p. 192 から借用した。

☆39 Lopez, "Transcendental Failure," p. 152 を参照せよ。エマソンはつぎのように書いた。「わたしは自分が偉大なエーテルのなかで意のままに浮かぶ夢を見た。また、この世界も浮かんでいるのを見たが、それは遠くにあるわけではないのに、リンゴの大きさほどに縮小していた。それからひとりの天使がその世界を手に取り、わたしのところまでもってくると、「これをあなたは食べねばなりません」と言った。それで、わたしは世界を食べた。」

☆40 これらの重要な主題は、エマソン研究の大家たちによって、万全とはいえぬまでも示唆的なかたち

のようにかかっている。最良の精神のなかに見られるある種の愚かさである。それが時代の特徴になっている。

現代の天才は、行為にではなく傍観へ赴いている。人びとは行動したがらないというわけではない。役立ちたいと熱望しているのだが、何をするべきか確信がもてないので、行動不能に陥っているのである。

この屈託《アンニュイ》にあたる呼び名をわれわれサクソン人はもっていないし、フランス語のこの言葉にはおそろしい意味がこもっているのだが（中略）、大気のなかの酸素が少なくなったのか。われわれの先祖たちに躍動するような勢いを与えていた動物的な精神は、現代では何によって押さえ込まれているのか。☆41

たとえば、チェロキー・インディアンをジョージア州から「排除」しようとする悲劇的政策に関して、マーティン・ヴァン・ビューレン大統領にあてた彼の悪名高い毒舌調の手紙（一八三五年五月十四日付『ナショナル・インテリジェンサー』に掲載）は、挫折感と無力感を残すだけだった。抗議したものの、無益としか思えなかった。もっと有名な、ジョージ・リプリーの率いたブルックファームをめぐる一件では、エマソンはこのユートピア共同体に参加すべきかどうか迷って、何ヶ月間も（一八四〇年十月―十二月）悩んだ。だが、あげくの果てに参加を断った。エマソンは、「この私有財産制という腐った制度に寄生するみんなといっしょに寄

で論及されてきた。たとえば、Stephen E. Whicher, "Emerson's Tragic Sense," in *Emerson: A Collection of Critical Essays*, ed. Milton R. Konvitz and Stephen E. Whicher (Englewood Cliffs, NJ: Prentice-Hall, 1962), pp. 39-45; Newton Arvin, "The House of Pain: Emerson and the Tragic Sense," in ibid., pp. 46-59; George Santayana, "Emerson," in ibid., pp. 31-38を参照せよ。

☆41 Lopez, "Transcendental Failure," pp. 130-31に引用。

生者」にとどまることを選択しつつ、[☆42] 参加しようと思えばできるとしても、参加すれば自分の自我感覚が崩壊することになるとわかっていた。

> 昨日、ジョージ・リプリーとソフィアの夫婦、マーガレット・フラー、それにオールコットがここにきて、新しい社会計画について話し合った。わたしは、目の前の焚きつけたちによって人間の敬虔さの新しい夜明けを確信させられ、溶解され、高貴な狂気に走らされることを願った。だが、この計画は算術的で慰安でしかなかった。（中略）それは、幽閉された異端者が精神力を誇示するための宮殿たる地下牢ではなく、アスター・ハウスのなかに超絶主義者たちが借りた一室にすぎなかった。わたしは、自分の現在の牢獄から多少大きめの牢獄へ引っ越したいとは思わない。あらゆる牢獄を打ち破りたいのだ。わたしは自分自身の家も征服しきれていない。それはわたしをいらだたせ、悔やませる。この鶏小屋を攻略するための決戦の包囲を解いて、バビロン包囲戦のふりをする挙に出るようにたぶらかされるべきであろうか。そんなことをすれば、わたしが解決しようと取りかかっている問題をはぐらかし、群衆のまっただなかにまぎれこむことによって自分の不能を隠すことになるとしか、わたしには思えない。[☆43]

エマソンは、煽動家や改革者たちに心底から同調して持続的な社会行動に参加するわけにはいかないと感じていたようである。

☆42 Allen, *Waldo Emerson*, p. 365に引用。
☆43 *Emerson in His Journals*, pp. 246, 247, 248.

熱狂的な活動家がわたしのところにやってきて、この禁酒運動の重要性を説明したりすると、わたしは手を引く——わたしにはなんの言い訳もない——わたし自身の不活動を恥じ入ることによって相手に誉れを譲る。

わたしは、さまざまな問題についてのエッセイを、わたしの怠惰と見える態度について国に一種の弁解をするために、いくぶん苦痛を覚えながら書いてきた。☆44

エマソンはたしかに、奴隷制即時廃止運動にはなかなか積極的だった(もっとも、ソローとはちがって、あまり危険を冒さないやり方だった)。女性運動には実際上かかわらないようにしていた。また、南北戦争中は連邦政府の熱烈な支持者になった。しかし、彼の内心では、社会変革をめざす行動者ないし推進者には向かない自分の欠陥と、教養ある一般人を代弁する(かつ彼らを批判する)文化批評家というみずから選んだ天職とのあいだで、激しい葛藤がつづいていた。

いかなるかたちであれ他人との連携にたいするエマソンの気質的な嫌悪もまた視野に入れなければならない。R・M・ゲイが指摘したように、エマソンがブルックファームに反対したのは、共産主義ではなく組織にたいしてであった。一八四〇年に彼が——意味深いこ

☆44 Allen, *Waldo Emerson*, pp. 315, 363.

とにマーガレット・フラーあてに――書いたところでは、「社会という言葉を聞いただけでわたしのあらゆる反感はいっせいにわき起こり、わたしの羽根はいっせいに逆立ち、尖る」。だが、時間と場所が特定された環境における行動は、エマソンにとってほぼ不可避的に「運動」を意味していた。つまり、今日では「圧力団体」と呼ばれそうなものの活動への参加である。ところが、瞑想が可能になるのは、共同体の多忙な生活から完全に離脱した場合のみであるように思われた。（中略）彼の脆弱な健康状態が、改革者という苦労の多い仕事を避けるように導いた重要な要因でなかったか、とも考えられる。☆45

このような苦境に陥った理由としては、ほとんど言うまでもない二つの事情がある。第一に、エマソンは気質からして瞑想的で、孤独を好んだだけということがある。制度とか、組織とか、運動、政党などを彼は毛嫌いした。彼のお気に入りの詩人だったペルシャのサーディもそうだった。☆46 なるほど、この見方には重みがある。しかし、この見方からは、エマソンが『ダイアル』誌やヘッジ・クラブの共同創立者になって活発に参加したことや、ロンドンの名門アセニーアム・クラブの会員になれて大喜びしたこと、ハーヴァード大学監督委員会の一員として忠勤に励んだことを説明できない。第二に、エマソンは二つの世界――ブルジョワ的威信や地位や権勢からなる世界と、孤独や瞑想からなる世界――のいいとこ取りを望んでいたということがある。熱狂的な煽動家や改革者たちにかかわったりしたら、バランスを崩すおそれがあった。しかも、エマソンの日和見主義を裏づける証拠もかなりある。たとえば、一八五九年十

☆45 Henry Nash Smith, "Emerson's Problem of Vocation," in *Emerson: A Collection of Critical Essays*, pp. 63-64.

☆46 奴隷制即時廃止運動のなかでエマソンが積極的な役割を果たしたにもかかわらず、エマソン自身の目から見るとそれはまだ全然不充分だった。そういう感覚は、彼のノートブックのひとつにつぎのような文章としてあらわれている。「わたしは夜に目をさまし、この奴隷制という嘆かわしい問題のなかに自分を投げ込んでいなかったから、自分が情けなくなった。この問題については、何人かが確信をもって発言するだけで十分とも思われるのに。だがそののち、平常心を取り戻すと、わたしは立ちなおり、神は神ご自身の世界を統べていらっしゃるにちがいなく、わたしがわたし以外に守り手のいない自分の部署を放棄しなくても、

一月八日（ジョン・ブラウンがヴァージニア州ハーパーズフェリーの連邦兵器庫を襲撃してから一ヶ月たらずの時点に）ボストンでおこなわれた講演「勇気」のなかで、エマソンはブラウンを、「人びとへの愛に駆り立てられてたたかいと死へ赴いたこれまでの誰よりも純粋にして勇敢な、かの新しき聖者――殉死の日を待ち、［死刑に］処せられればその絞首台が十字架のごとく栄光に包まれるであろう、かの新しき聖者」と呼んだ。☆47 ところが、それから十一年後、ハーヴァードの監督委員となり、ハーヴァード哲学科の招聘講師を勤めるにいたった（エマソンが学長候補として強力に推挙した新学長チャールズ・W・エリオットによって選任された）エマソンは、『社会と孤独』所収のエッセイとしてこの講演を出版したときに、右のような耳障りで叛逆的な言葉を削除したのである。

同類のエピソードだが、エマソンは（彼の教えとは正反対なことに）ブルジョワ的な世間体の良さを好んだために、働く民衆の社会的な惨状が彼の目に入らなかったようである。二回目の――裕福な産業資本家たちが自分たちの雇った労働者を「教育する」ために設立した《職工学院》の招待を受けて出かけた――英国旅行のあいだ、エマソンはホストたちの豪邸での暮らしに浮かれるばかりで、三ヶ月にもわたる滞在中、貧しい人びとの状態や暮らしや苦境に目を向けることはほとんどなかった。もっと身近な自宅周辺地域に関しても、ローレンスのような工場町に蔓延している搾取の実態に疎く、ボストンにおけるアイルランド人移民のひどい窮状に批判の気持ちを少しも抱かなかったようである。アイルランド人移民に関する三つの覚え書きには、つぎのように記している。

神はこの奈落からの出口をご存じなのだと考える。わたしには、あの黒人たちとはちがうまったく別種の奴隷――人間の頭脳の奥深くに幽閉された精神、幽閉された思考――を解放してやるという仕事がある（後略）。」*The Journals and Miscellaneous Notebooks of Ralph Waldo Emerson*, Vol. 13, ed. Ralph H. Orth and Alfred R. Ferguson (Cambridge: Harvard University Press, 1977), p. 80.

☆47 Allen, *Waldo Emerson*, p. 591.

哀れなアイルランド人——手押し車が彼のふるさとなのだ。

わたしは、わが国の若いアイルランド系の人びとを見るのが好きだ。彼らは、みすぼらしい故国のボロをまとってここへたどりついたのだが、数ヶ月間働いたあとにとてもりっぱで派手な服装になる。若いアイルランド人がひと夏働いたあとで新調した上着をはじめて身につけるとき、それ以上のものをたくさん身につけているのだ。りっぱなお似合いの服は、それを着た者に、自分もそういう格好をしている人びとらしくふるまわなければならないと考えさせる。そういうわけでこの若者のふるまいも、暗黙のうちに着実に改善される。

わたしは、アイルランドからの移民がボストンやニューヨークに上陸してくるのを見て嬉しくなり、独りごちる。ほら、あの連中が行くぞ——学校へね、と。☆48

この第二の理由も、米国資本主義社会にたいしてエマソンがわりあい無為のまま過ごし、積極的な反対行動をほとんどとらなかったことについては、じゅうぶんな説明にならない。この点を理解するために欠けている手がかりは、感受性、超然性、讃辞、崇拝などを賛美するエマソン独自の神秘主義である。この神秘主義はエマソンに、人間の努力の直接的な成果に自分自

☆48 *Emerson in His Journals*, pp. 129, 508, 509. Emerson, *Selected Writings of Ralph Waldo Emerson*, p. 178.

身——自分の時間や精力や希望——をあまり注ぎ込まないように仕向ける。そのおかげで彼は、世界の不正や苦しみや不能を軽視し、無為や悪へのほぼ無抵抗な姿勢に甘んじるようになれる。彼の神秘主義は、サンタヤナがつぎのように書いているとおりである。

> ［神秘主義は］彼の意志と良心が、必然的な進化の呈する壮観による催眠術にかけられて、悲劇的な見世物の大仰さや快い調べに酔わされ、残酷さに埋没することを可能にする。（中略）こういう場合、悪は説明されるのではなく、忘れられるのである。悪は矯正されるのではなく、容赦されるのである。われわれは、より良いとかより悪いとかのカテゴリー、つまり、人生と理性のもっとも深い根底をなすものを放棄してしまう。われわれは、他のなにものにもましてわれわれが人間であるべき基礎となる一題目について、神秘主義者になってしまう。☆49

エマソンの神秘主義は、部分的には彼の政治にたいする冷笑主義——大衆や米国の政治動向にたいする侮蔑——に動機づけられている。彼は集団的な政治行動をほとんど信じていない。ときどきエマソンは、「畜群」について——彼の崇拝者になったニーチェにも似たエリート主義むき出しで——つぎのように書いている。

> あらゆる種類の生き物には我慢ができるが、生きながら死せる者どもには我慢がならな

☆49 Santayana, "Emerson," p. 36.

い。少なくともわたしは、あの愚鈍な階級の者たちを目にするのが大嫌いである。なぜこの世にいるのかもわからず、いずこへ向かうのかも問わず、アリやハチの幼虫が陽光のなかへ引っ張り出され、それからまた巣室のなかに押し込まれて餌を与えられるみたいに暮らしている者たちである。このような者たちにとって自然の目的は、自分たちが太らされるということである。人類がこの問題について投票をするなどということがあれば、連中を麻袋に詰めて海へ放り込んでしまおうと決するであろう。

最悪の慈善は、生存させなければならないと言われるいのちに、生存させる値打ちがないという場合である。禍なるもの、それは大衆である。わたしはいかなる大衆もご免蒙る。わたしが望むのは、正直な男たちだけ、能力のある男たちだけ、かわいらしく、やさしく、しつけのよい女たちだけである。シャベルのような手のアイルランド人移民もいらないし、ファイヴポインツやセントジャイルズのような暗黒街の住人も、酔っ払いの船員も、暴徒も、ストッキング編みの貧乏人たちも、救援金を受け取っている二百万人の乞食たちも、みじめな工場労働者たちも、ナポリふうの立ちんぼ物乞い《ラザローニ》たちも、まったく無用である。

政府にその方法がわかっているなら、人口を増やすのではなく抑制してもらいたいとわたしは思う。政府がその行動の真の法則にのっとって動くようになったら、生まれてくる人間は全員欠くことのできない人材として歓迎されるであろう。

愚劣さとエネルギー。若い弁士たちが言うには、現代の鍵はこれであるとか、あれであるとか、別のあれであるとか。わたしが言ってやろう。あらゆる時代の鍵は愚劣さである。あらゆる時代の圧倒的多数の人びとに見られる愚劣さ、あらゆる人間に、英雄たちにさえ見られる愚劣さ、例外的な場合を除いてほぼいつもたんなる引力や慣習や恐怖や感覚に振りまわされる人びとに見られる愚劣さである。この結果、強者が力を得る。それ以外の人びとには、自己信頼の習慣も独創的行動の習慣もない。☆50

そして、じつを言えば、エマソンの後継者たる米国プラグマティストたちは、彼の神秘主義を修正して引き継ぐか（ウィリアム・ジェームズ）、庶民にたいする民主主義的信頼で置き換えるか（ジョン・デューイ）、あるいは、完熟したエリート主義を唱道するか（ウォルター・リップマン）して、なんらかのかたちでの継承へ駆り立てられることになる。

エマソンの神秘主義は、彼が暗黙のうちにも明瞭に見せつけている、自分が生きていることに歓喜して言祝がずにいられないという感覚に、大きく依存して成り立っている。彼は、存在の家のなかに「棲まっている」ことに満足し、喜びに堪えないという思いをあらわにしている。☆51 エマソンのなかのこの神秘主義的な要素は、彼の主調をなすヘラクレイトス的な側面にたいして著しい対照をなしている。そして、彼の神秘主義がうまく効果を発揮するのは、見逃さ

☆50 *Emerson in His Journals*, pp. 157, 439. Emerson, *Selected Writings of Ralph Waldo Emerson*, p. 141.

☆51 エマソン思想のこの次元は、有名なベルギーのカトリック派神秘主義劇作家モーリス・メーテルリンクによって『エマソンについて、およびその他のエッセイ』*On Emerson and Other Essays* (New York: 1912), p. 50のなかで、つぎのように把握されている。「エマソンは、われわれの人生のこの平等にして秘められた壮大さを単純に肯定するにいたった。彼はわれわれを沈黙と驚異で取り囲んでしまった。」

れることが多いけれども、まさにこの正反対の見方と意外にも組み合わされているからである。歓喜や称賛や感謝の歌を謳いあげる詩篇作者としてエマソンを見るとしても、それは彼の異種混交的な言説のほんの一面をとらえるだけにとどまる。だが、政治にたいする彼の冷笑主義を考え合わせてみればわかるように、この神秘主義があるからこそ、人間の力を過大に評価する者が被支配者側の政治力の相対的な不能さを見せつけられると、人間にも触れることができる説明のつかない神秘的な力の前で謙虚になり、拝跪さえしかねなくなるのだ。

われわれと無限との相互交流を名指すもっとも高尚でもっとも真正な言葉は、どうやら感謝でもなければ、祈りでもない――そうではなくて、悦ばしく、気脈を通じた受容――受容者は部分的に揺籃期にあっては《まったき授与者》にすぎないのであるから、授与にもなる受容――なのである。これほど崇高なものについてわたしは語ることができない――いかなる者もできない――けれども、人間の機知、人間の強み、人間の優雅さ、人間の傾向、人間の芸術は、神の恩寵であり現前であるとわたしには思われる。これは説明できる域を超えている。すべて突き詰めてみれば、恍惚に達した聖者こそほかならぬ論理学者である。訓戒も議論もわれわれの言葉にならず、歓喜と称賛の頌歌しか口にできない。[☆52]

この神秘主義があるからこそエマソンは、「わたしはいつも《打ち負かされる》。とはいえ、わたしは《勝利》するために生まれてきたのだ」と、まぎれもない自信をこめて断言すること

☆52 Arvin, "House of Pain," p. 59に引用。

ができるのである。[☆53] 燃えるような道徳的主意主義の延長線上には、雲をつかむようだけれども心の慰めとなるような神秘主義が控えていて、大義に賭ける政治活動に水を差すのである。

挑発（および市場）についてのエマソンの見解

エマソンの人生と言説において第一の目標とされていたのは挑発することである。彼が生き、語り、書いたときの主要な手段は挑発である。彼の企ての「中心」には、活動、流動、運動、エネルギーがある。彼が「われわれのなかで変わらないもの」――「限りなき実体」とか「名状しがたい原因」とか「存在」そのものとかに関する意想――を定義しようとするときに、つぎのように主張するからといってなんら驚くにあたらない。

> これ以上ゆけぬところに到達した［とわたしたちは主張しなければならない］。が、わたしたちが到達したのはひとつの壁ではなくて、果てしない大洋であるという事実は、宇宙をよろこばせるに足るであろう。わたしたちの生は、現在に属するよりも、むしろ将来に属するものでなかろうか。それは、わたしたちの生を浪費するさまざまな仕事のためにあるのではなくて、この洋々と流れる生命力を暗示するものとして存在するのだ。[☆54]

活動やエネルギーを祭りあげるのは、もちろん、北大西洋圏のさまざまなかたちをとったロマンティシズムにありふれた所為であった。だが、エマソンが他と異なっているのは、近代の

☆53 *Emerson in His Journals*, p. 283.
☆54 Emerson, "Experience," p. 341.〔前掲小泉訳、二〇四頁〕

科学技術や市場の影響力にたいして批判的ながらも好意的な態度をとった点ばかりではない。もっと重要なことに、他のどこよりも市場の存在感が大きい国家の環境による影響を根底から受けつつ、活動を構想した点にある。

エマソンにとって活動の目標は、支配だけでなく挑発でもある。運動や流動の目的は、統御のみならず刺激でもある。言うまでもなく、言説において挑発や刺激が中心を占めるのは、市場文化の産物であるとともに、市場文化の再生産を促すことになる——すなわち、諸個人の勝手な意志の衝突により過去がかき消され、社会性が隠蔽され、未来が投射される場としての市場文化である。挑発と刺激は、エマソンが登場してきたジャクソン大統領時代における「通貨戦争、経済の予測困難性、急激な財政破綻や新規起業の頻発」のまっただなかで、自我感覚をなんとか保っていくための修辞戦略の構成要素となった。[☆55] 主として市場の影響力によってもたらされた、この生活上の不確かさや、社会的不安定、歴史の流動性、想像力の液状化は、エマソンによる挑発の価値づけを可能にすると同時に制約もした。ジャン＝クリストフ・アグニューが近代初期の英国の市場文化に関するすばらしい系譜学に記しているとおり、「貨幣という媒体は、儀礼や宗教や法律の制約から解き放たれると、あらゆる方面にやむことなく浸透するリスク感覚を、つまり、社会的交渉すべてに辛辣な取引としての質を付与するたえまない損得計算の思惑を、生活そのものにいきわたらせる」[☆56]。

個人に社会の境界を踏み越えさせ、アイデンティティを増殖させるとして、エマソンの先祖であるピューリタンにより排斥された劇場と同様に、市場の影響力は、権威を根元から掘り崩

☆55　Lopez, "Transcendental Failure," p. 141.

☆56　Jean-Christophe Agnew, *Worlds Apart: The Market and the Theater in Anglo-American Thought, 1550-1750* (New York: Cambridge University Press, 1986), p. 4.

し、伝統をゆがめ、かつてこれらによって担われていた責務を個人に投げ与えがちである。このような超自我から解き放たれると、自我はむしろ偶然的で、でたらめで、道具的なものであるとみることもできるようになる。永久に変化しつづけ、いつも冒険の放浪途上にあり、変わりやすく、演技的行為にふける、変幻自在な存在である（「よきものはすべて人生の大道に存在する」）と。

> 場所に限定されない市場の出現にともなって、境界の経験は、脱儀式化した商品交換が接触したあらゆるものと同質になりかねなかった。生活は、無限に連鎖する境界に似てきた。潜在的な越境や機会にともなう代償が経験につきまとって、いたるところにあふれかえり、買ってもらえなかった自我をたえず思い出させていた。（中略）それで当然だった。世界が市場であると同時に舞台だったのだから。☆57

市場の影響力にたいするエマソンの反応は、ノスタルジーにふけるというわけでも、歓呼して迎え入れるというわけでもない。親しい友人トマス・カーライルとはちがって、エマソンには近代以前の黄金時代にあこがれる気がなかった。とはいえ、現代を無批判に称えて浮かれることもなかった。それどころか、極度に将来にこだわるものの見方や、アメリカにただならぬ執着を寄せる郷党心を擁していたために、市場文化にまつわる文彩の主要部分を取り入れて、それをこの文化のいくつかの側面を批判するための武器にしようとすることができた。

☆57　Ibid., pp. 97-98. エマソンの警句は “Experience,” p. 336〔前掲小泉訳、一九四頁〕からの引用。エマソンには「私的な人格がなかった」という、ヘンリー・ジェームズ・シニア——エマソンの良友にしてウィリアム・ジェームズの父——の意見にも注目せよ。Henry James, Sr., “Mr. Emerson,” *Henry James, Sr.*, ed. Giles Gunn (Chicago: American Library Association, 1974), p. 249.

一方でエマソンは——とりわけ初期、および絶頂期には——市場文化にたいする痛烈な道徳的批判を提起している。一八三七年の経済不況によってエマソン個人の資産が損害をこうむっただけでなく、「社会という建物にひびが入ったときの大きな音」に目を覚まされて、のうのうと眠ってもいられなくなった。☆58

> 時勢によってもたらされた強烈広汎な惨禍はいいことだと思う。時勢がわたしに社会にたいする不満をいだかせていたと悟った。（中略）社会は最後のかけ金を使い果たしてしまった。王手をかけられている。若者たちは希望をもっていない。大人たちは街頭でぶらぶらしている日雇い労働者のように立ちつくしている。誰もわれわれに働くように呼びかけない。（中略）現代の人びとは、経済に関してだけでなく、原則や希望に関しても破産している。（中略）わたしは、理想もまた試練に面していないかと問わずにいられない。理想は実際的でないと受けとられて当然だろうか。見よ、誇らしげに吹聴されていた世界が無に帰してしまった。（中略）見よ、（中略）ここに《魂》が直立し、いまだ《征服されず》にいる。☆59

彼は、浮上してきた資本主義経済について「利己心……不信、隠匿からなる制度であり、謙譲ではなく相手の弱点につけ込むことにかけてはすぐれた鋭敏さを発揮する体制」であると述べている。☆60 それどころか、「人間の教養のなかで、商業の危険にたいする抵抗力ほど重要なものはない」と主張するまでにいたっている。☆61 商業が広まると「一歩外へ出たらすべてが市場みたい

☆58 Allen, *Waldo Emerson*, p. 293 に引用。
☆59 Michael T. Gilmore, "Emerson and the Persistence of the Commodity," in *Emerson: Prospect and Retrospect*, p. 73 に引用。
☆60 Ibid., p. 67.
☆61 Ibid., p. 68.

に見えてくる」などと、辛辣なことも言ってみせる。[☆62] そして、台頭期資本主義の秩序についてずばりと言ってのけた文章のなかで、つぎのように書いている。

> 《通商》がこのように、その《金銭》、その《蒸気》、その《鉄道》を用いて《自然》を侵略したことにより、人間の平衡を失わせ、バビロンやローマよりも圧政的で新しい《普遍的王制》を樹立するおそれが出てきている。《通商》は、今日の世界の王君である――そして政府は、この気球に比べれば落下傘にすぎない。[☆63]

他方でエマソンは、市場文化がみずからの延命と再生産のために容易に盗用できそうな自我概念の構想を企てる。じつのところ、初期エマソンにおける理想主義的な市場批判から「現実主義的な」市場弁護論へ変わった後期エマソンにおける周知の転換の引き金になったのは、自分の批判が不能であることにたいする自覚である。ここでもまた、この不能の自覚が、政治的には比較的無為にとどまったことにつり合っている。

エマソンの構想する自我は――市場の力が奨励する、変幻自在で可動的で演技的行為にふける自我とよく似て――他人を文字通り食い物にする。自分の歓楽と快感を確保することによって生き長らえる。自然そのものも、自我のエネルギーを賦活する触媒にすぎなくなる。「自我

☆62 Ibid., p. 70.
☆63 Ibid. *Emerson in His Journals*, p. 403. エマソン思想にたいする商品交換経済の影響を論じたギルモアの最新の著作は、*American Romanticism and the Marketplace* (Chicago: University of Chicago Press, 1985), pp. 18-34 を参照せよ。

の内面活動を活性化する手段」というわけである。[☆64] 資本主義的な交換関係においては人間を対象化し、モノに変えてしまう物象化とは異なり、エマソン流の挑発の狙いは、かけがえのない個人を主体化し、人間化することにある。相互に挑発し合い、ともに刺激を享受し合うのが、エマソン流人間関係の理想である。抽象的に理解すれば、この理想は、階級支配に反対し、平等主義的で、民主的である。人格同士の関係の話にとどまっているからである。具体的に考えてみれば、そんな理想は吹っ飛んでしまう。支配的な階級や集団やエリートから排除された周縁的な人びとと関係しないわけにはいかないからである。このようにして、挑発したり、挑発されることで活力を得たりするとエマソンが見立てる自我は、市場の力によって発生させられた道具的な自我に収斂していくとともに、それとの完全な一致にはけっしていたらないのである。

人格（および人種）についてのエマソンの見解

エマソンは、人格の尊厳や価値の擁護者として際立っている。だからといって、すべての人間は生まれついて平等であるとか、どの人間もたがいに劣らず偉大でありうるとかということではない。人格にたいするエマソンの考えは、特定の政治的教義に由来しているわけではないし、神学的な基礎を踏まえているわけでもない。それどころかこれは、彼の企ての出発点であり、究極の目標である。

☆64 Lopez, "Transcendental Failure," p. 126 に引用。

わたしはあらゆる講演でひとつの教義を説いてきた。すなわち、私的人間の無限性という教義である。☆65

しかしながら、たいていのエマソン学者たちは、彼の人格観がどれほど普遍的に通用するつもりで語られていたのかという点に関して、あまりにも手心を加えた扱いをしてきた。私に言わせてもらうなら、彼の理想的な人間像は、複雑で深遠であるとはいえ、人種に関する彼の理解の仕方と不可分である。こう言うわけは、フィリップ・ニコロフが明らかにしてくれたように、エマソンが十九世紀の北大西洋圏に典型的な「穏健な人種差別主義者」であるからというだけではない。☆66むしろ、エマソンが人間を、特定の神話的な存在、台頭しつつあったアメリカの自我、ないし、北大西洋圏のブルジョワ的主体の独特な変種として理解しているという理由にもよっている。この理解のなかにぬきさしならぬ要素として含まれているのは、この時代特有のある種の異人嫌いや人種差別の感情である。とはいえ、エマソンはたしかに、ありふれた人種差別主義者でも、声高な異人排斥論者でもない。彼の人格観が部分的には人種観に依存し、そこに由来しているという点において、アメリカに根深い人種差別主義に染まっている。

エマソンは、当時の科学に遅れないようにするため相当の時間と精力を費やした。その目的はどうやら、自然に関してなるべく最良の知識を得ておくことでみずからの理想主義が補強され、裏づけられたと確信したかったということらしい。彼の読書のなかで「黒人はどこからきたか」という問題に関係する文献は重要な一部をなしていた。☆67まだ若いころに南部に滞在し、

☆65 *Emerson in His Journals*, p. 236.
☆66 Philip Nicoloff, *Emerson on Race and History* (New York: Columbia University Press, 1961), p. 124.
☆67 *Emerson in His Journals*, p. 194.

限られたものながら奴隷制廃止運動の活動に関係したのち、彼はつぎのように書いている。

黒んぼ《ニガーズ》というあの一語の力にたいして、いかなる議論、いかなる雄弁が役立つだろうか。世慣れたひとは、この語を発することで、世界じゅうの反奴隷制協会が束になってかかっていってもその努力をすっかりぶちこわしてしまう。☆68

青年時代のエマソンは、「存在の階層」として自然をとらえるやや伝統的な考え方を抱いていた。そのなかでは、さまざまな人間が、主としてそれぞれのはっきりした人種的素質にしたがって、能力と才能の階層的秩序のなかに位置づけられた。彼は日記をつけはじめてからわずか二年後に、このことに関する未熟な思考をつぎのように記録している。

わたしの信じるところ、「すべてのひとは生まれながらにして平等である」という金言を、いまや誰もが便利な仮説か、大げさな大言壮語でしかないと見なしている。というのも、その反対こそ真実だからである――すべてのひとは生まれながらにして、個人的な能力や、あの本質的な環境、時代、親、国、生家の資産などの点で不平等である。人間の自然史について少しでも知識があれば、以上に加えてもうひとつの重要な点が浮かび上がる。すなわち、ひとがどの集団に属しているか――ヨーロッパ人か、ムーア人か、タタール人か、アフリカ人か――という点である。なぜならば、自然はこれらの異なる人種に異なる

☆68　Ibid., p. 338.

程度の知性を配したことは明白であり、人種間の障壁は乗り越えがたいからである。

　この不平等は、ある人びとが指導的立場につき、ある人びとが仕える立場につくべきであるということのしるしである。

　《人間》と《野獣》という二つの集団について一般的に語るとすれば、両者を分かつのは理性という長所を有するものとそれが欠如しているものとの差であると言える。

　言語の問題だけを除けばゾウの賢明さにもかなわない唇が厚くて額の狭い黒人を、わたしは、十人、百人、千人も街頭で見かけた。さて、こういう手合いがこの賢い動物よりもすぐれた存在として創造され、この動物を支配するようにもくろまれているなどというのは本当であろうか。また、最高水準にある人間たちと比較すれば、アフリカ人はあまりにも低劣なので、アフリカ人と頭のいい野獣とのあいだに存する差異などはとるに足らなくなる。このことからして、この差異はあまり言いつのるわけにはいかないものであるということになる。

　また、以上の点を言わないとしても、卓越した人間の特徴についてはどうか。それはすっくと伸びた姿勢や、天上にふさわしく高められた――命令をくだすのに適した――面貌に見られるのではないか。ところがこの点に関しても、アフリカ人は欠格である。《サル》は《人間》に似ているし、アフリカ人は頽落して野獣に似るにいたっている。だからこの点においても、プラトンの首と最低級のアフリカ人の首とのあいだの差は、アフリカ人と最高級の《類人猿》とのあいだにある差と変わらないだろうとわたしは思う。
それゆえ、野獣とアフリカ人とのちがいが《理性》の点でも顔つきの点でも——つまり、精神に関しても肉体に関しても見出せないとすれば、その区別を立てる根拠はどこにあるのか。そんな区別はむしろ言葉上のもので、偏見にすぎないのではないか。また、アフリカ人は、劣等な動物の高級な部類に属しているのではないか。[☆69]

たしかに、このような考察が奴隷制に反対する議論においてもなされているのは事実であるとしても、それは、この時代の北大西洋圏における科学や文化の実態を露呈していることもたしかである。同様に、エマソンはその思想のなかで天才に中心的な役割を与えているのに、日記のなかでつぎのような嘲りの言葉を書いている。

言葉は、書くスタイルにおいても話すスタイルにおいても、衣類と同様、流行に支配されているということにわたしは気づいた。今日ある黒人は別の黒人について、「あのひとは**興味深い天才**ですね」などと言ったのだ。[☆70]

ここでほのめかされているのは、天才とは何かということがこの言葉を使っている者たちにはわかっていないということだけでなく、この言葉がそんな連中の口にのぼるということ自体

☆69　Ibid., pp. 19, 20, 21.
☆70　Ibid., p. 44.

が、文化の由々しき低水準化の進捗度を明らかにしているということでもある。一八四〇年頃には、アフリカ系の人びとが劣っているのではないかとか、彼らを奴隷制から解放することが必要なのか、また望ましいのかとか、エマソンが抱いたそんな疑念や疑問があからさまになっている。

奇妙な歴史だ、この**奴隷制即時廃止**というのは。黒人というものはきわめて古く、化石形成時代に属する存在にちがいない。そんな夜明け前の人間に、白人やサクソン人が支配する時代という最新文明の光り輝くこの昼間の世界に、のこのこ出てこれるようないかなる権利があるというのか。誰の目にも明らかなとおり、これほどの劣等人種は、哀れなインディアンと同様にさっさと滅びるにちがいない。サラ・クラークは、「インディアンは、彼らの居場所がないので滅びる」と言った。それこそ彼らの劣等性を証す事実にほかならない。優等な者たちにはいつも居場所がある。とはいえ、こういう者たちにたいする憐憫は、どうやら、現世代の倫理教育のために必要とされた。われらの善良な世間は、狭い内輪のなかで、きわめて寛大な心に依拠して身内に接しながら愛の美しさを習い覚えることができなくて、いくぶん風変わりで奇怪なもの、エチオピア産の人間もどきによって刺激される必要があるのだ。☆71

彼としてはもっとも開明的な一八四四年の言明のなかでは、エマソンの人種差別が温和なも

☆71　Ibid., p. 245.

のに変化し、アフリカ系への同情や支援が明確になっている。

ある人種のなかにとうとうひとつの原理、ひとつの理念があらわれると、それが人種を維持する。理念だけが人種を救うのである。黒人がか弱く、現存する他の諸人種にとって重要でないし、最良の人種と対等でないとすれば、黒人は使われ、売られ、根絶やしにされなければならない。だが、黒人が、新しい来たるべき文明の欠くべからざる要素を胸のうちに宿しているならば、その要素に免じて、黒人はいかなる害悪にも力にも環境にも損なわれることなく、生き延びて、役割を演じるようになる。したがって、トゥーサン［・ルーヴェルテュール］が純血の黒人ならば、あるいは［フレデリック・］ダグラスが純血の黒人ならば、そういう人物の到来によって、黒人が英米のすべての人間に勝ることになるとわたしには思われる。全世界の《反奴隷制運動》も［これにくらべれば］、人種間の不均等をはかる天秤にほこり程度の重みを加えるものにしかならず、つまらないお上品ぶりか神経質な反応でしかない。力強い正義はそういう人物の到来としてあらわれる。ここにこそ《反奴隷》が存在する。ここにこそ人間が存在する。そして、もし人間が見出されるなら、黒か白かなどということはどうでもいい。なに、夜になればみんな黒くなるではないか。（中略）わたしはあなた方に言いたい。ひとは自分を救わなければならない、と。黒人であろうと、白人であろうと、男であろうと、女であろうと。他者からの援助などは無に等しい。この祝祭の機会に、黒人種が白人種と競いはじめたと発見してわたしは誇らしく思う。多くの声部、広い音域にわたる大曲のような、われわれが歴史と呼ぶ偉大な世界頌歌のなかで、黒人たちは、長期にわたってごく低くて目立たぬ伴奏を担当してきたあげく、音楽のなかで主旋律部分を力強く奏でる順番がついにまわってきたと気づいている。世界の文明は、黒人の道徳的な特質が不可欠になろうとする昂揚した調子にたどりついた。また、黒人の天才は、それ自体のために誉め称えられなければならない。[☆72]

さらに後年になると、黒人に触れた文章においてエマソンは初期の考え方に後退し、黒人は「ドードー鳥と同様に、博物館行きの運命」にある「最低級の人間」に等しいとみなすようになる。彼のノートブックのひとつには、つぎのように書かれている。

われらの同胞たる人間、奴隷にたいする義務
われわれはあらゆる集いで奴隷の権利を主張するべきである
われわれが擁護すべき彼ら生来の能力を開花させようとしても、それが幾代にもわたり許されてこなかった、愛すべき、喜びにあふれた人種
率直なひとなら、アフリカ人種が、人類家族のなかでなんらかの高い地位をこれまで占めたことがあったり、今後占める可能性があったりするなどと主張できるはずはない、とわたしは思う。彼らの現状が、そんなことはありえないという最強の証拠である。アイルランド人にも無理だ。アメリカ・インディアンにも無理だ。中国人にも無理だ。白人種の

☆72 Ibid., p. 329.

エネルギーに直面しては、他のあらゆる人種が震えあがり、屈服してきた。☆73

過激なセオドア・パーカーの（その著書『アメリカにおける人間の権利』からうかがえるような）奴隷制即時廃止論のなかにまぎれこんでいる人種差別的な議論に表向き言及しながら、エマソンはそういう見解をつぎのように鋭く解剖したうえで、肯定しているようである。

黒人問題の悲しい側面。奴隷制即時廃止論者は（理論上）奴隷制廃止を望んでいるが、それというのも黒人廃止を望んでいるからなのだ。知性の支配に反して、人間を財産として所有するのは暴力であり、野蛮な強制であると彼は見なす。しかし、黒人そのものが、まさにその野蛮卑劣な力の代表者であり、唱道者であるとも考えている。つまり、奴隷を所有するのは白人のなかの黒人的な部分である、と。彼は、ラグリーやマクダフィーや北部、南部の奴隷所有者をもれなく攻撃するが、それもただ彼らが世界の最先端を行く黒人であり、黒人のたたかいをたたかっているからなのだ。彼らが滅ぼされ、法や知的法則が功を奏すようになると、じゅうぶん速やかに、野蛮な本能が黒人のなかにかきたてられ、集中されていると見えてくるであろう。黒人は白人よりも低級なものとして創造されている。だから、隙さえあれば人びとを食らい、さらい、拷問する。黒人はひとまねばかりして、二流であり、要するに成功したところで反動的なだけである。そして、精神や道徳の分野においてはなにひとつ独創性をそなえていない。☆74

☆73 *The Journals and Miscellaneous Notebooks of Ralph Waldo Emerson*, Vol. 12, ed. Linda Allardt (Cambridge: Harvard University Press, 1976), p. 152. トマス・カーライルの『ニガー問題』と『当世パンフレット』について、エマソンがカーライルにあてて書いた手紙も参照されたい。*The Correspondence of Thomas Carlyle and Ralph Waldo Emerson, 1834-1872*, Vol. 2 (Chatto, Windus, and Piccadilly, 1883), p. 192n.

☆74 *Selected Writings of Ralph Waldo Emerson*, pp. 158-59.

エマソンが一八四五年にロバート・チェンバーズの『創造のなごり』を読んだことによって、「存在の階層」という見方から進化論的な見方へ変わっていったと言いふらされているけれども、人種間にはっきり識別できる差異があるとする教義を信奉していたり、人種多原発生説にたいして（親友のハーヴァード大学教授ルイス・アガシのような奴隷制即時廃止反対論者たちがこの学説を利用することに反対したとはいえ）どっちつかずだったりしたように、彼はまだ人種差別の土壌に根をおろしていた。言うまでもなく、このような見方に立っていたために、エマソンは非ヨーロッパ系の人びと（および白人女性）の能力や可能性をほとんど認識できなかった。☆75

しかし、人格に関するエマソンの思索において人種が大きな意味をもっていたのは、環境や運命や限界――そして究極的には歴史――などの観念と人種が関連していたからである。諸個人の人間としての力は動かしがたい拘束のもとにおかれていることをエマソンがしぶしぶ認めるようになったのは、主として、各人がおのれの人種上の出自や資質と結ぶ関係について考えた結果であった。彼の言説における文彩としての人種が意味しているのは、環境に類したもの、条件づけられたもの、運命づけられたもの――たとえ例外的な個人であれ、個人の意志に限界を課すもの――である。要するに、エマソンは、人格と人種との関係を納得のいくように説明しようとしたために、歴史――もちろん自然の歴史のことだが――に突きあたってわれに返る過程に突入し、引き込まれていったのである。一八四五年の日記には、「人間の」歴史に

☆75　女性に関するエマソンの考え方がうかがえる好例は、彼のエッセイ「女性」と日記のなかのつぎの二箇所に見られる。「男性は意志のかたまりで、女性は情緒のかたまりである。人間というこの船において、「意志」は舵であり、「情緒」は帆である。女性があえて舵を取ろうとすれば、舵は仮装した帆になってしまう。女性が技術や貿易に従事するとき、それは主要目的としてではなく、ふつうは手段として従事するのだ。愛情の生活が彼女らにとって第一義的であるから、通常どんな職業や経歴についても、適当な結婚の機会があれば、みずから拍手し、また世間の拍手に送られて、あっさりやめてしまう。そして彼女らは、もっぱら愛情に献身して、運命のすべてを結婚というさいころに賭け、夫と子どもの繁栄に熱をこめて専念する。」Allen, *Waldo Emerson,*

関する二つの構想に引きつけられているということをつぎのように書いている。

ひとつの考え方は科学的ないし懐疑的であり、人間の起源を漸進的構成や沈降運動や洗練から引き出す——黒人から、類人猿から、水滴に棲息する野蛮な極微動物から徐々に進化し、緑藻類《ヴォルヴォックス・グロバトール》の一種から十九世紀の知的人間にいたるまでの過程としてとらえる。もうひとつの考え方は、信者や詩人の信念にみちた歴史であり、つねに神秘家や信心家によって宣せられるもので、堕落の歴史、古代の壮大な遺跡によって実際の歴史学で証し立てられている、すぐれた純血人種からの転落の歴史としてとらえられる。☆76

対立する二つの構想双方において、人種が大きな役割を演じている。このことがきわめて明瞭に見てとれるのは、エマソンの著作のなかでもっとも看過されている『イギリスの国民性』(一八五六)においてである。☆77 一方で、歴史は自然と同様、野蛮から文明への絶えざる上昇であり、それは挑発、挑戦、征服によって推進される。このような進歩を想定したら、野獣のような人種、凡庸な人種、洗練された人種といった、異なる人種の存在が必要だった。エマソンの主張によれば、黒人やインディアンからサクソン人へいたるこのような進歩や発達は、容易に目につき、否定しがたい。他方で、「人種にそなわる天才」すなわちとりわけ詩人の力や幻視や清新さが発揮される、沸きたつばかりの上昇期が過ぎると、下降期が始まる。そういう「人種の」先駆者たちの創造的エネルギーは、挑発が減退し、停滞があらわれはじめ、懐旧が目立っ

pp. 559-60 に引用〔引用訳は原島善衛訳「女性について」、前掲『エマソン選集4・個人と社会』、一五〇—五一頁〕。「正気の女性はほとんどいない。女性は色彩を帯びた雲気を発しているといってもよい。色彩を帯びた光の氾濫を送り出している。女性はいつもそのなかを歩み、この暖かな色づいた霧に包まれながらあらゆる対象を眺めている。男性は、それと同程度に気分に左右されるということはない。というのも、男性のなかには、まったく自分の外部に存するものに合わせて生きる者たちが大勢いるからだ。政治とか、通商とか、文筆とか、芸術とかに向かい、体質のいかなる影響にも妨げられないのだ。」*Emerson in His Journals*, pp. 431-32.

☆76 Nicoloff, *Emerson on Race and History*, p. 234 に引用。

☆77 ハワード・マンフ

てくると、退潮していく。フィリップ・ニコロフがつぎのように的確に記しているとおりである。

上昇と没落を必要不可欠とするこのような教義にエマソンが惚れこむようになった動機は、かなりわかりやすい。これは、彼のお気に入りだったたぐいの十把一絡げの歴史的一般化であった。詩的芳醇さを湛えた見方であり、偉大なる父祖たちにたいする崇敬であり、いかなる時代でもほんのわずかの人びとしか与りえない、知性の神々しい領域を奉るなかば宗教的な考え方であった。さらに重大なことにこれは、アメリカの運命にたいするエマソンの、揺らぐことのない、とはいえときには不安をぬぐい去ることもできない、確信を支える教義であった。このおかげで、アメリカの未熟さや若さゆえの無知、さらに途方もない自慢癖さえ好ましいものとして解釈してみせることができた。アメリカは若い、ヨーロッパは古い、あとは歴史的必然性にまかせておけばいい、というわけである。ヨーロッパ人が批判がましい難癖をつけてきても、無視しておけばいい。アメリカが嬉々としてインディアンやメキシコ人たちの絶滅を図っていることの不道徳ささえも、哲学的な忍耐をよりどころにして処理していける。[☆78]

それゆえ、歴史、環境、あるいは運命と折り合おうとするエマソンの最初の注目すべき試みは、有名な「運命」が収録されている『いかに生くべきか』(一八六〇)ではなく、『イギリスの

ォード・ジョーンズは、この書物のある版につけた興味深い序文のなかで、つぎのように述べている。「エマソンは理想主義者であるが、現実主義的なヤンキーでもあった。そして『イギリスの国民性』を書いていたときほど彼がヤンキーだったことはない。この書物の調子は、たとえば『自然』の調子と根本的に異なっているので、もしいまから千年後に両書が発掘され、著者名が失われていたら、三十一世紀の慎重な学者は、あえてこれら二著が同一の著者に属すると見なすようなことをするはずがないであろう。」Emerson, *English Traits*, ed. Howard Mumford Jones (Cambridge: Harvard University Press, 1966).

☆78 Nicoloff, *Emerson on Race and History*, pp. 236-37.

国民性』(一八五六)のなかに見出される。「人種」と題されたきわめてややこしいエッセイのなかで、彼は自分がかつて奉じていた「天才」(力)を「歴史的に」位置づけ、条件つきのものとみなそうとしている。

アルフレッド大王とか、ロジャー・ベーコン、ウィリアム・オヴ・ウィカム、ウォルター・ローリー、フィリップ・シドニー、アイザック・ニュートン、ウィリアム・シェイクスピア、ジョージ・チャップマン、フランシス・ベーコン、ジョージ・ハーバート、ヘンリー・ヴェーンというような人物が、如何にして此土に現われるようになったのであろうか。何物が果たして此等微妙なる天性を造りなしたのであろうか。そは空気であろうか、海であろうか、はたまたその双親であろうか、此等の人物とて、皆その同時代の人びとの標本であることは、疑うべからざる事実であるから、傾聴するの耳は常に語るところの舌に近接して存するものである。如何なる天才も、その周囲の人びとによって求められ、また喜んで受け入れられざる何事をも、久しきにわたり、あるいは度を重ねてこれを口に上すことはできない。

インドにおける幾億の生霊を、北欧遙遠の一小島国の統治下におくは、これ全く人種の力にあらずして何であろう。世に言いなさるごとく、ケルト人種は皆悉く旧教徒にして権力の統一を好み、サクソン人種は皆悉く新教徒にして代議主義を好むの事実が果たして真であるとすれば、人種の力もまた大なりと言わねばならない。人種はまたユダヤ人にあっても一種統御的の一大勢力であって、二千年の久しき、如何なる風土気候にあるも、彼等は常に同一の品性と職業とを持続し来たったのである。黒人間における人種の勢力に至っては、さらにまた恐るべきものがある。☆79

「天才」をこのように位置づけ、条件づけるための補足としては、「人種はその力を持続せんと不朽に努力する」とはいえ、「人種的統一の傾向を中和する力」が持ち出される。☆80 エマソンにとって、人間の力や幻視や清新さを制約するものとの格闘は、なによりもまず、歴史のなかで人種が果たす役割をどうとらえればいいのかという問題にほかならなかった。

　エマソンは最重要エッセイ「運命」のなかでさえも、個人の意識や意志の可能性や潜在力に制限を課す主因が人種にあると明確に述べている。

> 科学なら二つのものを考慮にいれなければならない。活力と状況とをだ。（中略）かつては積極的な力こそすべてだと思いこんでいた。いまでは消極的な力、つまり状況が、残りの半分だとわかっている。「自然」はうむを言わさず抑えつけようとする状況だ。分厚い頭蓋骨、皮におさまった蛇、どっしりした岩さながらの顎、せずにはすまぬ活動、無理無体な指図、たとえば機関車のように、軌道を走っていれば申し分なく強力だが、はずれてしまうと害悪しか産み出せない道具なるもののさまざまな条件、あるいは氷の上では翼だが、地面の上では足枷になるスケートもそうだ。

☆79 Emerson, *English Traits*, p. 30.〔平田禿木訳『英國印象記』、『エマアソン全集第五巻』国民文庫刊行会、一九一七年、復刻版、日本図書センター、一九九五年、七六―八頁〕

☆80 Ibid., pp. 30, 31.〔同右訳書、七九、八一頁〕

《自然》の本は《運命》の本だ。（中略）地球の表面が冷えて乾き、すべての人種が改良されて、ついに人間が生まれる。だがひとつの人種がおのれの任期を生きてしまうと、もう二度とあらわれることはない。

歴史を辿れば、人種というものがどれほどの重みをそなえているかがわかる。イギリス人、フランス人、ドイツ人が、アメリカやオーストラリアのあらゆる岸辺、あらゆる市場にしっかりと足跡をしるし、これらの国の商業を独占していくさまが見える。われわれは、人類という一族のなかで、われわれ自身の支脈にそなわる、逞しくつねに勝者となる気性が好きだ。われわれは、ユダヤ人の、インディアンの、ニグロの足どりを辿る。ユダヤ人を絶滅しようとして、どんなに多くの意志が空しく費やされてきたかがわかる。ノックスが「人種に関する断片」のなかで述べた不快な結論を見たまえ、——性急で、とうてい満足できぬ著述家だが、痛烈で忘れがたい真実はどっさりそなえている。「自然は人種を尊重して、雑種には冷淡だ。」「どんな人種にもそれぞれの本場《ハビタート》がある。」「移民団を人種から引きはなしたら、とたんに蟹に身を落とす。」

飢饉、チフス、霜害、戦争、自殺、活力を失った人種、これらは世界の組織のあてになる部分だと見なされねばならない。

こういう奔流さながらの趨勢に抵抗しようとするわれわれの力たるや、ばかばかしく思えるほど不釣り合いで、せいぜいのところ、数百万人からの強制を受けているときに、わずかひとりの少数派によってなされる批判や抗議程度のものにしかならない。

われわれはこの事実を、つまり草花を植えこんだ庭園の土中から頭を出してあらわれてきた世界の核心を、軽くあしらってすますことはできない。人生を描いた絵なら、醜悪な事実を認めぬかぎり、いささかなりとも真実味をそなえているとは言いがたい。人間の能力は必然性という一本の箍をはめられている。

このようにして、物質、精神、道徳のなかに――人種のなか、地層のさまざまな遅滞、思考や品性のなかにも、「運命」のあることがわかる。[☆81]

エマソンは、運命の主、制限の限界に論及するにいたると、具体的な例として「宿命を誇らかに信じる者たち」たる「本能に忠実で英雄的な人種」をあげる[☆82]――さらにあからさまに、つぎのように書いている。

自然がなんとしても手放したがらぬ堂々たるサクソン民族は、遠いかなたのイングランドに千年のあいだ閉じこめられたあとで、百のイングランド、百のメキシコを与えてくれ

☆81 Emerson, "Fate," *Selected Writings of Ralph Waldo Emerson*, pp. 384, 385, 386, 387, 388.〔引用訳は、酒本雅之訳「運命」、前掲『エマソン論文集』下、一九六―八頁、一九八―九頁、二〇一頁、二〇二頁、二〇四頁。〕

☆82 Ibid., p. 389.〔同右訳書、二〇六頁〕

る。この民族は、ありとあらゆる血統を吸収して、支配するにちがいない。そのうえあまたのメキシコばかりでなく、水と蒸気にそなわる秘密、電気の激しい力、金属のしなやかな性質、空を行く壮麗な車、舵の付いた気球が、君らの行く手に待っているのだ。

運命の教訓は、わたしだとて認めるが、たしかに非常に忌まわしいものだ。運命には改良ということがつきものだ。宇宙にそなわる上昇の努力を認めないかぎり、《宇宙》についてどんなことを述べたてても、まず正当なものになる見込みはない。全体であれ部分であれ、こぞってめざす方向は、利益をあげる方向であり、健康であることに比例している。ありとあらゆる個人の背後で生物体が扉を閉ざし、行く手では自由が、──《より良いもの》、《もっとも良いもの》が、扉を開く。劣っている最初の人種はすでに死んだ。二番目の不完全な人種は死滅しつつあり、あるいは高次の人種を成熟させるためにとどまっている。もっとも新しくあらわれ出た人種、つまり人間においては、寛容な態度を示すたびに、新しい知覚を得るたびに、自分の仲間たちから愛や賞賛をやむにやまれぬ思いで捧げられれば、それがすなわち運命から自由へと進み出た証明書だ。[☆83]

エマソンは北大西洋圏の典型的な人種差別主義者だとか、彼独特の人種差別は欧米によるネイティヴ・アメリカンやメキシコ人にたいする支配や絶滅政策を単純に合理化しているとか、そんなことを私は言いたいわけではない。それどころか、異人種間の生理的な不和合性（それゆえ人種間の厳密な境界設定）を主張したジョン・ノックスの説を受け入れず、人種の「混

☆83 Ibid., pp. 393-94, 395.〔同右訳書、二一五、二一七、二一八—一九頁〕ここにおける主張は、「ほんとうのところエマソンは、自分の読んだ人種理論家たちの著作をあまり信用していなかった」(*English Traits*, p. xx.) などという、ハワード・マンフォード・ジョーンズの言い訳がましい言葉にたいする真っ向からの否定になっている。

合」を是認したエマソンは、どちらかと言えばリベラルな「人種差別主義者」だったということになる。そのうえ、インディアンやメキシコの主権をエマソンが精神的に支援していたことはよく知られている。もっとも、歴史を有機体と考える彼の見方のために、この「性分に反した」支援はかなり迫力不足で、無効になっている。テキサス併合については、つぎのように書いている。

　じつに確実なことだが、強力な英国人種は、いまやこの大陸の大部分を蹂躙してしまったし、あの地域〔テキサス〕も、メキシコやオレゴンも蹂躙するにちがいない。そして、いかなる特定のできごとや方法でそれがなされたかなどということは、時代が経てばどうでもいいことになるであろう。そんなことは世俗的な問題にすぎない。☆84

『イギリスの国民性』のなかでエマソンは、イギリス人の「動物的活力」や、遺伝的に（主としてノルマン人から）受け継いでいる「あふれるばかりの男らしさ」こそ、イギリス人が振るう権勢を持続させる力の源であり、新しい難題を挑発したり、その挑発を受けとめたりする力量の基盤となっているものであると見ている。没落や頽廃、衰微や減退のまぎれもない兆候は、そういう活力や男らしさの消滅、意志や挑発の欠如なのである。

　私が言おうとしているのは、人格の価値や尊厳に関するエマソンの考えには人種がまとわりついているということ、人格を形成する歴史的環境に関するエマソンの理解にとって人種が中

☆84 *Selected Writings of Ralph Waldo Emerson*, p. 119.

核をなしているということ、そしてまた、このような理解の仕方が、アングロ・サクソン人による非ヨーロッパ系の国々や国民にたいする帝国主義的な支配の擁護論として容易に役立ちうるということである。こういうわけだから、人種をめぐるエマソンの考察は、彼の思想にとって周縁的なものでも余分なものでもない。それどころか、これらの考察は、のちに歴史や環境や運命や限界に思索を転じていくにあたって足場になっていく。フィリップ・ニコロフが的確にもつぎのように結論づけているとおりである。

われわれはこう言わざるをえない（中略）「透明の眼球」は、普遍的存在の悦ばしい流れのなかに身を浸すことがだんだん少なくなり、地質学や生物学によってとらえられた自然史という堅固な書物を調べることに多くの時間を費やすようになっていった。エマソンは人間の過去、現在、未来を説明するのに、人種の種子や環境の運命づけられた周期的変化に内包される、長期間にわたるなんらかの宿命に関連づけるやり方へますます傾いていった。主要な関心事はもはや、私的な法悦の可能性にはない。それよりも、人種としてとらえられた人間が「おぞましい起源」という「深淵」から抜け出し、豊かな未来像へ向かっていやおうなく前進していくときの、果てしのないページェントにとりつかれていた。その未来像も、いったんはとらえたと思っても、爛熟から勢力失墜へ退潮していくほかない。ものごとの流れにうまく乗って泳いでいけるか否かは、人間の意志力が全然あずかり知らないところで決められてしまうみたいに見えることが多くなる。上昇する人間を、自

然が好き勝手に都合のよいときに選び出すのだった。[☆85]

エマソンは、人間の意志や人格が条件によって左右されるものだということに思いをいたしながらも、悲劇的な世界像へ接近することはなかった。それどころか神秘主義的傾向を深め、事物の本質にたいする信念を強め、そして、「帝国を築くサクソン人種」による膨張主義的な世界制覇にみずからを(完全にとはいかないまでも)適応させていった。この制覇が永遠につづくものでないことは承知していたけれども、当時のアメリカが見せていた輝かしい将来性を踏まえれば、北大西洋圏文明の没落について予測してもあまり意味がないと思えた。だから、彼の後期のメッセージは明白だった。すなわち、人格の価値は壮大であり、偉人たちの意志は強力であり、運命の(上昇する人種と下降する人種によってあらわされる)循環にはなにものも逆らえない――ただし、この循環はさしあたり西方優位へ向かって進行中である――というのだ。

有機的知識人としてのエマソン

個人、理想主義、主意主義、楽観主義、改善、実験主義といったエマソンの主調となるテーマは、アメリカのプラグマティズムのテーマを予兆している。明確なアメリカ主義を表現するための、力や挑発や人格についての特定の解釈に根ざしていた彼の複雑な論述は――すなわち、このイデオロギーの内容も、それを提示する仕方も――アメリカのプラグマティズムの出現や

☆85 Nicoloff, *Emerson on Race and History*, pp. 245-46.

発達を深部から規定していた。そのうえ、エマソンが支持者層を築いたときのやり方は、今日にいたるまで米国のプラグマティストたちにとってのモデルになっている。

これまでの各節で私は、力が伝統と切り離しがたく結びついているし、挑発が市場と、人格が人種的支配関係と結びついているというのがエマソンの考え方であると示唆してきた。この節で私が注視しようとするのは、観念と制度、言説とインフラストラクチャー、知的実践と社会の構成様式のあいだに認められる、これらの重要な結びつきや連携関係である。じつのところ私が言おうとしているのは、これらの連関を敏感に察知し目を離さなかったからこそ、エマソンは、ヨーロッパの哲学者たちがとらわれていた認識論的な問題を回避することがある程度できるようになったということなのである。すなわち、エマソンは自分の企てを、ある形式を帯びた力、一種の挑発として構想し、自分を、そのほかならぬ存在感つまり活動によって世界を変える不屈の人物として理解した。ルネ・デカルト、ジョン・ロック、デーヴィッド・ヒューム、イマニュエル・カント、G・W・F・ヘーゲルのようなヨーロッパ哲学の巨人たちとは異なり、エマソンは知を、正当とされ、根拠づけられ、特権化された一組の現実再現表象と見なすのではなく、人間の意志によってもたらされた道具的な装置と見なした。そのとき、意志は人間の利害によって方向づけられているし、利害は他の人間や自然との交渉から生まれてくるのである。エマソンは近代哲学にほとんど我慢がならなかった。というのも、パスカルやキルケゴールやニーチェと同様に彼は、近代哲学が抱えていた認識論中心の問題機制をはねつけたのである。[☆86] 偶然的な質を固定する静的実体中心の言語、あるいは静止した客体を表象する現

☆86 基礎づけ主義的認識論に関する懐疑についてエマソンは、つぎのような警句を飛ばしている。「わたしが都会や田園で交わる世界は、わたしの思想の世界ではないことをわたしは知っている。わたしはその相違に気づいているし、将来もそれを忘れないであろう。そして、いつの日にかわたしは、この矛盾のもつ価値と法則とを知るようになるであろう。わたしが知るかぎりでは、思想の世界を現実化しようとする小手先だけの試みからは、多くのものは得られなかったようである。多くの熱心な人びとが、相次いで、こんなやり方で実験を試みるが、笑止な姿をさらすだけのことになるのが一般である。」"Experience," p. 347.〔前掲小泉訳、二一五頁〕伝統的認識論の見方にたいするエマソンの拒絶についての詳述は、Van Leer, *Emerson's Epistemology*, pp. 188-207 を

実遊離の観念、あるいはあらゆる理性的な主体によって保持される普遍的な精神機構などといったもの――つまり、石化した素材から引き出されたカテゴリーで鋲止めされた言語――に、エマソンは甘んじていられなかった。それよりもむしろ、試行的な戦略や、歴史的偶然性をともなう機能や、頼りになる戦術や、有益な技巧をそなえた言語を好んだ――こういう特徴こそ言語そのものの特質であるとみる、ウィトゲンシュタイン的な深い洞察をいつも見据えていた。その特質とは「流れることであり、凍てつくことではない」。

> 言語はすべて乗物に似ていて移動性をそなえ、渡し船や馬のように運搬には適しているが、農場や家屋のように居住するには不向きだ。☆87

そのうえさらに、近代哲学にたいするエマソンの代替策は、近代哲学を新しい哲学的な問題機制に置き換えることでもなければ、厳密かつ厳格な懐疑主義によって近代哲学を否定することでもなかった。それどころか、エマソンは近代哲学を**回避する**。すなわち、（1）哲学が確実性を探究したり、専門家として、つまり科学的な体面をとりつくろったりすること、（2）哲学が基礎づけを求めること、以上二つのことを、独創的なやり方で巧みに拒絶するのである。この明確にアメリカ的な拒絶こそ、のちの米国プラグマティストたちの感性や心情を育て上げるための坩堝である。

拒絶のかわりにエマソンが追い求めるのは、力の探索にふけるある種の文化批評であり、挑

参照せよ。ヴァン・リーアはつぎのように結論をくだしている。「エマソンは、彼の初期に見られる認識論における物象化の傾向と戯れることなく、全体の安定性と局部の自由との両方を許容する原プラグマティズム的真理論を粗描している。（中略）後期のエッセイ全般、およびとりわけ「運命」のなかでエマソンは、「経験」まではあれほど目立っていた認識論構築の企てにたいする無関心を表明していると思われる。」(pp. 206, 207)

☆87 Emerson, "The Poet," *Selected Writings of Ralph Waldo Emerson*, p. 322.〔酒本雅之訳「詩人」、前掲『エマソン論文集』下、一三八頁〕この問題に関する水際だった考察としては、Richard Poirier, "The Question of Genius," in *Ralph Waldo Emerson*, ed. Harold Bloom, pp. 163-86, および Poirier, *The Renewal*

発をてこにして絶えることなくつづけられる実験的な探究であり、自我（とりもなおさずアメリカ）の強化や拡張にたいする期待である。この追求のおかげでエマソンは、意味と情感が張りめぐらされた織物を仕上げる行為と、支配や搾取の構造を批判する行為とが交差する「血なまぐさい十字路」に立つことになる（「これらの文章を切ってみよ。そうすれば血を吹くであろう」、また、「インクで印刷された本にたいして、肉と血からなる本で答えよう」[☆88]）。かくしてエマソンは、開かれた空間に新たな天職を創り出し、過去の（文飾《トロープス》と軍隊《トループス》に支えられた）圧政を乗りこえる人間的自由の新たな歴史を（修辞的に）開始するほかなくなる。エマソンが近代哲学を回避するのは、それが間違っているとか、正当化できないとか、つまらないとかという理由からではなく、それが老朽化し、時代錯誤になり、彼の選んだ課題に照らして古くなってしまったという理由からなのである。ついこのあいだまで自由の欠如していたヨーロッパらしく、デカルトのいうヴェールとしての観念は牢獄であり、ヒュームの懐疑論は精神病者のための社会復帰訓練所であり、カントの二元論はあまりにも人間を弱体化させる。エマソンは多少ヘーゲルと共鳴するところがあるが、「必要以上に機械的なものにかかずらう」[☆89]結果を招くような、方法にたいするドイツ人の執着心をしりぞける。このような執着心は、叡知を愛するためよりも、知的専門職の文化――（驚くにあたらないけれども）一八七一年まで分裂していたドイツ民族のなかで知的エリートの統一を可能にした唯一の文化――を再生産するために生じているので、エマソンの個人主義にそぐわず、毛嫌いされることになる。エマソンは規則で管理されたプールで泳ごうとはしないし、他人に自分の泳法を真似させようともしない。

of Literature: Emersonian Reflections (New York: Random House, 1987), pp. 3-94, 182-223 を参照せよ。

☆88　エマソンの言葉のうち最初のものは、洞察にみちた Robert Frost, "On Emerson," in *Emerson: A Collection of Critical Essays*, p. 13 に引用されている。二番目は、*Emerson in His Journals*, p. 257 からの引用である。

☆89　このすてきな表現は、エマソンを初期ハイデッガーと比較した――両者を「気分の認識論の一種」の擁護者とみなす――スタンリー・カヴェルの論述から借りてきたものである。Stanley Cavell, "Thinking of Emerson," p. 125 を参照せよ。

わたしは、二十五年ないし三十年にわたって、かつて斬新と呼ばれたことを書いたり語ったりしてきたが、いまなお弟子ひとりいない。なぜか。わたしの述べたことが真実でなかったからではない。聡明な受け手に出会わなかったからではない。人びとをわたしに引きつけたいという気持ちからではなく、彼ら自身にみずからを省みてもらいたいという気持ちから述べたからである。人びとを自分から追い払うことにわたしは喜びを覚える。人びとがわたしのところへやってきたら、わたしは何ができるだろうか。人びとはわたしの妨害をして、足手まといになるだろう。こう言うことでわたしは、なんの流派も創始せず、門人をひとりももたないと自慢しているのだ。独立をもたらさないような見解なら、それこそその不純さの尺度となると見なすであろう。[☆90]

近代哲学を回避するということは、哲学という専門分野からその立派そうな風采を剝ぎ取り、それが過去に根ざした（修辞、政治の両方面における）権力に頼る構造と結託していることを暴き立て、文化や社会を活気づけたり揺さぶったりする知的実践をしてみせる、つまり、そういう効果をもたらすさまざまなジャンルや文体のテクストを産出することを意味する。すでに見たとおり、エマソンにとってこれが帰着する先は、社会革命でも文化的大変動でもなく、人格的高潔さや個人的良心に立脚した道徳的逸脱である。エマソン流の文化批評——したがって、大半のアメリカのプラグマティズム思想——の目標は、人格の道徳的発達をめざして

☆90 *Emerson in His Journals*, p. 484.

力を増大させたり、挑発を広めたりすることにある。

アメリカ政治。わたしの信じるところ、アメリカの事業とはなかんずく、十全な道徳をそなえた人類の先進的な知性を実際的なものにすることである。宗教や必然性にかかわる古い伝統にたいする信頼があらゆる方面で崩壊しつつあるので、道徳的感情の全能性へ回帰するべきこと、アメリカではこのような確信が、法律や法制度、国際法、政治経済学のなかに体現されなければならないということである。[☆91]

このエマソン的な目標の意識されざる裏面は、伝統を打ち棄て、市場を奉ることであり、それを通じてサクソン人種は、自然や、自然と結びついている人びと、つまりインディアンやメキシコ人や黒人や女性にたいする帝国主義的支配をおこなっている。エマソンが近代哲学を回避するのは、彼が伝統を打ち棄てるときのやり方のひとつである。それはまた、彼が自身の知的自己信頼を発揮するときの手段のひとつである。彼は、先行した人びとの問題機制や語彙の虜になったり、それにとらわれたりすることを拒否する。このエマソン流の――神話に根ざしていると同時に新しい神話を産み出す――拒否は、彼がみずからを有機的知識人に仕立てあげ、自分がイデオロギー的、道徳的指導権を及ぼす支持者層を築くためにふるう修辞戦略や道具の核になっている。

エマソンの躍進を可能にした三つの主要な歴史的座標は、ヴィクトリア朝風文化に染まった

☆91　Ibid., p. 536.

ニューイングランドの文化的変貌、発生期の産業資本主義社会秩序から生じた経済的反響、新しい第一世代の経験したアイデンティティ・クライシスである。文化的変貌の内実となっていたのは、瀕死のピューリタニズムの伝統から派生した「苦悩せる良心」を克服すること、および、ぎこちないユニテリアニズムの冷たい合理主義にとってかわる自前の内発的な神話を創出することである。資本の――「処女」地を必要とし、新しい労働力となった黒人、茶褐色人、赤色インディアン、黄色人、白人を搾取する――急激な本源的蓄積から生じた経済的反響としては、恐慌や不況、好景気や選ばれた人びとの繁栄が見られた。そして、国民的なアイデンティティ・クライシスは、市民を統一するこの上なく強靱な絆への注目を高めた。つまり、帝国主義的膨張の現実、民主的伝統の理想化、個人的充足の追求への意識を強めたのである。

この歴史的コンテクストによってエマソンの効果的な問題機制や語彙は形づくられた。ニューイングランド出身という背景からは、人生を根本的には道徳的な過程と見なす考え方につながる個人の良心への根強い関心を受け継いでいる。成長しはじめた市場の活動によって、偶然性や流動性、予測不可能性や変動性にのめり込む姿勢を育み、養った。そして、ポストコロニアルでありながら帝国主義的なアメリカが、国民としての自己規定をみいだす必要に迫られていたことに促されて、自己信頼と自信を軸とする独自の市民宗教を打ち立てた。エマソンの生存中に起きた大きな国民的事件としては、アンドルー・ジャクソンの大統領選挙勝利（一八二八年）、一八三七年の恐慌、メキシコ戦争（一八四六―四八年）、南北戦争（一八六一―六五年）、急進派による南部再建（一八六五―七七年）、さらにきわめて重要なできごととして、全インディアンの郷土からの強制移住、および、アメリカ産業労働者階級の創出があった。これらの事件のうちいくつかにたいするエマソンの政治的反応は、個人的良心にもとづく道徳的批判であり、ときには個人的な行動である。他の事件――とりわけ急進派による南部再建――にたいして沈黙を守ったことは、彼の後期の思想の方向性に照らしてみれば、それ自体として意味深い。しかしながら、(伝統を簒奪するような)力や、(市場を恐れると同時に市場に魅入られての)挑発や、(人種や歴史や環境に取り囲まれた)人格をめぐる彼の複雑な修辞は、皮肉にも、これらの事件――主としてサクソン系男性エリート集団の利害にかなうアメリカ国家の帝国主義的膨張――を貫く主調を合法化し、合理化して、変貌を遂げつつあったアメリカ・イデオロギーのためのほかならぬ構成要素を提供している。

エマソンの私生活における大きなできごと――最初の妻エレン・タッカーの死(一八三一年)、ユニテリアン派教会の牧師職からの辞職(一八三二年)、最初のヨーロッパ旅行(一八三三年)、エレンの遺書にもとづき、マサチューセッツ州最高裁で勝訴したことによる多額の遺産の獲得(一八三四年)、公開講演者という新たな職業人としての出発(一八三四年)、二人目の妻リディア・スティーヴンソンとの結婚(一八三五年)、弟チャールズの死、および『自然』の出版(一八三六年)、息子ウォルドーの死(一八四二年)、戦闘的反奴隷制論者ジョン・ブラウンにたいする公然とした支持表明(一八五九年)、ハーヴァード大学客員講師職着任(一八七〇年)、自宅の焼失(一八七二年)――これらの経験によって、いかなる限界や拘束にさからっても道徳的に逸脱することを恐れないという彼の深い信念がかきたてられ、支えられた。愛する者の死であれ、教会の権威であれ、ヨーロッパの過去とか、大学の伝統とか、古くからつづく奴隷制とかの重荷であれ、立ち向かっていくのである。「父親ぶった顔をされること」への反発――いかなる前例に見習った条件にも、制約を受ける環境にも押さえつけられることへの拒否――を貫くふてぶてしいエマソン的な姿勢は、ポストコロニアルなアメリカ国民の膨張主義的感性の裏づけになっている。それは、堂々としたエマソン的な道徳主義が、帝国主義的なアメリカの征服者じみた野望の正当性に疑問を突きつけるのと表裏一体なのである。

アメリカの膨張主義を修辞的に支持しつつ、それが人的犠牲をもたらすことを道徳的に論難するという、この手の込んだやり口こそ、エマソンが公人として成功するための鍵である。征服者と被征服者、強者と弱者にたいするこの二重意識、二元的な忠誠心は、負け犬のことをいつも気にかけているくせに、勝ち犬になることを宿命づけられている（と信じている）国民にとって、おおいに魅力のある心情であった。エマソンの道徳的批判はたしかに誠心から出ている。とはいえ、先に見たとおり、政治的には不能である。それどころか、その主要な機能は、アメリカ膨張主義の「不可避性」を認めながらも、それを認めれば暗に自認せざるをえないと思われる非道徳的な自己像は受け入れられない道徳家の「うしろめたさ」を解消してやることである。言うまでもなく、後期エマソンは、人種や歴史や環境について独自の考え方をするようになったおかげで、このような「不可避論」ともっと容易に折り合えるようになる。それでも、後期エマソンさえ、運命に関する強烈な教義を奉じる道徳家にとどまっている。

エマソンの修辞戦略は、プチブル教養層のなかの穏健な体制批判分子――すなわち、個人の成績を重視するエリート主義的な考え方に与しつつ、民主的であると自任する、あの「教養ある」サクソン系の紳士たち（およびごく少数の白人女性たち）——に向けられていた。驚くにあたらないが、エマソンはジャクソン大統領支持者たちの俗悪さや粗野さをけなしながら、彼らの民主主義観の一部には共鳴する。[☆92] エマソンがジャクソン大統領支持者たちから民主主義思想を切り離すのは、ある程度は、彼らを彼らなりの強欲、腐敗、不正、利己主義に駆られて出世を企む成り上がり《パルヴニュ》のプチブルと見てとるからである。だがそれだけでなく、経済的な繁栄と社会的地位にたいする彼らの執念が、インディアン強制移住や奴隷制即時廃止論反対といった悪辣な政策にもっとも顕著に示されているように、根っから道徳的な良心に欠けていることのしるしでもあるとエマソンは見ている。[☆93] ジャクソン大統領支持者たちと張り合うエマソンの敵意はまた、国民の民主的伝統にたいするイデオロギー的な統率力をめぐっても、ミドルクラスの改革者という新しい支持者層にたいする政治的な統率力をめぐっても、彼らがエマソンのライバルだったという事実に起因している。ジャクソンは支持者たちに、手応えのある行動主義や具体的な利益や政治的熱狂を提供した。エマソンが提供したのは、観照的な思索や人格的な高潔さや個人的良心であった。とはいえ、力と膨張と無際限を振りかざす修辞は、両者ともに共有している。

　したがって、エマソンの企てを支える主たる社会的基盤は、金銭的利害で動く保守派から疎外された穏健な体制批判的インテリ層と、利益だけでなく「教養」にもあこがれる、たとえばミシガン・サザン鉄道会社社長E・B・フィリップスのような「開明派」実業家とからなって

☆92 Ibid., pp. 65, 125, 131. エマソン思想とジャクソン流民主主義との関係に関する古典的エッセイは、以下を参照せよ。Perry Miller, "Emersonian Genius and the American Democracy," in *Emerson: A Collection of Critical Essays*, pp. 72-84.

☆93 Slotkin, *Fatal Environment*, pp. 109-58. Michael Paul Rogin, *Fathers and Children: Andrew Jackson and the Subjugation of the American Indian* (New York: Knopf, 1975).

いる。☆94 エマソンはつぎのように明言しているように、下層階級を、その文化的狭隘さや革命に走る潜在的可能性ゆえに遠ざける。

> こういう果てもなくつづく街頭で苦しんでいる最下層の階級の願望が実行に移されたら、都市が転覆されて廃墟になるということを疑う者がいようか。
>
> 国のあちこちには、暴徒や暴徒のような議員や暴徒のような司法官さえもあらわれているが、それはほとんど神不在の社会状態を露呈してきた。（中略）人生享楽欲があまりにも強すぎると感じている紳士にたいして、薬としてお薦めしたい読書や公開講演会がこの国にはある。☆95

エマソンの支持者がこのような社会層に位置していたことによって、彼の企ての政治的な可能性ははなはだ切り詰められる。一方で、彼が提携する人びとは、彼が批判しようとする対象そのものたる金持ち階級に依存している。それゆえ、彼らは口先だけが威勢よいことにならざるをえない。他方、彼らの関心そのものが、「衆愚」つまり民衆の多数派を占める労働者階級にたいする彼らの嫌悪によって限界づけられているので、下からの社会運動や政治組織とのいかなる持続的連携もはじめから排除されている。だから、トマス・スキッドモアのラディカルな平等主義のなかに、自己信頼とか自足の精神とかのエマソン的なテーマがみいだされるとし

☆94 エマソンの企てにとってのこの社会的基盤に関しては、以下を参照せよ。Daniel Aaron, "Emerson and the Progressive Tradition," in *Emerson: A Collection of Critical Essays*, pp. 85-99; Anne C. Rose, *Transcendentalism as a Social Movement, 1830-1850* (New Haven: Yale University Press, 1981); Allen, *Waldo Emerson*, p. 630; Mary K. Cayton, "The Making of an American Prophet: Emerson, His Audiences, and the Rise of the Culture Industry in Nineteenth-Century America," *American Historical Review*, 92, no. 3 (June 1987), 597-620.

☆95 Allen, *Waldo Emerson*, pp. 231, 258, 293.

ても、スキッドモアが設立した労働者団体をエマソンが支持するなどとは想像することもできない。[☆96]

教養あるミドルクラスの小さいながらも重要な地位を占める集団と、当時の開明派エリート実業家とにたいして、エマソンが道徳的知的指導権を発揮しえた第一の理由は、政治的不能と相並ぶ個人的良心、社会の根本的変容をともなわない道徳的逸脱、下層階級を強めることのない力、市場にたいする規制には手を染めない挑発や刺激、共同行動とは切り離された人格、などに衆目を集めるような、洗練されたものの見方を明確に表現できたことにある。エマソンはリベラルでも保守派でもなく、もちろん社会主義者ではないし、市民的共和派ですらない。それよりもプチブル的な絶対自由論者であり、ときにはアナーキストの傾向や、限界がありながらも本物の民主的心情をうかがわせる。エマソンの生涯でもっとも持続的にかかわった組織的活動が教育の方面であったというのも偶然ではない。生涯の友ブロンソン・オールコットがボストンに開いた「進歩的な」学校にかかわりあったのである。それどころか、エマソンとオールコットは、定員や授業科目を絞った特別な革新的オープン・カレッジをコンコードに開設することについて、しばしば語り合った。[☆97] エマソンにとって政治とは、力や欲求がぶつかりあう場であるだけでなく、個々人の道徳的発達が遂げられるもうひとつの場でもある。言うまでもなく、政府というものにたいするエマソンの失望や不信は深かった。これが彼の政治的不能感をますます高めた。

エマソンの有機的知識人としての活動は、アメリカのプラグマティズムの有益な前史として

☆96　トマス・スキッドモアの民主的な理想について論じた近年の書物としては、以下を参照せよ。Sean Wilentz, *Chants Democratic* (Oxford: Oxford University Press, 1984), pp. 182-89, 198-206. この意味において、エマソンを民主主義の哲学者として描き出したジョン・デューイのとらえ方は、大幅に修正されなければならない。

☆97　Allen, *Waldo Emerson*, pp. 364-65.

役立つ。その理由は、エマソンがアメリカのプラグマティズムの主要な主題（力、挑発、人格）や決定的モチーフ（楽観主義、道徳主義、個人主義）を先行的に描き出しているからというだけではない。エマソンが近代哲学を回避する文化批評のスタイルを創造し、アメリカを合法化すると同時に批判しようとする一組の修辞戦略を展開し、ミドルクラスの洗練された改革志向分子――アメリカ教という宗教の歴史をになう執行主体《エージェント》として見込まれた、新たに登場して進化しつつある階級――の心のなかとその仲間のなかに、自分の企てを位置づけているからでもある。

第2章　アメリカのプラグマティズムの歴史的誕生

プラグマティズムとは、すべての問題は基本的にふるまいの問題だという主張だと特徴づけることができるだろう。すべての判断は価値判断を含んでいて、最終的には理論的と実践的との有効な区別はありえず、したがってどんな種類の真理に関する問いも、行動目的が正当化できるかどうかという問いから結局のところは分離することができないという主張である、と。

C・I・ルイス

アメリカのプラグマティズムは、認識論中心の哲学のエマソン的回避がアカデミックな哲学の職業領域の内部で自己正当化しなければならない羽目になったときに起こることとして理解できる。アメリカのプラグマティズムを最初に表現した人たち——マサチューセッツ州ケンブリッジの《メタフィジカル・クラブ》のメンバーたち——は、主に科学を脱神秘化すること、そしてそのうちの少数の人たちは、宗教を近代化することに関心をもった教養のある知的職業人たちであった[☆1]。エマソンとはちがって、彼らは方法論に気をとられていたが、彼らの方法理解はきわめてエマソン的であった。エマソンとかなり同様に、彼らは科学を宗教とひとつづきのものとしてみようとしていた——両方とも道徳的な目的によって染め上げられたものとして。

アメリカのプラグマティズムは、アメリカにおけるアカデミックな文化、資本主義的工業

☆1 Max H. Fisch, "Was There a Metaphysical Club in Cambridge?" in *Studies in the Philosophy of Charles Sanders Peirce*, 2d ser., ed. Edward C. Moore and Richard S. Robin (Amherst: University of Massachusetts Press, 1964), pp. 3-32. このクラブの主要メンバーであったチョーンシー・ライトは宗教を近代化することにはほとんど関心がなかった。

化、そして国家統合というコンテクストのなかでの、権力、挑発、人格といったエマソン的概念についてのさまざまな創造的な解釈としても理解することができる。南北戦争以後加速した重大な変化——農業的から都市的産業化へ、天職教育から職業訓練へ、起業家的資本主義から独占資本主義へ——は、エマソン的言説にとっての新しい環境と挑戦を作り出した。アメリカのプラグマティズムの二人の偉大な「創設者」——チャールズ・サンダース・パースとウィリアム・ジェームズ——は、近代哲学のエマソン的回避をもっとも洞察に富んだやり方で修正し、エマソン的神義論をもっとも挑発的なやり方で肯定している。二人ともエマソンからの逃れがたい影響を認めていた。☆2

科学的方法、共同体、キリスト教的愛についてのパースの見解

チャールズ・サンダース・パースは、アメリカが生んだもっとも深遠な哲学的思想家である。わたしたちのもっとも偉大な文学的芸術家であるハーマン・メルヴィルと同じように、パースは彼の時代にはほとんど無視されていた。しかし、ある種のパース・ルネッサンスが近年進行してきた。現在では、彼の天才は職業的哲学者たちのあいだで広く認められている。パースの思想についての素晴らしい紹介の数々にもかかわらず、彼は多くの点で謎めいた人物でありつづけている。☆3 このことは、彼の全著作が非常に大量で驚くべき広範囲にわたっているためだけでなく、彼の視点がしばしば十分に展開され尽くしていないままになっているためでもある。

パースが記号論、数的論理学、推論技法、科学的方法の高度に専門的な問題を扱うときにも

☆2 関連するチャールズ・パースとウィリアム・ジェームズの発言としては以下のようなものがある。「わたしは、エマソンやヘッジや彼らの友人たちがシェリングにかぶれて得た考え、そしてシェリングもまたプロティノスやベーメや東洋の途方もない神秘主義にとりつかれた名も知れぬ連中にかぶれて得た考えを広めていたときに、コンコードの近隣——つまりケンブリッジ——で生まれ育った。しかしケンブリッジの雰囲気にはコンコードの超越主義にたいする多くの解毒作用があって、そのウィルスに少しでもかかってしまったとは思わない。にもかかわらず、なんらかの培養された病原菌、なんらかの良性の種類のその病気が気づかないうちにわたしの魂に埋め込まれ、長い潜伏期間を経て、それがいま、数学的概念や物理学研究の訓練によって修正されて表

っとも強みを発揮していることは疑いがない。こうした問題は記号学者、論理学者、科学哲学者にとって大きな本質的関心事であるが、パースの視点からすれば、それらは倫理学、政治学、宗教についての彼のより思弁的な見解から切り離すことはできないと言っておこう。さらに、プラグマティズム――のちにはプラグマティシズム――についてのパースの独創的な考えは、道徳的目的をもった文化批評としての哲学というエマソン的感性に負っている。パースは、なににもまして形而上学的傾向をもった論理学者であり、人間個性の潜在能力を十分に発揮させるという目的のために、新しい問題からの挑発に応答する人間の力を高めるよう努めていた。この意味で、彼はアメリカ思想におけるエマソン的回避と神義論を修正し補強している。

パースのプラグマティズムには三つの基本的主張がある。第一は、正当で有効な信条にたどりつくもっとも理にかなったやり方は、科学的方法によるということ。第二に、科学的方法とは、滑らかに機能する習慣、すなわち信条によって促され、不確かな期待、すなわち疑念によって動揺させられ、その唯一の目的は「意見の固定化」であるような、自己修正する社会的共同体的過程だということ。[☆4] 第三に、こうした科学的な真理探究は、「具体的な合理性の発展」、すなわち進化する愛を増進させるという究極善に還元されるわけではまったくないが、それに不可分に結びついているということ。[☆5]

パースが、現代世界の比較的新しい権威、すなわち科学とその方法に深く肩入れしていることは明らかである。しかし、彼はよきエマソン流に、この権威に無批判に従うことは拒否して

面にあらわれるということはあるかもしれない。」*Collected Papers of Charles Sanders Peirce*, ed. Charles Hartshone, Paul Weiss, and Arthur Burks (Cambridge: Harvard University Press, 1933-58), 6: 86-87.「以前は感じなかったが、彼［エマソン］が書くものすべてを繰り返し継続して読んでみて、彼の本当の偉大さが感じられるようになった。」"Divine Emerson." Miss Frances R. Morse と Henry James, Jr. への手紙、*The Letters of William James*, ed. Henry James (Boston: Atlantic Monthly Press, 1920), 2: 190. William James, "Address at the Emerson Centenary in Concord," *Memories and Studies* (London: Longmans, Green, 1911) に注意。Frederick I. Carpenter による二つの重要で示唆に富んだエッセイ、"Charles Sanders Peirce: A Pragmatic

いる。彼はそのかわりに、科学的方法を人間の営みへと、知が生産される一群の異なった社会的実践へと脱神秘化する。こうした（近代の最大の権威である科学に焦点を合わせた）文化的な脱神秘化行為としてのプラグマティズムの役割は、パースが宗教の価値をおとしめたり、宗教を否定したりするのではなく、宗教を擁護することを可能にしている。実際、価値を帯びた規範的な社会行為としての科学的方法というパースの考えは、科学と倫理を結びつけるだけでなく、宗教的な究極目的を提起する（そして引き合いに出す）。

エマソンのように、パースは基礎づけの探索と確実性の探求を拒否することで、認識論中心の哲学を回避する。エマソンとは完全に対照的に、パースはこうした近代的なデカルト的探求探索の子細な批判的検証をおこなっている。[☆6] 彼はなぜ、そしてどのように近代哲学が道からはずれてしまったのかを知りたがる——そしてルネ・デカルト（「デカルト主義の精神」）が犯人として浮かび上がる。知識の申し立てに満足のいく根拠を与えようというデカルト的試みは、知識の本質と哲学的方法についての四つの致命的な間違いのうえに成り立っている。

第一に、デカルト派の人たちは、哲学は普遍的懐疑で始まらなければならないと主張する。パースはそのような懐疑はそれ自身には当てはまらないフィクションにすぎないとみなす（というのも、それ自身についての懐疑は懐疑ではなく、デカルト主義のまさに出発点である自我意識であるから）。そうした懐疑は、わたしたちが何も知らないことには妥当でないし（というのも、無についての懐疑はそもそもなぜわたしたちが懐疑したのかを説明しえないから）、懐疑はなにか疑うべきもの、すなわち過去の信条を前提としているのだから、受け入れること

Transcendentalist," *New England Quarterly*, 14 (1941), 34-48 と "William James and Emerson," *American Literature* (March 1939), pp. 39-57 も参照のこと。

☆3　模範となる試みとしては以下のようなものがある。James Feibleman, *An Introduction to Peirce's Philosophy* (New York: Harpers, 1946); Murray G. Murphey, *The Development of Peirce's Philosophy* (Cambridge: Harvard University Press, 1961); W. B. Gallie, *Peirce and Pragmatism* (New York: Dover, 1966); Karl-Otto Apel, *Charles Sanders Peirce: From Pragmatism to Pragmaticism*, trans, John Michael Krois (Amherst: University of Massachusetts Press, 1981); Christopher Hookway, *Peirce* (Boston: Routledge, Kegan Paul, 1985). パースの哲学におけ

ができない。
第二に、デカルト派の人たちは、確実性の究極の試金石は個人の意識のなかに見出されると主張する。パースは、過去の権威や証言、とくにある種の集合的経験をこのように棄却してしまうことを退ける。パースにとっては、デカルト的な自我意識中心主義は純然たる主観主義に結びつく。そこでは、観念と物、意識と実在、主体と客体を橋渡しする確固たるものがなく、観念のヴェールのなかに意識が閉じ込められてしまう。
第三に、デカルト派の人たちは、人びとがもっとも知りたいと思っている諸事実を説明できていない。デカルト主義は神を、自我と世界を説明するデウス・エクス・マキナとして使用することで、自我と世界のどちらについてもほとんど知を提供しない。第四に、デカルト的な推論の哲学的方法は、観念がほかの観念に、命題がほかの命題に関連していることを見逃している。疑いの余地のない根拠と絶対的確実性は人間が達成できるものではないが、正当な申し立てと合理的な結論は、「真理の総体の不可欠な連続した部分を成す」「多数で多種多様な」種類と様式の議論から導き出される。ここでパースが思い描いているのは、「そのもっとも弱い結合部分よりも強くなることはない鎖」のイメージではなく、「その繊維が十分に数多く緊密に結びついているのであれば、繊維自体は非常にか細くてもかまわない大綱」である。[☆7]
四つの主要なデカルト的誤りについてのパースの分析と否定は、近代哲学のエマソン的回避の深遠なプラグマティックな修正となっている。彼は、デカルト主義——そのイギリス経験論的、スコットランド常識学派実在論的、ドイツ観念論的な諸ヴァージョンをも含む——の認識

る超越主義の役割を強調したテクストとしては、Thomas A. Goudge, *The Thought of C. S. Peirce* (Toronto: University of Toronto Press, 1950) を参照。
☆4 *Collected Papers of Charles Sanders Peirce*, 5: 375 (p. 232).
☆5 Ibid., 5: 3 (p. 2).
☆6 とくにつぎを参照のこと。"Questions concerning Certain Faculties Claimed for Man" and "Some Consequences of Four Incapacities" in *Collected Papers of Charles Sanders Peirce*, 5: 213-63, 264-317 (or pp. 135-55, 156-89).
☆7 Ibid., 5: 265 (p. 157).

論中心の問題機制からのこのようなプラグマティックな逸脱を、つぎのように要約している。

一　わたしたちには内省の力はなく、内的世界についてのすべての知識は、外的事実についてのわたしたちの知識から仮説にもとづいた推論によって導き出される。

二　わたしたちには直観の力はなく、すべての認識作用は以前の認識作用によって論理的に決定されている。

三　わたしたちには記号なしに思考する力はない。

四　わたしたちには絶対的に認識不可能なものについての概念はない。[☆8]

こうした結論は、アメリカのプラグマティズムが占めるであろう新しい領野を示し出す。パースは、知識獲得においての偶発的で修正可能な社会実践の中心性を強調することにより、近代哲学の支柱――疑いようのない直接的意識、推論にもとづかないあるいは内的に信頼できる信条、非言語的な表象、そして近寄ることのできない（そして思考することができない）物自体――を根元から掘り崩す。W・B・ギャリーが述べているように、「哲学の全歴史において、パースの一八六八年の諸論文のなかでも二番目の論文ほど破壊力があって徹底的な批判の一斉砲火をみつけるのはむずかしいだろう」。[☆9]

こうした飛躍的前進は、近代哲学と折り合いをつけようとするパースの試みとして理解されるだけでなく、自我と自然の相互の関係、自我と他の自我たちとの共同の関係、そしてとくに

☆8　Ibid., 5: 265 (p. 158).
☆9　Gallie, *Peirce and Pragmatism*, p. 78.

この二つの関係の根源的な偶発性と修正可能性を見逃し無視していたヨーロッパの言説にたいする、明確にアメリカ的な応答としても理解されるべきである。ちょうどエマソンがどこよりも商品に浸透されている社会においてものを書くように、パースはどこよりも（資本の庇護のもとに）科学と技術の働きが行き渡った文化においてものを書いている。そしてちょうどエマソンが人間の人格を擁護するために市場社会にたいして市場社会のレトリックを用いるように、パースは共同体のなかの個性のために彼の時代のたくましい個人主義にたいして自然科学のレトリックを使っている。

重要であるがしばしば見逃されてきた一八九三年のエッセイ「進化する愛」において、パースは、十九世紀の顕著な特徴とはつぎのようなものであるとはっきり書いている。十九世紀は

「経済の世紀」である。というのも「他のどんな科学よりも政治経済学が、その活動のすべての派生にたいしてより直接的な関係を有している」から。そうだ、政治経済学はその救済の常套句ももっている。それはこのようなものだ。欲望に資する知性は、もっとも正しい価格、もっとも公正な契約、そして人間間のすべての取引のもっとも啓蒙された遂行を保証し、潤沢な食料と完全な安楽という最高善をもたらす、と。誰のための食料だというのか。むろん、知性の強欲な主人のためのものだ。（中略）わたしたちの世紀において経済問題にたいして払われる大きな関心は、強欲が及ぼす有益な効果と感情がもたらす残念な結果を過度に誇張するという事態を招いてきた。その結果として、強欲は人間の向上と

宇宙の進化の偉大な動因であるということに知らず知らずのうちに帰結する哲学を生みだした。[☆10]

パースはホッブス的な利己主義者、アダム・スミス的な個人主義者、ベンサム的な功利主義者、そして社会ダーウィン主義者とは意識して真っ向から対立し、人間の利己性が自然的もしくは社会的な進化の大きな動因であるという考えを厳しく戒める。そのかわりに彼は、創造的な愛が自然的社会的進化の動力源であるというキリスト教の理念を押し出す。

キリストの福音は、すべての個人が共感によって自分の個性を彼の隣人たちと結びつけることで前進がもたらされると言っている。他方で、十九世紀の確信は、すべての個人が自分自身のために自分の全力を尽くして努力し、機会があれば隣人を踏みつぶすことで前進が起こるというものである。これはまさしく《強欲の福音》と呼べるかもしれない。[☆11]

表面的には、科学的方法と共同体を強調するパースの議論は、エマソンの方法論嫌いと個人崇拝にうまく嚙み合わないようにみえるだろう。そしてたしかに、論理的推論において厳密さと正確さを求めるパースの嗜好は、エマソンの詩的感性とは異質である。しかし、パースが科学的方法――その試験的な申し立てと暫定的な結論を含む――の適用を、合理的探求にかかわる科学共同体だけに注意深く慎重に**限定している**ことを指摘することは重要である。科学的方

☆10 *Collected Papers of Charles Sanders Peirce*, 6: 290 (pp. 192-93).
☆11 Ibid., 6: 294 (p. 196).

法の権威は倫理学と宗教には及んでいない。この意味で、科学は行動指針でも実際的目的のための手段でもない。

かりにある命題が行動に適用される場合、その命題は受け入れられなければならない、つまりは留保なしに信じられなければならない。疑いの余地はない、疑いは行動の邪魔になるだけであるから。しかし科学的精神は、経験が信条に反するときには、ひとがいつでも自分のうちにもっている多くの信条を捨て去る準備ができていることを要求する。学びたいという欲望は、自分がすでに知っていると完全に思い上がることを禁じる。さらに、実証科学が依拠できるのは経験のみであり、経験は絶対的な確かさ、正確さ、必然性、もしくは普遍性をもたらすことはできない。しかし、科学がかかわることができるのは、まさに普遍的で必然的なもの、すなわち法則である。こうして科学の本質は、科学が行動の付随物にされるやいなや破壊される。

役に立たない探求も、それが体系的なものであれば、科学的探求とほとんど同じものである。あるいはいずれにせよ、かりに科学的探求がなんらかの偶然で役に立つものとなる場合でも、そのような側面は調査のあいだは入念に視界から遠ざけておかなくてはならない。そうでないとそうした探求の成功の望みは致命的に呪われたものとなる。☆12

☆12　Ibid., 1: 55, 668 (pp. 24, 360).

エマソンと同じように、パースは「科学的」倫理に替わるものとして道徳感情と本能的行動に頼る。彼のかなり曖昧でわかりづらい道徳観においては、驚くべきことに、理性はふるまいにおいて重要な役割を与えられていない。しかしエマソンとは完全に対照的に、感情や本能についての彼の理解は、キリスト教のより古い伝統や証言に根拠をもっている。人びとの「生死にかかわるほど重大な」道徳的政治的行動においては、独断的判断は避けられない。

このように、純粋に理論的な知識、つまり科学は、実践的な問題に関して直接的には言うべきことを何ももたないし、生死にかかわるほど重大な危機にたいしては適用可能なことさえまったくない。理論はちょっとした実際的な事柄には適用可能であるが、生死にかかわる重要さをもった問題は、感情すなわち直観に任せられなくてはならない。

わたしはある種の問いについては妥協なしに急進的で、生涯を通じて科学の世界に身を置き、とくに信じやすいとは思われていないが、わたしが定義した保守的な感情主義は、いたってまともで健全であるとわたしには思えると告白しなければならない。細部に関することを理性的に考え抜くのは間違いなく立派なことではあるが、たんなる理性的思考と理性の思い上がりをのさばらせて、わたしたちのすべてのふるまいの根本にあるべき正常で人間的な感情主義を威圧してしまうのを許容するのは、わたしには愚かしく忌むべきことのように思える。

推論《リーズニング》には三つの種類がある。第一のものは必然的だが、それはわたしたち自身の仮説に関することについて情報をくれると公言するだけで、もしわたしたちがそれ以上のことを知りたいのなら別のところをあたらなくてはならないとはっきり宣言する。第二のものは蓋然性に依拠している。それが自分に価値があると言い張る唯一のケースは、保険会社の場合と同じく、無限に多くの瑣末なリスクがある局面だけである。生死にかかわる利害がかかっている場合には、それはいつでも「わたしには聞かないでくれ」と断言する。第三の種類の推論は、ガリレオの足元を照らした自然の光《イル・ルーメ・ナトゥラーレ》がなしうることを試みる。それはじつは本能への訴えかけである。こうして理性は、日ごろのお高くとまった様子にもかかわらず、生死がかかった危機的局面となると、ひざまずいて本能の助けを請うのだ。[☆13]

パースが科学においては変化、修正、開放性、新しさに価値付与し、倫理と宗教においては信条、慣習、習慣、伝統を擁護していることを、わたしたちはどのように理解すればいいであろうか。一方では、パースは、精神生活に深く身を捧げ、科学についての方法論的な省察の境界をたえず横断する恐れ知らずの知的開拓者である。パースは、科学共同体の実際の実践を知悉し、科学的探究によって解き放たれた力に魅せられた活動的な科学者として、科学的方法によって促進される偶発性や修正可能性に喜びを見出す。

他方でパースは、広がりつづける独占資本主義のもとでの都市的工業化と知的職業の専門化

☆13 Ibid., 1: 637, 662, 630 (pp. 347-48, 358, 345-46).

がもたらす共同体《ゲマインシャフト》の衰退にひどく敏感である。ボストン・ブラーミンでハーヴァードの卒業生（ハーヴァードの教授の息子）でありながら、学問世界にたいしてはアウトサイダーであったパースは、現代科学の孤独と所在なさを痛切に感じ取っている。死にかけの教会伝統にたいしてのエマソンの個人主義的な反逆は、その文化的な衝撃力と訴求力を失っていた。そのかわり教会を受け入れるか、無視するかである。一八三〇年代に勃興しつつあった産業体制は、十九世紀末には階級分裂に侵されて争いの多い社会へと発展を遂げていた。そして植民地を脱した若き帝国主義国家がエマソンの時代に直面したアイデンティティ危機は、ロマンティックな国民主義、愛国的移民排斥主義、世界帝国への野心といった成熟段階へと進展していた。こうした時代背景、パース個人の気性、そして彼の燃えさかる知的使命感もあって、パースは監督派教会を受け入れ、彼の時代の個人主義、知的専門職主義、アメリカ主義を激しく非難し、精神生活および共同体と愛の観念に完全に身を捧げる。☆14 キリスト教会に関して彼は書いている。

科学的人間で哲学を学ぶ者の多くは、自分を人間のなかの人間にしてくれたのはキリスト教会だと認識する。慰めや楽しみを与えられ、大きな危険からまぬがれていること、そしてどんなものであれ彼が心と意志の廉直さをわがものとできるとしたら、それは教会に負っている。中世教会の僧侶たちのおかげで、古代の文献は保存された。学問の復興がなかったら、科学の復興がいかにして可能であったのか、彼にはほとんど見当がつかない。彼の知識体系の枠組みがあるのは中世教会の僧侶たちのおかげであり、もし彼が英語を話す

☆14 パースの思想のなかでもしばしば無視されるこうした側面をうまく論じたものとしてはつぎを参照のこと。R. Jackson Wilson, *In Quest of Community: Social Philosophy in the United States, 1860-1920* (New York: Oxford University Press, 1968), pp. 32-59.

としたら、彼の日常の話しことばのほとんどの重要な部分は同様に僧侶たちのおかげである。ほとんど従われることがないとしても、彼が文明の魂だと考える愛の法は、キリスト教を通じてヨーロッパにやってきた。そのうえ宗教は、個人的な友人の輪をこえて広がるあの社会生活のひとつの大きな、ひょっとすると最大の要素である。この社会生活は、高尚で人間味があって民主的な文化にとってすべてである。そしてもしキリスト教会を放棄するとしたら、他にどんな方法ですべての隣人たちと兄弟のように交わる能力を十分に発揮しうるだろうか。（中略）

教会の存在理由は、人びとに彼らの狭い個性よりも広い生活を与えるということである。[☆15]

貪欲な個人主義とさもしいアメリカ主義について、パースは言う。

「生死にかかわる重要性の問題」を最優先で最大の問題として追究することは、二つの結末のいずれかにしかいたることができない。一方にあるのは、わたしがアメリカ主義と（願わくば不当に）呼ぶところのもの、ビジネス崇拝である。そうした生活においては、温かみのある感情《センチメント》の肥沃な流れは干上がってしまうか、しぼんでしまってその細流に残るのは滑稽な寸劇だけである。他方で、そうならない場合には、修道僧的な禁欲主義にいたってしまい、そうすると目も心もあの世に向けられるだけで、この世を生きる身は夢遊

☆15 *Collected Papers of Charles Sanders Peirce*, 6: 449 (p. 309); 6: 451 (p. 310). つぎも参照のこと。John Smith, "Religion and Theology in Peirce," *Studies in the Philosophy of Charles Sanders Peirce*, ed. Philip P. Weiner and Frederic H. Young (Cambridge: Harvard University Press, 1952).

状態である。あなたの足取りを導く灯りとして理性の冷たい光を手にとり、あなたの仕事、あなたの義務を至高のものとして見据えた場合、この二つの行き先のどちらかにしか行きつくことができない。しかしもし逆に保守的な感情主義《センチメンタリズム》を受け入れ、あなた自身の理性的能力を競売においてそれがもたらすようなごく平凡な値段に控えめに見積るのであれば、どうなるであろうか。むろん、**その場合は**、あなたに課されたまさに最初の命令、あなたの至高の仕事と義務とは、誰もが知るように、あなたの仕事よりも高尚な仕事があることを認識すること、ということになる。より高尚な仕事とは、あなたの職業の毎日の仕事を終えたあとの副業にすぎない**のではなく**、あなたの人格を普遍的秩序の隣りあう部分部分へと溶け合わせることでその人格を完成させる一般化された義務概念である。もしこれが理解できないように思われるのであれば、最初に目についたどこかの家族のよき母親を例にとって問うてみたらよい。その母親は感傷家《センチメンタリスト》でないかどうか、あなたは彼女が感傷家でないことを望むかどうか、そして最後に、わたしがいましがた述べた文句以上に、彼女の人物像の普遍的な特徴を端的にあらわす文句をみつけられるかどうか。

まとめれば、生死にかかわるほど重要な問題についての良識のある議論はすべて常識的であるべきであり、そうした問題についての理性的判断はすべて不健全で、そうした問題の研究はすべて偏狭でさもしいのである。☆16

そして同時代の低俗な知的専門職主義については、ハーヴァードで特別講義をする（エマソン

☆16 *Collected Papers of Charles Sanders Peirce*, 1: 673, 677 (pp. 361-63).

が講義をしたのと同じ一八六九―七〇年にである！）直前に、パースは言う。

繰り返して言おう、今日のハーヴァードについては何も知らないと。しかしケンブリッジ滞在中にわたしが知りたいと思っていることのひとつは、マサチューセッツ州がこの大学を建てたのは、ここに来られるような若者が上等な教育を受けて、そうすることで相当な収入を得ることができて、夕食に一羽のカモと一瓶のブルゴーニュ・ワインを食すようにするのが目的なのかという問いにたいする答えである。（後略）[☆17]

実験的探求とありふれた人間感情というパースの二重意識と、科学的方法とキリスト教信仰への二重の忠誠は、アメリカのプラグマティズムの種子が芽を出す土壌となる。パースは、後期ヴィクトリア朝時代のニューイングランド、ボルティモア（一八七九―八四年のジョンズ・ホプキンズ大学での教職）、そしてペンシルヴェニア州ミルフォード（そこで彼はひとり隔絶した生活を送った）での生涯を通じて、科学と宗教の二つの文化のあいだに引き裂かれていた。アメリカのプラグマティズムの歴史的誕生は、科学共同体的な方法へのパースの強いこだわり、キリスト教的な愛の教義への忠誠、そして都市的工業資本主義のアメリカの規範なき社会《ゲゼルシャフト》のさなかでの共同体の誘惑といったことを原因とする、「デカルト主義の精神」からのパースの意味深長な回避に主要な源泉をもっている。このパース的な回避は、部分的には、偶発性と修正可能性というエマソン的主題の修正と、人間の進歩、向上、道徳的成長をうながす

☆17 Ibid., 5: 585 (pp. 406-07).

エマソン的な神義論から成っている。

プラグマティズムの有名な格率――基本目的は、「論理学者の「明快さ」よりも高い段階の思考の明晰さ」に達することである[☆18]――は、一八七八年の影響力の大きな論文「われわれの観念を明晰にする方法」において、化体説についてのカトリックとプロテスタントの教義を裁定する議論の文脈のなかで最初にあらわれる。

カトリック教徒とプロテスタント教徒が、聖餐式のパンとぶどう酒について自分たちが同意に達していないと思っているのは愚かしいことである。彼らは、これらの要素がもたらすあらゆる有益な効果については、この世のものでもあの世のものでも、同意見だというのに。

ならば、概念把握の明晰さの第三段階を達成する規則は以下のようになると思われる。われわれの考えの対象が、実際的な影響を及ぼすかもしれないと考えられるどのような効果をもつとわれわれが考えるのか、考慮してみよ。そうすれば、そうした効果についてのわれわれの考えこそが、この対象についての考えの総体だということになる[☆19]。

このプラグマティズムの格率についてのしばしば見逃されている長い脚注（一八九三年に付け加えられた）において、パースは、プラグマティズムの概念をキリスト教の福音、そして人間の歴史における個人ではなく集団についてのエマソン的な進化論的楽天主義に結びつけようと

☆18　Ibid., 5: 394 (p. 252).〔久野収訳「われわれの観念を明晰にする方法」、『世界思想教養全集14　プラグマティズム』、河出書房新社、一九六三年、二八頁〕
☆19　Ibid., 5: 401-2 (p. 258).〔同右訳書、三五頁〕

試みている。

この法則を適用する前に、それが何を含意するのかについてもう少し考えてみよう。この法則は懐疑主義的で物質主義的だと言われてきた。しかしそれはキリストによって推奨された唯一の論理原則、「あなたがたはその実によって彼らを見分ける」〔マタイ書七章二十節〕を応用しているにすぎず、福音の諸概念と緊密に結びついている。たしかに、われわれはこの規則をあまりに個人主義的な意味で理解することにたいして用心すべきである。ひとが成し遂げるのは彼の努力が向けられるものにほかならないと言うことは、自分と家族のための生活に必要なものだけにしか労力を費やすことのできない大多数の人たちへの残酷な非難であろう。しかし彼らは、それに向かって直接的に努力していなくとも、ましてやそれを理解していなくとも、文明が要求するものすべてを成し遂げ、歴史を一歩前進させるつぎの世代を生み出す。したがって彼らの成果は集団的である。それは全人類が成し遂げたことである。ならば、全人類がかかわることとはいったい何なのであろうか、歴史の結果でありながらけっして完成することのないこの文明とは何なのだろうか。われわれはそれを完全に理解することは期待できないが、それが漸進的な過程だということはわかる。文明は人間の意識と仕事において観念を実現することをともなうのであって、文明が興るのは人間の学習能力によって、そして人間がまだ獲得していない観念を経験が継続的に人間に浴びせかけることによってであると。それは人間が、そのみじめなちっぽけさにもかかわらず、自然と歴史に富んだ神の精神をだんだんと吸収していく過程だと言ってもよいかもしれない。（中略）われわれは全員で肩をあわせて、われわれの誰ひとりとして一瞥する以上のことはかなわない目的に向かって、車輪を押しているのである――何世代もが成し遂げようとしていることに向かって。しかし、その根本を成すのは実体化された観念の発達であることはわかる。[☆20]

パースにとってプラグマティズムとは、哲学的な世界観《ヴェルトアンシャウウング》でも、真理と実在についての新たな形而上学でもない。それはむしろ観念を明確ではっきりとさせ、ことばと概念の意味を確かめる方法である。この意味を「ひとつの知的概念の真理からどのような実際的な帰結が必然的に導き出されうると考えられるのか」と問うことによって見出すプラグマティズムの方法は、自然科学の実験的方法を伝統的哲学的問題へ応用することにすぎない。[☆21] 彼のプラグマティズムは、デカルト主義への壮大な反逆であるのに加えて、三人の知的先行者によって影響を受けている。すなわち、イマニュエル・カント、ドゥンス・スコトゥス、そしてチャールズ・ダーウィンである。

彼の生涯にわたるカントとの葛藤はよく知られている。さほど注目されていないのは、パースがカントのことを「一皮むけば科学的人間」[☆22]だと、つまり、物理学から哲学へやってきた人物だとみていることである。パースをカントへと惹きつけたのは、『純粋理性批判』の超越論的観念論でも『実践理性批判』の自律性の概念でもなく、むしろカントの方法論的批判的考

☆20　Ibid., 5: 402 n. 2 (pp. 258-59).〔同右訳書、三五―三六頁〕
☆21　プラグマティズムのこの第二の定義については、つぎを参照。Ibid., 5: 9 (p. 6), および Feibleman, *Introduction to Peirce's Philosophy*, p. 295.
☆22　つぎを参照。Peirce's review of Friedrich Paulsen's *Kant* in the *Nation*, 75 (1902), 209f.

察、とくに自然科学者の方法を手本として哲学的思考を組み立てるという考え方であった。

パースがドゥンス・スコトゥスから得たのは、近代的唯名論と観念論にたいする哲学的な対抗手段であった。スコトゥスの実在論に励まされて、パースは科学者たちが研究の対象とする実在の世界を前提としただけでなく、普遍的なものや自然のなかで働く一般原理が存在するという立場を固持した。パースは、科学的主張や科学的理論の偶然性や修正可能性を強調しているにもかかわらず、そうした主張や理論が対象としているものの恒久不変性や独立性を温存する。科学的方法についての彼のもっとも簡明な記述（「信念のかため方」［一八七七］）において、彼は書いている。

したがって、わたしたちの疑念を晴らすためには、わたしたちの信念が、なにか人間的なものによってではなく、なんらかの外的な恒久不変なものによって――わたしたちの思考がそれにたいしては効果をもたないなにかによって――引き起こされうるような方法を見つけることが必要である。（中略）科学の方法とはそのようなものである。それが前提としている根本的な仮定は、よりわかりやすいことばで言うならばこうである。まず実在《リアル》の事物があって、その特質はわたしたちがそれに関して抱く意見からは完全に独立しているということ。そうした実在物《リアリティーズ》は規則正しい法則にしたがってわたしたちの感覚に影響を与え、わたしたちの受ける感覚はそうした対象にたいするわたしたちの関係と同じくらいさまざまだけれども、知覚をつかさどる諸法則を利用すれば、推論によって事物の本当の姿はどうであるのかを確かめることができるということ。そして十分な経験とそうした経験についての十分な理性があれば誰でも、単一の真の結論に到達するだろうということ。[☆23]

ここでパースのプラグマティズムを一種の「物自体なきカント主義」（彼がかつて使った表現）としてみることが適切であるように思われる。しかし彼はまた、実在の地位は科学的方法から導き出されるというよりも、科学的方法によって前提とされなければならないと認めているようにもみえる。このことは、客体は知覚されるまでは存在しないというバークリー的な見解も、こうした客体は人間の概念によって作り出されたものとして存在しているけれども実在ではないというカント的な見方も是認するものではない。むしろパースのプラグマティズムは、何が実在であるかという概念を、科学的共同体が長い目で見て同意していることに結びつける。究極の一歩手前では、わたしたちは実在についてもっとも利用しやすいが修正可能な理論を受け入れなくてはならない。そして究極的には、科学者たちのあいだでの意見の収斂と一致が実在を明らかにするだろう。もちろん、そのような究極的な意見の一致はけっして到来しない。それはたんに規制のための理想であって、現在において合理的判断を支え科学的探究を奨励する希望でしかないのだから。このことに関して、パースはある批判者に答えてこう書いている。

カールス博士は、実在についてのわたしの社会理論、すなわち実在は共同体が最終的に落

☆23　*Collected Papers of Charles Sanders Peirce*, 5: 384 (pp. 242-43).〔上山春平訳「信念のかため方」、前掲『世界思想教養全集14』、七四頁〕

ち着くところの観念であるという理論から、なにか不可避なものの存在が導き出されると主張している。わたしはそんなことを言い出す者がいるとはまったく予期していなかったと告白しよう。わたしが考えていたのは、まさに逆の反論が出されるかもしれないということである。すなわち、この理論はすべての絶対性を実在から取り除いてしまうという反論である。（中略）わたしはこの反論の明らかな正当性――わたしにはそうみえたのだが――を認めていた。共同体がなにか特定の問いについてひとつの変わることのない結論に落ち着くなどということは本当には確信しようがない。かりに共同体が大部分においてはひとつの結論に落ち着くとしても、この全体合意が本当に完全になると考える理由はないし、すべての問いについて圧倒的多数の意見の**コンセンサス**に達するなどと合理的に想定することもできない。わたしたちがせいぜい仮定できることは、わたしたちの探求がかかわっている特定の問いについてそのような結論に実質的に達することができるかもしれないという**希望**のかたちでしかない。☆24

こうしたプラグマティックな、科学共同体の手続きと結論への「信仰の飛躍」はそれ自体、ある特殊なスコラ哲学的な実在論を仮定している――すなわち、一般真理は、偶然的で、修正可能で、人間の意見からは独立しているけれども、客観的に実在している、と。この仮定のおかげでパースは種々の微妙な相対主義と唯名論を逃れることができるが、同時に「絶対的偶然の原則を受け入れ」なければならないことにもなる。この原則――パースによって偶然主義《タイキズム》と

☆24　Ibid., 6: 610 (p. 420).

呼ばれる――は、不可避論、必然論、決定論を排除し、森羅万象のなかでの成長、多種性、多様性、自発性を強調する。それはまた、数々の探求が無限の未来において収斂し一致することの可能性を提供してもいる。

ダーウィンの『種の起源』はパースに大きな影響を及ぼした。彼は進化論的な枠組みのなかで、科学的方法、実在、共同体についての彼自身の結論を表現している。友人であり《メタフィジカル・クラブ》の仲間であるチョンシー・ライトの、ダーウィンにたいする諸手を挙げての熱狂と道徳的目的によって方向づけられた進化という考えへの軽蔑に促されて、パースはダーウィンを批判し、道徳的進化論的な目的論を擁護することになった。パースは、自分のプラグマティズムの理論的一貫性と論理整合性、そしてキリスト教との両立性を擁護する必要に迫られ、彼自身の思弁的な進化論的立場、つまりアガペー主義を提唱した。この立場は、ダーウィンとは完全に対照的に、進化の動力となっているのは機械的な必然性、つまり変異と自然淘汰ではなく、この必然と偶然、そしてなによりも愛が混じり合ったものであると主張する。まさに自然法則それ自体が宇宙の至高の法によって統御されているのだと。そして偶然は宇宙の決定的な要因であるが、その偶然でさえ、進化する愛によって促されて、秩序と調和を生み出すのだと。[☆25]

ダーウィンにたいするパースの反論は科学的であるのと同時に道徳的でもある。パースは、完全な機械的必然性は宇宙の発生と発展を説明できないだろうと言うだけでなく、ダーウィン主義は「強欲の福音」を自然科学者の主題に投影していると主張する。

☆25 パースは自分のアガペー主義を自身の複雑な連続主義（synechism）の原則によって基礎づけようとした。集合論のパラドックスを回避する、連続体の高度にテクニカルな数学的概念にもとづくこの原則は、現実化していない可能性の問題を解決しようと試みている。このことについてのさらなる説明としては、つぎを参照。Murphey, *Development of Peirce's Philosophy*, pp. 379-407.

ダーウィンの『種の起源』は、進歩についての政治経済学的な見方を動植物の生命活動の全領域へと拡大しているにすぎない。わたしが子どものときには人びとがそれゆえに神の英知を称えていたあの素晴らしく驚くべき自然の適応の数々は、現代の動植物学者の大多数の意見では、生き物があまりに密集しているがために、たまたま少しでも有利な立場となった生き物がそれほど有利ではない生き物を増殖に不利な状況へと押しやり、あるいは不利な側のものが生殖年齢に達する前に殺してしまったりさえするといったことが真の原因だとされる。動物たちのあいだでは、たんなる機械的な個人主義が、善を助長する力として動物の情け容赦ない貪欲によって強化される。ダーウィンが彼の本の表題ページに書いていているように、それが生存闘争である。彼はこう題辞として付け加えるべきであった。すべての個人は自分のために生き、遅れた者は悪魔にでも喰われろ！と。キリストは、山上の垂訓でちがった意見を表明した。[☆26]

パースは、ダーウィンにたいするこの種の道徳的批判は「おそらくわたしの科学者仲間たちを驚かすだろう」と認めているが、「良識ある心の普通の判断」を唱える「アガペー主義的進化理論」への自身の「熱烈な偏愛」を否定できない。[☆27] 前に確認した通り、パースはそのような判断を、科学者たちの社会活動を含む社会生活にとって不可欠だと考える。

☆26 *Collected Papers of Charles Sanders Peirce*, 6: 293 (p. 196).
☆27 Ibid., 6: 295 (p. 197).

ある不特定の共同体への関心、この関心が至上のものとなる可能性の認識、そして知的活動の無限の継続への希望という三つの感情を、論理のための欠かすことのできない必須要素としてわたしが提言しているのは意外に思えるかもしれない。しかし論理がたんに疑念を逃れるための葛藤にもとづくもので、そうした葛藤は行動で終わるのと同様に感情で始まらなければならないということ、そしてさらに、わたしたちが理性に頼る唯一の理由は、疑念を逃れる他の方法が社会的衝動のために失敗するからだということを考えるならば、理性的判断に社会的感情が前提されているとわかって驚くべきことがあろうか。わたしが必要と考える他の二つの感情については、それらは第一の感情を支えそれに付属するものとしてのみ必要である。これら三つの感情は、《隣人愛》、《信仰》、《希望》というあの有名な三つ組、聖パウロがみるところでは最良かつ最大の精神的賜物だとされた三つ組とほとんど同じものであるようにみえるということに気づいて、わたしの興味はかきたてられないではいられない。旧約も新約も科学的論理の教科書ではないが、後者はひとがもつべき心構えについて現存する最高の権威であることは確かである。[☆28]

この一節は、科学的方法、共同体、愛についてのパースの基本的考えをみごとに織り合わせている。人間の力のダイナミズムや挑発によって生み出される永遠の進歩へのエマソン的なこだわりは、アメリカ文化の新たな権威、すなわち科学共同体と、たとえば学問と専門職といったそれに付随する諸制度のなかに位置づけられる。エマソンによる個人の道徳的成長の祭り立

☆28 Ibid., 2: 655 (pp. 399-400).

ては、工業資本主義的な状況下で、パースによって、共同体内部、とくに伝統的なキリスト教会内部でのこうした個人的成長への関心へと変貌させられる。そして現実の好都合な風向きによって後押しされつつ純粋に人間意志によってすべての限界を克服するというエマソン的な神義論は、科学的手続き、進化生物学、ドイツ観念論、スコラ哲学的実在論、そしてキリスト教のレトリックが煩雑に組み合わさったことば遣いによって言い換えられ再確認される。パースのプラグマティズムは、アカデミックな哲学者たちのことばを使った彼らとの対話関係のなかで、近代哲学のエマソン的回避を修正し刷新する。この意味においてパースは、アメリカのもっとも偉大な専門的な哲学思想家であるだけでなく、専門家的な会話にたいして顕著にアメリカ的な介入、強力なエマソン的残滓と「病原菌」を含有する介入をおこなう最初のひとでもある。パースがその膨大な著作群のなかでエマソンに文学的言及をしているのは一回だけである。

年老いたスフィンクスはその厚い唇を噛んだ——
そして言った「誰がお前にわたしの名前を呼ぶように教えたのだ。
わたしはお前の精神、相棒だ、
お前の目の光だ。」
「お前は答えられていない問いだ。
見えるだろう、お前自身の目が

いつでも、何度も何度も尋ねるのを。
そして答えはどれも嘘なのだ。[☆29]」

そしてパースは、「もしかりに書かれれば、（中略）時間の誕生についての本となるだろう」として（一八九〇年に）企画した本を『なぞかけについての憶測』と名づけ、題名のもとにスフィンクスの挿絵を置くつもりであった。[☆30] 空間を占拠もしくは制御し、人間の力を拡大するために用いられるエマソンの「時間に逆らう嘘」〔形而上学のこと〕は、その嘘にたいしてパースがおこなうプラグマティックな修正にいまだ取り憑いていた。

個性、和解、英雄的活力についてのジェームズの見解

ウィリアム・ジェームズはアメリカの哲学者のなかでももっとも有名な人物である。エマソンを除けば、ジェームズ以外にアメリカの傑出した文人とみなされるに値するひとはいない。皮肉なことに、彼はアメリカのプラグマティズムの伝統の他のどの重要人物よりも、アメリカの学問生活の産物でありその当事者であった。このことは、どんな種類の知的専門職主義にたいしてであれ彼がとった敵対的な姿勢を部分的に説明する。

ジェームズは知的な力、挑発、人格のエマソン的な模範的体現者である。彼はなによりも、個人が利用できる英雄的活力と和解の戦略に頭を悩ました道徳家である。パースとはちがってジェームズは、エマソン的な神義論の焦点を共同体から引き離して、個人へと引き戻した。プ

☆29　Ibid., 1: 310 (pp. 153-54).〔この一節はエマソンの詩「スフィンクス」の一部をそっくり引用したものである。〕
☆30　Ibid., 1: 354n (p. 181).

ラグマティズムを一般に広めようというジェームズの努力は、彼の道徳的社会改良論《メリオリズム》がまさに後押しする英雄的活力と和解の戦略を実行する。そしてジェームズのより魅力的な性格と生き生きとした文体を考えれば、彼はもしかするとエマソンよりも、興奮と関与を糧にし、挑発と刺激に小躍りしているのかもしれない。この意味において、ジェームズはじつのところエマソン以上に「エマソンし」ている。

ジェームズは、気質においても教育においても伝統的な哲学者ではない。むしろ彼は、医学教育を受け、芸術に魅せられ、科学的良心を吸収し、宗教に惹きつけられた文化批評家である。こうした技能、才能、関心の独特の組合せによって彼は哲学的領野へと導かれ、そこで彼はひとつの重要問題から別の重要問題へと——すばやく、そしてしばしばうまくいかないが、思いつきのままに——飛び移る。彼は学問分野の境界を横断することを恐れていないし、数世紀の歴史をもつ問題に早まった解決策を言い渡すことをためらいもしない。要するに、彼は真性のアメリカ的知性の開拓者であり、荒野で土地に杭打って区画するというよりも、むしろマーク・トウェインのハックルベリー・フィンのように、陸地と社会の近くに浮かんでいるが長いあいだは停泊することはない筏のうえで個人の道徳的可能性を拡大している。ある重要な意味で経験は河である——倫理的目的と結びついた一連の行為と反応である。[☆31] しかし、エマソンとは対照的に、ジェームズは精神の超然とした瞑想者ではなく、むしろ愛着に満ち、落ち着きのない街中の貴族である。もしエマソンが〈考えるひと〉をあらわし、パースが〈探求するひと〉をあらわしているとしたら、ジェームズは〈意思するひと〉をあらわにする。

☆31　この喩えはつぎの文献で言及されるウィリアム・ジェームズからF・C・S・シラーへの手紙のなかにみられる。Gay Wilson Allen, *William James* (New York: Viking, 1967), p. 428.

パースのように、ジェームズは認識論中心の哲学のエマソン的な回避を奨励している。しかしパースとはちがって、彼の遠回しの動きを促しているのは、主に科学的方法というわけではなく、むしろある種のヴィジョンを固持しようとする熱望とある特定の生活様式への好みである。パースが偶発性と修正可能というエマソン的主題を科学的方法に応用したのにたいし、ジェームズはそうした主題をわたしたちの個人的道徳的生活へと拡張する。この拡張は主に、パースによって開かれたプラグマティックな視座の個人的道徳的な意味あいを一般向けに広めることから成っている。この一般化の基本的な狙いは、古いものと新しいもの――宗教と科学、共同体《ゲマインシャフト》と社会《ゲゼルシャフト》、田舎と都会、天職《ヴォケーション》と職業《プロフェッション》――を媒介し、教育を受けた中産階級のために新しいものの衝撃を和らげることにある。エマソンと同じように、ジェームズは支持者層を築き、自分自身のための公共的な役割を作り出したのであって、ついでこの公共的な役割が中産階級の職業人や知識人のかなり大きな層のための新たな文化的空間を生み出した。もちろん、ジェームズはハーヴァードの教授職の権威と俸給によって支えられていた（彼はほとんど金銭は必要としていなかったが）のにたいして、エマソンにはそのような支えはなかった。

私は、ジェームズが底の浅いもしくは独創性のない思想家であったと言いたいわけではない。それどころか、彼の『心理学原理』（一八九〇）は深遠な作品であり、アメリカの知識人によって産み出されたいくつかの偉大な本のひとつである。さらに言えば、ジェームズはアメリカ文芸におけるもっとも精妙で重要な論文のいくつかを書いた。むしろ私が言わんとしているのは、**アメリカのプラグマティズムの伝統のなかの一人物としての**ウィリアム・ジェームズの主な役割は、洗練された改革主義的中産階級の最重要層にとってのエマソン的な個人主義者、道徳家、社会改良論者、英雄的知識人としての役割である。

一八九八年にカリフォルニア大学バークレー校でなされた「哲学的概念と実践的結果」と名づけられたジェームズの講演に、公の場での「プラグマティズム」への最初の言及があらわれる。ジェームズはこの歴史的な講演において、この用語とそれに結びついた諸概念の両方をパースに帰している。ジェームズは正直であり、謙虚でもある。パースはたしかにプラグマティズムの創始者であるが、ジェームズの『心理学原理』での感情と意識の流れについての画期的な分析はプラグマティックな思考に大きく貢献している。ポール・コンクリンが賢明にも述べているように、心理学がその魂をカントとともに失ったのだとしたら、その精神はジェームズとともに失われた[☆32]——粗野な行動主義の罠に陥ることなく。そのかわりに、ジェームズの動的な機能主義と相互的な道具主義は、デカルト的な精神と物質、主体と客体、直接的意識と外的世界の二元論に疑問を投げかける。このようにジェームズの『心理学原理』はプラグマティズムの核心的な視点を予兆する。

そもそもパースは、自身のプラグマティズムとジェームズのプラグマティズムのちがいを鋭敏かつ正確に感知している。第一に、ジェームズはイギリスの経験論の伝統に立脚していて、それはパースにとってはさほど魅力的なものではなかった。したがってジェームズはある概念の意味をふるまい（あるいは企図された行動）ではなく、感覚の点から位置づける。さらに重要なことに、ジェームズはある概念の意味を特定の経験の点から解釈するのにたいし、パース

☆32 Paul Conkin, *Puritans and Pragmatists: Eight Eminent American Thinkers* (Bloomington: Indiana University Press, 1968), p. 281.

はそうした解釈を一般的観念（あるいは知的意味《パーポート》）の点からおこなう。[☆33] パースが述べるところによれば、こうしたちがいとそこから帰結する用語の誤用のために、

> 著者〔パース〕は彼の庶子たる「プラグマティズム」がこれほど喧伝されているのをみて、この子にさよならのキスをしてこの子をより高い運命に委ねるべき時期だと感じる。他方で、そのもともとの定義を表現するというまさにその目的のために、著者は「プラグマティシズム」ということばの誕生を宣言したい。「プラグマティシズム」くらい見苦しければ、誘拐犯たちから安全でいられるからである。[☆34]

パースとジェームズのちがいは大きいが、こうしたちがいが二人の思想家によって共有されている共通点をぼやかすことになってはならない。二人ともデカルト的問題を避けている。二人とも根拠、確実性、基礎から身をかわし、効果、帰結、実践に向かっている。そして二人ともプラグマティズムとは明晰な思考のための方法であって、新たな哲学であるとはみなしていない。パースにとって「実践的意義」とは「具体的な合理性の発展」を促すような行動目的であるのにたいし、ジェームズにとってそれは特定の行動を可能にする特定の感覚を意味する。加えて、パースにとって〈善《アガトン》〉とは一致と連衡、総体性と一体性に存するが、ジェームズにとっては多様性と個別性、具体性と複数性に存する。

パースとジェームズは、アメリカの知的風景のなかにあって、ヨーロッパの哲学的伝統が与

☆33 *Collected Papers of Charles Sanders Peirce*, 5: 402 n. 2 (pp. 259-60).〔前掲久野訳、三七―三八頁〕

☆34 Ibid., 5: 414 (pp. 276-77).

える最良のものを完全に知悉した最初の主要人物であった。しかしジェームズは、こうした伝統との自身の対話を、教育を受けた中産階級のアメリカ人たちにわかるようなことばに翻訳し、変容することを自身の仕事とした。したがって彼の講演や論文は書籍というよりもむしろ、言われていることを聴衆や読者が盗み聞きするように誘い出す、旨味いっぱいの知的ゴシップのような感じがある。ジェームズはわたしたちが「ココナッツのなかの果乳を味わい」、滋養を得て欲しいと思っているのだ。思考の目標はたんなる行動でもさらなる思考でもない。むしろより十全に生き、よりうまく神秘や道徳や社会改良の可能性に波長を合わせることである。

エマソンにとってと同じようにジェームズにとっても、豊かな生活はつねに大道において見出される。しかしジェームズにとって、そのような生活は中央車線においてのみ実現されうる。開かれていること、柔軟性、即興は彼の知的態度と性格的気質を特徴づけているが、彼はつねに中庸、二つの極端のあいだに落ち着く。一方でジェームズは、「同族根性とすべてのお役所主義の息が詰まるような雰囲気にたいするほとんど肉体的な恐怖」、「あらゆる制度的な権威の無能さ」への深い嫌悪をもって、痛烈なエマソン的個人主義を肯定する。[☆35] 他方でジェームズは、もうひとつの選択肢が過去の権威を切り崩すこと以外にない場合には、個々人に過去の権威と批判的に和解するように推奨する。またしてもエマソンと同じく、ジェームズは集団的な行動による社会革命よりも、個人の清廉潔白さと個々の良心にもとづいた道徳侵犯を奨励する。

☆35 ジェームズの生涯と思想についてのこれらのことばは、ジョージ・サンタヤナの愛すべきエッセイのなかに見出される。George Santayana, "William James," *Character and Opinion in the United States* (1920; New York, Norton Library, 1967), pp. 65, 82.

ジェームズの熱烈な個人主義と安心できる「中道路線主義」を支える彼のお気に入りの修辞戦略は、並はずれて両極端な立場を併置するというものである。彼の使うもっとも有名な例は、『プラグマティズム』（一九〇七）で提示されている。

軟らかい心のひと	硬い心のひと
合理主義的（「原則」で行動する）	経験主義的（「事実」で行動する）
主知主義的	感覚主義的
理想主義的	物質主義的
楽観的	悲観的
宗教的	非宗教的
自由意志論的	宿命論的
一元論的	多元論的
独断的	懐疑的[☆36]

ジェームズは、双方の最良の部分を組み合わせ、それ以外を捨て去り、中間領域を占める融通無碍な多元主義を主張することで、なによりもまずこうしたちがいを解消しようと試みる。その結果、開放性と修正可能性の名のもとに、わたしたちの過剰な要求に揺さぶりをかけて無効化し、それによって現状の完全な転覆も完全な強化も不可能にする。プラグマティズムの役割

☆36 William James, *Pragmatism* (Cambridge: Harvard University Press, 1975), p. 13.〔桝田啓三郎訳『プラグマティズム』岩波文庫、一九五七年、一五頁〕

は「幸福な調和をもたらす者」のそれであり、「わたしたちの理論の「硬直をときほぐす」仲介人で調停人である。じつのところ彼女〔プラグマティズム〕はなんの偏見、なんの独断的主張、何が証拠となるかについてなんの厳格な規定ももっていない。彼女の人当たりの良さは文句のつけようがない。彼女はどんな仮定でも受け入れ、どんな証明でも考慮する」[☆37]。

プラグマティズムについてのジェームズの「媒介的」な考えは三つの基本的な前提にもとづいている。第一に、二つの極端のあいだで和解は可能だということ。第二に、この和解は友好的な方法で到達できるということ。第三に、この友好的な和解はどちらの極端よりも好ましいものとなるということ。もちろん、こうした前提はエマソン的な楽観主義、道徳主義、主意主義の神義論とよく共鳴する。エマソンとジェームズは、限界を克服すること、あるいは極端を和解することが、先行する状況よりも悪い結果にいたりうるという可能性を考慮に入れそこねているだけである。彼らは人間の意思と行動のせいで全体的な後退が起きうるということを想像できていない。

ジェームズはエマソンよりも世界における悪の深さをはるかによくわかっている。したがって、彼はエマソンよりも神の摂理について語ることははるかに少なく、人間の頼もしさについて語ることははるかに多い。善を勝利の栄えあるものとして語ることははるかに少なく、特定の戦いを勝った善良な人たちについて語ることがはるかに多い。実際、ジェームズのより醒めた見方は、人びとが多くのことに立ち向かったというまさにその理由で人びとの英雄的な活力を強調する。悪についてのジェームズの認識は、エマソン的な神秘主義ではなく、より顕著な

☆37 Ibid., pp. 39, 43-44.〔同右訳書、五七、六四―六五頁〕

主意主義に帰結する。強固な悪は主意主義を打ち出すための前提条件である——主意主義は英雄的行為が宿る宿主である。

英雄的行為をジェームズが強調するのは、エマソンの力の概念を修正する彼なりの方法である。エマソンのように、ジェームズは個人個人の活力に主に焦点をあわせる。しかしジェームズはエマソンよりもさらに人間中心主義的である。彼にとって人間はまさにすべてのものの尺度である。人間の創造力と戦闘力へのこうしたロマンティックな崇敬は、奮闘的な生活だけが生きるに値する唯一の生活であるという考えに彼を導く。（一八九五年にＹＭＣＡで読み上げられた）論文「人生は生きる価値があるか」で彼は言う。

> 苦しみと困難が生きることへの愛を概して弱めることがないのはたしかに注目すべき事実である。逆にそれらはたいていの場合、生活により強い活気を与えるように思える。憂鬱の最大の源は充足である。必要と格闘はわたしたちを興奮させ鼓舞するものである。わたしたちの勝利の時間は空虚をもたらすものである。（中略）わたしたち自身の人種の歴史は、災難と戦うことにともなう喜びについてのひとつの長い注釈なのだ。[☆38]

「人生を意義深いものにするのは何か」（一八九二年のケンブリッジの教員向けの心理学講演のひとつ）ではこう述べている。「人生においてもっとも意義深い——あるいは、いずれにせよ比較的にきわめて意義深い——ことは、人生の前進という性質であるように思えます。つま

☆38 William James, *The Will to Believe* (Cambridge: Harvard University Press, 1979), p. 45.〔福鎌達夫訳『信ずる意思 ウィリアム・ジェイムズ著作集2』日本教文社、一九六一年、六六—六七頁〕

り、人生が一刻一刻と提示しつづける、現実と理念的な新しさのあの奇妙な結合であるように思えます。[☆39]」彼のもっとも熱烈な英雄主義擁護は、二編のみごとにして有名な論文「人間の活力」(「のちに「人間の力」として出版される、一九〇六年のアメリカ哲学協会での会長演説)と「戦争の道徳的等価物」(一九一〇)にみられる。これらの論文は、ジェームズが道徳的な目的のために個人個人を新たに活気づけ再生するために、戦闘的な気概や男性的な力強さといった考えをどれだけ推奨しているかを明らかにする。たしかにこうした考えは、表面的にはセオドア・ローズヴェルトやブルックス・アダムズによって提唱された英雄主義のレトリックに似ているが、それらとは異なった方向性を示してもいる。帝国主義の強硬な唱道者たるラドヤード・キプリングへの奇妙なほどの賛美にもかかわらず、ジェームズは、土地を切り分け人びとを支配する、実質的には軍国主義的な政治的英雄主義よりも、人びとの心と魂をとらえる、形式的には好戦的ではあれ、道徳的な英雄主義を推奨する。

> われわれは新たな活力と困難を作り出し、戦闘的な精神がきわめて忠実に固持している男らしさを維持していかなくてはならない。(中略)
> 戦いにまつわる美徳はもともとは戦争中の競争によって得られたものであるが、絶対的で永遠の人間の善であると主戦派がたびたび主張しているのはたしかに正しい。好戦的なかたちをとった愛国的な自負心と野心は、結局のところ、より普遍的で持続性のある競争への情熱のある特定の姿にすぎない。愛国的な自負心と野心は競争への情熱の最初の形態

☆39 William James, *Talks to Teachers on Psychology* (Cambridge: Harvard University Press, 1983), p. 164.〔大坪重明訳『心理学について――教師と学生に語る ウィリアム・ジェイムズ著作集1』日本教文社、一九六〇年、二九五頁〕

ではあるが、このことはそれらがその最後の形態であると想定する理由にはならない。（中略）十分な時間と教育と忠告さえあれば、**自分の国の別の側面**が同様に効果的な自負心と羞恥心の感情をもって眺められるようにならないと誰が確信できようか。（中略）戦闘的なタイプの性格は戦争がなくても育むことができる。（中略）したがって唯一必要なことは、過去の歴史が戦闘的な気性をかきたててきたように、市民的な気性をかきたてることである。[☆40]

ジェームズは同時代の支配的な帝国主義的軍国主義的なことばを使っているが、それを反転させてアメリカの帝国主義と軍国主義に刃向かっている。反帝国主義連盟の副議長であり、上流階級の一員であるジェームズは、アメリカの外国への介入に反対し、富裕階級の不安に悩まされている「弱虫」と神経衰弱気味の「意気地なし」のなかに英雄主義を鼓吹することが必要であることを理解している。しかしジェームズはまた、英雄的なことが「畑仕事をしている者の汚れたブーツと汗臭いシャツのみにある」というような素朴な民衆の神話も退ける。[☆41] ジェームズは、彼の聴衆の関心と彼の話の目的に忠実に、もしわたしたちが英雄的なものを見て深めるつもりさえあれば、「どんな見かけをしているのであれ、それはほんとうにわたしたちにそなわっている」と高らかに言う。ジェームズの道徳的英雄主義のレトリックは、敵対的な環境においても例外的な行為者になるように人びとに活力を与え、まったく絶望的な見込みに直面しても情熱的な闘士たちを奮い立たせることを意図している。

☆40　William James, *Essays in Religion and Morality* (Cambridge: Harvard University Press, 1982), pp. 170, 172.〔今田恵訳「戦争の道徳的等価物」、『ジェームズ論文集　世界大思想全集　哲学・文芸思想篇15』、河出書房、一九五六年、三八六―三八七頁〕

☆41　James, *Talks to Teachers on Psychology*, p. 159.〔前掲大坪訳、二八五頁〕

エマソンの場合と同じように、力へのジェームズのこだわりは（「プラグマティストは行動と力に向かう」[☆42]）、人びとの集合的団体的活動を避ける。ヘンリー・ホイットマン夫人への有名な手紙（一八九九年六月七日）において彼は書いている。

> わたしはあらゆる種類の大きさや偉大さに反対し、個人から個人へと作用する不可視の分子的な道徳的な力の側にいます。そうした力は非常に多くの柔らかい細根のように、あるいは水が毛細作用で滲み出てくるように、世界の隅々に浸透していますが、時間が与えられれば人類が誇っているもっとも堅固な記念碑を粉々にしてしまいます。扱う単位が大きくなる分だけ、あらわれてくる生はより空虚で、より野蛮で、より嘘くさくなります。だからわたしはすべての大きな組織そのものに反対します。なによりも国家的な組織に反対します。すべての大きな成功と大きな結果に反対します。そして個人的ですぐには成功することのないような仕方でつねに作用する真理の永遠の力の味方をします。そうした力は、それが死んでからずっとあとになって歴史がやってきて頂きに押し上げるまで、ずっと敗残者なのです。[☆43]

こうしたエマソン的個人主義はジェームズの奥深く、とても奥深いところを流れている。それは困難を経験している人たちにたいする真の共感と、いかに世界を変えられるかということに関してかなり非政治的な考えをもたらしている。ジェームズは変化を実行する政治的な手段を

☆42 James, *Pragmatism*, p. 31.〔前掲桝田訳、四三頁〕
☆43 *The Letters of William James*, ed. Henry James (Boston: Atlantic Monthly Press, 1920), 2: 90.

強く意識しているのだが、ただ、そのような手段は自分の道徳的な目的にかなうほどには深い影響を与えないと考えている。「人生を意義深いものにするのは何か」のなかでの示唆的な政治的コメントにおいて、ジェームズは社会変化と道徳的再生の問題に真っ向から立ち向かっている。

今日のアメリカでわたしたちは労働問題と呼ばれるもので苦しんでいます。皆さんが世に出るときには、皆さんの誰もがこの問題がもたらすごたごたに巻き込まれることでしょう。わたしが労働問題という短いことばを使うのは、あらゆる種類の無政府主義的な不満と社会主義的計画、およびそれらが引き起こす保守的な抵抗をまとめて示すためです。この争いが不健康で悔やまれるものであるとしたら――そしてわたしが考えるところではそれは大したことはないのですが――こうした不健康さは、わたしたちの仲間である同国人の半数がもう半分の人びとの生活の内的意義をまったく知らないままでいるという事実にのみ起因します。（中略）

こんな事情にもかかわらず、社会がなんらかのより新しくてよりよい均衡に向かわなくてはならないことは確かであり、富の配分がゆっくりと変化しなくてはならないことは疑いようがありません。そのような変化はつねに起こってきましたし、時間の終末まで起こりつづけるでしょう。しかしわたしが述べてきたことにもかかわらず、皆さんのうちに、そうした変化がわたしたちの子孫の生活になんらかの真に決定的なちがいを大きな規模でもたらすと期待しているひとがもしいるとしたら、わたしの講演の意味を取りちがえています。人生の本当の意味はつねに、同一で永遠のものです――すなわち、いかに特別なものであれ、なんらかの日常を超えた理想を、なんらかの忠誠心、勇気、忍耐力と結びつけること、ある男性もしくは女性の痛みと結びつけること。――そしていかなる生活であれ、またどこで営まれる生活であれ、そうした結びつきが起きる可能性はいつでもありつづけるのです。☆44

ジェームズにとって、人間の人格の道徳的発展は社会環境に関連してはいるが、社会環境に決定されるものではまったくない。エマソンと同じように、ジェームズはその個人主義のために、根本的な社会変化というものをまじめに受け取ろうとはしない。そのかわりに彼は道徳的批判に支えられた漸進主義を選ぶ。実現可能な社会主義についての（H・G・ウェルズのフェビアン協会社会主義的な著書『最初と最後のもの』に影響を受けた）彼のコメントにもかかわらず、ジェームズは急進派でもなければ革命家でもない。☆45

ジェームズは左派の人間でも右派の人間でもない。たしかに彼は政治を「超越」してはいないが、エマソンと同じように、どの政党や政治運動ともうまくは嚙み合ない。彼は、限定された民主主義的感情と国際的視野と深い道徳的感受性をもったリバタリアンである。☆46 こうした姿勢は政治的には無力なものであるが、道徳的廉直性を強化し、個人の良心の行使を促す。

ジェームズの立場は彼の階級的背景、家庭教育、そして個人的気性を反映している。彼が直

☆44 James, *Talks to Teachers on Psychology*, pp. 165-66.〔前掲大坪訳、二九八―三〇〇頁〕

☆45 根本的な社会変化を制限するものについてジェームズは書いている。「わたしが言及したいと思うもうひとつの本能は所有の本能です。これもまた人類のもっとも根源的な天性のひとつです。（中略）この本能の深さと原始性は、すべての急進的な形態の共産主義的ユートピアに前もって一種の心理的不信感を投げかけるようにみえるでしょう。人間本性が変わるまでは、私的所有を実質的に廃絶するのは無理です。」*Talks to Teachers on Psychology*, p. 42.〔前掲大坪訳、五七―五八頁〕

☆46 ジェームズの道徳的感受性のひとつの例は、アフリカ系アメリカ人にたいしてのリンチ等の威嚇行為を非難する痛烈な手紙にみられる。Ralph Barton

面した危機は個人的実存的なものであり、政治的もしくは経済的なものではない。彼の因習打破主義的な父親、ヘンリー・ジェームズ・シニア――ジェームズ家全員のなかでももっとも興味深く複雑な人物――は、子供たちの自由を育んだ。エマソンのよき友人であったこの人物は、自分の家庭では「誰もが自分自身のカヌーを漕がなくてはならない、とくに外洋においては」と信じていた。☆47 したがってジェームズの心をとらえたのは自分や他の人たちの魂の状態であって、そうした人たちの社会的生活状況ではなかった。

　しかしジェームズは、自分がある特定の役割と責任――とくに自分の階級にたいしての――を担っていると信じている。彼は広告塔として、同じ階級の人びとが世紀転換期のアメリカの文化的個人的危機を通り抜ける手ほどきをしたいと思っている。彼の役割は媒介者のそれであり、彼の責任は新たな環境においてエマソン的な回避と神義論を生かしつづけることである。ジェームズは、政治に関してはなんら深いこともあるいはなんら刺激的なことさえも言うべきことをもっていない。彼はたんに、「つねに正しい」ということを無類の特長としているE・L・ゴドキンの『ネーション』にならい、☆48 共和党から穏やかな離反をしてマグワンプたち〔一八八四年の大統領選挙で共和党候補ジェームズ・B・ブレインの支持をしなかった共和党員〕の味方をする。プラグマティックな広告塔の仕事とは、「熱い興奮に冷気を、そして冷めたやる気に熱気を吹きかけること」である。☆49 こうした批判的で冷静な役割は、熱烈に支持されている数々の極端な立場を和解させ、懐旧的なものとユートピア的なものを仲介することからなっている。そのような和解は、教育を受けた階級が社会改革的な感情を洗練された感受性と結びつけることを可能にするという点

Perry, *The Thought and Character of William James*, (Cambridge: Harvard University Press, 1948), brief version, pp. 249-50.

☆47 この記述は Santayana, "William James," p. 64 より。

☆48 *Letters of William James*, 2: 284.

☆49 Perry, *Thought and Character of William James*, p. 240.

で、この階級の人びとにとって魅力的である。ジェームズは、エマソンと共鳴する記述のなかで述べている。

おおまかに言って、ひとつの国家には二つ以上の基本的な党は絶対に存在しない。すなわち、それが自称するように赤い熱血の党と、青白い熟慮の党である。動物的直感、好戦的愛国主義、楽しさ、興奮、壮大さの党と、理性、予測、成長によって得られた秩序、精神的方法の党である。（中略）簡単に言ってしまえば、力の党と教育の党である。（中略）あらゆる国の王党派と大衆はつねに熱血党に結集して協力し合うだろう。（中略）そして自由主義は、それがカリスマ的な指導者をもたない場合には、この上下の臼石のあいだで押しつぶされてしまうだろう。（中略）自由主義の慢性的な欠点は、すばやさと情熱がないことである。☆50

注目しなければならないのは、ここでのジェームズの階級概念は主に文化的なものだということである。彼は中産階級の啓蒙と、他の階級の強欲、保守性、粗野な急進主義を対照させている。彼の大衆不信は否定しがたい。

わたしたちの社会主義的な平和唱導者たちはみな、この世の諸価値を絶対的に信じている。そして主への恐怖や敵への恐怖のかわりに彼らが注意を払う唯一の恐怖は、もし怠惰

☆50　Ibid.

であれば貧乏になるという恐怖である。この弱点はわたしが知っているあらゆる学問ぶった文献にみられる。（中略）そうした文献が本当に示しているのは蔓延する劣等感である。☆51

こうしたアメリカ資本主義社会についての文化的読解にもとづいて、ジェームズは自身の広告塔としての役割を思い描いている。この読みそれ自体が彼の仲介的な機能のかなめである。ジェームズは、まさに彼の理想とする支持者層に向けた発表「大学育ちの社会的価値」において、この役割と機能についてもっともはっきり述べている。一九〇七年の十一月七日にラドクリフ大学での《アメリカ女子卒業生協会》の大会で読み上げられ、一九〇八年に『マクルーアズ・マガジン』に掲載されたこの講演は、彼の道徳的個人主義がしばしば隠している文化的ポリティクスを明瞭に言いあらわしている。

> ならば、優れた人間を見分ける感覚はわれわれ〔大学卒業者〕の十八番《おはこ》であると考えるべきです。ちょうど地下道を掘るのが技術者の十八番であり、外科医の十八番が虫垂炎であるように。（中略）高等教育の擁護のためにわれわれがなしうる最高の主張は、（中略）**よい人物を見たときにわかる**ようにしてくれるということです。（中略）
>
> つぎのようにとても簡単なやり方で、われわれ教育を受けた階級は定義されます。他の者たちよりもわれわれは、より価値があってよりよい指導者を察知することができるはずだ、と。（中略）われわれの民主主義においては他のすべてのものは変わりやすいですが、

☆51 William James, *Memories and Studies* (New York: Longmans, Green, 1911), p. 284. こうした見方は、シカゴの無政府主義者たちのふるまい方は、アメリカ生まれの者、つまりアングロ・サクソン系白人とちがうから外国人であるというジェームズの論法を反映している。

われわれ大学卒業生は、昔の国々の貴族に相当する唯一の永続的な存在です。貴族と同じように、われわれは継続する伝統をもっています。われわれのモットーも「高い身分には義務がともなう《ノブレス・オブリージュ》」です。そして貴族とはちがって、われわれは理想的な関心だけを代表します。というのも、われわれは集団的な身勝手さをもたないし、不正な力を行使することもないからです。われわれはわれわれ自身の階級意識をもつべきです。「知識人たち《レ・ザンテレクチュエル》」という意識を！（中略）

もし民主主義が救われるのならば、民主主義はより高級でより健康な音色を学ばなくてはなりません。もしわれわれが民主主義をわれわれの好みどおりのものにしたいのであれば、われわれ自身が適切な音色を使わなくてはなりません。その適切な音色をわれわれはわれわれ自身の先生たちから学んできたにちがいないのですから。こうしたことすべては結局、無数の模倣する個人個人のお互いにたいしての行動と、誰の音色が最高の浸透力をもっているのかという問いに差し戻されます。われわれ大学卒業生は、ひとつの階級として、**われわれの**音色が浸透力をもつように心がけるべきです。それが最高の浸透力をもつべきなのです。☆52

これはジェームズの全著作のなかでもきわめて重要で奇妙な一節である。きわめて重要というのは、彼がアメリカのプラグマティズムを普及させる者でありかつ広告塔として、プラグマティズムの歴史的執行主体《ヒストリカル・エージェント》――教育を受けた階級――とそのイデオロギー的な目標をはっきりと

☆52 Ibid., pp. 315, 319, 323. ジェームズの彼の時代における歴史的文化的な役割を広く検証したものとしてはつぎを参照。Josiah Royce, "William James and the Philosophy of Life," *William James and Other Essays on the Philosophy of Life* (New York: Macmillan, 1911), pp. 3-45.

挙げている点においてである。イデオロギー的な目標とは、すなわち、ハイブラウな文化の保存と洗練された政治的指導者の選抜と民主主義の節度のある拡大のために、道徳的批評を育むことである。この一節が奇妙なのは、ジェームズがエリート主義、伝統、集合的意識、そして社会的権力——他では彼がまさに嘆いているもろもろの概念——を持ち上げているのをみるからである。さらに彼はかなり欺瞞に満ちたずさんなやり方で、自分の階級を無批判に——彼らに身勝手さはないのだろうか、腐敗はないのだろうか——特権化している。エマソンと同じように、しかしパースとはちがって、ジェームズは、中産階級の重要な成員、つまり知的専門職層の改革的な人びとにたいする知的道徳的なリーダーシップを揮えるようにするために、個性、和解、英雄的活力といった主題を織り交ぜたある特有のアメリカのイデオロギーを主張し、練り上げている。

　このイデオロギーはたしかに世紀転換期アメリカの潮流に逆らうものではある——悪徳資本家の「ひとを食いものにする強欲」や、実業界の大物たちの「成功というくそったれ女神」や、労働者階級の文化的偏狭さにたいして批判的であるから。[☆53] このイデオロギーは個人のレベルでの抜本的な変容を促すが、社会についてはゆっくりとしたなだらかな変化を支持する。それは個人のレベルでの絶え間ない境界侵犯を推奨するが、社会にたいしては和解と仲裁を布告する。最後に、それは個人のレベルでは意志的行為の英雄的活力を褒め称えるのだが、社会にたいしては限界や抑制を見分ける慎重で冷静な判断を促す。[☆54] このように、ジェームズのプラグマティズムの社会的基盤は、急速に拡大しつつあり政治権力の上層に移動することが運命づけ

☆53　これらの言い回しは一九〇三年の反帝国主義連盟でのジェームズの演説からとった。Perry, *Thought and Character of William James*, pp. 246-47 に収録されている、一九〇三年十一月二十八日のニューイングランド反帝国主義連盟の第五回年次大会の報告の抜粋を参照。H. S. Thayer, *Meaning and Action: A Critical History of Pragmatism* (New York: Bobbs-Merrill, 1968), pp. 437-45 も参照のこと。

☆54　ジェームズはある示唆的な発言において書いている。「最高の倫理的生活はつねに（中略）実際の諸事例のためには狭すぎるものとなってしまった規則を破ることにある。」"The Moral Philosopher and the Moral Life," *Will to Believe*, p. 158.〔前掲福鎌訳、二六七—二六八頁〕これは個人にのみ当てはまり、集団には当てはまらない。

られている階級たる中産階級の知的専門職層の改革的な成員たちである。同様に、ジェームズのプラグマティズムの文化的バイアス――労働者階級や女性や有色人種からの隔たり――は、中産階級の民主主義への両義的な献身と不安定な高踏エリート主義的忠誠のほうに偏っている。

こうした社会的基盤と文化的バイアスはジェームズの反帝国主義活動（一八九八―一九〇三年）にもっともはっきりとみられる。ジェームズはカリブ海やアジアでのアメリカ帝国主義の犠牲者たちに同情し彼らの自己決定権を支持しているが、アメリカ帝国主義にたいして彼が反対する根拠は道徳的愛国的なものである。エマソンの奴隷制廃止論と同じように、ジェームズの反帝国主義は、彼自身の階級と仲間である白人市民について帝国主義が明らかにすることへの懸念にもとづいている。先に見たように、ジェームズは戦闘的な気概と軍国的な気性を是認しているが、この気概と気性を征服と支配の目的に利用することは認めていない。そのような誤用――セオドア・ローズヴェルトの有名な帝国主義支持の演説「奮闘的生活」（一八九九年四月十日）がその最たる例である――は、道徳的抽象概念や明白な運命や「野蛮な愛国主義」の感情的愛国主義的レトリックに端を発する。☆55 ジェームズはこの演説に応答して書いている。

彼は中年で（中略）十分に重い責任のある地位にいるとはいえ、まだ精神的には青年初期の疾風怒濤《シュトゥルム・ウント・ドラング》の時期にあって、人間事情について演説をするときでもそれがもたらしうる生物的な興奮や困難の点からのみ語り、戦争が男らしい奮闘をともなうからといって

☆55 Perry, *Thought and Character of William James*, p. 245 に引用。

それが人間社会の理想的状態であるかのようにまくし立て、平和はこせこせした弱者にだけ適し、灰色の黄昏に沈んでいて、より高い生活など一顧だにしない、贅肉のごとき膨れた下賤の状態であるかのように取り扱っている。大義については一言もない――ひとりでも敵がいれば十分なのだ。（中略）彼はひとつの抽象的な好戦的感情のうねりのなかにすべてをいっしょくたに沈めてしまう。☆56

ジェームズは、仲間のアメリカ人たちにはある欠点があると言う。それは、彼のよく知られている論文「人間のある盲目性について」で、遠くに隔たっていて異質で理解不能であるようにさえみえる人びとにたいしては、同情と良識に満ちた眼差しを向けることができない欠点として述べているところのものである。☆57 帝国主義支持派はフィリピン人を人間として扱わずたんなる物とみなすことで、フィリピン人の人間性、そしてとくに彼らの個性を見えなくさせる。世界を救わんという盲目的愛国主義の聖戦は、劣った人びとや人種を文明化し向上させようという布教努力によって正当化されているが、まやかしであり恥さらしである。

ワシントンにいるわれわれの支配者たちにとってフィリピン人は、心理的な数量としてはまったく存在してこなかったことは明らかだ。（中略）わたしたちは［彼らを］一枚の絵、わたしたちの進む道に横たわる一定量のたんなる物質であるかのように扱ってきた。フィリピン人はあまりにわたしたちから遠く隔たっているがために、彼らを内面をもった存在

☆56　Ibid., p. 246.
☆57　James, *Talks to Teachers on Psychology*, pp. 132-49.〔前掲大坪訳、二二五―二六四頁〕

として思い描くことはなかった。☆58

わたしたちが文明の伝道師となって、白人としての責務はしばしば辛いものであるが、それを背負わなくてはならない。(中略)個人個人の生活はなにものでもない。わたしたちの義務とわたしたちの運命が命じれば、文明はつづいていかなくてはならない!というわけだ。これがつまるところ意味すること以上に、「近代文明」と名づけられたあの膨れあがった偶像丸ごとをこっぴどく告発するものはほかにあろうか。ならば文明は、たんなる勢いと不合理性の、大きくて虚ろで音が鳴り響き、ひとを堕落させ、世間ずれさせ、混乱に巻き込む奔流であって、それがこのような結果をもたらしているのだ!☆59

三年後にジェームズは、盲目なまでに愛国主義的で人種差別的なローズヴェルトをハーヴァードの学長候補として推薦する——ひとつには「彼の心は正しいところにある」という理由で——とはいえ、アメリカ帝国主義への彼の道徳的批判は激しく声高である。教育を受けた階級が維持しようとしているほかならぬ文明こそが、刺激や挑発や充足を得ようというこの階級の欲求によって破壊されつつある。アメリカの中産階級の生活の無気力さと凡庸さが興奮への欲求を生み出し、そうした興奮は盲目的愛国主義的な仕方で伝達させられる。ローズヴェルトのような熱狂的愛国主義者たちはジェームズと同じ教育を受けた階級を惹きつけ、彼と同じ精神状態に訴えかける。そういうわけだから、ジェームズが中産階級の改革的な知的専門職層にた

☆58　一八九九年三月四日の『ボストン・イヴニング・トランスクリプト』への手紙。C. Wright Mills, *Sociology and Pragmatism: The Higher Learning in America*, ed. Irving Louis Horowitz (New York: Oxford University Press, 1964), p. 266 に引用〔本間康平訳『社会学とプラグマティズム——アメリカ思想研究』紀伊國屋書店、一九六九年、一六七頁〕。

☆59　Perry, *Thought and Character of William James*, p. 246 に引用。

いしてなんらかの重要な知的道徳的リーダーシップを揮おうとするのであれば、帝国主義にたいする彼の戦いが必要なものとなる。いうまでもなく、この課題に関して彼はなす術もなく敗北する――そしてもっと無難な領域へとそそくさとうつっていく。

皮肉なことに、ローズヴェルトが夢中になった「興奮と困難」についてのジェームズの説明のいくつかは、ジェームズ自身にも当てはまる。さらに、ジェームズの真理概念それ自体が刺激や挑発や充足という観点で案出されている。先に見たように、プラグマティズムの仲介的な役割は「生活におけるあらゆる正気で健全な傾向をその作用下に置くことができる」ほど広い。[☆60] 他の競い合う視点の諸側面を包摂できるというこの力によって、プラグマティズムはそれ自体の諸目的にかなうように角が取れて受け入れやすいものとなる。このようにわかりやすくし妥協点を探りだす行動のひとつのあらわれが、偶発性と修正可能性というエマソン的な概念を真理に適応していることである。しかしジェームズはパースの共同体的な終末論を欠いているため、ジェームズが真理をひととおり扱ったのちになんらかの「真理」が残るのかどうかは明らかでない。

こういうことになるのは、ジェームズが真理の整合説も伝統的な真理の対応説も受け入れていないからである。つまり、概念が真になるのは、たんにそれが他の「真の」概念と整合するからでも、たんに客観的現実を模写する、あるいはそれに対応するからでもない。ジェームズは「陳述が真と考えられるためには、なんらかのそのような現実と一致しなくてはならない」と主張する点で、真理に関して実在論者である。[☆61] しかし彼の焦点は、いかに「新しい」真理が

☆60　Ibid., p. 299.

☆61　William James, "The Meaning of the Word Truth," *The Meaning of Truth* (Cambridge: Harvard University Press, 1975), p. 117.〔「真理といふ言葉の意味」、岡島亀次郎訳『真理の意味』、『世界大思想全集40』春秋社、一九三一年、一一二頁〕

真理となるかであり、この過程における人間の能動的な認識力の役割である。この二重の問いは、どの程度新しいものが古いものを覆すか、どのくらい不連続が連続を断絶させるかという点から理解される。彼の文化的使命が和解であるのとちょうど同じように、ジェームズの真理概念は、摩擦は最小限にとどめながらも未来に向かっては最大限開かれつつ、新しいものと見慣れたものを統合することを試みる。

新しい真理はつねに媒介者、移り変わりをなだらかにする者である。それは古い意見を新しい事実へ接続し、衝撃を最小にして連続性を最大にする。わたしたちがある理論を真だとみなすのは、たんにそれがこの「最大と最小の問題」を解決するのにどれだけ成功しているかに比例する。しかしこの問題の解決の成功はなんといってもどれだけ近似しているかということである。(中略) したがってここではすべてがある程度は可塑的である。[☆62]

ジェームズが優美、単純、便宜といった人間的価値に注意を促しているのは正しい。そうした人間的価値は、わたしたちがどの理論が正しいのかを決める助けになる。しかしもっとも重要な価値は連続性である。伝統についてジェームズの感覚——過去が現在のものごとのなかにあること——は保守的でもあるし未来志向でもある。彼はプラグマティズムを新しいものへ結びつけるが、プラグマティズムの根拠は見慣れた慣習的なものに置いている。成功する革新者は

☆62 James, *Pragmatism*, p. 35.〔前掲桝田訳、五〇—五一頁〕

最小限の修正しか加えずに古い蓄積された真理を温存する。つまり新奇なものをちょうど許容するくらい古い真理を押し広げるが、個々の事例が許すかぎり見慣れたやり方で新たなものを思い描く。わたしたちのすべての先入観に背くようなとっぴな説明は、ある新奇なものについての真の記述として絶対に通用しないだろう。わたしたちはなにかそれほど風変わりでないものをみつけるまで、精力的に探しまわるべきである。ある個人の信念にもっとも激しい革命が起こっても、そのひとの古い秩序はそのまま残るものである。[☆63]

パースの場合と同じように、偶発性や修正を真理の理論に組み込もうというジェームズの試みはラディカルであるが、その漸進主義において彼の理論はバーク的な伝統概念を知と真理の生産に適用している。もちろん、新しい知や真理は古いもののうえに築かれなければならないが、ジェームズの連続性重視の姿勢は断絶を最小化し、転覆を排除する。

ジェームズにとって宇宙は不完全であり、人間の力が宇宙や世界に及ぼす影響のために世界はいまだ「生成過程にある」。したがって、この宇宙や世界の真理の探求は、数々の説得力のある偶発的で修正可能な主張を生み出す。そしてわたしたちが説得力があると思うものは、わたしたちが過去に説得力があると思ったある重要な主張に同化できる。

真の概念とはわたしたちが同化し、有効化し、確認し、実証することができる概念であ

☆63　Ibid.〔同右訳書、五〇頁〕

る。（中略）

真理は概念に**起こる**のである。真理は真に**なる**のである。出来事によって真に**される**のである。その真実性はじつのところひとつの出来事、ひとつの過程**である**。すなわち真理がそれ自身を実証《ヴェリファイ》する過程、真実《ヴェリ》＝化《フィケーション》の過程である。真理の有効性《ヴァリディティ》とは真理の有効《ヴァリッド》＝化《デーション》の過程である。☆64

ジェームズの洞察は、この過程が〈人間的、あまりに人間的〉だということである（「人間という蛇はこうしてすべてのものに足跡を残している」☆65）。このことは、真理要求は誤りを免れないというだけでなく、真理要求はなによりもまず人間の力を挑発するゆえに真理要求としての**価値**をもつということを意味する。ジェームズにとって、真理とは人間の利害、必要、あるいは欲求から独立していて価値をもたない概念ではなく、むしろ特定の利害、必要、あるいは欲求によって浸透されていて価値を負った概念である。

真理を手に入れることは、ここでそれ自体として目的というわけではまったくなく、他の必須の満足のための予備的な手段でしかない。（中略）真であるとは、真実化《ヴェリフィケーション》過程を開始するあらゆる概念の名前であり、有用であるとは、経験において成し遂げられたそうした概念の真実化の機能の名前である。真の概念はこのように最初から有用でなかったのならば、真の概念として選び出されることもなかっただろうし、ひとつの集合としての名前

☆64 Ibid., p. 97.〔同右訳書、一四七頁〕
☆65 Ibid., p. 37.〔同右訳書、五三頁〕

を得ることもなかっただろうし、ましてや価値を示唆する名前を得ることもなかっただろう。[☆66]

ジェームズのプラグマティックな真理の理論は、人間の個性の道徳的発展という目的のために諸力は挑発によって増大させられるべきであるというエマソンの基本的な考えを肯定する。さらに彼の真理概念——わたしたちにとってのあるひとつの人間的な、括弧付きの「真理」——を部分的に形作っているのは、古いものと新しいもの、見慣れたものと目新しいもののあいだで板ばさみになっている、改革的で知的専門職の中産階級からなる支持者層が陥っている文化的窮状である。哲学的な面から言えば彼の視点はラディカルであるが、その文化的な役割は保守的である。そしてそれは個人を向上させるという役目に供せられる。

新しい意見が「真」となるのは、個人の経験における新奇なものを個人の信念の蓄積へ同化したいという個人の欲望が、その新しい意見によって満たされる度合いにまさに比例する。新しい意見は古い真理に依拠するとともに、新しい事実を把握しなくてはならない。そしてそれが成功するかどうかは、(いましがた言ったように)個人の評価の問題である。わたしたがって、新しい真理の追加によって古い真理が成長するのは主観的な理由による。わたしたちはこの心的過程のなかにあるのであって、またそうした主観的理由に従っているのである。わたしたちの二重の要求を満たすというその機能をもっともうまく遂行する新

☆66 Ibid., p. 98.〔同右訳書、一四八—一四九頁〕

しい考えこそが、もっとも真なのである。

プラグマティズムがここから得るのは、真理とはわたしたちの経験のうちのある瞬間が、そこに導かれる価値があるであろうもろもろの別の瞬間へとわたしたちを導く仕方と本質的に不可分ななにかであるという一般的な真理観である。主に、そして常識的なレベルにおいて、ある心的状態の真理はこの**価値ある導き**という機能を意味する。☆67

実証《ヴェリフィケーション》過程に導かれていき着くところはなんでも価値があるというジェームズの主張は、挑発を糧にする力は個人を向上させるという彼のエマソン的な信条を述べたものにすぎない。ジェームズにとって問題は、この過程が導き出すかもしれない有害な結末ではなく、「そうした結末を解き放つための、あるいはそこに到達するためのわたしたちの力（中略）とわたしたちの手段」である。☆68

ジェームズにとっては真理それ自体が部分的には道具である――真理は挑発によって誘発され、社会改良的な信条によって後押しされ、奮闘的な英雄的人物によって個人の道徳的発展を促進するために動員される。この意味においてジェームズの真理概念は、彼の階級の文化的状況、そして神経衰弱と「お気楽な気分」にたいする彼自身の個人的な格闘と不可分である――とはいえ、そこに還元したりそれと同一視することもどうしたってできないのであるが。したがって真理は善の一種である。☆69 じつのところジェームズ自身の宗教擁護――ここでの宗教とは

☆67　Ibid., p. 36, 98.〔同右訳書、五二―五三、一四九―一五〇頁〕

☆68　William James, "The Energies of Men," *Essays on Religion and Morality* (Cambridge: Harvard University Press, 1982), p. 145.

☆69　James, *Will to Believe*, p. 159.〔前掲福鎌訳、二六八―二六九頁〕ジェームズがつぎのように書くとき、彼はこのことをうまく言いあらわしている。「これは、ものごとの本質についてのわれわれの意見はわれわれの道徳的生活に属すると述べていることにほかならないのではないか。」"Lewes' Problems of Life and Mind," *Collected Essays and Reviews* (New York: Russell and Russell, 1969), p. 11.

『宗教的経験の諸相』（一九〇二）で示されているように、非正統的で特異な種類のものであるが――の根本をなしているのは、彼が中産階級の敬虔さにおもねっているということではなく、宗教は人間の英雄的な活力を生み出し、世界での個人の格闘を促すという彼の見解である。

> 奮闘的な気分の能力はわたしたちがもって生まれた人間的可能性のなかに非常に深く潜んでいるので、かりになんらかの神を信じる形而上学的もしくは伝統的土台がなかったとしても、人びとはたんに懸命に生きるため、そして存在のゲームからその喜びのもっとも強い可能性を引き出すための口実として神を祭り立てるだろう。具体的な悪にたいするわたしたちの態度は、有限存在たる人間の要求者しかいないと信じられている世界と、無限の要求者のために悲劇に喜んで立ち向かう世界とではまったく異なる。人生の諸悪に対処するためのあらゆる種類の活力と忍耐力、勇気と能力は、宗教的信仰をもっている者のなかでは解き放たれる。この理由で奮闘的な性格の持ち主は人類史の戦場において、お気楽なタイプよりもつねに生き延びるだろうし、宗教は非宗教を壁際に追いつめるだろう。☆70

ジェームズは「本当には信じていなかった。彼が信じていたのはたんに、信じれば正しくいられるかもしれないと信じる権利であった」と書くサンタヤナは、たしかに慧眼である☆71――しかしサンタヤナは正しくない。ジェームズはたしかに信じていたのだ――たとえば、有限の神を――とはいえ、彼の真の信仰は、人間の意思と格闘をエマソン流に神格化することであった

☆70 James, *Will to Believe*, p. 161.〔前掲福鎌訳、二七三頁〕

☆71 Santayana, "William James," p. 77.

のだが。

ジェームズのプラグマティックな真理理論についての私の社会的な読みは、この理論についてのよくある誤解を免れている。この理論は主観主義や実証主義（あるいはその裏面である懐疑主義）の焼きなおしではない。というのもそれはあらゆる種類の認識論的基礎づけ主義を退けているが、実在論的存在論は保持しているから。それは、真とされる新しい考えは以前の考えと一致しなくてはならないとする点で、行動への素朴な訴えかけではない。この一致は行動と関連はしているが、どんな意味においてもそこに還元されるものではない。

ジェームズの真理理論は、いかにしてわたしたちは真理に到達するのかの説明であるだけではない。この理論は真理を実証《ヴェリファイング》過程の終りに位置づけているが、真理は偶発的で修正可能なものでありつづける。時間のなかに存在するとは、新しい基本的な真理を追い求めるということを意味する。手に入る最良の真理は正当であり受け入れられるものだが、どんな真理も変化を免れない。最後に、ジェームズの真理概念は反理論的でも反知性的でもない――それは理論至上主義や知性主義を退けるだけである。それはとくに具体的で個別的で効果的なもの――抽象的で一般的で曖昧なものとは対立するもの――を強調するが、そこには観念や概念や理論が含まれる。それはたんに理論と実践両方において鈍重で冗長で晦渋でわかりにくいものを評価しないというだけである。[☆72]

ジェームズのプラグマティックな真理理論は、パースのものよりもはるかに厳密さに欠けるが、国際的な哲学的対話へのアメリカの真剣な介入である。この理論の最大の影響は、真理に

☆72　William James, "The Pragmatist Account of Truth and Its Misunderstandings," *Meaning of Truth*, pp. 99-116.〔「実際主義者の真理観とその誤解者たち」、前掲岡島訳『真理の意味』、九三―一一一頁〕つぎも参照のこと。Marcus Peter Ford, *William James's Philosophy* (Amherst: University of Massachusetts Press, 1982), pp. 59-74; Henry Samuel Levinson, *The Religious Investigations of William James* (Chapel Hill: University of North Carolina Press, 1981), pp. 209-39.

ついての話を知についての話へと、知についての話を人間の力と実践が達成することの話へとシフトさせたということである。したがって、ジェームズは真理の対応説を保持しているが、合理的な受け入れやすさはわたしたちが受け入れる真理要求の試金石であるという点で、それはむしろ無害である。手短かに言えば、ジェームズは真理を抹消することなく真理の地位を降格させている。彼は知を時間のなかに位置づけ、知を充足と成功に結びつける。ときとして、彼は真理を正当化と混同している、あるいは存在論的主張を認識論的主張と混同しているようにみえる。このようにみえるのは主に、真理と存在論はジェームズのプラグマティズムにおいてほとんど出番がないという理由による。つまり、真理と存在論は主に正当化と認識論の点から説明されるが、説明し尽くされてはいない。別のあるときには、観念の「金銭価値」や概念の「便利さ」といったジェームズのよく知られる用語は、通俗的な実利主義や偏狭な功利主義を想起させる。先に述べたように、ジェームズはブルジョワ的な個人主義者であるが、ブルジョワ的な俗物ではない。彼は世紀転換期アメリカの強欲な個人主義を退けている。

ジェームズとともに、アメリカのプラグマティズムは日の目をみる。エマソン的な回避と神義論に根ざし、チャールズ・パースの天才によって開始されたアメリカのプラグマティズムは、その普及推進者と改宗斡旋人をウィリアム・ジェームズのなかに見出す。そして多くの点でジェームズは初期段階のプラグマティズムがはらむ緊張を体現している。すなわち、知的専門職主義を軽蔑する知的専門家、極端なものや風変わりなものに魅せられた仲介者、政治に関して懐疑的な道徳家、科学が限定された視界しかもたないことを意識しないではいられない学校出の医師、アメリカの利己主義と好戦的愛国主義にたいして批判的な個人主義者で愛国主義者――そして最後に、学問的肩書きの時代において「哲学者」という名誉ある地位を誇りにしつつも、哲学は、「熱烈な個人的野心」と結びついた「有害極まりない病」である、すなわち、「宇宙の混乱を鎮め」ようとするが「その尊厳を乱」そうとはしないエマソン的野心に結びついていると確信していたプラグマティストである。[☆73] ジョージ・サンタヤナがジェームズに関して書いていることは、エマソンに関しても言うことができるであろう。パースにはさほど当てはまらないとしても。

ジェームズがまったく哲学者ではないということには一理ある。彼はかつてわたしに言ったことがある。「われわれが哲学に関していっさい忘れることはできないとしたら、哲学はなんという呪いであろうか！」と。言い換えれば、彼にとって哲学は、哲学が非常に多くの人びとにとってそうであったところのもの、つまりそれなしでは味気なくなってしまうような人生における慰めと安息の場ではなかった。したがって、あたかもそこに移って永遠に住むことができる建物のような哲学をうち建てると彼に期待するのはおかしなことであろう。彼にとって哲学とはむしろ、自分がそこでいつのまにかさまよっていることに気づいた迷路のようなものであり、彼が探していたのはそこからの出口であった。[☆74]

☆73 ゲイ・ウィルソン・アレンは、ジェームズの哲学者として知られたいという欲望がほとんど神経症的であったと述べている。たとえば、ジェームズはハーヴァード名誉博士号が与えられる前の数週間のあいだ、エリオット学長が「ウィリアム・ジェームズ、哲学者」ではなく「ウィリアム・ジェームズ、心理学者」と言うのではないかと心配していた。ジェームズが喜んだことに、前者の名称が使われた。Allen, *William James*, p. 92.

☆74 Santayana, "William James," p. 92.

第3章　アメリカのプラグマティズムの独り立ち
——ジョン・デューイ

神の観念を民主化しようという試みはプラグマティズムと連動していて、両方とも「これ、ここ、すぐに」という精神から生じている。

ヨハン・ホイジンガ

アメリカのプラグマティズムは、ジョン・デューイの著作と生涯において、最高度に洗練された明晰と本格的な精緻化を達成する。おおざっぱに言ってしまえば、もしエマソンがアメリカのヴィーコで、ジェームズとパースがわれらのジョン・スチュアート・ミルとイマニュエル・カントだとしたら、デューイはアメリカのヘーゲルかつマルクスである！　表面的にはこのようなこじつけめいた比較は、アメリカの哲学伝統の貧困、アメリカ生まれの世界思想史的な人物の数少なさを示す。しかしもっと深いレベルでは、こうした比較はアメリカのプラグマティズムに特有の性質を明らかにする。すなわち、認識論中心の哲学のエマソン的な回避と、自我とアメリカについてのエマソン的な神義論によって特徴づけられるその多様性を。

　ジョン・デューイはアメリカのプラグマティストのなかでももっとも偉大な人物である。というのも彼は、エマソンから受け継いだ力や挑発や人格への関心——それは主意主義的、社会改良主義的、活動主義的な主題で浸透されている——を十九世紀ヨーロッパの偉大な発見と融合させているからである。この発見とはすなわち、変化する社会や文化や共同体の観点から、人間存在の条件づけられていて状況依存的な性質を強調するひとつの歴史意識である。デューイは、近代的歴史意識に照らし合わせて、偶発性と修正可能性というエマソン的な主題を修正する最初のアメリカのプラグマティストである。☆1

エマソンにとって歴史は、自分自身を創造する自我によって占拠されるのを待っている空間化された時間である。したがって歴史は英雄的な自伝である。ジェームズにとって歴史とは、英雄的な個人がそれにたいして戦い格闘する未分化の背景である。エマソンと同じように、ジェームズの宇宙と自然についての見方は多元性と神秘を讃えるが、どちらの見方においても歴史はおおまかに言って、意思をもった人間によって対峙され征服されるべき時間的なフロンティアということになる。パースにとって歴史は、人間からの指示と共同体からの指導を必要とする進化過程である。彼はエマソンやジェームズの個人主義を打ち消す必須の社会的要素を導入する。しかしこの社会的要素は社会的なものを犠牲にして共同体的なものを強調する。つまりそれは、介在する人間組織や集団を真剣に受け取っているが、より大きな社会構造や政治システムや経済制度を考察しない。

デューイの画期性は、こうしたより大きな構造やシステムや制度を考慮しているというだけではなく、個性や人格についてのエマソン的ジェームズ的関心への忠誠を捨てずにそれらの構造やシステムや制度を自身のプラグマティックな思想の中心に置いていることにもある。ヘー

☆1 その深い歴史意識のゆえに、デューイはウィリアム・ジェームズから区別される。ジェームズは時間のなかにある孤独な個人に強い関心をもっているのにたいし、デューイが関心をもっているのは創造的な個人を形成する社会的歴史的な諸力である。デューイはジェームズにたいして深い尊敬を抱いていたが、自分とジェームズでは力点がちがうということを強く意識していた。論文「ウィリアム・ジェームズの哲学」でデューイはジェームズの思想に関して「歴史の大絵巻への関心は微塵もみられない」とはっきりと述べている。John Dewey, *Problems of Men* (New York: Philosophical Library, 1946), p. 379. デューイは、ジェームズの有名な論文「戦争の道徳的等価物」に反応して、一九一五年五月二十九日のスカッダー・クライスへの手紙のなかでこう書いている。ジ

ゲルと同じようにデューイは、近代的歴史意識——人間社会、文化、共同体の根本的な偶発性と変動性への意識——を現代思想における決定的な出来事だとみなしている。このルビコン川を越えることは新たな知的領野に入ることである——二元論や絶対主義や超越主義といった古い形態の哲学を回避し、知と力と富と文化についての新たな社会的理論的理解を提唱することである。マルクスが哲学の止揚を社会と歴史の社会理論、革命と解放の社会理論だと考えるように、デューイはプラグマティズムを批判的知性と科学的探求の歴史理論、改革と社会改良の歴史理論だととらえる。

　マルクスとデューイ両者における特権的な道徳的用語は、個性、社会的自由、そして民主主義である。しかしマルクスのヴィジョンと計画のほうがデューイのものよりも野心的である。そう言える理由の一部は、デューイよりも深い社会理論家であるマルクスのほうが、初期の産業資本主義的な状況がいかに、そしてどうして、ヨーロッパやアメリカの大衆の大多数にとっての個性と社会的自由と民主的参与を排除しているのかということを、より明確に察知し理解しているということである。さらに、マルクスは十九世紀ヨーロッパの工業的労働者階級——搾取されて選挙権もない虐げられていた人びと——という眺望のきく立場から、彼らと連帯して理論化をおこなっているが、それにたいしてデューイは、搾取されてはいるが選挙権は与えられていた合衆国の工業的労働者階級に同情し、彼らにたいしていくらかの影響力もある、労働者階級でありかつ経営者階級でもあるあの新興の知的専門職集団という眺望のきく立場から、この新興集団の指導者として書いている。

ェームズの戦争理解は「彼の同情でさえ彼の経験によって制限されているということを示すようにわたしには思えた。ほとんどの人びとが人生のための戦いのなんらかの代用品を必要としている、あるいは人びとは自分の戦う活力を維持するために人生を人工的に厳しくしなければならないという考えは、貴族として育てられてきて保護された生活を送ってきたひとからしか出てくることはできないだろう。「労働問題」は大部分の人びとにとってはつねにどんな戦争よりもずっと厳しい戦いであったということを、彼は本当にはわかっていなかったとわたしは思う。じつのところ、人びとが戦いたがるひとつの理由は、彼らの日常的な生活よりも戦うほうがずっと容易いという事実なのだ」。Gerald E. Myers, *William James: His Life and Thought* (New Haven: Yale University

デューイはアメリカのプラグマティックな気質に従って、マルクスのなかの形而上学的な残滓を退ける。それはヘーゲル主義に促された、歴史を全体化し集団を普遍化し解放を単純化しようとする傾向である。そうした残滓には、歴史の膨大な複雑さや集団のまぎれもない異種混交性や解放がもたらすさまざまな紛糾を見逃す傾向がある。したがってデューイから見ると、マルクス主義的な視点には（彼のかなりあやふやではあるが注目に値するマルクス主義理解に従うとすれば）☆2、早計な全体性や、独自性や差異や多様性を無視する均一性への傾向がある。しかし、他のどんな視座とも同じように、マルクス主義は批判的検証や実験結果や道徳的価値判断に照らし合わせて吟味する必要がある。デューイは二〇年代には（彼のロシア訪問のあと）ソヴィエト連邦の教育実験を称賛するが、二〇年代半ばまでにはかなりきついことばでスターリン主義を非難するようになる。☆3 デューイにとって歴史における自由の前進はアメリカ民主主義の最良の部分に体現されていて、歴史におけるアメリカの前進はアメリカ民主主義の最良の部分に照らし合わせて批判的にみなくてはならないものである。彼はプラグマティズムを国際的な舞台へと押し上げるが、彼の史観はアメリカ的なレンズを通したものである。このようにデューイは——ヘーゲルやマルクスと同じように——哲学を歴史化する。そしてエマソンやジェームズやパースと同じように、歴史をアメリカ化する。

要するに、デューイはエマソン的な近代哲学の回避を創造的に修正し、エマソン的な神義論を注意深く肯定し、アメリカのプラグマティズムの伝統を批判的に豊かなものにしつつも、歴史を真剣にとらえようとする。ジョン・デューイはこの伝統の巨人で、アメリカ哲学にそびえ

Press, 1986), p. 602 n. 151に引用。ジェームズが真の道徳的同情心と政治的には比較的ナイーヴさを併せもっていたことについては、マイヤーズの pp. 435-45の議論を参照。

☆2　一九三〇年になってもなおデューイはマルクスの哲学を議論できるほどにはわかっていないと認めていた。マックス・イーストマンは、デューイが自分はマルクスを一度も読んだことがないと彼に話したと書いていた——私にはこれは信じがたいのだが。つぎを参照のこと。Gary Bullert, *The Politics of John Dewey* (Buffalo: Prometheus Books, 1983), p. 142 n. 26; Max Eastman, *Einstein, Trotsky, Hemingway, Freud, and Other Great Companions* (New York: Collier Books, 1959), p. 280.

☆3　John Dewey, *Characters and Events* (New York: Holt, Rinehart, and

る最大の力であるだけではない。彼はアメリカ文化の最良のところの大部分と最悪のところのいくらか少量が流れて通る漏斗でもある。一九三九年にホレス・カレンが述べたように、「わたしがみるところでは、最終決定がなされ最後の一票が数え終えられたときには、今日のアメリカの最良のものと明日のアメリカ主義にとってもっとも希望あるものを豊かに象徴する人物としてあらわれるのは、フォードでもエジソンでもローズヴェルトでもなく、デューイであろう[☆4]」。

歴史意識、批判的知性、創造的民主主義についてのデューイの見解

ジョン・デューイはアメリカのプラグマティズムの伝統の頂点である。彼以降にプラグマティストであることは、社会批評家、文学批評家、あるいは詩人であることである——要するに、文化批評と文化創造への参加者であることである。このことは、デューイが哲学的な諸問題すべてを解決する処方箋や社会的危機の解決法を与えているということを意味しない。むしろデューイは、哲学的な諸問題がどのように社会的危機に結びついているのか、その複雑で媒介された仕方を理解するための手助けをする。もっと重要なこととしては、デューイのおかげでわたしたちは、哲学の衝突しあう諸概念を文化的な生活様式をめぐる争いとして、文化と社会における知的権威の役割と機能を定義する試みとして考察することができる。デューイにとって、哲学において近代的歴史意識を真剣にとらえることはなによりも、メタ哲学的な考察をおこなうこと、哲学を知的活動の一様式として改革し再構築することである。哲学を改革し再構

Winston, 1929), 1: 378-431. つぎも参照のこと。John Dewey, *Freedom and Culture* (New York: Capricorn Books, 1939), pp. 74-102.〔明石紀雄訳『自由と文化』、『アメリカ古典文庫13 ジョン・デューイ』研究社、一九七五年、一七八—一八八頁〕

☆4 Horace Kallen, "Freedom and Education," in *The Philosophy of the Common Man: Essays in Honor of John Dewey to Celebrate His Eightieth Birthday* (New York: G. P. Putnam's Sons, 1940), pp. 74-102.

築することとは、近代文化におけるもっとも信頼できる探求方法、すなわち科学者の共同体にもっともよくあらわれている批判的知性を脱神秘化し擁護することである。そして批判的知性を脱神秘化し擁護することとは、批判的知性を、人間の個性の向上に資するようにだんだん変えていくこと、つまり自分の状況をよりよく制御し、そうすることで自分自身をより十全に創造することができるような人間を奨励するのに資するように変えていくこと（たとえば、創造的民主主義を推進すること）である。

近代的歴史意識のメタ哲学的な意義や、批判的知性を脱神秘化し擁護することの文化的な意味あいや、創造的民主主義を拡大することの政治的帰結へのデューイの根本的な関心は、ラルフ・ウォルドー・エマソンへの心を打つ詩的な賛辞のなかで述べられている。デューイとしては例外的なこの論文のなかで、彼のいつもの淡白な文章は生き生きときらめく表現に、滑らかすぎる言い回しは活発さと喚起する力に満ちたことばに、平板な論理的構文は踊るようにリズミカルな隠喩と文彩になっている。ジェームズやパースと同じように、デューイはエマソンを避けたり露骨に捨て去ったりすることはできなかった。ジェームズと同じように——パースとはちがうのであるが——デューイは、自分がエマソンに負っていることを暗に認め、はっきりと讃えている。じつのところエマソンについての彼の短い論文は、ウィリアム・ジェームズやジョージ・サンタヤナやロバート・フロストやモーリス・メーテルリンクによるより有名で辛辣な扱いよりも、驚くべきことにずっと洞察に富んでいて示唆するところが多い（エマソンを「日常的な日々の賢人」だとみなすことに関して、メーテルリンクとは完全に同調している）。☆5

☆5 John Dewey, "Ralph Waldo Emerson," *Characters and Events*, 1: 69-77. この論文は一九〇三年五月二十五日のシカゴ大学でのエマソン記念集会で最初に読み上げられた。それが初めて出版されたのは「エマソン——民主主義の哲学者」という題名で『倫理学国際ジャーナル』一九〇三年七月号においてである。John Dewey, "Maurice Maeterlinck," *Characters and Events*, 1: 41 も参照のこと。示唆的な一節においてデューイは述べている。「エマソンとウォルト・ホイットマンとメーテルリンクは、民主主義は統治形態でも社会的方便でもなく、人間とその経験の自然にたいする関係の形而上学であるということを、習慣的にそしてあたかも本能的にわかっていた、これまででひょっとすると唯一の人たちである。そのなかでもメーテルリンクには、少なくとも自デューイはエマソンについての論文をメタ哲学的な口調で始めている。

> エマソンは哲学者ではないと言われている。わたしがこの否定の正誤を判断するのは、それが褒め言葉として言われているのか、それとも非難として言われているのかによる——すなわち提示される理由いかんによる。批判者が方法論の欠如、連続性のなさ、首尾一貫した論理のなさを挙げ、ゆるく結ばれた真珠の首飾りの言い古された話を持ち出しては、エマソンを格言と箴言の著者であるとか、すばらしい洞察と唐突な警句の記録者であると片づけるとき、その批判者が書きあらわしているのは、とても精妙に練り上げられた論理についていくことができない彼自身の能力のなさにすぎないとわたしには思える。☆6

「批判者」——あるいはエマソンをたんなる美文家で記録者だと手早く片づける人たち——の問題は、彼らが人間の生活と実践から分離した方法を求めているということである。彼らが欲しがっているのは、人びとの直感や判断から「独立して提出される」一組の命題や算法である。したがってデューイははっきりと——そしてたぶん行き過ぎであるくらいに——こう述べる。

> 哲学史についての諸論文においてたしかな地位を与えられているいかなる書き手であれ、その思考の動きが〔エマソン以上に〕より緊密で統一されている書き手をわたしは知らないし、

然科学の進歩によってより多くのことがわかっているという強みがある。」(p. 43)

☆6 Dewey, "Ralph Waldo Emerson," 1: 69.

多様な知的攻撃を文体と効果の集約により的確に結びつけている書き手も知らない。[☆7]

もちろん、プラトンやモンテーニュやパスカルやニーチェが（控えめに言っても！）ここで競争相手としてすぐさま思い浮かぶ。しかしデューイの目標はエマソンをもっとも偉大なXやYとして「ランク付け」することではなく、むしろ哲学者たちにエマソンのことを、彼らの偏狭な哲学概念への異議申し立てとして真剣に受け取るようにさせることである。そうした哲学概念に災いされて哲学者たちは、**近代的**哲学言説家としてのエマソン流の思想家たちの価値を貶め、こきおろしてもかまわないなどと思っているのだ。デューイが主張しているのは、エマソンがなによりも哲学者なのだということではなく、エマソンの哲学回避は深いメタ哲学的な意味あいをもっているということである。

しかし、エマソンは哲学者だということを否定するひとのほうがおそらくはより正しい。というのも彼は哲学者以上だからである。彼は言う、自分は形而上学ではなくて芸術によって働き、「十四行詩《ソネット》と演劇に」真理を見つけたいと。もう一度彼を引用すると、「わたしは、わたしの理論と倫理と政治のすべてにおいて詩人である」。そしてわたしたちは彼のことばを、彼は思索家というより作り手であろうとしていたという意味にとらえて間違いないだろうと思う。彼自身の嗜好は人類の推論家たちよりも予言者たちと同等とされることであった、というのも彼は言っている、「哲学はいまだ粗野で初歩的だとわたしは思う。

☆7　Ibid.

いつか哲学は詩人たちによって教えられるだろう」と。☆8

デューイはエマソンの近代哲学回避を、たんに詩による哲学の置き換えだと理解しているわけではないし、詩と哲学のあいだでかわされるプラトン的な口論の未熟な焼きなおしだと理解しているわけでもない。そうではなくてこの回避は、哲学的思索と詩的創造を、意味や地位や富や自我を求めての人間の日常的な葛藤のさなかに位置づける行為だと理解すべきである。抽象的二元論、哲学的絶対主義、自律的な言説、知的専門業の分業化、学問分野の細分化は、そうした葛藤から逃れようという試みを——失敗する運命にある試みを——ヴェールで包み隠したものである。エマソン的回避はこうした逃避を、力や挑発や人格の偶発的で修正可能な力学のなかに位置づけなおしているだけではない。それはまた、詩と哲学を同一のものとしても対立しているものとしてもみるのではなく、特定の目標を——対立と葛藤を通して——達成するための異種とはいえ同じ隠喩動員活動だとみなしてもいる。そして詩と哲学が共有しているのは、両方とも人間知性の働きの高み、人間の意識的思索的活動の最良の部分を例証しているということである。

エマソンの精神は、彼を哲学的な演台よりも高いところにある芸術の平面に置こうとすることで彼の最終価値を誇張することにたいし、抗議しようと立ち上がる。文学批評家たちは彼の哲学を認め、彼の文学を否定する。そして哲学者たちが彼の明敏で落ち着いた芸術

☆8 Ibid., p. 70.

を褒めそやし、彼の形而上学について幾分かの不支持の念を込めて話すのだとしたら、それはおそらく、エマソンはわたしたちの慣習的な定義よりも深い何かを知っていたからなのだ。（中略）開かれた場所でみれば、文学と形而上学のあいだのわたしたちの垣根は取るに足りないもの——精神的なものごとに財産の法的手続きや形式的事項を負わせようという境界標識——にみえる。（中略）

そして誰よりもエマソンにたいしては、彼の思索上の手続きをけなす代償に彼の創造的な本質を過度に持ち上げるやり方に、一方的な偏りや誇張があらわれる。そうした偏りや誇張は彼がすぐにでも軽蔑するものであっただろうに。彼はどこかで、個々の人間はたんなる方法、見取り図にすぎないという旨のことを言っている。このことばはエマソンを十分にあらわしている。彼の理想主義は、思想家が n 乗にまで高められた自分の思想にたいしてもつ信念である。（中略）実際、ひとはエマソンの全作品を知性への讃歌、すべてを創造しすべてを乱す思考の力への感謝の歌であるとみなしたい気になるときがある。☆9

デューイは、エマソン（とプラグマティズム）を反知性的で非合理的で生気論的だとするさまざまな形容の仕方をよくわかっている。そしてエマソンもプラグマティストたちも理性を特権化することはしていない。しかし彼らはまた、知性それ自体を退けてもいない。むしろ彼らは知性を、日常の人びとのおこないや苦しみや奮闘の、ある独特の、そこから分離することのできない一機能だとみなす。デューイが好むのは「**理性**よりも**知性**ということばである。前者

☆9　Ibid., pp. 72, 73.

には遠い昔にさかのぼる反経験主義的な歴史があるから」[☆10]。そして彼はエマソンのことをその相互交渉的な知性概念ゆえに称賛する。この知性概念は精神を経験の一形態であるとともに経験を促進するものだともみなす。デューイの見方では、エマソンは、経験を関係性や相互交渉の点からみることで、ロックやバークリーやヒュームにおける無力な経験概念を乗り越えている。この経験概念には直接性があるが、直接性といっても唯心論の快活な局面や意識の疑いようのないあり方とはほとんど関係がない。むしろそれは、現在や新しさや用途や志向された未来と関連している。

> だから、エマソンの霊への贖罪のささげ物を献じつつ、彼の思想と彼の方法、そうだ、彼の体系についてさえ特徴を述べる段階へ進んでもいいかもしれない。わたしがこの特徴を見出すのは、ほとんどの哲学者たちにとって彼らの体系のなかで、彼らの体系に関して、そして彼らの体系ゆえに正しいものである区別や分類をエマソンが取り上げ、それら区分や分類を生活に、日常のひとの通常の経験に当てはまるものにしているという事実においてである。（中略）教授にとっては学問的知性のお気に入りであり、気持ちの大きな若者にとっては希望であり、ひとのいい起業人にとっては霊感である理想主義は、エマソンにとっては、すべてのひとが自分の食いぶちを稼ぐもっとも現実的な世界の諸事実のかろうじて正確な記述である。
>
> 　直接的な生活へのそのような言及は、すべての哲学者を試す試金石である。（中略）エマ

☆10 John Dewey, "Experience, Knowledge, and Value: A Rejoinder," in *The Philosophy of John Dewey*, ed. Paul Arthur Schipp, Library of Living Philosophers (New York: Tudor, 1939, 1951), p. 538 n. 22. つぎも参照のこと。John Dewey, *The Quest for Certainty* (1929; New York: Capricorn, 1960), pp. 212-13.〔河村望訳『確実性の探求　デューイ＝ミード著作集5』人間の科学社、一九九六年、二二二―二二四頁〕

ソンのいわゆる折衷主義が、人類のすべての哲学者たちを、プラトンやプロクロスのようなエマソンがこよなく愛する予言者たちでさえをも、現在や直接的経験のために役立つかどうかという試金石にさらすものであるということをわかっていないひとは、彼の折衷主義を読みちがえているとわたしは思う。エマソンがわたしたちの目の前で数珠のようにさっと振ってみせるのを常としている一連の名前のゆえに、彼のことを浅はかな衒学だと非難する人たちについて言えば、彼らは、字句にとらわれてしまって自分自身の衒学を表明しているのであって、そのようなものすべては、エマソンにかかれば、庶民の魂向けに用意されたさまざまな用途の象徴であるということがみえていないのだ。☆11

この一節はたしかにエマソンの経験的次元に脚光を当てているが、それが明らかにするのはエマソンについてのデューイ自身の創造的な誤読である。さらに示唆的なのは、擁護し弁解がましくさえ聞こえる口調が示すのは、彼自身のプラグマティックな視点と計画にとってエマソンのような人物が異質でないということを聴衆に信じさせることに関して、デューイがいかに必死で決意を固めていたかということにほかならない。一般大衆とその経験にたいしてのエマソンの相反する感情については先に述べたし、デューイやプラグマティストたちよりもプラトンの第七書簡やプロティノスを思い起こさせるエマソンの瞑想的神秘主義的側面についてもみた。しかしデューイはしゃにむに――強力な洞察と明らかな盲目とをからませて――エマソンを批判的理性の提唱者というだけでなく、つねに変化する現在の詩人としても描く。デューイ

☆11 Dewey, "Ralph Waldo Emerson," 1: 73, 74.

が率直に——しかしはっきりとは口にせずに——認めるところでは、エマソンのヘラクレイトス的な流転は近代的歴史意識とはまったく異質である。しかし偶発性と修正可能性というエマソン的な主題は、あまりに多くのヨーロッパの哲学者たちやエマソンと同時代のアメリカ人たちの硬直化した概念と凝り固まった体系から、健康的に逸脱するものである。

> 《観念》はもはや学問的な玩具でも詩的なひらめきでさえもなく、歴史の物語や沈黙という道具や会話でのうわさ話や商業的交易を通じて、個人にとって豊かになり補強されたものとしての時間の経験の逐語的な報告である。（中略）
>
> 　エマソンの哲学はこのことを超越主義者たちの哲学と共有している。彼は他の人たちからよりも超越主義者たちからある色合いや輪郭を借りてくることを好む。しかし彼が真理を見出すのは大道において、素朴な試みにおいて、予想もしていなかった観念においてであって、この点で彼は超越主義者たちの突き放した態度から区別される。彼の観念は、向こう側や後ろやどこか離れたところにある《実在》に付着するわけではないので、歪曲の必要がない。彼の観念は《ここ》と《いま》の変容形であり、自由に流転する。精神的民主主義を気遣うエマソンは、尊大な《向こう》と《遠く》の名高い超越主義的価値を、疑いようのない《現在》の所有物だとみなす。エマソンが歴史の年代順配列について話すさいに《そこ》と《そのとき》を「乱暴で野蛮でまったくばかげた」と呼んだとき、彼は自身を超越主義から区別する一線を引いていたのだ——超越主義とはあるひとつの《階

級》の理想主義なのである。[☆12]

この一節の最後の文は、誤解を招きやすいが、デューイのこの論文における卓越した一句を導入する。「民主主義の哲学者」としてのエマソンという呼称である。[☆13] デューイがエマソンの歴史概念を空間的な観点で解釈しているのは正しいが、この概念がエマソンの階級をどういうわけか超越しているとみなしているのは間違っている。じつのところ、ここで問題となっているのは階級ではなく、むしろアメリカのすべての階級に――とくにエマソンの時代には――いきわたるフロンティア神話の力と浸透力である。彼の「開拓者」意識は、庶民だけがもつものでも超越主義者のような疎外された中産階級知識人が対立する視点でもない。むしろエマソンの空間化された歴史像は、エマソンの道徳的抗議にもかかわらず首をもたげつつあった内的帝国主義とうまく一致する。自分自身のイメージにあわせてエマソンを読もうとするデューイの試みは鋭敏で示唆的ではあるが、エマソンがどういうわけか自分の階級を超越しているかのような様相を呈し、帝国主義と戦う人びとと連帯する模範的な急進的庶民的民主主義者になると論じるくだりでは、それは失敗する。エマソンはたしかに、ある種の精神的民主主義者（彼の「軽度の」人種差別主義によって限界づけられた）ではあるが、デューイ自身のような筋金入りの民主主義者でなかったことは間違いない。しかしデューイは自分自身の「創造的民主主義」を、権威を特権化しまいというエマソンの拒否のなかに無理やり読み込もうとする。[☆14] このように、彼はエマソンを権威として提示することで自分自身の計画を権威づけているだけでな

☆12　Ibid., pp. 74, 75.
☆13　Ibid., p. 76.
☆14　この問題に関して、デューイのもっとも有名な生徒で弟子による優れたデューイ読解としては、つぎを参照。Sidney Hook, "The Philosopher of American Democracy," *John Dewey: An Intellectual Portrait* (New York: John Day, 1939), pp. 226-39. つぎも参照のこと。Richard J. Bernstein, "Dewey, Democracy: The Task ahead of Us," in *Post-Analytic Philosophy*, ed. John Rajchman and Cornel West (New York: Columbia University Press, 1985), pp. 48-58.

く、自分自身の自己創造を引き起こすための手段としてエマソンを利用してもいる——そうすることで父親的人物に価値付与し、子供としての自分自身を作り出す父親となるのである。エマソンを読むこうしたエマソン的方法は、エマソンからパースとジェームズを通ってデューイにいたる類似した主題群の明白な連続性を明らかにするのと同様に、デューイのプラグマティズムを明らかにする。

信条や体制、慣習や制度にたいしてエマソンは立ち上がり、宗教や哲学や芸術や道徳の名のもとに一般庶民の収蔵庫から着服され党派的階級的用途に流用されてきたものを庶民に返そうとする。エマソンは、わたしたちが知っている誰よりも、そのような不正行為のためにいかに真理がその単純さから堕落し、真理が不公平な所有物となることで神学者や形而上学者や文学者にとって都合のよい謎や詐術になるのかを理解し、そのことを断言してきた——謎や詐術とはつまり、法の強要という謎であり、善が望まれず拒否されるという謎であり、はるか遠くからしか光を放たないロマンティックな理想という謎であり、思いのままに操作する技術の詐術であり、専門化した行為の詐術である。

そのような理由ゆえに、来たるべき世紀はいまやっとわかりつつあること、つまりエマソンは哲学者であるのみならず《民主主義の哲学者》であるということを明らかにするとしても不思議ではない。（中略）その名前がプラトンの名前と同列に並べられるような世界市民としてエマソンを考えれば、かりにエマソンには体系がないとしても、彼は民主主義が今後構築し依拠するようなどんな体系でもその予言者であり先駆者であること、そして民主主義が明瞭なかたちをとるときには、それがエマソンのなかにすでに提示されていることを見出すのになんの困難もないだろうということは信じてもおかしくはない。[☆15]

この文章は過度にエマソンを祭りたてているとはいえ、うまくデューイを描写している——わたしたちが手にしているもっともよくできた描写のひとつである。デューイにとってエマソンは、デューイ自身が実際にやろうとしていたことをあらわす。デューイはエマソンをアメリカ教という宗教の——エマソン的回避と神義論と拒否の——創始者であり発明者であるとみるが、自分自身の計画はその真正な内容と実質であると示している。このようにデューイは、エマソンが洗礼者ヨハネであり、将来あらわれるであろうアメリカの救世主イエスの先駆けだというヘンリー・ジェームズ・シニアの見方を暗に退ける。そのかわりに、デューイはエマソンのモーセにたいしてのヨシュアを演じ、パースは草分けであるが忘れられたアロンであり、ジェームズは才気煥発で因習打破的なエレアザルである。

エマソンに従って、デューイは中産階級の新興の改革的知的専門職層を、アメリカ教という宗教の望ましい歴史的執行主体として思い描く。しかしたんにエマソンのように教会権威と袂を分かち、ひとりで講演旅行に出かけるだけでは、金メッキ時代とそれ以降においてはどうしても十分とはならなかった。そのかわりにデューイは、新興の大学文化と教育職にたいしての道徳的知的指導に加わり、指導力を揮う。中産階級の都市化した知的専門職的改革派層の必要

☆15 Dewey, "Ralph Waldo Emerson," 1: 75-76.

不可欠な知識人として、デューイは社会にたいしてエマソンやパースやジェームズよりもはるかに大きな影響力を及ぼした。

　デューイが生きていた時代のアメリカの変化しつつある状況が、この影響力を部分的に説明する。デューイは一八五九年十月二十日、奴隷制即時廃止論者ジョン・ブラウンが有名なヴァージニア州ハーパーズフェリーの連邦兵器庫襲撃のかどで牢獄に入れられた翌日に生まれた。デューイが亡くなったのは朝鮮戦争のさなか――一九五二年六月一日の七時ちょうどであった。☆16 彼の長い人生のあいだにアメリカは、分裂した農業的な起業的資本主義国家から統合された都市的工業的多国籍資本主義的な世界的大国へと変化を遂げた。彼が死んだときには、合衆国は世界でもっとも豊かで強力な国家であった。彼が生まれ育ったのはヴァーモント州バーリントンであり、そこは小さいが成長著しい町（合衆国で第二の材木流通拠点）で、アイルランド人とフランス系カナダ人の苦しんでいる労働者階級（一八七〇年には全人口の四〇パーセント以上を占めていた）と北東部諸州出身のブルジョワジーから成っていた。彼の父親のアーチボルドは、農場で四世代にわたって働いてきた家族の最初の都市での起業家であった。賢くユーモアに満ちているが野心的ではなかった父親は、一八六一年に北軍に志願したのちにはじめて人生を本調子で走り出した愛国者であった。アーチボルドはヴァージニアに駐留していたときには勇敢に軍務をこなした。三年後、妻のルーサイナ――アーチボルドよりも二十歳若く、ヴァーモントの有名な政治家の子孫（彼女の父親は州議員で、祖父は合衆国下院議員であった）――がデューイと彼の二人の兄弟を引き連れてヴァージニアにやってきた。家族は一八六

☆16　デューイについての有用な伝記的資料としては、つぎを参照。George Dykhuizen, *The Life and Mind of John Dewey* (Carbondale: Southern Illinois University Press, 1973)〔三浦典郎・石田理訳『ジョン・デューイの生涯と思想』清水弘文堂、一九七七年〕; "Biography of John Dewey," ed. Jane M. Dewey, in *The Philosophy of John Dewey*, ed. Paul Arthur Schipp, pp. 3-45; Neil Coughlan, *Young John Dewey: An Essay in American Intellectual History* (Chicago: University of Chicago Press, 1973); そしてロバート・ウェストブルックの長く待たれているデューイ伝の草稿〔Robert B. Westbrook, *John Dewey and American Democracy* (Ithaca: Cornel University Press, 1991)〕。私はロバート・ウェストブルックの著作と彼との会話からたいへん多くのものを得

七年にヴァーモントに戻った。母親の宗教的な敬虔さと彼の牧師のルイス・オーモンド・ブラストウの敬虔さも手伝って、デューイはリベラルな福音主義的会衆派に育てられた。[☆17] 彼が教会と袂を分かつのは三十歳近くになってからである。教会によって促された改革的な活力が彼からなくなることはなかった。

デューイは十五歳でヴァーモント大学に入学した――教員は八人で生徒は百人もいない緊密で小さな大学である。彼は十八人の学級を平凡な成績で卒業し、T・H・ハクスリーやオーギュスト・コントやハーバート・スペンサーといった新たな知的発展には限定的にしか触れていなかった。ペンシルヴェニア州オイルシティで二年間、そしてバーリントン近郊で一年間の高校教師職ののち、デューイは職業的哲学者としてのキャリアに入る。デューイが最初の論文を発表した『思弁哲学ジャーナル』の編集者であったセントルイスの著名なヘーゲル研究者、ウィリアム・T・ハリスのすすめで、デューイは、叔母から援助を受けながら、アメリカで最初の教会基盤でない大学院研究機関であったボルティモアのジョンズ・ホプキンズ大学に一八八二年に入学した。

皮肉なことに、デューイは当時ジョンズ・ホプキンズの特任講師であったチャールズ・サンダース・パースではなく、新ヘーゲル主義者のジョージ・シルヴェスター・モリスや実験心理学者のG・スタンリー・ホールに惹きつけられた。モリスとホールは二人ともヴァーモント出身で、若いころには福音派信徒であって、ユニオン神学校とドイツの大学で学んだことがあり、デューイの忠誠を得て彼のものの見方に影響を与えるべく競っていた。デューイは主に学

☆17 デューイの若いころの会衆派キリスト教信仰が彼ののちの哲学に与えた影響についてはつぎで論じられている。Bruce Kuklick, *Churchmen and Philosophers: From Jonathan Edwards to John Dewey* (New Haven: Yale University Press, 1985), pp. 230-53.

部時代の教師であるヘンリー・A・P・トーリーを通じて早いうちにドイツ哲学に触れていたが、これがデューイをモリスへと近づけた。ヴィルヘルム・ヴントの生理学的心理学を信奉し、ハーヴァード大学においてウィリアム・ジェームズのもとで合衆国最初の心理学博士号を取得したホールは、その科学的アプローチでデューイを惹きつけた。しかしヘーゲル右派的な有神論と観念論の擁護に専念していたモリスのほうがデューイを弟子として獲得した。さらに、アメリカのプロテスタント神学者であるニューマン・スミスの著作は、道徳的な目的論的有神論的結論が盛り込まれた進化生物学によって、ホールの科学的経験論とモリスのヘーゲル主義的観念論を統合する可能性を示した。[☆18] 一八八四年にカントの心理学について博士論文（いまでは失われた）を書き終えたのち、デューイはモリスからアナーバーのミシガン大学でいっしょに教えないかと誘いを受けた。デューイはそこで主に心理学の授業を担当したほか、哲学倫理学史のいくつかの授業を教えることになった。最初の主要著作『心理学』（一八八七）では、デューイのヘーゲル主義は大仰で、当時の代表的な心理学者たち――とくにG・スタンリー・ホールとウィリアム・ジェームズ――にとっては説得力がなかった。[☆19] しかしこの本は技量の大きさを示し、彼を国際的に知らしめた。この本は教室で教えるための教科書として書かれていて、この目的のためにはかなり役立った。

　デューイは一八八八年にミネソタ大学に移ったが、師匠であるモリスが早すぎる死を迎えるとミシガンに戻った。この復帰にともなって、デューイは教育においてより自由を得ただけでなく、焦点も変化した――心理学から倫理学へと。この変化は二つの新たな決定的な影響によ

☆18　Coughlan, *Young John Dewey*, pp. 43-53.

☆19　『マインド』誌の編集者であるクルーム・ロバートソンへの手紙のなかで、ウィリアム・ジェームズは書いていた。「デューイが心理学の本を出したので、わたしはちょうど受け取って半分だけ読んだところだ。最初に見たときにはなにか本当に新しいものがあるかと期待してかなり「ワクワクする」のを感じたのだが、いったん読み始めるとひどくがっかりした。生《き》のままの奇跡的な自我と個々人の精神生活という具体的個別を媒介しようとしても無理である。デューイがそのようにすることで成し遂げるのは、いざ個別を扱う段階になると個別からすべての角と輪郭を取り除いてしまうということなのだ。」Dykhuizen, *Life and Mind of John Dewey*, p. 55に引用〔前掲三浦・石田訳、九七頁〕。

って促された。すなわち、新ヘーゲル主義の自由主義者であるT・H・グリーンの著作、およびアリス・チャップマンとの結婚である。重要な論文「民主主義の倫理」（一八八八）においてデューイは、グリーンの独創的な社会概念と自己実現の擁護と民主主義支持を最大の論拠として、ヘンリー・メイン卿が『人民政府』（一八八六）で民主主義を攻撃した影響力の大きな議論に反論した。グリーンのおかげで、デューイは彼の心理学が必要としていた道徳的目的論を明らかにすることができた——そして自身のますます強くなる民主主義的な政治的確信の裏づけを得るようになった。

　このように政治参加意識が強まったのは、デューイのミシガンでの哲学専攻学生で妻のアリス・チャップマンからの影響が大であった。両親が早く亡くなってしまい母方の祖父母に育てられたアリスは、強い社会的道義心と熱烈な政治行動主義を身につけた。祖父のフレデリック・リッグスはチペワ族に養子として引き取られ（「インディアンも彼の声を聞いただけでは彼が白人だとはわからなかったくらい彼らの言語を習得した[☆20]」）、彼らが白人たちから正義を獲得するための努力に協力した。アリスはデューイよりも一ヶ月年上で、洗礼派の神学校で音楽を学び、ミシガンの学校で教えたのち、ミシガン大学に入学した。彼女とデューイは同じ宿舎に住んでいた。彼女はデューイの上級科目を三つとり、若く超然とした独身者であったデューイに強い印象を残したにちがいない。彼らは二年後、一八八六年七月に結婚した。

　アリスは自身のお手本を通じてデューイの社会行動主義を促しただけでなく、「宗教的態度は生まれついての経験に初めからあるもので、神学と教会制度はそれを促すよりもむしろ麻痺

☆20　"Biography of John Dewey," ed. Jane M. Dewey, p. 20.

させてきた」[☆21]という彼女の深い信念もデューイに大きな影響を及ぼした。たとえば、デューイは学生キリスト教組合でのさまざまな講演やアナーバーの第一会衆派教会での精力的な仕事のなかで、教会は「人間の人間にたいする関心の最高の産物」だと強調していた。[☆22]しかし結婚の数年後には、教会の役割はみずからを普遍化し存在をやめることだと主張した。一八九四年にはデューイは教会に出席することをやめ、自分の三人の子供を日曜学校に送り出すことを拒否するようになっていた――当時、彼と同居していた敬虔な母にとって無念きわまりないことに。要するに、アリスはデューイの目を啓かせて、工業資本主義的なアメリカの社会的悲惨へと向けさせたのであった。そしてみるべきことやなすべきことはたしかにたくさんあった。

一八六〇年から一九〇〇年のあいだには合衆国の人口はおよそ三一〇〇万人から七六〇〇万人近くまで増大した。[☆23]移民――主に南欧と東欧からの――はこの急激な増加のうちの一四〇〇万人ほどを占めていた。この人口爆発は主に十九世紀末アメリカの途方もないほどの経済発展のおかげであった。同じ四十年間に、製造工場への投資は一〇億ドルから一二〇億ドルに、工業製品の年間価値は一九億ドルから一一〇億ドル以上に、合衆国の工場に雇用されている労働者の数は一三〇万人から五五〇万人にまで跳ね上がった。無尽蔵にさえみえる原料供給、好意的で理解のある政府、関税によって外国との競争から守られ鉄道と水運によって接続された大きな国内市場、目覚ましい技術革新と安価な労働力の効果的な確保もあって、アメリカは世界で最初の工業国家となった。

この経済成長の特徴は、史上例のない利益を得るための規制されず節度のない競争によって

☆21 Ibid., p. 21.
☆22 Dykhuizen, *Life and Mind of John Dewey*, p. 50.〔前掲三浦・石田訳、九一頁〕
☆23 Richard Current, T. Harry Williams, and Frank Freidel, *American History: A Survey* (New York: Knopf, 1961), pp. 488-516.

促された大規模組織（とくに独占、トラスト、企業連合、持株生産会社）であり、異なる民族的出自と宗教的忠誠からなる踏みにじられ軽蔑される工業労働者階級の発展であり、利益を追求する産業経営者と利益を生み出す労働者とのあいだの激しくてしばしば流血をともなう対立であった。要するに、アメリカは、大規模な産業資本家と金融資本家の台頭と古い南部の農場主と北東部の商人の没落によって、新興都市にみられるような産業階級の形成を経験した。中産階級の経営者層と知的専門職層が、過去の小ブルジョワ階級の商業的自由農的集団に取って替わった。そして工業プロレタリア階級が職人と熟練工たちを押しのけた。たしかに、農村的なアメリカが姿を消したわけではなかったが、それはもはや中心的な動きがある場所ではなかった。一八六〇年には農業が国全体の富の五〇パーセントを占めていたが、一九〇〇年にはわずか二〇パーセントになった。農業従事者は一八六〇年には国家収入の三〇パーセントを受け取っていたが、一九一〇年にはわずか一八パーセントとなった。そしてこの成長の大部分にたいしていまだ周縁にとどまっていた南部は植民地的支配を抜け出せないままでいた。そこでは、希望をなくしたわけではまったくないとしてもなす術のないアフリカ系アメリカ人にたいして、白人至上主義が猛威を揮っていた。[☆24]

十九世紀末にデューイが目を啓かされた社会的悲惨は主に、経済的収奪と文化的な根無し草化と個々人の方向感覚の喪失のそれであった。物価の降下とそこから帰結する生活費の減少をみたこの時代に実質賃金は上昇したが、社会恐慌と不況と経済の沈滞がしばしば賃金上昇を妨げた。七六〇〇万人のアメリカ人のうちおよそ一〇〇〇万人がひどい貧困の生活を送ってい

☆24 C. Vann Woodward, *Origins of the New South, 1877-1913* (Chapel Hill: University of North Carolina Press, 1951).

た。一日の平均的な労働時間は十時間で、週に六日働くうえ、事故発生率は恐ろしいほど高かった。たとえば、鉄道労働者は毎年二六人にひとりの割合で負傷し、三九九人にひとりが死亡した。非熟練労働者と半熟練労働者は不潔なスラム街に押し込められ、そこでは適切な衛生設備のないワンルームのアパートで家族が肩を寄せ合って生活していた。伝染病が何千人もの命を奪った。そしてほとんどの都市では、公共収入がほとんどなく、公益への配慮もほとんどなされないので、下水道とゴミを処理し、清潔な上水道を確保し、致命的な火事と戦うための資金が不足していた。つまり、工業資本主義的なアメリカは「膨れ上がった」社会であった☆25——中心となる核のない社会、たがはずれてしまった社会、病的な状態にある国家であった。

こうした状況にたいするデューイの反応は大きく三つのかたちをとった。第一は、急進的なジャーナリズムによって、教育のある大衆に「批判的知性を売る」という計画をもくろみ、ほとんど実行しかかっていた。第二に、彼は、移民をアメリカの主流に同化し文化的に適応させようという、ワスプ〔プロテスタントのアングロサクソン系白人〕によって主導される人道的試みに協力するようになった。第三に、彼は実践的な例と著作によって、拡大しつつある教育業界にリーダーシップを揮うことを決心した。

デューイの第一の反応は、米国社会にたいする彼自身のますます強まる失望によって形成された。アリスのおかげで政治的に目覚め、T・H・グリーンから知的な影響を受けたデューイは、イデオロギー的には、友人でクラスメイトであったヘンリー・カーター・アダムズから手ほどきを受けた。アダムズはジョンズ・ホプキンズ大学で政治経済学を学び、一八七六年に同

☆25 Ralph H. Wiebe, *The Search for Order, 1877-1920* (New York: Hill and Wang, 1967), pp. 11-43, 78, 95.

大学の最初の博士号を授与された。ドイツで一年間学んだのち、アメリカの自由主義の諸相に立脚することを念じる一風変わった社会主義者となって帰ってきた。一八八一年の『ニューイングランダー』誌掲載の「民主主義」と名づけられた論文で、アダムズは、「個人主義的な手段によって社会主義的目標を実現する」ような、労働者の手による協同連合体を唱えた。彼はさらに賃金システムの放棄と協同的な基盤にもとづく産業の設立を呼びかけた。こうした急進的な考えのために、アダムズは学問の世界において職を得るのがひどく困難であった。たとえば、彼の労働騎士団へのおおっぴらな支持は、彼がコーネル大学から解雇されることにつながった――この解雇は役員であるラッセル・セージによって主導されたものであった。アダムズはミシガン大学でやっと終身の職を得るが、それは学長のジェームズ・B・エンジェルがアダムズの「賢明でない」労働騎士団への支持を含む彼の政治的立場を厳しく問いただしたあとであった。

アダムズの影響はデューイの一八八八年の論文「民主主義の倫理」にみてとることができる。デューイは述べている、「民主主義は市民的で政治的であるとともに産業的でなければ、それが名目上そうであるところのものに現実にはなっていない、ということをとやかく言う必要はない。(中略)富の民主主義は必然である」[☆26]と。しかしデューイはアダムズよりもずっと注意深い。すなわち、彼は政治的信念のために自分の職業的キャリアを危険にさらすことにはあまり乗り気ではない。

このことはデューイの最初の主要な政治介入の試みにもっとはっきりみられる。それは、

☆26 Coughlan, *Young John Dewey*, p. 91.

ジャーナリズム的な『思想ニュース』誌における、因習打破的なフランクリン・フォードとの確執である。エルネスト・ルナンが『科学の将来』（一八八〇）で提唱している、知性を社会化し科学的成果を広く知らしめるという考えに刺激を受けて[☆27]、デューイとフォードはジャーナリズムの世界に参入することに決めた。必要だったのは、賢明な社会行動に不可欠な啓蒙を提供するような新聞であった。それはある一階級に向けられたものでも「偽りの社会主義の進撃の雄叫び」を上げるものでもなく、むしろデューイが述べたように、「哲学がなんらかの役に立つということを示す。（中略）哲学をそこに導入することによって新聞業を変えようとするのではなく、哲学に若干の新聞業を導入することで哲学を多少なりとも変貌させようという考えである」[☆28]。

『思想ニュース』の編集を担当するという考えはデューイを興奮させ刺激した。彼の結論は、「現代の時代精神」の約束を実現するために戦わなければならない世界史上の時代に自分は生きているというものであった。この期間にデューイの倫理学に関する二冊の本が出た[☆29]――フォードのルナン的な視点、ウィリアム・ジェームズの『心理学原理』（一八九〇）、そしてデューイの新たな同僚であるジョージ・ハーバート・ミードの社会心理学（と社会主義的見地）に応答したものである。この二つのテクストはデューイの新たな出発を明らかにしていて、そこでは思索的な知性の実践的な性質が大きく浮上している。かつてデューイの『心理学』に完全に失望したウィリアム・ジェームズは、これをみてとった数少ない人たちのひとりであった[☆30]。

しかし『思想ニュース』の出版準備作業のためにデューイの時間は奪われた。彼の学問的出

☆27 John Dewey, "Ernest Renan," *Characters and Events*, 1: 18-30.

☆28 Dykhuizen, *Life and Mind of John Dewey*, p. 72.〔前掲三浦・石田訳、一一九―一二〇頁〕

☆29 John Dewey, *Outlines of a Critical Theory of Ethics* (Ann Arbor: Registrar, 1891); Dewey, *The Study of Ethics: A Syllabus* (Ann Arbor: Registrar, 1894).

☆30 Coughlan, *Young John Dewey*, p. 83.

版は滞り、彼の書くものはより攻撃的で大胆で訓戒口調になった。彼は自身の職業的キャリアに間違いなく悪い影響を与えるであろう計画をやり遂げる勇気をふりしぼらなくてはならなかった。かつての教え子に打ち明けた言葉によれば、「こうしたことは、安定したよい地位にいる哲学教授にとっては多かれ少なかれ狂気じみているように思えるのだろうが、それでもわたしはこれからは自分の確信にもとづいて行動するつもりだ[☆31]」。

この時期の彼の二篇の主要な論文はどちらも学問的ではないが、そこでのデューイの熱烈なレトリックと行動主義的な熱心さは、若きヘーゲル左派のマルクスのそれを彷彿とさせる。スミス大学で読み上げられた「詩と哲学」と名づけられた卒業式演説で、デューイは宣言した。

> この数世紀における生活の前進、経験の前進はあまりに急であり、その領野と方法の多様化はあまりに広範であるので、よりゆっくりとした足取りの思索的思考は取り残されてしまった。哲学はいまだ、この前進運動のリズミカルな律動をとらえ、誰もが読めるような白と黒の楽譜に書きおこすことはできていない。（中略）しかし、批判的思考のより確実だがより重々しい足取りをうまくかわして捕えられないようにしてきたこの運動は、さまざまに舞い踊りながら姿を変え、我々の世紀の詩的韻律となっている。（中略）人間と人間、人間と自然を結びつけてより大きく緊密な統一体にするこの同じ精神の運動は、先走りによって詩に表現を見出してきたのであるが、今度は回顧によって哲学に表現を見出さなくてはならない[☆32]。

☆31 Ibid., p. 101.

☆32 John Dewey, "Matthew Arnold and Robert Browning," *Characters and Events*, 1: 16, 17. このエッセイはもともとは「詩と哲学」という題名で『アンドーヴァー・レヴュー』一八九一年七月号に発表された。

そしてまた、ミシガン大学の学生雑誌である『インランダー』誌への「スコラ学者と思弁家」と名づけられた寄稿で、デューイは、政治の汚い世界を怖がり能動的な関与がもたらす帰結を恐れる象牙の塔の住民たる学者を糾弾した。同僚たちが彼のジャーナリズム的な試みと政治参加について考えていることを意識しつつ、デューイは手厳しいことばで学者業を中世のスコラ哲学の焼きなおしであると暴きたてた。

修道院の独居房が学問業の講義室へと変わり、数えきれないほど多数の「権威」がアリストテレスに取って替わった。年報、学術論文、ジャーナルが際限なく、アリストテレス注釈者たちの去ったのちに残された空白を埋める。昔のスコラ学者がなにか自分自身の見解をそこに綴るために古い羊皮紙の文字を消すことに骨を折っていたのだとしたら、新しいスコラ学者にもまた彼の羊皮紙がある。彼は誰か他のスコラ学者が他の批判を批判した批判のことばを批判しているのであって、文字の重ね書きは現実の下部構造がはるかかなたにぼやけてしまうまでつづく。[☆33]

必要なのは学問的な自己満足ではなく、世界で起こっている出来事や問題への能動的な関与であった。要するに、デューイは現世的な哲学とより哲学的な世界、すなわち知性によって導かれる世界を欲しがった。思索家〔speculator ＝投資家〕という彼の修辞的表現――ジェームズの「金

☆33　Coughlan, *Young John Dewey*, p. 101.

銭価値」よりもはっきりとした市場の隠喩——は、知識という資金を貯め込むことを拒絶し、世界で政治行動を起こすためにリスクをとる哲学者のそれである。

> 知性は生活の緊張関係へとふたたびその資金を投入しなければならない。その貯蓄を諸事実の圧力に抗して投機しなくてはならない。（中略）（中略）偉大な哲学者たちは皆、この容赦ない思考の冒険、貯蔵された真理のこの向こう見ずな投げ売りになんらかのかたちでかかわっていた。（中略）真理にもとづく行動が、貯蓄も消費もするけれども横領やギャンブルはしない思考の商人の特徴である。[☆34]

『思想ニュース』第一号の期限が迫ったあるとき、デューイとフォード——加えて、フォードの弟コリドンと若いロバート・パーク（のちにシカゴ大学で合衆国の一流の社会学者となる）——は新聞を告知する回覧を発行した。デューイが驚いたことに、フォードは数週間後に別の告知を出して、「歴史的手法を日常生活の報告に適応することによって」「教育と実生活、理論と実践のあいだの断絶」を橋渡しするような「ジャーナリズムと教育における新概念」を触れ回った。[☆35] このマニフェストめいた宣言にデューイは虚を突かれ、新聞業界の反応に怖じ気づいてしまった。『デトロイト・トリビューン』紙の主幹社説は、一般の新聞がこきおろされたことに噛みついた。デューイは新たなベンジャミン・フランクリンであり、『思想ニュース』は「彼が哲学を生活へと引き下ろし、哲学を稲妻のように社会の車輪を回転させる動力とする」

☆34　Ibid.
☆35　Ibid., pp. 103, 104.

ための「屍」なのであると笑い者にした。のちに同紙は、デューイと仲間たちが解決しようとすべき最初の「社会的有機体内部の謎」とは、イプシランティ〔アナーバー近郊の町〕の女工たちにたいするミシガン大学男子学生の関心であろうと示唆した。「彼はなんら革命を計画していなかった」と題された記事で、デューイは前言を撤回し、尻込みし、『思想ニュース』との関係を断ち切った。『思想ニュース』は一号も発行されなかった。

コリドン・フォードは、二年後に出版された彼の自伝において、デューイに関してこのように言った。

彼は死んだ制度にはまってしまって動くことができなかった。彼がもらっている給与は、彼が転覆的な考えについて黙らなくてはならないことを意味した。ものが言えるようになるために、彼は賄賂を捨てて道路にたつ放浪者になるか、あるいは、慣習どおりの袖の下を受け取りつづけて、古い考えを新しい考えとごった煮にし、隔絶した理論の取り合わせ料理として提供するかであった。☆36

言うまでもなく、デューイをこのように形容するのはフェアではない。公正に言って、フォードの宣言はデューイの当初の意図からさほどかけ離れていたわけではないのだが、フォードはデューイに告知のことを知らせなかったことでたしかに信頼を裏切った。間違いなく明らかな――そして完全に理解できる――のは、デューイが自分のキャリアを（とくにフォードのよう

☆36　Ibid., p. 107.

な風変わりな人物のために）危険にさらすのを拒否したということ、もしくは、中産階級の知的専門職層によって隅っこに追いやられたり追放さえされたりすることを拒否したということである。そのかわりに、彼は自分自身の職業的な地位と卓越性を維持しつつ、同じ階級で社会変化に真剣に取り組む改革派の人たちと協同しようとしていた。

　産業資本主義的なアメリカの嘆かわしい状況にたいするデューイの二番目の反応は、都市環境のなかで権威ある地位を確保し、下層の人びととつながりをもっている中産階級の進歩派と急進派の人たちに協力するというかたちをとった。彼は一八九四年にジョン・ロックフェラーの出資したシカゴ大学に移り（友人でありかつての同僚であったジェームズ・H・タフツによって根回しされた）、そこで、ジェーン・アダムズのハルハウスでの仕事を活動の中心にした。そのとき以来、デューイは職業的な慎重さと政治的沈黙を守るようになった。彼は市民の諸問題に深くかかわりつづけたが、論争は避けた。ジョージ・ダイキューゼンが述べるように、デューイは

> シカゴにいるあいだ、発表されたどの論文においても、当時の論議を呼ぶ問題には触れることができなかった。この時期のデューイが書いたものには、ソースティン・ヴェブレンの『有閑階級の理論』やチャールズ・ズーブリンの『アメリカの地方自治体の進展』、あるいは最重要で議論の的となる問題を論じるアルビオン・スモールやエドワード・W・ベミスやW・I・トーマスの論文に類するものはない。社会問題についてのデューイの公の

声明というものにもっとも近かったのは、学校は「社会の進歩と改革の最大でもっとも効果的な道具」だという発言であった。☆37

私は、日和見主義がシカゴでのデューイの行動を動機づけていたと示唆しているわけではないし、彼が他の同僚がもっていた勇気を欠いていたと示唆しているわけでもない。むしろ私が言いたいのは、彼の数年前の仰々しいヘーゲル左派的なレトリックが、学問的な研究と社会的慣習に則った市民的行動主義へと収束していったということである。これは彼が——彼の一八九六年の有名な論文「心理学における反射弓の概念」が明らかにするように——新ヘーゲル主義をゆっくりとだが確実に脱ぎ捨てていったからというだけでなく、彼の左翼的心情が公共的進歩主義的な心情へと遷移していったからでもあった。ハルハウスでデューイは多くの社会主義者や共産主義者や無政府主義者と会う機会があったが、彼がより好意をもったのはジェーン・アダムズやヘンリー・ジョージのようなブルジョワ進歩主義者たちであった。彼は政治参加の姿勢を崩さなかったが、彼がそのエネルギーを振り向けたのは中産階級的な経路、とくに教育であった。

産業資本主義的なアメリカにたいするデューイの三番目の反応は、変化しつつある国の見本となるような都市に彼が住んでいたというところから、中産階級の新たにあらわれつつある忠誠の構造に自分自身を投資し関与させるということであった。新たな忠誠の構造とは知的専門職主義のことである。デューイは新興の知的専門職主義のさまざまな側面についてひどく批判

☆37 Dykhuizen, *Life and Mind of John Dewey*, p. 104.〔前掲三浦・石田訳、一六三—一六四頁〕経済学教授エドワード・ベミスのシカゴ大学からの解雇は主にプルマンストライキのときに彼が労働者を支持したためであったが、この事件はデューイに急進的な政治行動の危険性について警戒させただけでなく、彼の改革的な熱意を**社会的慣習に則った**かたちでの文化的社会的変化へと向けるようにさせた。アメリカ社会での資本の支配を相当程度弱める可能性についての悲観主義と、同僚から受け入れられることを重視する職業主義とがこのように組み合わさって、デューイの行動主義を制限しつづけていた。

的であったが、その唱道者かつ推進者でありつづけた。アメリカが求心力と団結力を獲得することのできる唯一の方法は、専門家によって批判的知性を生み出し養うことによってだと彼は確信していた。彼は教育学（と哲学）科の長として、教育、とくに子供の教育に集中することができた。彼は教授として、同僚たち、つまり教員の自治という問題に集中することができた。知的専門職的な中産階級は飛躍的に成長しつつあった——教員は一八九〇年と一九一〇年のあいだに四倍以上に増え、つぎの十年でさらに二倍になった。[☆38]

デューイの教育実践への方向転換は政治からの撤退ではなかった。むしろそれは、経済的な力がアメリカでいかに地歩を固めたかということ——一八九四年のプルマン・ストライキにきわめてはっきりとみられる——と、進歩主義的な行動が実際にはいかに制限されているかということについての認識からくるものであった。さらにシカゴの学校制度は、『フォーラム』誌でのジョゼフ・メイヤー・ライスの暴露記事（一八九二年、一八九三年）によって明らかにされているように、全国的なスキャンダルであった。デューイは、高名なフランシス・パーカー大佐のクック郡師範学校へ自分の子供たちを入学させたことをはじめとして、この学校に協力と支持を与えたのち、シカゴで主導的な進歩派教育者となる。「デューイ学校」として知られる彼の実験学校は一八九六年一月に開校した。

この学校の目的は、いかに意義深く豊かな教育をおこないうるかということのモデルとなるだけでなく、教育についての全国的な議論へ実践的な介入をおこなうことであった。デューイにとってこの実践的な介入は、知識とその配分方法をめぐる争いは権力についての争いであ

☆38 Wiebe, *Search for Order*, p. 119. つぎも参照のこと。C. Wright Mills, *Sociology and Pragmatism: The Higher Learning in America* (New York: Oxford University Press, 1964), pp. 325-37, 338-46.

り、文化資本（技能、知識、価値）が生み出され配分され消費される諸条件についての争いであるという点で、一種の政治行動であった。カリキュラム中心の保守主義者や子供中心のロマン主義者とは完全に対照的に、デューイが主張したのは、自律性を知的で柔軟な指導へと、実際性を厳密さや驚きへと結びつけた機能主義的な教育の相互作用的なモデルであった。もちろん、デューイの機能主義的な教育、社会を民主主義化するための批判的教育は、機能的教育、たんにひとを労働市場的な可能性へと順応させる適応教育と簡単に誤解されうるものであった。

残念なことに、デューイ自身も彼の先進的な学校がとくに貢献しえたであろう社会改革計画をはっきりと述べることはなかった。彼は、学校それ自体では徹底的な社会改革の重荷を背負うことはできないと意識していた。しかし彼はまた、学校それ自体がイデオロギー闘争の場であって、その帰属と性質をめぐってつねに戦われる価値のあるものだともわかっていた。そして一九〇四年には、デューイの学校は、一連の合併と、シカゴ大学学長ウィリアム・レイニー・ハーパーによるデューイの妻の校長職からの巧妙な解雇策謀を経たのち、終焉をむかえた。デューイはただちに大学を辞めた。幸運にも、コロンビア大学がすぐに動きだして彼のために新たな哲学教授職を調達した。そしてこれはデューイにとっても幸運であった。というのも新たな働き場所はニューヨーク市であって、デューイが世界史的な人物としてあらわれるためにはおそらくそこでなければならなかったからである。コロンビアにおいてデューイは、歴史意識が哲学に与える影響と、批判的知性の社会的役割と、創造的民主主義の中身と性格について成熟した考えを示した。デューイはミシガンでスタートを切り、シカゴで頭角をあらわしたが、彼が巨人となったのはニューヨークにおいてであった。

アメリカのプラグマティズムの独り立ちは、ちょうど合衆国が世界的大国としてあらわれるときに起こっている。この二つの現象のあいだには直接的な因果関係はないが、たんなる偶然でもない。デューイにプラグマティズムについて成熟した考えをまとめるよう促したのはたしかに、歴史の国際的な舞台へのアメリカの登場であった。この登場によって必要となったのは「アメリカの無邪気さの終り」、すなわちアメリカのナイーヴな楽観主義とロマンティックな単純さへの無批判な憧憬の終りだけではないし、あるいは「形式主義への反抗」、すなわち動的な現実に取り組むために文脈を読んだうえで機能本位にかかわりあうというやり方だけでもない[☆39]。それはまた、アメリカの知識人たちが**ある特定の種類の**国際的歴史的意識を発展させるようにも強いた。その意識とは、他の系統の思想へと開かれていながら、アメリカの経験に根ざし、アメリカをその危機と困難をくぐり抜けるように育み力づけ導くことのできる意識である。デューイの天才は、世界市民的な歴史観をアメリカのプラグマティズムへと吹き込み、ベーコン的で啓蒙主義的でヘーゲル的な感性へと開かれながらもエマソン的な回避と神義論に忠実でありつづけていることにある。この意味で、もしエマソンがアメリカ教という宗教の発明者であるとしたら、デューイはそのルターである——すなわち、彼はアメリカ教に方向性と活力を与えるために、力や挑発や人格といった概念の意味あいや、主意主義や楽観主義や個人主義や社会改良主義といった主題を、目の前に溢れ出てくる知的躍進との関係で、支配的な状況

☆39 Henry F. May, *The End of American Innocence: A Study of the First Years of Our Own Time, 1912-1917* (New York: Alfred A. Knopf, 1957); Morton White, *Social Thought in America: The Revolt against Formalism* (Boston: Beacon Press, 1957).「形式主義的な立場への反抗」という言い回しは Mills, *Sociology and Pragmatism*, p. 364 にもでてきている〔本間康平訳『社会学とプラグマティズム——アメリカ思想研究』紀伊國屋書店、一九六九年、二〇二頁〕。この本——ミルズの博士論文——は一九四〇年代初めに書かれた。モートン・ホワイトも彼の最初の本——彼の博士論文——で同じ主張をしていた。Morton White, *The Origins of Dewey's Instrumentalism* (New York: Columbia University Press, 1943), p. 151.

に照らし合わせつつ真剣に考え抜かなくてはならなかった。いかにデューイがエマソンにデューイ的な衣装をまとわせることによって、自分自身がエマソン的な衣装をまとうことを試みているかについてはすでに見た通りである。

デューイがこの戦いをおこなうのは――すなわち、アメリカのプラグマティズムをそのエマソン的な前史によって発展させ深めるのは――三つの基本的な前線においてである。良心と地位という理由ゆえに、彼は職業的な哲学者として、仲間の職業的哲学者たちに向けて語らなければならない――ここにメタ哲学への彼の深い関心は由来する。文化批評家として、彼は当該文化における最重要な権威とうまくやっていかなければならず、こうして彼が科学的探求に焦点を合わせる理由は説明される。そして社会批評家として、彼は国民的な政治的伝統における支配的な価値の意味と適用についてよく考えなくてはならない――ここに民主主義と個性への彼の深い関心が生じる。アメリカ教の最良の部分を生かしつづけようというデューイの戦いは、たんに痛烈で教育的効果があるというだけではなく、畏敬の念と興奮をかきたてるものでもある。それはあまりにも長いあいだアメリカの無意識において休眠状態にあって、偏狭な追従者たちによって崇めたてられ、近視眼的な専門家たちによって見くびられてきたが、それを真剣に問いなおす者はほとんどいなかった。デューイはもっとましな扱いを受けるに値する。実際、私はデューイの復活は間近に迫っていると信じている。私が望んでいるのはたんに、それがより深い歴史意識感覚、批判的知性の精妙で陰影に富んだ把握、そして創造的民主主義の拡大への深い関与をともなって欲しいということである。

哲学の前線において、デューイは認識論中心の哲学のエマソン的な回避を専門的に表現する哲学概念を提示する。じつのところ、彼のメタ哲学の最大の主題は、哲学は知の一形態でも知識を得る手段でもないということである。むしろ哲学は、人間が障害を克服し、苦境に対処し、問題含みの状況を切り抜ける方法と手段、これまでどのように困難を克服し対処し切り抜けてきたか、現にどのように克服し対処し切り抜けるのか、そしてどうすれば克服し対処し切り抜けうるのかの方法と手段に焦点を合わせる文化批評行為の一様態である。彼はカリフォルニア大学哲学連合でおこなった講演「哲学と民主主義」（一九一八年十一月二十九日）で、このことを簡潔に言いあらわしている。それは、ジェームズが一八九八年にプラグマティズムを公に提唱し、サンタヤナが一九一一年にお上品な伝統について思いをめぐらせたのと同じ場であった。

別の選択肢、別の抜け道があるとわたしは考えます。拙い言い方をするならば、それは、哲学はどんな意味においても知の一形態であることを否定するということです。それはこの語のもともとの語源的な意味に立ち返り、哲学は欲望の一形態、行動への試みの一形態であると認めなくてはならないということです――すなわち、哲学は智慧への愛であると。ただここで、この語のプラトン的な用法には付随することのない絶対的な条件があります。智慧とはそれがなんであれ、科学や知の一様態ではないという条件です。したがって、自分自身の仕事と領分を知っている哲学は、それが知性化された願望であり、合理的区別と検証にさらされた熱望であり、さしあたりの行動計画へと還元された社会的希望で

あり、真剣な思考と知識によって規律づけられた未来の予言であることがわかるでしょう。[☆40]

デューイにとって、哲学は知の一様態ではなく智慧の一様態である。そして智慧とは価値についての確信、何かをなすという選択、あちらよりもこちらの生活様式を好むという嗜好である。智慧は区別する判断と欲望された未来をともなっている。それは条件と帰結についていくらかの把握を前提としているが、条件や帰結を特別わかっているというわけではない。むしろわかるための方法をよく精査して、どれが手元にある問題に取り組むためにもっとも信頼できる方法なのかを決めなくてはならない。このように、デューイは知を軽視しているわけではなく、たんにそれを人間の経験のなかに位置づけているのである。

アメリカのプラグマティズムのメタ哲学的な意味あいについてのデューイの最初の成熟した思考は、彼の影響力の大きな論文「哲学の回復の必要」(一九一七)にみられる。この提言がアメリカのプラグマティズムにたいして有する関係は、フォイエルバッハに関するテーゼがマルクス主義にたいして有する関係に対応している。つまりそれは、近代哲学に依拠しつつそれを乗り越えてもいる新たな世界史的視座の政治的な提示であった。背景となっているのは、第一次世界大戦――ヨーロッパにとって十九世紀の真の終りを告げる出来事――への合衆国の参入であり、アメリカの職業的哲学者たちによって発表された近年の実在論と観念論の信条である。この論文は専門的な用語でエマソン的回避を是認しているだけではなく、二十世紀アメリカ哲

☆40 John Dewey, "Philosophy and Democracy," *Characters and Events*, 2: 843.

学の三篇の古典的論文の最初のものでもある。他の二篇とはW・V・O・クワインの「経験主義のふたつのドグマ」（一九五一）とドナルド・デーヴィッドソンの「概念枠という考えそのものについて」（一九七四）である。[☆41]

デューイは、近代哲学の閉じこもった保守的な性格のために、「同時代の諸困難に直接的にかかわることは文学と政治学に任せられている」という文化的状況が作り出されてきたという事実を嘆くことで論文を始めている。[☆42] これは主に、「より新しい産業的、政治的、科学的運動が必要とする知的遺産の修正と廃棄とは、いかなるものか」について考えることのない「哲学の専門職業化」から生じてきた、と彼は主張する。[☆43] 初めのところでデューイは、本論文は近代哲学における諸問題を学問的に取り扱ったものというよりも、歴史に無関心な近代哲学の盲目さについての文化史的論文だとはっきり述べる。

> したがって本論文は、伝統的な諸問題へのあまりに親密で排他的な執着から哲学を解放する試みとみることができよう。本論文は意図としては、これまで提出されてきたさまざまな解決策を批判するのではなく、**そうした諸問題が科学と社会生活の現在の状況のもとで本当に問題であるのかについて**の問いを提起するものである。[☆44]

数十年後のルートヴィヒ・ウィトゲンシュタインやJ・L・オースティン、そして我々の時代のデューイの後継者を名乗るリチャード・ローティみたいな調子で、デューイは述べる。

☆41 John Dewey, "The Need for a Recovery of Philosophy," *On Experience, Nature, and Freedom: Representative Selections*, ed. Richard J. Bernstein, Library of Liberal Arts (New York: Bobbs-Merrill, 1960), pp. 19-69.〔河村望訳「哲学の回復の必要」、河村訳『哲学の再構成　デューイ＝ミード著作集2』人間の科学社、一九九五年、二五三―三一三頁〕この古典的論文が最初に出たのは *Creative Intelligence: Essays in the Pragmatic Attitude* (New York: Henry Holt, 1917), pp. 3-69 においてである。

☆42 Ibid., p. 21.〔同右訳書、二五六頁〕

☆43 Ibid.〔同右訳書〕

☆44 Ibid.〔同右訳書、二五六―二五七頁〕

近代哲学の主要な分裂、さまざまな種類の観念論、多様な名前の実在論、いわゆる常識哲学的二元論、不可知論、相対主義、現象論などの分裂が、主体と客体の一般的関係という認識論的な問題をめぐって発展してきたというのは常識である。表面的には認識論的でない諸問題、たとえば、物理的変化にたいする意識の変化の関係は相互作用なのか、並行的なのか、それとも自動的なのかという問題も、同じ起源をもっている。実際にもこうした問いへの異なった答えで大部分が成り立っている哲学は、もしこれらの問いを生み出す前提が経験的な立脚点をもたないとしたら、どうなるのだろうか。そろそろ哲学者たちは、そうした問いへのさまざまな回答の相対的な利点を確定しようとするよりも、そうした問いが要求しているものの考察にとりかかるべきではないだろうか。[☆45]

デューイの目標は、近代哲学の認識論的問題を回避し、そうすることで哲学を不毛な伝統的教義偏重と文化的保守主義から解放することである。まさにパースがデカルト主義を回避したのと同じく、デューイは近代哲学のもっとも根本的な課題を問いに付す。つまり認識論的なメカニズムによって主体と客体のあいだの深淵に橋渡しするという課題をである。パースとはちがって――そしてジェームズと似て――デューイは、近代の哲学者たちによって展開されてきた経験概念を問いなおすことで批判に乗り出し、より深くより豊かな経験概念を示唆する。彼の基本的な主張は、北アメリカ文化において近代哲学がさして重要とされないのは、「知の傍

☆45　Ibid., p. 43.〔同右訳書、二八二頁〕

観者理論」と「忌々しいほど現実的な現実という考え」に由来するケチくさい経験概念のためである。デューイがめざしているのは、こうした経験概念がいかに貧しいか（そして間違っているか！）を示すことである。この経験概念にともなう知の傍観者理論を、目をくらます哲学的虚構として暴きだすことである。そして哲学はその文化的孤立と非実際性のために、どういうわけか《現実》を他の科学よりも究極的に知っているとする見解を非難することである。このように、デューイのメタ哲学はある種の反認識論である。それはすなわち、認識論中心の近代哲学のエマソン的回避の創造的な修正である。

デューイにとって、近代哲学は五つの典型的な経験概念をもっている。第一に、経験は知がかかわることであるという考え。第二に、経験は「主観性」で隅々まで満たされた心的なものであるという考え。第三に、経験は過去にのみ焦点を合わせて起こったことを記録するという考え。第四に、経験は単純な個別の集合という考え。そして最後に、経験は思考に対置されるという考え。デューイにとって、これら五つの支配的な経験概念は、近代哲学の主体＝客体的な認識論的問題が拠って立つ支柱となっている。

ダーウィンの生物学と歴史意識によって支えられ、エマソン的な感性に根ざしたデューイの相互作用的な経験概念は、これらの貧しい経験概念を退ける。本論文での彼の三つの経験の定義は、彼の拒否の姿勢と三重の借りを明らかにする。

経験とは主に体験の過程である。何かを耐える過程、文字通り受苦《サファリング》と受難《パッション》の過程、

影響《アフェクション》を受ける過程である。有機体はそれ自身の行動の帰結に耐え、それを体験しなくてはならない。（中略）

言い換えれば、経験とは行為すると同時に苦しむことである。わたしたちが体験することとは出来事の道筋を変える実験であり、われわれが能動的に試みることはわれわれ自身の試練と試験である。（中略）どんなものもすべての危険性、すべての冒険をなくすことはできない。（中略）

われわれが直面している障害は変化への、新たな反応への刺激であり、したがって進歩の機会である。

もし生物学的な発展が受け入れられるのならば、経験の主体は少なくとも、より複雑な組織化の過程において他の有機体と連続的な動物である。さらに動物は少なくとも、生命体において生命活動を特徴づけるすべての特性をともなった生命活動を真に構成するように組織される物理化学的な過程と連続している。そして経験は脳の働きと同一ではない。経験は、それが自然的社会的環境とかかわるすべての相互作用のなかでの有機的能動者《エージェント》＝受動者《ペイシェント》の総体である。脳は主に、ある種の行動のための器官であり、世界を知る器官ではない。そしてすでに述べたことを繰り返せば、経験はたんに、そこにおいては有機体がいわばたまたま有機体であるような一群の自然物の、ある種の相互作用、相互関係である。したがって同様に確かなのは、経験が主に意味するのは知識ではなく、行為し苦しむ方法であるということになる。知ることとは、それがどんな特定の仕方で行為し苦しむことなのか——どんな質的に独特な仕方なのか——を発見することだ、と規定されなければならない☆46。

デューイのメタ哲学は本質的に、知性的な王殺しの行為である。彼は認識論を退位させることにより近代哲学の首を切り落とそうとする。あまりに長いあいだ近代哲学は科学という名の「知」の権威に付きしたがってきて、この権威を問いなおし科学の真の姿を暴くこと、つまりそれをいわば地上に引き下ろすことはしてこなかった。したがって、経験の多様性や複雑さや複数性は「非経験的な知識概念へ同化」されてきた☆47。この貧困化した経験主義は「主よ、主よ、《経験》よ、《経験》よ、と讃えてきたが、それが実際にしてきたのは、**経験から導かれた概念**ではなく**経験へと無理やり仕立て上げられた**概念に仕えることであった」☆48。

前に述べたように、デューイは知を軽視することなくその地位を降格させている。じつのところ、知の価値をより十全に評価できるのは、それをより大きな経験の文脈のなかで不可欠な機能を担った活動とみるときである。文脈を無視することは、認識論中心の哲学におけるはなはだしい歪曲と切り詰めにつながる☆49。

パースと同様デューイは、デカルトの主観主義的な方向性を退ける。この方向性は第二の偏狭な経験観を支えている。デューイは概念のヴェールにとらわれること、直接的な意識の牢獄や自我意識の限界の内部に閉じ込められることを拒否する。そのかわりに彼は間主観性からス

☆46 Ibid., pp. 25, 26, 45.〔同右訳書、二六一—二六二、二八四頁〕

☆47 Ibid., p. 45.〔同右訳書、二八五頁〕

☆48 Ibid., p. 28.〔同右訳書、二六五頁〕エマソンのエッセイ「経験」における「くだらぬ経験主義」にたいする攻撃も参照のこと。*Selected Writings of Ralph Waldo Emerson*, ed. William H. Gilman (New York: New American Library, 1965), p. 347f.〔小泉一郎訳「経験」、『エマソン選集3・生活について』日本教文社、一九六一年、二一五頁〕

☆49 John Dewey, "Context and Thought," *On Experience, Nature, and Freedom*, pp. 88-110.

タートする——人間という生命体が自然やお互いとかかわりあう多種多様な相互作用からである。問題は、概念のヴェールの外部にある外界の地位や存在を認識のうえで正当化できるかどうかではなく、どうやって自身の環境に——多少なりとも知的に——対処するのかである。疑いようのない知と徹底的な懐疑主義のどちらかを選択しなければならないというのではなく、むしろ批判的知性と無批判な内省のどちらであるかであって、ここでは真の懐疑と効果的な問題解決が問題となる。デューイから見ると、近代哲学の認識上の懐疑主義への過剰なこだわりは、主観主義的な出発点を前提としている。そのような懐疑主義は近代哲学の認識論的な問題にとりついて離れない寄生虫である。デューイは懐疑を擁護する——それは挑発のまさに原動力である——が、近代的な懐疑主義には近寄ろうとしない。卓抜なギフォード講義『確実性の探求』（一九二九）で彼は述べている。

> 想定された知識の特定の事項について、逆の証拠があらわれたときには、疑ってかかるのがつねに妥当である。絶対的に正しいことを自己証明する知識はない。というのも、すべての知識は特定の探究行為の産物であるからである。適切な証拠がない場合には特別の事柄について無知であることを告白する不可知論は、そのような状況では妥当であるだけでなく、知的に正直な行為である。しかしそのような懐疑主義と不可知論は個別的で特別の諸条件に依存しているのであって、包括的なものではない。それらは、知る行為の原点たる存在がその仕事をなすのにふさわしいのかについての一般化された疑義から発していな

いのである。知る主体、その精神あるいは意識が、現実を明らかにする生まれついての能力をもっていると想定する理論、生命体とまわりを取り囲む諸条件とのあいだのどんな明らかな相互作用からも独立して働く能力をもっていると想定する理論は、一般的な哲学的懐疑への誘いである。☆50

経験は過去を振り返るものだという第三の経験概念にたいして、デューイは予期と投企を人間の行為と体験の特徴だとして賛美する。デカルト主義者とその経験主義的、超越主義的、実在論的な末裔たちが焦点を合わせがちなのは、回想としての知る行為、記憶によって過去を呼び出す行為としての知る行為である。デューイが自身のエマソン的な感性に従って強調するのは未来、人間の経験の前方志向の性質である。この力点は、第一原理、自明な真理、認識上の基礎づけから離れて、効果や結果や帰結へと向かうプラグマティズムの方向転換に由来する。自我や共同体や世界の偶発性、さらに理論や知識や道徳の修正可能性に導かれて、デューイは「経験とは現在に巻き込まれた未来以外の何であろうか！」と警句めいた言葉を放っている。☆51 この意味で経験は実験的である。☆52

したがってデューイは、「所与」として与えられたあるいは与えられているものへの近代哲学のこだわりを退ける。☆53 四十年近くのちのウィルフリド・セラーズによる、「所与の神話」にたいする古典的な攻撃の多くを予期するかのように、☆54 デューイは人間の経験の能動的で選択的で道具的な性質を強調する。ギフォード講義において彼はこう明敏に述べて近代哲学をたしなめ

☆50 Dewey, *Quest for Certainty*, pp. 193-94.〔前掲河村訳『確実性の探求』、二〇二頁〕

☆51 Dewey, "Need for a Recovery of Philosophy," p. 27.〔前掲河村訳「哲学の回復の必要」、二六三頁〕

☆52 Dewey, *Quest for Certainty*, p. 81.〔前掲河村訳『確実性の探求』、一一二頁〕

☆53 Dewey, "Need for a Recovery of Philosophy," p. 23.〔前掲河村訳「哲学の回復の必要」、二五八頁〕

☆54 Wilfrid Sellars, "Empiricism and the Philosophy of Mind," in *Minnesota Studies in the Philosophy of Science*, Vol. 1, ed. Herbert Feigl and Michael Scriven (Minneapolis: University of Minnesota Press, 1956), pp. 253-329.〔浜野研三訳『経験論と心の哲学』岩波書店、二〇〇六年、一―一四〇頁〕

る。

「与件《データ》」や「所与《ギヴンズ》」といった言葉のかわりに、問題となっている諸性質を「所得《テーケンズ》」と呼ぶことからたまたま始めていたとしたら、知や認識論の理論の歴史はとてもちがったものとなっていただろう。それは、与件が存在せず、究極的に「与えられている《ギヴン》」もの——つまり、非認知的な経験において把握される総体的な素材——の諸性質でないということではない。むしろ与件は、知る行為に推進力を与えるこの総体的な生の素材から与件**として選び取られた**のである。与件はある目的のために区別される——すなわち、問題を明確にし特定するための記号あるいは証拠をもたらし、こうしてその解決のための鍵を与えるという目的のために。☆55

ジェームズと同じように、デューイが意図しているのは、経験主義を脇に押しやることではなく、むしろ経験主義の経験理解を深めることである。この理解深化は未来の役割を真剣に受け取ることを含んでいる。パースが彼の見取り図のなかで未来がどのような地位をもつのかについてなんとか折り合いをつけようとしていたことは先に確認した。彼が頼りにするのは、たとえば信仰要求のようなエマソン的な神義論以外には、近代論理学から導き出された連続性に関するあやふやな概念だけである。ジェームズとデューイは、現実の実践的で道徳的な性質——つねに変化へと開かれていて人間の切望にたいして過度に敵対的でない現実——を強調す

☆55 Dewey, *Quest for Certainty*, p. 178.〔前掲河村訳『確実性の探求』、一八五—一八六頁〕

るエマソン的な神義論に依拠するだけである。「アメリカのプラグマティズムの発展」と名づけられた、プラグマティズムの起源と特質についての彼の数少ない歴史的考察のひとつ（一九二二）で、デューイは述べる。

こうしてプラグマティズムは歴史的経験主義の延長としてあらわれるのであるが、そこには根本的なちがいがある。つまり、プラグマティズムは先行する諸現象ではなく、後続の諸現象を強調する。行動の前例ではなく、可能性を強調する。そしてこうした視点の変化はその帰結においてほとんど革命的である。すでに過去のものである事実を繰り返すことに満足する経験主義には、可能性や自由の余地はない。（中略）
こうしてプラグマティズムには形而上学的な意味あいがある。帰結に価値を置くという原則は、わたしたちに未来を考慮するように導く。そしてこの未来を考慮に入れるということはわたしたちに、まだ進化が終わっていない宇宙、ジェームズの用語で言えばいまだ「生成中の」「生起の過程にある」宇宙、ある程度まだ可塑的な宇宙を考えるように促す。
したがってより一般的な意味での理性、あるいは思考は、限定されているけれども現実的な機能、創造的構築的な機能をもつ。（中略）このような条件のもとでは世界は、かりに思考が介入してこなかったとした場合の世界の姿とはちがったものになるであろう。こうした考察は、経験における思考とその反省的な働きの人間的道徳的重要性を確証する。☆56

☆56 John Dewey, "The Development of American Pragmatism," *Philosophy and Civilization* (1931; New York: Peter Smith Edition, 1968), pp. 24-25.

ここでのデューイの未来志向の道具主義的な視点はエマソンに多くを負っているが、彼の思考を隅々まで特徴づけている歴史意識は、現在における過去の役割と未来への過去の活用をエマソンよりも真剣に受け取るように彼に促す。

過ぎ去ったことの想像的な回復は未来がうまくやってくるうえで欠かせないものであるが、その地位は道具としてのそれである。(中略)能動者＝受動者が未来と出会うための運動は偏っていて受難的《パッショネート》であるが、突き放した態度で偏りなく過去を研究することは、受難の成功を確かにするうえで運にかわる唯一の選択肢である。☆57

経験が個別のものだという第四の経験概念は主に、かなり人工的で抽象的な経験概念を経験の流動性や複数性や多様性に押しつけることから生じる。もちろんわたしたちは世界の根本的本質を直接知ることはできないが、それは、経験主義者たちの個別主義(あるいは理性論者たちの一元論)によって主張されているよりももっと複雑で神秘的であることは確かである。ジェームズに影響されて――そして偉大な経験の形而上学者アルフレッド・ノース・ホワイトヘッドをかなり思わせる口調で――デューイは、結びつきや連続性や関係は(ヒュームが考えたように)経験にとって異質でもなければ、(カントが信じていたように)非経験的な源泉によって埋め合わされるのでもないと主張する。むしろそうしたものは経験の隅々まで行き渡っている。じつのところ、それらの相互作用や多様性や可変性が「科学的探求のあらゆる主題にみ

☆57　Dewey, "Need for a Recovery of Philosophy," p. 28.〔前掲河村訳「哲学の回復の必要」、二六四頁〕

られる還元不能な特質」をなしている。☆58

デューイが検証している最後の経験概念は、経験を思考と対照させる。彼はこの対照を近代的主体という哲学的装置に結びつける。この装置は知の傍観者理論という虚構を支えている。この近代哲学的な見地はこう主張する。

> 経験は、自然的な存在の道筋の外側にあり、それよりも上位に位置づけられる中心あるいは主体に集中している、あるいはそのあたりに集まっている、あるいはそこから生じている――この対立的主体が魂、精神、心、自我、意識、あるいはたんに知る者もしくは知る主体と名づけられるかは、当座の目的のためには重要でない。（中略）
> 最重要なのは、担い手が世界の外側にいると考えられていたということである。そのため経験とは、世界のどこにも見つからないある種の働きを通じて担い手が影響を受けることであるとされた。それにたいして知識とは、世界を見渡し、世界をよく見て、傍観者としての視点を得ることだとされる。☆59

この主に認識的なメカニズムによって媒介された主体＝客体関係についてのデューイの記述は、マルティン・ハイデッガーのそれよりも歴史的かつ具体的で、ジャック・デリダのそれよりも唯物論的である。一方で近代の哲学者たちが自身の認識論的な問題機制を定式化するうえでモデルにしたのは、物質的な自然世界を知っていて自然世界にたいして力をふるう非物質的

☆58 John Dewey, "The Subject Matter of Metaphysical Inquiry," *John Dewey: The Essential Writings*, ed. David Sidorsky (New York: Harper and Row, 1977), p. 102f. 一九二五年のカールス講演『経験と自然』では、デューイはこのリストに自由に――質的個別性、必要、停止といった事項を――付け加えている。*Experience and Nature* (New York: Dover, 1958), p. 413.〔河村望訳『経験と自然　デューイ＝ミード著作集4』人間の科学社、一九九七年、四〇八頁〕

☆59 Dewey, "Need for a Recovery of Philosophy," pp. 40, 41.〔前掲河村訳「哲学の回復の必要」、二七九、二八〇頁〕

で超自然的な魂や精神（それが超越的な神であろうと、あるいは人間に内在するものであろうと）であった。主に科学の影響で近代の哲学者たちのあいだで宗教的教義が脇へと追いやられるようになると、非物質的で超自然的な魂あるいは精神のかわりとなるのは、デカルトの非延長実体、カントの超越的主体、あるいはヘーゲルの世界精神《ヴェルトガイスト》だけであった。他方でこの問題機制をもたらす大きな原因となっているのは、主知的な知、永遠で普遍的で不変なものを持ち上げ、それとは別の実践的な種類の知、時間的で個別で変化するものを評価しないという姿勢である。この持ち上げは、「状況にたいして能動的に対処することを要求しない手段によって、存在の移り変わりから逃れるという教義を合理的な形態へと」文化的、イデオロギー的に変換するものである。☆60 デューイにとってこの変換は――人間の行動で変化がおとずれると多くのものを失う人たちにとってはとても魅力的なのだが――たんに「儀式と祭儀による救済」を「理性による救済に置き換えた」だけである。☆61 かりに活動状態《アクティヴィティ》に価値が置かれているとしても、ギリシャ人たちの場合と同じように、とくに従属させられ支配されている人びとにとっては、それは活動《アクション》（制作と行動）から区別される。

デューイにとって哲学は人間が蓄積してきた宗教的、詩的、演劇的実践のなかからでてきた――哲学はそうした実践と同じく、時間に逆らう魅惑的な嘘をついてきた。近代哲学はたんに、よく練り上げられた専門的な認識論的な手段によって、時間に逆らう独自の嘘をついているだけである。エマソンの近代哲学回避はそのような時間に逆らう嘘を述べることを拒否し、そうすることでアメリカ（自我）を時間すなわち歴史の始まりに、そして開けた空間すなわち

☆60 Dewey, *Quest for Certainty*, p. 17.〔前掲河村訳『確実性の探求』、二一頁〕
☆61 Ibid.〔同右訳書〕

インディアンとメキシコ人の土地の手前に位置づける。デューイによるエマソンの回避の創造的修正は、時間に逆らうすべての哲学的な嘘を歴史化するが、そのやり方はエマソン的である。つまり、彼はアメリカを時間上の最良の模範だとみなす。彼が哲学を解放し再構築したがるひとつの理由は、アメリカが最良の模範でありつづけることができて、皆がこの光り輝く手本から利益を得るようにというためである。

デューイの見解では、近代哲学の認識論的な問題機制がいまとなってはアメリカと世界の前進を阻んでいる。彼にとってそれは宗教と同じように、人間の力を誤った方向へと差し向け、人間の活力を間違ったところに導く。かつてのアヘン剤と同じように、この問題機制は、文化の倦怠と学問のこり固まりと実存的な確実性探求のために、いつまでもなくなることがない。認識論的な問題機制を越えていくことは、「荒野をさまよい」（彼の唯一の自伝的な証言での自己描写）☆62、いつでもよりよい未来のための新たな可能性について批判的に考察し、そうした可能性を実現する準備のできている二十世紀の開拓者になることである。デューイはほとんど腹立ちまぎれに、仲間の専門的哲学者たちにはお手上げといった仕草をして宣言する。

> 支配的な宗教的諸観念が、自我はこの世の異人で巡礼者であるという考えを中心に組み立てられていたとき、諸道徳が足並み揃えて、自分自身の私的な内省以外には立ち入ることができない自我の内的状態にのみ真の善を見出したとき、政治理論が、つながりをもたず相互に両立しない個人個人の絶対性を当然と決めてかかったとき、経験の担い手は世界の

☆62 Dewey, "From Absolutism to Experimentalism," *On Experience, Nature, and Freedom*, p. 18.〔河村望訳「絶対主義から実験主義へ」、河村訳『哲学・心理学論文集　デューイ＝ミード著作集1』人間の科学社、一九九五年、二九七頁〕

> 内部にありかつその一部であるのではなく、世界に対置されるという考えが受け入れやすいものとなった。この考えは少なくとも他の信条や願望からお墨付きをもらったのである。しかし生物学的な連続性あるいは生命体の進化の原則は、この考えの科学的基盤を破壊した。現在、人びとが道徳的に関心をもっているのは、この世界の共通の運命の諸条件の改善についてである。社会諸科学は、共同生活とは物理的な併置の問題ではなく真の相互交流の問題だと認識している——比喩的でない意味での経験の共同体の問題だと。どうしてこれ以上、古い解決法をつぎはぎし洗練させ引き伸ばして、思考や実践の変化にまで適用できるようにみせかける必要があろうか。どうして課題は問題のほうにあると認めないのだろうか。[☆63]

デューイは、『哲学の再構成』（一九二〇）として出版されている東京帝国大学での一九一九年の講演で、こうしたメタ哲学的な意見をふたたび述べている。

> 近代の哲学思想はこうした認識論上の謎にあまりに専念してきたので、（中略）物自体の世界と現象の世界を区別するという形而上学的な課題と、隔絶した主体が独立した客体をどうやって知りうるのかという認識論的な課題の両方が取り除かれてしまうと、多くの学生は何が哲学に残るのかがわからずに途方に暮れてしまう。しかしこうした伝統的な問題がなくなれば、哲学はより実りの多く、より必要な課題に取り組むことができないだろう

☆63 Dewey, "Need for a Recovery of Philosophy," pp. 43-44.〔前掲河村訳「哲学の回復の必要」、二八二—二八三頁〕

か。哲学は人類が苦しむ大きな社会的道徳的欠陥や困難に真っ向から向かいあい、そうした諸悪の原因や本質自体を一掃することとよりよい社会的可能性の明瞭な考えを発展させることに、その注意を集中するようにならないだろうか。[☆64]

デューイは近代哲学の認識論的な問題機制を退けることで、「本当に実在するもの」を追究するすべての形而上学的探求を脇に追いやる。彼にとってそのような探求は、哲学こそ科学や芸術よりもより深いところにある根本的な実在に接近できるある種の知だという考えを後押しするものである。この考えは哲学を他の学問よりも上位の自律的な学問だとみなす。哲学を、深いところにある実在に接近できて、その前で他の学問（それは現実を部分的にしか垣間みることができない）が裁かれなければならないような理性の法廷だとみなす。デューイはこの形而上学的なうぬぼれを近代哲学の認識論的な謎々と結びつける。したがって「知識の傍観者理論」と「忌々しいほど現実的な現実という考え」——両方とも貧しい経験概念に結びついている——は、手に手を携えている。彼は、近代哲学のこうした根本的な支柱をつっぱねることは「多くのひとにとって哲学の自殺行為のようにみえる」と認めているが、[☆65]プラグマティズムの独特な点は、懐疑主義や実証主義に陥ることなくまさにこの拒否をすることである。

プラグマティズムがたんなる方法論への貢献で満足するのでなければ、それは《実在》の理論を発展させなくてはならないということがよく言われる。しかしプラグマティズムの

☆64 John Dewey, *Reconstruction in Philosophy* (Boston: Beacon Press, 1957), pp. 123-24.〔前掲河村訳『哲学の再構成』、九五頁〕

☆65 Dewey, "Need for a Recovery of Philosophy," p. 58.〔前掲河村訳「哲学の回復の必要」、三〇四、三〇〇頁〕

> 実在概念の主たる特徴はまさに、《実在》一般の理論はそもそも《ユーバーハウプト》可能でも必要でもないということである。（中略）プラグマティズムの発見とは、「実在」とは**外延的**な用語、起こることすべてを無差別に指し示すのに使われる語だということである。（中略）
> 実在という語が包括的な外延的用語以上になりうるのは、多様性と個別性をもった特定の出来事を参照することを通じてのみである。要するに、哲学が日常起こる出来事よりも封建的に上位に位置する《実在》という考えを保持しているのは、哲学が常識や科学からますます孤立する大もとになっているとわたしは理解している。[☆66]

デューイは、「《実在》一般」などというものはないという比較的説得力のある主張から、実在の一般理論は不可能であるという、異論を招く主張へとずれ込んでいるとしばしば非難される。[☆67] そしてデューイをたんに近代哲学の伝統へ組み込もうとする人たちは、彼の古典的著作『経験と自然』（一九二五）のなかの彼自身の記述的な形而上学的企てを指摘する。こうした批評家たちが正しいとすれば、デューイは近代哲学を回避し解放しているという私の主張は行き過ぎだということになる。そして、デューイはこの回避と解放について——とくに彼がコロンビア大学で退任を迎えるころには——曖昧だという点で、こうした批評家たちは部分的には正しいと私は思う。一方では彼は歴史意識、進化生物学、エマソン的な偶発性や修正可能性や社会改良の感性に肩入れしているがために、回避と解放を肯定する。言うまでもなく、この肯定が意味するのは哲学それ自体の否定や拒絶ではなく、むしろ社会文化批評としての哲学という控

☆66 Ibid., p. 59.〔同右訳書、三〇一—三〇二頁〕
☆67 Joseph Ratner, "Dewey's Conception of Philosophy," in *The Philosophy of John Dewey*, ed. Paul Arthur Schilpp, p. 66f.

えめな見方である。他方で自己の専門職的なアイデンティティと身分への忠誠に加えて、デューイはギリシャ哲学の伝統における自然主義的なアリストテレス的モデル――コロンビアでの影響力のある同僚F・J・E・ウッドブリッジによってより果敢で魅力的なものとなったモデル――に惹きつけられていたために、彼の控えめな哲学観は彼のなかで不安定なものとなる。☆68 デューイがつねに格闘していたのはつぎのような問いである。社会文化批評としての哲学という限定された見方は、詳細に言えば、どのような哲学的意味あいをもつのか。この考えそれ自体が試験的で暫定的な基礎――記述的形而上学が提供するかもしれない基礎――を要求しないだろうか。しかし哲学の解放はそのような「基礎」についての哲学的な話を脇にどけることにならないのだろうか。しかしもしそうだとしたら、学問的な哲学者は何を教え、書くべきだろうか――いかにひとは自己の職業感覚を保つことができるだろうか――この企て全体が、彼が退ける哲学観に依拠しているというのに。

こうした問いは真剣な哲学的問いであるとともに、きわめて個人的で職業的な問いでもある。もちろん、こうした問いはエマソンには浮上してくることはなかった。というのも彼は近代哲学の詩的な回避をおこなっていたからである。パースの場合、その理論的独創性と性格的な突飛さにもかかわらず、哲学的伝統、とくにある種の中世的な伝統を固く守りつづけた。そしてジェームズは、「哲学者」という名誉ある称号につねにこだわっていたとはいえ(ひとつには彼は修士号も博士号ももっていなかったためだが)、そうした問いをまったく気にしなかったであろう。彼にとって、哲学とはなによりも社会に関与するものというわけではなかっ

☆68 "Biography of John Dewey," ed. Jane M. Dewey, pp. 35-36; Dykhuizen, *Life and Mind of John Dewey*, pp. 173, 209.〔前掲三浦・石田訳、二五九―二六〇、三〇七―三〇八頁〕哲学の役割と本質に関しての議論についてはつぎを参照。John Dewey, *Experience and Nature*, 2d ed. (New York: Dover, 1929), pp. 398-437.〔前掲河村訳『経験と自然』、三九〇―四三一頁〕; R. W. Sleeper, "Dewey's Aristotelian Turn," *The Necessity of Pragmatism: John Dewey's Conception of Philosophy* (New Haven: Yale University Press, 1986), pp. 78-105. Jürgen Habermas, *The Philosophical Discourse of Modernity* (Cambridge: MIT Press, 1987), pp. 316-26.〔三島憲一ほか訳『近代の哲学的ディスクルスII』岩波書店、一九九〇年、五五二―五六六頁〕

た。むしろ哲学は自我のうちの本質的な分裂を橋渡しするものであった。しかもジェームズは専門職の要求と圧力を嫌っていた。彼はハーヴァードで彼の気まぐれのおもむくままに教えた。しかしエマソン、パース、ジェームズ、そしてデューイはそれでもアメリカ的性質を保ちつづけていて、プラグマティズムは彼らをひとまとめにして理解するのに便利な標題なのである。

デューイのジレンマは、リチャード・ローティのきわめて洞察に富んだ論文「デューイの形而上学」でもっともうまく描かれている。[☆69] ローティが最初で述べているのは、デューイがその生涯の終り近くに『経験と自然』の新版を書きたいと望んでいて、題名も主題も「自然と文化」へと変えようとしていたことである。友人であり協力者でもあったアーサー・ベントリーへの手紙のなかでデューイは書いている。

> 最初にこの本を書いたとき、わたしは愚かにもそうした変更が必要だとは思わなかった。わたしはそのころなお、「経験」という哲学用語をその慣用的な語法に引きもどすことによって有効なものにしうると期待していたのだが――わたしのこの希望はひとつの歴史的な愚挙であった。[☆70]

この自認はいくつかの理由で、ローティが認める以上に当惑の種である。第一に、デューイは当初、深くてより豊かな「経験」概念の名のもとに哲学の方向転換の必要性を宣言していた。

☆69 Richard Rorty, "Dewey's Metaphysics," *Consequences of Pragmatism* (Minneapolis: University of Minnesota Press, 1982), pp. 72-89.〔吉岡洋訳「デューイの形而上学」、室井尚ほか訳『哲学の脱構築 プラグマティズムの帰結』御茶の水書房、一九八五年、一九七―二二六頁〕

☆70 Ibid., p. 72.〔同右訳書、一九九頁〕

これに関しては先に確認したとおりである。第二に、もともとの題名にある「自然」は、「経験」と同じくらいデューイの形而上学的な方向性の原動力である。後者の概念を捨て去ることは、必ずしもデューイ流の「自然主義的な形而上学」を排除することにならない。そして最後に、『経験と自然』は形而上学についてのデューイの主要著作ではあるが、形而上学的な探求が頭をもたげるデューイの唯一のテキストというわけではない。たとえば彼の古典的なウィリアム・ジェームズ講演『経験としての芸術』（一九三四）には、正真正銘のプラグマティストには不似合いな系統的観念論がみてとれる。[☆71] 彼はこの本を「文化としての芸術」と名前をつけなおして書きなおすべきであっただろうか。要するに、経験概念はデューイの著作においてあまりに基本的であらゆるところに顔を出すものであるから、晩年にベントリーに吐いた一言をあまり重要視することはできない。

ローティにたいして公正に言えば、彼はデューイがそのメタ哲学における形而上学の役割について曖昧なままだということをたしかに認めている。

よかれあしかれ、彼は形而上学的体系を書くことを**欲していた**のだ。生涯を通じて彼は、哲学を治療するという立場と別のかなりちがった立場とのあいだで揺れ動いていた——もうひとつのその立場とは、哲学は「科学的」で「経験的」にならなければならない、なにか真剣で体系的で重要で建設的なことをしなくてはならないというものである。デューイはときとして哲学を文化批評のように書いていたが、自分のことをおせっかい屋や治療師

☆71 Stephen C. Pepper, "Some Questions on Dewey's Esthetics," in *The Philosophy of John Dewey*, ed. Paul Arthur Schilpp, pp. 371-89.

や思想史家として考えることにはまったく満足していなかった。彼は両方でいたかったのだ。[☆72]

そしてデューイの自称後継者であるローティは、『経験と自然』で明らかなようにデューイが形而上学に引き寄せられてしまっていることを嘆く。

デューイの過ちとは――そしてわたしは本論のほとんどをその点に割いているとはいえ、それは些細で取るに足らない間違いであった――文化批評は「自然」あるいは「経験」あるいはその両方の再記述のかたちをとらなくてはならないと考えたことであった。もしデューイが『経験と自然』にとってかわるべき『自然と文化』という名の本を書いていたとしたら、彼の他の(そしてもっともすぐれた)著作の多くにおけるのと同じように、アリストテレスとカントの模範を忘れることができると感じ、ひたすら一貫してヘーゲル的であったかもしれない。[☆73]

言い換えれば、ローティはデューイがもっと一貫した歴史主義的なプラグマティストであって欲しいと願っている。そして私もこれには同感である。しかしプラグマティズムの視点から見れば、文化批評は多くのかたちをとるのであって、そこには自然と経験の再記述も含まれる。こうした再記述は、「あらゆる種類の存在がみせる一般的な特質をそれが物理的か心的か

☆72　Rorty, "Dewey's Metaphysics," p. 73.〔前掲吉岡訳、二〇〇頁〕
☆73　Ibid., p. 85.〔同右訳書、二二〇頁〕

区別せずに」追究する形而上学的探求とみなされるべきではなく、むしろ世界がどんなふうにあるかについてひとが利用可能な最良の理論に照らし合わせて考えることの隠喩的な翻案とみなされるべきである。私はこの種の知的活動には、それが満たす必要性や関心を認めさえするかぎり、なんら悪いところがあるとは思わない。デューイの場合にはそれがあるからこそ、形而上学的な痒みを掻くことができるようにみえる――その痒みとは、さまざまな科学的芸術的な種類の世界の再記述と修正を促す主要な文化的推進力の役目を果たすものである、と付け加えてもいいかもしれない。それはまたデューイの職業的な不安を和らげてもいるようにみえる。『経験と自然』のような緊密に書かれた四三七頁の大著をわざわざ読んで、そこで提起された問題に取り組もうとするひとは、専門的な哲学者以外にはほとんどいないことを考えるならば、そうみえるのももっともである。私がこんなことを言うのは、デューイの偉業をおとしめるためではなく、どうしてデューイがこのような書き方を選んだのかの理由を歴史的に位置づけ、プラグマティズム的に評価するためである。というのも多くのプラグマティストはそのような書き方をしないし、しようとすべきではないからである。そしてプラグマティストが自身の著作の内容と文体についてどのような選択をするかは、大部分、彼らがどのような歴史的状況にいて、どのような個人的目標を抱いていて、どのような社会文化的な位置を占めているのかによる。デューイ自身、つぎのように述べるとき、このことは認識している。

もしある国民のなかの支配者層と被支配者層、現状維持を望む人たちと変化を望む人たちが、それぞれの意見を表明したときに同じ哲学をもっていたとしたら、その哲学の知的誠実性を疑うのはもっともなことである。[☆74]

女性は哲学にまだほとんど貢献をしていない。しかし他人の哲学のたんなる生徒ではない女性が哲学を書き始めるとき、それが、ものごとについて男性の異なった経験の立場から書かれたものと、視点や趣旨の点で同じになると思い描くことはできない。[☆75]

デューイのメタ哲学は、それにたいする彼自身の曖昧さにもかかわらず、人間の経験における批判的知性の役割を強調する。彼にとって批判的知性とはたんに、問題含みの状況における科学的態度の働きである。この態度はしばしば――（芸術におけるように）つねにというわけではまったくないが――問題を解決するために科学的方法を使うことに帰結する。こうした科学的態度と科学的方法の区別はデューイにとってきわめて重要である。この区別を見逃す人たちは彼のことを通俗的な実証主義者、科学的方法を過度に崇めたてる者だとみなす。しかしそれは間違いにすぎない。デューイはたしかに独断的な思考と批判的思考を区別しているが、後者は科学的方法に独占されているとしてすますわけではない。

ここが普通の思考と周到な思考が袂を分かつところである。自然人は疑いや未決定の状態に耐えることができず、性急にそれと縁を切ろうとあたふたする。訓練された精神は問題

☆74 John Dewey, "Philosophy and Civilization," *Philosophy and Civilization*, p. 9.
☆75 Dewey, "Philosophy and Democracy," *Characters and Events*, 2: 846.

となるものに喜びを見出し、精査をしてみるとおのずと正しさが立証される解決法が見つかるまで問題を楽しむ。疑わしいことは能動的な問いかけ、調査になる。確実性の感情をもちたいという欲望は、ぼんやりとした未解決のことを安定した明瞭なことへと発展させうるような諸対象の探求に道を譲る。科学的態度は疑わしいものを楽しむことのできる態度だと定義してもほぼ妥当する。科学的方法とは一面では、疑いをはっきりとした探求作業へと変えることにより、疑いを生産的に活用する技術である。☆76

批判的知性の目標とは、障害を克服し、問題を解決し、差し迫った困難のなかにあっても実現可能な可能性に向かっていくことである。科学的態度はこうした目標を達成するために不可欠であり、科学的方法はたいていそれを達成するための最良の手段である。ここで第一に重要な点は、批判的知性はすべての人たちに開かれているということである。それは知識人の生得権ではないし、知的専門職層の固有財産でもない。それはむしろ「人間的な企てであって、洗練された階級がおこなう美的鑑賞でもないし、科学者であれ哲学者であれ数人の学識ある専門家が資本主義的に所有しているものでもない☆77」。

第二の要点は、批判的知性は科学的方法を利用するとはいえ、科学がもたらすものは実在の開示とはならないということである。デューイは認識論的な実在論者でも存在論的な実証主義者でもなく、むしろ批判的知性に大きな信頼をもったプラグマティストである。ここで文化的に含意されるのは、デューイが科学の権威を受け入れることそれ自体、手段としてである――

☆76 Dewey, *Quest for Certainty*, p. 228.〔前掲河村訳『確実性の探求』、二三八頁〕

☆77 Dewey, "Need for a Recovery of Philosophy," p. 66.〔前掲河村訳「哲学の回復の必要」、三〇九―三一〇頁〕

科学はたんに、わたしたち意識をもった生命体が環境に対処するためにもっている最良の道具であるということである。形而上学的に含意されるのは、科学は何が真で実在するかについて決定する力を独占するわけではないが、科学の予想し説明する力は、わたしたちが効果的に世界とつきあううえでわたしたちが利用できる他のどんなものよりも助けになるということである。

デューイは科学的思考の持ち主だと一般によく言われるが、彼が実際に主張しているのは、科学は他の同様に容認できる数々の記述、たとえば芸術のそれのような数々の記述のなかのひとつ（あるいは一群の記述）を提供するということである。彼が科学を後押しするのは、それによってわたしたちが特定の目標を達成し、ある関心を満たすことができるときである。科学はわたしたちに実在の根本的本質を提供するものではまったくない。科学の記述はすべての文脈において妥当なわけでもない。デューイはこのことをかなり強調している。

人びとがみずからが欺かれるのを許容するそのやり方には、どこか滑稽で当惑させるところがある。欺かれて人びとはこう結論づける、科学的に事物を考える方法が事物の内的実在を与えており、他のすべての事物についての考え方、事物を知覚し楽しむやり方には胡散臭いところがあると。これはとんだお笑いぐさである。というのもこうした科学的な考えは、他の手段と同じように、ある利害を満たすために人間によって作られたものであるのだから。

したがって知性とは世界の内部で作用する方法であるという認識は、物理的知識を他の種類の知る行為に関係づける。(中略)知識という名誉な称号を独占する探究などというものはない。技術者や芸術家や歴史家や実務家は、彼らが携わる題材において出てくる問題にたいして、解決可能にする方法をどれくらい使うか、その程度に応じて知識を達成する。実験的調査の型にもとづいて構想された哲学は無差別の懐疑主義をすべて捨て去るのと同様に、科学の概念によるすべての不当な独占をなくす。果実によってわれわれは木を知るのである。☆78

デューイが主張しているのは、すべての認識的な主張は同じ地位をもつということではない。あるいは、際限のない相対主義がプラグマティズムの反認識論においては絶対的に君臨しているということでもない。科学は虚偽意識をばらまくたんなる虚構的言説だということでもない。自然についての一般人の説明は訓練を積んだ物理学者の説明と同じくらい正当だということでもない。むしろデューイが言わんとしているのは、さまざまな諸知識があって、それぞれの知識は仮説と証拠と推論の役割を真剣に受け止めるもろもろの手続きによって厳密に統制されているということである。そしてこの認識上の多元主義はどの手続きにも**真理**や**実在**への特権的な接近を許していないということである。科学は観察できない実体を措定するけれども、常識的こと現象の制御に関してはもっとも信頼できる手続きであるということである。そして

☆78 Dewey, *Quest for Certainty*, pp. 135-36, 220.〔前掲河村訳『確実性の探求』、一四三、二三〇―二三一頁〕

な推論は科学的方法と連続的であるということである。デューイの聖書に依った結論は、エマソンやパースと共鳴するが、反知性主義的な行動賛美でもなければ、理論よりも上位に実践を持ち上げようというものでもなく、むしろ思考と行動の分離不可能性を肯定し、反省的熟慮のなかでの諸帰結の役割を認めるものである。[☆79] 言い換えれば、デューイのプラグマティズムがもたらすのは認識的な多元主義であり、それは、なんらかの形而上学的な理論と実践の結合、あるいは反理論主義的な生気論から組み立てられたものではない。そのかわりに彼が促進するのは、人間経験を豊かにすることと人間の苦難を和らげること以外にはなんら権威に屈することのない批判的知性である。

デューイの真理概念は、人間の努力と創造以外にはなんら権威を措定しないというエマソン的な拒否を反映している。したがって彼は、対立する諸理論を裁定するうえで――したがってどんな真理対応説や実在論的存在論を裁定するうえでも――実在が最高法廷だとみることを拒否する。彼はまた、世界についての容認できる理論を判断するための決定的な基準として、論理的一貫性や理論的統一性を排除する――したがって真理整合説や観念論的存在論は避けられる。これは、本当の客体は存在しないとか、一貫性や統一性は正しい理論を受け入れるうえで重要でないとデューイが主張しているということではない。そうではなくて私が言わんとしているのは、デューイの真理観における主要な要素は社会的実践であり、正しいと認められる主張をうみだす批判的理性の人間的な手続きだということである。デューイにとって、プラグマティストたちが選びうる唯一の選択肢は、《保証された言明可能性としての真理》で我慢する

☆79 John Dewey, *Human Nature and Conduct: An Introduction to Social Psychology* (1922; New York: Modern Library, 1957), pp. 178-206.〔河村望訳『人間性と行為　デューイ＝ミード著作集3』人間の科学社、一九九五年、一八七―二〇四頁〕

ということである。概念とは世界の複写でもなければ、主にお互い同士で結びついた諸表象でもなく、規則や行動計画のための材料である。

デューイによれば肝心の問いは、概念が信頼に足るか、なんらかの仕方でわたしたちがそれら概念を受け入れるとして、それにもとづいて行動するに値するかである。こうしたきわめて重要な「やり方」はもろもろの社会的実践、人間によって作られ、切望され、なんとか近似的にもたらされる合理的な手続きから成り立っている。わたしたち歴史的な生き物が近づくことのできる唯一の真実は、わたしたち自身によって作り出され準拠される、間違いを逃れられないが自己修正するこれらの手続きのフィルターを注意深く通したものだけである。じつのところ、デューイは彼のみごとな『論理学——探究の理論』（一九三八）において、わたしたちがそうした手続きを受け入れるのは主に便宜上の理由だけによるのではなく、論理形式それ自体が探究の作用や目標に起因して、探究の作用や目標のなかからあらわれると主張さえしている。☆80 デューイは、真理とは「調査をおこなうすべてのひとによって最終的に同意される運命にある意見」であるというパースの真理概念を基本的には受け入れる。☆81 つまり、彼は存在論的な真理と認識上の有効性を区別するが、後者に重きを置いている。バートランド・ラッセルがデューイの論述についての、洞察に満ちて刺激的だが誤った批判のなかで指摘しているように、「真理はデューイ博士の論理学では重要な概念ではない☆82」。

ジェームズの真理概念と同じようにデューイの真理概念には、要するにほとんど出番がない。保証された言明可能性にいっさいが託される。ヒラリー・パトナムは、真理とは認識上の

☆80 John Dewey, *Logic: The Theory of Inquiry* (New York: Henry Holt, 1938), pp. 3-4.〔魚津郁夫訳「論理学——探究の理論」、『世界の名著48 パース、ジェイムズ、デューイ』中央公論社、一九六八年、三九四—三九五頁〕

☆81 Ibid., p. 345n に引用。

☆82 Bertrand Russell, "Dewey's New Logic," in *The Philosophy of John Dewey*, ed. Paul Arthur Schilpp, p. 144. デューイの返答については、pp. 571-74 を参照のこと。

概念ではないのであって、もし認識上の概念だと考えられてしまうと扱いにくい諸問題を招くと、説得力をもって論じた。[☆83] おおざっぱに言ってしまえば、たとえば、もし $t1$ において保証された言明可能な主張が $t2$ においてはもはやそうでない場合、《真理》は受け入れがたく説得力のない仕方で変化したということになる。このことが含意するのは、デューイは真理を――ラッセルが示唆し、ジェームズがその一番まずい議論でほのめかすように――たんなる偶発的な一般化された希望的思考だとみなしているということではなく、むしろデューイはとうてい真理を保証された言明可能性だとみなすべきではないということである。かわりに彼が言うべきなのは、保証された言明可能性とは、われわれが暫定的で修正可能な真理要求をするときに、われわれがひねりだそうとする精一杯のところのものだということである。この見方にもとづけば、真理は保証された言明可能性には還元できないが、実際には、《実在》との対応や他の文との整合性の点から真理の意味や性質を分析しようとすると、実践においては保証された言明可能性に依拠することが必要となる。そのような真理分析にしがみつくことで実在論者や観念論者の苦悶する良心はなだめられる――そこから得られるものはなんらなく、なんら課題も果たされないのだが。要するに、真理の本質と真理の検証のあいだにはたいしたちがいはないが、この二つのものは同一ではない。私が思うには、対応と整合性の点から真理について語るのは北大西洋圏諸文化の根深いレトリックで、それは常識的に受け取られるときにはほとんど害はないが、哲学的な荷重を負わされるときにはひどく誤解を招くものとなるのであろう。じつのところ、もしそのようなレトリックがより注意深い探究を容易かつ活発にし、その

☆83 Hilary Putnam, *Reason, Truth, and History* (New York: Cambridge University Press, 1981), pp. 49-74.〔野本和幸ほか訳『理性・真理・歴史 内在的実在論の展開』法政大学出版局、一九九四年、七八―一一五頁〕

ためより多くのより保証された言明可能な主張が生み出されるのであれば、それは哲学的に無害であるかぎりプラグマティズム的には正当化しうる。

プラグマティズム的な真理概念は、真理概念の一種のアメリカ化、真理概念の民主化と大衆化へのエマソン的な試みとみなすことができる。それは、真理概念を「多種多様で柔軟」で、資源が「豊かで終わりなく」、願わくばその結末においては「友好的」なものへと変えようとする試みである。より切実なこととしては、プラグマティズムは真理を善の一種だと考える。正しいと認められる主張をうみだす手続きはそれ自体、価値を帯びており、公益のために連帯して働く人間たちを象徴している。このようにデューイのメタ哲学と彼の批判的知性の役割の強調は、彼の創造的民主主義奨励と分かつことができない。

先にわれわれは、とくにT・H・グリーンやヘンリー・カーター・アダムズや妻のアリスから影響を受けたことによる、民主主義へのデューイの深い思い入れを確認した。私が言わんとしているのは、認識論中心の哲学にたいするエマソン的な回避の彼の深大な修正は大部分、新たな環境や困難のもとでエマソン的な神義論を生かし活力のあるものにしつづけようという彼の努力によって促されているということである。デューイは彼が解決を試みる形而上学的認識論的問題に内発的な関心がなかったと私は主張しているわけではない。むしろ私が言わんとしているのは、デューイはなによりもエマソン的な民主主義の福音伝道者であって、批判的理性の拡大が人間の個性と人格のより十全な発展のために必要だとみなしているということである。彼のメタ哲学は本質的には知性の斧――彼の先駆者的な活動の武器――であって、「われわれの思考の幹線道を塞いでいる役に立たない木材を取り除き、未来へと通じる道をまっすぐに切り開こうと奮闘するのを助ける」ものである。それは、彼の仲間のアメリカ人たちと世界市民たちが「荒野は結局のところそれ自体が約束の地であると信じ」ないように保証するものである。[☆84] このように、伝統的哲学についてのデューイの専門的論述と徹底的批判は、「古代の諸前提を保持しつつそれらを実生活でのふるまいに適用しようとしなかった少数の人びとによって、専門的な片隅で行使される巧妙な弁証法」にたいするエマソン的な予言めいた糾弾となる。[☆85] 哲学は、批判的知性と創造的民主主義の名のもとで回避され解放されたのちには、「哲学者たちの問題を扱う装置であることをやめ、人びとの問題を扱うための、哲学者たちによって育まれた方法となる[☆86]」。デューイにとって喫緊の課題は、彼の仲間のアメリカ人と世界市民たちをアメリカ教へとよびもどすことである。アメリカ教とは、大きな経済力と植民地的所有物をもっているが地方的なメンタリティも根強く保つ新たな世界大国のための、最新化され修正されたエマソン的神義論である。

こうしてわれわれはいい加減で無力な楽観主義を、「奪える者は奪え」主義への同意に結びつける傾向がある。それは力の神格化である。すべての人びとはいつの時代でも実践においては狭い意味での現実主義であって、そのため感情と理論においてはみずからの獣性を覆い隠すために理想化をおこなってきた。しかし、ひょっとするとこの傾向は、われわれにおけるほどには危険で魅力的であったことはなかったかもしれない。現在における望

☆84 Dewey, "From Absolutism to Experimentalism," p. 18.〔前掲河村訳「絶対主義から実験主義へ」、二九七頁〕
☆85 Dewey, "Need for a Recovery of Philosophy," p. 61.〔前掲河村訳「哲学の回復の必要」、三〇四頁〕
☆86 Ibid., pp. 66-67.〔同右訳書、三一〇頁〕

ましいものの投影である未来を想像し、その実現のための方便を発明する知性の力への信仰は、われわれの救いである。そしてそれは育まれなくてはならず、はっきりと表現されなければならない信仰なのであって、たしかにわれらの哲学の十分に大きな課題である。☆87

皮肉なことに、デューイ自身、彼の精妙な翻案をも含めてエマソン的神義論が、この「いい加減で無力な楽観主義」と「力の神格化」にどの程度貢献しているのかを真剣に検証することを、しばしばしそこなっている。彼は、創造的民主主義への彼自身の福音伝道師的な熱意が、この楽観主義と力の神格化の餌食になってしまっている可能性を考慮していない。私はそこには未熟なあるいは低俗なところがあると主張しているのではない。だが私は、デューイがそのような楽観主義と力の神聖化の影響を完全に逃れているわけではないとは思う。

われわれがわれわれの思考を最大限使い、われわれのちっぽけな力を事物の揺れ動く不均衡な均衡に加えたとき、宇宙がわれわれを殺してもなお、われわれは信じることができることをわれわれは知っている。というのも、われわれの運命は存在するありとあらゆる善とひとつだからである。われわれは、そのような思考と努力こそよりよいものが生まれ出てくる条件だと知っている。われわれに関するかぎりでは、それが唯一の条件である。というのも、それだけがわれわれの力のうちにあるのだから。☆88

☆87 Ibid., p. 69.〔同右訳書、三一三頁〕
☆88 Dewey, *Experience and Nature*, p. 420.〔前掲河村訳『経験と自然』、四一五頁〕

言うまでもなく、デューイの民主主義的な信頼は独善的な意味での宗教的な思い入れでもなければ、道徳的な意味での非合理な確信でもない。しかし、それはまさに彼が軽蔑する地方的なメンタリティによって汚されている。つまり、彼は自身の創造的民主主義のためのかなり偏狭な文化的共同体的モデルをどうしても捨て去ることができていない。このモデルが依拠しているのは、C・ライト・ミルズが述べるように、「議論では完全に修復することのできない構造と力のどんな亀裂も孕んでいない比較的同質な共同体」である。[☆89] ここでの要点は、デューイは調和した共同体《ゲマインシャフテン》の失われた黄金時代への深い郷愁をもっているということではなく、産業都市や都市型の資本主義社会よりも職工自治体や農業共同体に特徴的な広く共有された総意があれば、社会的対立は解決され、社会的問題は克服されうると彼は信じているということである。

このような焦点を見据えることによって、デューイはほとんどの人たち——とくに同時代のマルクス主義者たちや自由主義者たち——よりも、アメリカ文明の危機の文化的側面をたしかにはっきりとみることができている。だが、この焦点はまた、地歩を固めた経済的政治的権力当局を定位置から追い出してそれらを民主化するさいに、批判的知性が果たすべき役割についての彼の見方を歪めてもいる。したがって、デューイの中心的な関心は、彼の創造的民主主義にもとづいて行動し、それを実現させる（つまり近似的に成し遂げる）ことのできる社会的諸力や歴史的執行主体を見つけだそうとすることよりも、自然科学における実験方法を社会的、政治的、文化的、経済的領域へと拡大しようとすることにある。彼は中産階級の専門職的な改

☆89　Mills, *Sociology and Pragmatism*, p. 405.〔前掲本間訳、二六五頁〕

革派層のなかに比較的閉じこもっているために、そのような勢力を見つけだすのは困難である。そして彼は政党や下からの社会運動におけるようなイデオロギー的な不動の立場なるものを信じていないので、集団的蜂起の組織を犠牲にして批判的知性の普及を称揚する。C・ライト・ミルズが述べるように、この洞察はつぎのことを部分的に説明する。

> なぜデューイは政治においてはかなり気の向くままにどっちつかず《マグワンピッシュ》であったのか、なぜ「行動」がそれなりの大きさの組織、運動、政権につく可能性のある政党と結びつかないのか。デューイにおける行動の概念は明らかに、争いあう組織された政党の内部やそれらのあいだで起こる種類の行動を含んでいない。（中略）政治的には、プラグマティズムは方便というよりも、合理化された社会構造に直面した万年のどっちつかず《マグワンプ》のようなものである。☆90

要点はたんに、デューイは社会変化について漸進主義的な見方をしていて、革命家というよりも改革派にとどまっているということだけではない。むしろ要点は彼が**どんな**漸進主義を推奨し、**どんな**社会改革主義を広めているのかである。つまり彼の漸進主義は内容的には教育中心であり、彼の社会改革主義は対話中心を特徴としている。彼は対立的な政治や煽動的な社会闘争を避ける。創造的民主主義を促進する主要な方法は教育と議論である。

しかしデューイをジェレミー・ベンサムやジョン・スチュアート・ミルの伝統をつぐ自由主

☆90 Ibid., p. 394.〔同右訳書、二四八頁〕

義者だと言うのは誤解を招く。すべての進歩主義的な政治思想家と同様に、彼はたしかにこの伝統から影響を受けているが、結局、彼はそこからはずれている。残念なことに、彼はマルクス主義の伝統と真剣に格闘することはなかった。ここでマルクス主義の伝統とは、マルクス自身だけでなく、カール・カウツキー、ローザ・ルクセンブルク、ジェルジ・ルカーチ、アントン・パンネクーク、カール・コルシュ、C・L・R・ジェームズ等々を指す。実際、マックス・イーストマンはデューイから、自分はマルクスを一度も読んだことがないと告白されたと記している。さらにデューイ自身、一九三〇年に——彼が七十一歳のとき——マルクスの哲学を議論できるほどにはマルクスを知らないと告白していた。このことは、彼が『資本論』を過去二十五年から五十年のあいだでもっとも影響力のある本として挙げることを妨げなかったようである。[☆91] 多くのひとにとってデューイは左寄りのジェファーソン主義者、自由主義よりも急進的でマルクス主義よりも個人主義的な平等主義者だとうつる。[☆92] そしてこれはもっともらしいが説得力のない見方である。ジム・コークへの返答のなかでデューイ自身述べている。「わたしは民主的な社会主義者だと分類されうる。「社会主義」や「社会主義者」を定義することがわたしに許されるのであれば、わたしは現在の自分をそのように分類したい。[☆93]」しかしこの自認でさえ疑いを呼ぶ。デューイがこのレッテルを採用するのは、進んで選択したというよりも他によい呼び名がないからであるようにみえる。したがってわたしたちは彼がこう認めるときでも驚かない。「現存するどの名前の社会主義も、産業や経済が一階級の利益のためではなく、最大限の人間の利益となるようにいかに進歩的に実施されうるのかという問いへの適切な答え

☆91　前記注2を参照のこと。
☆92 Milton R. Konvitz, "Dewey's Revision of Jefferson," in *John Dewey: Philosopher of Science and Freedom*, ed. Sidney Hook (New York: Dial Press, 1950), pp. 164-76.
☆93 Jim Cork, "John Dewey and Karl Marx," in *John Dewey: Philosopher of Science and Freedom*, p. 349.

を考えだしていない。（中略）この問題は実験的に解かれなければならないという以外の答えはないくらい、まだ十分にはっきりしたものにはなっていないとわたしは思う。おそらくわたしの実験主義は他のどんな「主義」よりも深いところまで到達している。[☆94]」この「実験主義」は創造的民主主義のかたちをとると私は示唆しよう——自由主義的、ジェファーソン的、社会主義的側面を含むが、最終的にはエマソン的な文化的感性によって導かれる個人的社会的生活の一形態のかたちをとると。

　デューイはひとつの文化としての民主主義を探し求める。それは実験的方法によって導かれ、個性と共同体への愛で貫かれ、エマソン的な神義論に根づいた生活様式である。彼はこの展望を事細かに説明してはおらず、それにふさわしい名前を見つけてもいなかった。候補となる名前のリストには、「新しい個人主義」から「再生する自由主義」や《偉大なる共同体》までもが含まれる。[☆95] こうした候補たちが適切でないのは、主に、それらはデューイの展望の最重要の側面をとらえ損ねているからである。最重要な側面とは、そこでは自己創造と共同体への参加が多種多様に盛んになるような、エマソン的な根源的民主主義の**文化**の必要性である。デューイにとっての政治的社会的生活の目標とは、新たな環境や新しい困難によって呼び起こされた人間の力を解放することで、自我を産み出す個人個人や自己統御する共同体が文化的に豊かになり、道徳的に発展することである。アメリカ文明の危機とはなによりも、混乱しきった個人、落ちぶれた主体、そしてそれ自身の力や力量や潜在力から疎外された分裂した共同体の文化的危機であると彼は考えていた。『個人主義——昔と今』での「新しい個人主義」擁護の

☆94 Ibid., pp. 348-49.

☆95 John Dewey, *Individualism: Old and New* (New York: Capricorn, 1929), pp. 74-100〔明石紀雄訳『新しい個人主義の創造』、前掲『アメリカ古典文庫13』、五九—七三頁〕; Dewey, *Liberalism and Social Action* (New York: Capricorn, 1935), pp. 56-93〔明石紀雄訳『自由主義と社会的行動』、前掲『アメリカ古典文庫13』、二八八—三一四頁〕; Dewey, *The Public and Its Problems* (1927; Athens, Ohio: Swallow Press, 1954), pp. 143-84.〔植木豊訳『公衆とその諸問題』ハーベスト社、二〇一〇年、一三九—一七七頁〕

結論部分において、彼は最初にエマソンによる天才の民主化を引き合いにだしたのちに、資本主義の中心的な隠喩――塀――を使って、この力の拡大を産業的アメリカにおける人びとの日常生活の活性化に結びつける。

エマソンは言った、「天才が古い芸術においてその奇跡をふたたびおこなうことを期待しても、それは無駄なことである。天才の本能は、美しいものや聖なるものを、新しい必然的な諸事実のなかや、野原や路傍、店屋や粉ひき場に見出すことなのだから」と。統合された個性を得るためには、われわれはそれぞれ自分自身の庭を耕さなくてはならない。しかしこの庭には塀はない。それはきっちりと線引きされた囲い地ではない。われわれの庭は世界であり、世界がわれわれ自身の存在のあり方に触れる片隅にわれわれの庭はある。われわれが生きる企業的で産業的な世界を受け入れ、したがってそうした世界と相互作用するための前提条件を満たすことによって、移りゆく現在の一部でもあるわれわれは、見知らぬ未来を創造すると同時にわれわれ自身を創造する。[☆96]

デューイは、「再生する自由主義」を定式化するにあたって、マルクスの最良の部分を引き継いで、「経済的諸力の社会的制御」を「自由な個人の発展の手段」、「より高い価値の追求のための人間の活力を解放する」方法として要求する。[☆97] これに促されて、シドニー・フック――デューイの一番弟子――は、このテキスト『自由主義と社会的行動』が、「二十世紀にとって、

☆96 Dewey, *Individualism: Old and New*, p. 171.〔前掲明石訳『新しい個人主義の創造』、一一〇頁〕
☆97 Dewey, *Liberalism and Social Action*, pp. 90, 91.〔前掲明石訳『自由主義と社会的行動』、三一一―三一二頁〕

マルクスとエンゲルスの『共産党宣言』が十九世紀にとってもっていた地位をもつとしても不思議ではない」と予測した。[☆98] そしてこの予測が正しいかはともかく、この比較には正当なところがある。フックとは逆に私が言いたいのは、デューイはカール・マルクスのような社会主義理論家の関心よりもウィリアム・モリスのような左派文化主義の関心により近いということである。彼の著作は両者の民主主義的感性と共鳴しているのではあるが。しかしデューイの理想はモリスの神話的な中世社会でもなければ、マルクスの神話的なギリシャのポリス社会でもなく、エマソン的な未来の文化である。彼は、展望としては急進的で戦略的には教育中心の「再生する自由主義」が、そのような文化を作り出すことに貢献できると信じている。

> 最大の教育力、個人の気質と態度を形作るうえで最大の力は、個人個人の生がうめこまれた社会的媒体である。われわれに現在もっとも身近な媒体といえば、経済の社会化という包括的な目標のための統一行動という媒体である。物質的安定という基盤が**文化的表現のための個人の力を解放する**［強調ウェスト］ような社会状態の実現は、一日で達成できる仕事ではない。しかし、それが理想であることについては見解が一致している、衝動と能力の解放のための土台と媒体としての経済の社会化という課題に集中するならば、現在は分散されしばしば対立関係にある自由主義者の活動は、効果的な統一を果たす可能性がある。[☆99]

☆98 Hook, *John Dewey: An Intellectual Portrait*, p. 158.
☆99 Dewey, *Liberalism and Social Action*, p. 91.〔前掲明石訳『自由主義と社会的行動』、三一一頁〕

デューイは、政治哲学についての主要著作である『公衆とその諸問題』（一九二七）において、《偉大なる共同体》というかたちをとるエマソン的な根源的民主主義の文化を要求する。部分的には、ウォルター・リップマンの『世論』（一九二二）と『幻の公衆』（一九二五）における実体的民主主義への辛辣な攻撃と官僚主義的エリート主義の「プラグマティックな」擁護にたいする返答として、デューイは根源的民主主義者の主要な課題とは、産業資本主義的な諸過程からなる《偉大なる社会》によって産み出された、さまざまな不定形で未定義の公衆たちからなる公共圏を作り出すことだと主張する。

> 公衆は存在しないとか、社会的交流がもたらす諸帰結について関心を共有する人びとの大集団は存在しないとかいうわけではない。公衆が大きすぎる、すなわち公衆があまりにばらばらに散らばっていて、その組成があまり複雑すぎるのだ。そして複数の公衆たちがあまりに多く存在する。というのも、間接的で深刻でかつ持続的な諸帰結をもたらす協力行動は比較できないほど無数にあり、そのひとつひとつは他のものと交差していて、それ固有の特別な影響を被る人間集団を産み出すのだが、こうした異なった公衆たちを統合された全体にまとめるものはほとんどないからである。[☆100]

公共圏——さまざまな「公衆たち」が共通の場を見出すことのできる言説と対話の社会的空間——を作り出すための主要な障害となっているのは、スポーツや映画やラジオや車といった、

☆100 Dewey, *Public and Its Problems*, p. 137.〔前掲植木訳、一三三頁〕

政治的関心から目を背けさせる大衆文化的な気晴らしの拡散であり、政治の官僚主義化であり、人びとの地理的流動性であり、そしてもっとも重要なこととしては、概念や理想や象徴の文化的停滞によって真のコミュニケーションが妨げられていることである。デューイはこの危機を、またしても教育と議論によって、とくに科学の実験的方法を社会的な事柄に適用することによって対処されるべき文化的問題だとみなす。アメリカ文化のたくましい（rugged）——あるいはデューイの言い方では、おんぼろの（ragged）——個人主義と息のつまる均一性は、社会や技術の進歩と足並みを揃えていない。サンタヤナの比喩表現を使うならば、植民地様式の邸宅がいまだ摩天楼のとなりに立っている。デューイはこの責任の大部分をまさに、彼が他の面では評価するフロンティア経験に帰している。このフロンティア経験はアメリカ人に、「危うさを残しながら達成された文明の安全と秩序を脅かすあらゆるものへの恐怖」を叩き込んだ☆101。アメリカの偏狭さがしたたかに生きつづけているのは、変化にさらされていないからではなく、すでに薄弱な安定を脅かす急激な変化への「フロンティア的恐怖」のためである。このようにデューイは——フレデリック・ジャクソン・ターナーよりもはるかに炯眼に——フロンティア経験は均一性に貢献し、寛容や開かれた態度や好奇心を軽蔑すると述べる。

わたしたちはわたしたちの隣人の信条を尊重せよとあまりに教え込まれてきたために、隣人の信条が、まともな隣人らしい生活願望として連想されるようになった諸形態からかけ離れてしまうと、そうした信条はほとんど尊重されなくなる。これはわたしたちの自由主

☆101 John Dewey, "The American Intellectual Frontier," *Characters and Events*, 2: 451.

義のなかの根強い非自由主義である。[☆102]

この意味において、アメリカ文化はひどく未発達――反知性主義的で現実逃避的で抑圧的で快楽主義的で不寛容で外国人嫌い――であり、他方、アメリカ経済は顕著に発達している。ただし富はうまく配分されていない。デューイはこの点を認めている――「現在支配的な寡頭制は、ある経済階級による寡頭制である」あるいは「わが国の諸制度は形式的には民主主義だが、実質においては特権的な金権階級を優遇する傾向がある」[☆103]――が、彼の焦点は文化的問題である。そしてこの問題とはエマソン的な根源的民主主義の文化の創造である。

> どんな専門家による政府も、大衆が自分たちは何を必要としているかについて専門家に知らせることのできない場合、少数の利益のために運営される寡頭制になるよりほかない。そして啓蒙は、行政の専門家たちがそうした必要性を考慮するように強制されるような仕方でおこなわれなければならない。世界の苦しみの種を作り出してきたのは大衆よりも指導者と権力者である。
>
> 言い換えれば、本当に必要なのは討論と議論と説得の方法と条件の改善である。これこそが、公衆にとっての**真の**問題である。すでに主張したように、この改善は本質的に、探究過程とその結果の普及過程を解放し完成させることにかかっている。[☆104]

☆102 Ibid., pp. 451-52.

☆103 Dewey, *Public and Its Problems*, p. 203〔前掲植木訳、一九三頁〕; Dewey, *Liberalism and Social Action*, p. 85.〔前掲明石訳『自由主義と社会的行動』、三〇八頁〕

☆104 Dewey, *Public and Its Problems*, p. 213.〔前掲植木訳、一九七―一九八頁〕

わたしたちの時代のユルゲン・ハーバーマスの関心と同じように、コミュニケーションへのデューイの関心は不合理な文化における合理的な対話への深い肩入れに起因している。しかし、デューイのコミュニケーション概念は相対主義的な諸結論をあらかじめ封じる規制理念をたんに支えるだけでなく、より重要なことに、現存する状況の改善のために実際の共同体を創造し設立する**まさに**媒体の役割を果たす。デューイにとって「わたしたちのバベル」[☆105]から《偉大なる共同体》への変化は文化の政治学の問題であり、そこにおいては、共有された価値に依拠し多様性を促進するコミュニケーションが戦闘的な役割を演じなくてはならない。

表面的には、デューイは四十三年前フランクリン・フォードと共謀した『思想ニュース』の計画からさほど離れることはなかったし、あるいはT・H・グリーン、ヘンリー・カーター・アダムズ、そして最初の妻アリス（一九二七年に死去）と共有していた民主主義的な感性からもさほど離れなかったようにみえる。しかしより深いレベルにおいてはそうではないことを見てとることができる。第一に、デューイはいまや事実を提供するよりも実験的方法を提供することにより執心している。第二に、彼はかつてよりも（とくに大恐慌もあって）資本主義的なアメリカにおける権力の力学をより意識している——ただ、多くの点でまだ十分に意識してはいないのであるが。第三に、彼の計画はもはやたんに、大衆的な観念の市場にジャーナリズム的な介入をすることにより哲学を現実的意義のあるものにしようということではなく、むしろ、大衆文化の変容を支配的な経済的寡頭制に対抗させることで社会を民主的にするということである。

☆105 Ibid., p. 142.〔同右訳書、一三八頁〕ハーバーマスの規制理念にたいするややデューイ的な批判としては、つぎを参照。Rüdiger Bubner, *Modern German Philosophy* (New York: Cambridge University Press, 1981), pp. 183-202.

デューイの計画の最大の問題は、彼の考える文化変容が、小規模の均質な共同体を思わせる未来のエマソン的な民主的生活様式を想定しているということである。とくに、デューイが《偉大なる社会》や「機械時代」からもう引き返すことはできないという態度をとっていることを考えれば、これは必ずしも農業的アメリカへの郷愁ではない。さらに、現在のアメリカの大部分は（ジョージ・クリントンの歌詞を使えば）その「チョコレート色の都市とバニラ色の郊外」もあって、民族的人種的に均質でありつづけている。デューイの計画が問題含みなのは、彼が過ぎ去った文化的な黄金時代を懐かしんでいるからではなく、彼が文化を強調することで主に教育的で対話的な社会変化の手段を奨励することになっているからである。政治的な組織や集団、さらには第三政党への彼の広範な参与にもかかわらず、そしておそらくはそのために、デューイは彼が抱いていたそうしたものにたいするエマソン的な不信を克服することはなかった。したがって、彼は《偉大なる共同体》が誕生する主要な手段として「コミュニケーション」に頼る。このコミュニケーションは知識の交換や学問的な議論だけでなく、「緊密で直接的な交流と愛着」をも意味する。[☆106]《偉大なる共同体》の誕生は各地の共同体の文化の再活性化と道徳の再生を保証する。デューイの文化計画は社会における個人的制度的な諸関係に根本的な影響を与える変化を要求する。彼は詳細に立ち入ることはしていないが、自分の理想がどのようなものになるのかについて、ぼんやりとしてはいるが可能性豊かな考えをもっている。

☆106 Dewey, *Public and Its Problems*, p. 213.〔前掲植木訳、二〇一頁〕

これまでの叙述では、もし《偉大なる社会》が《偉大なる共同体》になるとすれば充足されなければならないはずの条件については、折りに触れて軽く言及したにすぎない。《偉大なる共同体》とは、協同活動の諸帰結がますます拡大し複雑に波及していくなかにあって、この帰結が、語の十全な意味で知られるような社会であり、その結果、組織された明確な《公衆》が誕生するような社会である。かたやもっとも高度でもっとも困難な類いの探究、かたや精妙で繊細で鮮明で敏感なコミュニケーション技術、この両者が伝達と流通のための物理的機構を入手し、それに生命を吹き込まなくてはならない。このように機械時代がその機構を完成させるとき、それは生活にたいする専制君主ではなくて生活の手段となるだろう。民主主義は本領を発揮することになるだろう。というのも、民主主義とは、自由で豊かさをもたらす交流のある生活につけられた名前だからである。このことを見てとっていた先覚者はウォルト・ホイットマンであった。自由な社会的探究が、充実した感動的なコミュニケーションの技術とわかちがたく結びつくとき、民主主義はその成就を遂げる。[☆107]

☆107　Ibid., p. 184.〔同右訳書、一七六頁〕

一般的な見方とは逆に、デューイの計画は実際に軌道に乗りはじめたわけではまったくなかった。エマソンの道徳主義と同様に、デューイの文化主義は比較的無力であった。なぜか。それは主に、彼が好んだ歴史的執行主体——中産階級の専門職的な改革派層——が、思想および行動の二つの潮流、すなわち経営者的な企業型リベラリズムと官僚支配のイデオロギー、およびマルクス主義的な階級闘争と政党組織のイデオロギーに惹きつけられていたことによる。両者はユートピア的な活力と集団への忠誠を産み出し、具体的な勝利に向かうことができた。第一のものはデューイの専門職的な支持者層の想像力をつかんだだけでなく、彼自身の職業空間、つまり大学の営みに浸透した。第二のものはマックス・イーストマンやシドニー・フックのような才能のある人物をも含む彼の多くの学生たちを惹きつけた。デューイのプラグマティズムは企業型リベラリズムの実利主義とはかなりちがっていることを忘れるべきではない。デューイの創造的民主主義の計画がフランクリン・D・ローズヴェルトのリベラルな計画とは大きく異なっていることは重要である。デューイは危機に瀕した資本主義システムにつぎはぎをあてようとするローズヴェルトの戦略に反対した。この戦略ではかなりの権力が特権的な金権階級の手中にそのまま残ってしまう[☆108]。単刀直入に言えば、デューイは第三の政党を作ろうと試み、結果として一九三二年、一九三六年、一九四〇年に社会党候補のノーマン・トマスに投票した。第二次世界大戦とアメリカ左翼の弱体化のさなか一九四四年には、フランクリン・ローズヴェルトに投票した。要するに、彼はアメリカ史においてもっとも見本とされる企業型リベラリズムを支持するイデオローグではなかった。

　マルクス主義に関してデューイは、よそ者、新参者、過激な批判者でありつづけた。レオン・トロツキーとその息子の「裁判」について勇敢で念入りで公正な調査をおこなったにもかかわらず、デューイはマルクス主義にたいして深い偏見を抱いており、その創始者やその知的伝統について真剣に研究することはなかった[☆109]。デューイがマルクス主義とそりが合わなかった

☆108 John Dewey, "No Half Way House for America," *People's Lobby Bulletin* (November 1934), p. 1.

☆109 トロツキー聴聞会のためにデューイが出かけたメキシコ旅行の鮮烈な描写としては、つぎを参照。James T. Farrell, "Dewey in Mexico," in *John Dewey: Philosopher of Science and Freedom*, pp. 351-77.

のは三つの理由によるのではないかと私は思っている。第一に、彼自身、若くして短い期間だがヘーゲル左派だったため、世界についてのデューイの考えは、T・H・グリーン、ヘンリー・カーター・アダムズ、エドワード・ベラミー、ヘンリー・ジョージ、ジェーン・アダムズ、そしてシカゴでの同僚ソースティン・ヴェブレンといったイギリスやアメリカの著述家たちによって形成された。実際、一九二八年になってもなおデューイはヘンリー・ジョージのことを「世界の偉大な社会哲学者のひとり」だと書いていた。[☆110] たしかにここでは彼の以前の若々しい熱狂が彼の判断を曇らせ、彼のレトリックは行き過ぎであった。

デューイがマルクス主義を無視した第二の理由は、マルクス主義は彼が渡り歩いた専門職的学問的集団では憎悪の対象だったということである。デューイはシカゴで政治論争から距離を置いていたのと同様に、キャリア上の目的のためマルクス主義を遠ざけてきた。マルクス主義に詳細な精査という栄誉を与えるのでさえ、保守的な学校役員や大学運営者たちの怒りを招きうることであった。

最後に、そしてもっとも重要なこととして、その晩年においてデューイは、二十世紀の最大の戦いは合衆国とソヴィエト連邦のあいだ、アメリカ主義と共産主義のあいだ、エマソンの遺産とマルクスの遺産のあいだで戦われると理解していた。ロシア（一九一八年）、日本（一九一九年）、中国（一九二〇年）、トルコ（一九二四年）、南アフリカ（一九三四年）、メキシコ（一九二六年、一九三七年）でのこうした戦いを仲介する彼の役割はこのことを証明している。[☆111] ソヴィエト連邦でデューイが目撃したのは、たんに新たな社会が作り出されるさまだけでな

☆110 John Dewey, "Introduction," in Henry George, *Poverty and Progress*, ed. Harry Brown (New York: Doubleday, 1928), p. 3.

☆111 Dewey, *Characters and Events*, 1: 149-431. つぎも参照のこと。Ou Tsuin-Chen, "Dewey's Lectures and Influence in China," in *Guide to the Works of John Dewey*, ed. Jo Ann Boydston (Carbondale: Southern Illinois University Press, 1970), pp. 339-62.

く、新たな文明が誕生するさまである。記事「レニングラードは手がかりを与える」において彼は書いている。「ロシアの目覚ましい事実は革命であり、それにともなう前例のない規模での人間の力の解放である。それはあまりに大規模で、その重要性は当事国だけでなく世界にとっても計算できないほどである。[☆112]」記事「生成過程にある世界」でデューイは述べている。「ロシアで起きつつあることの究極の意義は政治の点からも経済の点からもとらえることはできず、一国民の心的道徳的気質の計算できないほど重要な変化のなかに、教育的な変容のなかに見出される。[☆113]」この記事の最重要な箇所においてデューイは、合衆国を創造性や情熱や開拓者精神の点からソヴィエト連邦と比較し、それらを欠いているのは彼自身の国のほうであると見出す。

われわれは皆、アメリカを訪問するヨーロッパ人によって語られたり書き留められたりするのももっともなある伝説を知っている。ここは奇妙なほど若い人民によって住まわれている土地で、若くて経験の少ない者ならではの高揚や活力や無邪気さや未熟さがある、と。これはわたしがモスクワにたいして抱いた印象で、わたし自身の国よりもずっとそういう印象が強い。実際、希望と自信に満ちた生活がそこにはあった。それはほとんどはしゃぎ過ぎと言っていいほどで、ときとして無邪気で、いくつかのことに関しては信じられないくらい無邪気な生活である。何かをなしとげる勇気がそこにはあるが、それは大部分、あまりに多くの記憶をもつことから生まれる恐怖によって押しとどめられることのな

☆112 Dewey, *Characters and Events*, 1: 383.
☆113 Ibid., p. 401.
☆114 Ibid., pp. 392-93.

い若者らしい無知から生じている。[☆114]

言い換えれば、デューイは革命後のロシアをエマソン的な視点で描いている。

デューイは賢明にも、ロシアがスターリンのもとで強大な管理と抑圧に苦しんだあとでさえ、そのユートピア的な活力と革命のレトリックが、世界じゅうの被抑圧民族の自由を渇望する新世代を魅了し元気づけるよりほかないことに気づいていた。一九一九年五月四日の学生反乱〔いわゆる五四運動〕ののち、「社会主義の書物、無政府主義、マルクスとクロポトキン」がいかに中国の「読書サークルを野火のように」駆けまわったかについての彼の記述は、たしかに先見の明があった。[☆115]

ならば、なぜデューイは、世界じゅうに旋風を巻き起こすだけの力のあるこのマルクス主義と、なんとか折り合いをつけようとはしなかったのか。明確な政治運動としてのマルクス主義と多様な知的伝統としてのマルクス主義を区別することは重要である。前者についてデューイは、自身のエマソン的な根源的民主主義の文化の敵であるとともに自身の計画に組み入れられるべき洞察の源泉だとして注目していた。後者については、ヘーゲルに付随する一元論的な補足、たんなる一連の教条的な陳腐な文句と政治的スローガンだとして、大部分は退けていた。先に述べたように、デューイは、マルクスの畢生の大作『資本論』のことを、一九三〇年に先立つ半世紀でもっとも影響力のある本だと考えていた。私が言いたいのは、彼がこう考えたのは、マルクスが資本主義の鉄則をあらわにしたと彼が信じていたからではなく、むしろこの本

☆115 Ibid., p. 272.

が世界じゅうの政治運動を通じてたいへんな影響力をもっていたからであるということである。要するに、キリスト教徒がコーランをめったに読まず、プロテスタントがカトリックの教義問答にほとんど注意を払わないのとちょうど同じように、デューイは彼なりのエマソン的民主主義を実現しようという宣教師的な熱意をもっていたがために、マルクス主義の古典を読むことがなかった。主要な「プラグマティック」な活動家たちがデューイ自身の見方を矮小化したように、支配的な共産主義運動がマルクス主義を愚弄していたのかもしれないという考えは、デューイには思い浮かばなかったようである。

デューイはマルクス主義を比較的疎んじていたのにもかかわらず、マルクス主義について批判的な立場から論じた彼の試みのひとつは注目に値する。著書『自由と文化』(一九三九)において、彼は文化的な論拠から創造的民主主義の敵たちにたいして戦いを挑んでいる。つまり、彼はある「民主主義」における多文化主義的で個人主義的な生活様式と、「全体主義」下における一元的で集団的な生活様式を批判的に比較している。カギカッコに入れられた語はこの本では終始、抽象概念でありつづけている——これはデューイにしては珍しいことである。しかし彼の分析は、マルクス主義的な社会概念がしばしば全体性や普遍的階級や統一された運動や均質な集団構成を重視し、そのために、異なった社会圏や階級のなかの特定の層や階級を横断する多様で雑多な民族的人種的ジェンダー的集団を疎かにするという顕著な傾向をきちんと指摘している。デューイは民主主義を「科学的態度の広がりと」☆116連携させるという彼の昔からのテーマを繰り返す一方で、同時に、歴史や社会において経済圏、政治圏、文化圏、心理圏がどの

☆116 John Dewey, *Freedom and Culture* (1939; New York: Capricorn, 1963), p. 148.〔前掲明石訳『自由と文化』、二二四頁〕

くらい説明上の重みをもつのかについて、現代のポスト＝マルクス主義サークルでいま議論されている主張にいくらか近い主張をしてもいる。エルネスト・ラクラウとシャンタル・ムフ、スタンリー・アロノウィッツ、そしてフランク・カニンガムと同じように、デューイは方法論的な問題を提起する。

文化を形成するひとつの主要な要素もしくは様相はあるのだろうか。他のものを産み出し制御する傾向のある要素もしくは様相があるのだろうか。それとも経済や道徳や芸術や科学等々は、それぞれが他の要素に作用し作用される数多くの要素の相互作用の多数の側面にすぎないのだろうか。[☆117]

デューイが即座に答えるには、必然性を引き合いに出してなんらかの単一の全包括的な原動力を見分けようとするいかなる試みも、自分のプラグマティズムは拒絶する。それどころか、「**蓋然性と多元論**が科学の現状の特徴である」。したがって、「議論の基本的な前提は、なんらかの要素を他から切り離して考察したりするのは、それがある特定のときにいかにうまくいったとしても、理解と知性ある行動にとって致命的であるということである」[☆118]。

デューイはマルクス主義のことを、「客観的な」諸力の名において「心理的のみならず道徳的な考察をも捨て去」ってしまう「斉一説的な理論」としか思い描くことができない[☆119]。彼は、このことが「マルクスおよび彼以後のすべてのマルクス主義者」にあてはまるとまで主張して

☆117　Ibid., p. 16.〔同右訳書、一二五頁〕つぎを参照のこと。Ernest Laclau and Chantal Mouffe, *Hegemony and Socialist Strategy: Towards a Radical Democratic Politics* (London: Verso, 1985)〔西永亮・千葉眞訳『民主主義の革命〈ヘゲモニーとポスト・マルクス主義〉』ちくま学芸文庫、二〇一二年〕; Stanley Aronowitz, *The Crisis in Historical Materialism: Class, Politics, and Culture in Marxist Theory* (New York: Praeger, 1981); and Frank Cunningham, *Democratic Theory and Socialism* (New York: Cambridge University Press, 1987).〔中谷義和・重森臣広訳『民主主義理論と社会主義』日本経済評論社、一九九二年〕

☆118　Dewey, *Freedom and Culture*, pp. 23, 84.〔前掲明石訳『自由と文化』、一三〇、一七五頁〕

☆119　Ibid., p. 98.〔同右

いる。[☆120] これははなはだしい間違いである――そしてデューイはなんら証拠を示さず、マルクスやエンゲルスやラブリオーラやルカーチやコルシュらに詳細な読みを施してもいない。デューイの批判はマルクス主義の粗雑な翻案にはたしかにあてはまり、彼の批判に込められた論点は洗練されたマルクス主義者との対話のための興味深い題材を提供しうるだろう。あいにくデューイは――ここでは彼の一番悪い面がでている――彼の想像上の対話者のもっとも弱い姿を提示することにより、そのような対話をあらかじめ排除してしまっている。

デューイは、権力のより大きな構造的な諸形態を見逃す多元論的＝相互作用説的な社会観をもっているとか、ある要因に他の要因よりも重要性を与えることができず、そのため説明をもたらさない説明的ニヒリズムを奨励しているとしばしば非難される。[☆121] デューイは両方の非難について無罪であると私は考える。じつのところ、デューイは、実際にはマルクスよりもチャールズ・ビアードのマディソン的な経済決定論により近いとしても、経済的な事柄を強調するさいにはマルクス主義に接近している。デューイは、すべての要因が同じ重要性をもつとか、権力の構造的諸形態は無視すべきとか主張しているわけではない。むしろ彼が言っているのは、諸要因がもっている重要性は先験的ではなく帰納的に、弁証法的な決着によってではなく経験的な調査によって決定されるということである。もちろん、そのような調査は必然的にさまざまな理論にもとづいているのであるが、それでも仮説や理論的前提は、試験的で、一時的で、修正可能で、合理的な反論に開かれたものでありつづけることができる。したがって、《歴史》や《社会》についての真の理論などというものはなく、特定の人びとや特定の社会の詳細で具

訳書、一八五―一八六頁〕
☆120 Ibid., p. 99.〔同右訳書、一八七頁〕
☆121 Mills, *Sociology and Pragmatism*, pp. 434 n. 24, 446.〔前掲本間訳、三一四頁の注24（三三三頁）〕

体的な分析があるだけである。分析というのは、それがなんらかの一般理論にいかにうまく適合するかではなく、複雑な現象をいかにうまく説明できるかに応じて受け入れることができる。マルクス主義者と非マルクス主義者の議論も同様に展開すべきである。

問題を解決する唯一の方法は調査を通してであって、具体的なものを調査することで、たとえば科学に起因している効果はどれか、そして経済生産の言わば生のままの諸力に起因している効果はどれかがわかる。この方法を採用し利用することは、結果として経済決定論の全包括的な性質を捨て去ることになるだろう。それはわれわれを相対主義的で多元論的な立場に置くことになるだろう。この立場は数多くの相互作用する要因を考慮する――そうした要因のうち非常に重要なのは、疑いなく経済的要因なのであるが。[☆122]

『自由と文化』には、民主主義を保護するものとして共同体や制度よりも個人を強調する傾向があると、デューイを批判する人たちが主張する場合、その論拠は確実になってくる。一九三〇年の「わたしが信じること」を改訂した一九三九年の論述において、デューイは書いている。

現在のわたしは、個人個人が最終的には協同生活の性質と運動の決定的な要因であると、以前自分がしていたよりも強調したい。

☆122　Dewey, *Freedom and Culture*, p. 77.〔前掲明石訳『自由と文化』、一七〇頁〕

この力点の変化の原因は、この間の歳月に起きたいくつかの出来事である。独裁政権と全体主義国家の勃興や民主主義の凋落にともなってやかましく喧伝されてきたのは、国家だけが、社会の政治的組織だけが、個人の安全を与えることができるという考えである。（中略）

ここ数年、民主的な**制度**は民主的な個人の存在を保証するものではないということが示されてきた。それに代わるもうひとつの選択肢は、自分自身の自由を重んじ他の個人の自由を重んじる個人、思想と行動において民主的な個人が、民主制度の存在と存続を保証する最終的に唯一のものだということである。（中略）

全体主義国家の勃興に照らし合わせてこの問題を再考するにあたり、わたしが強調したいのは、個人の自発的な創意と自発的な協働だけが、真の個性の発展を達成するために必要な自由を守るであろう社会制度を産み出すことができるということである。☆123

この示唆的な一節において、デューイは彼の時代とそれ以後のプラグマティストたちが取り組まなければならないこと、すなわちアメリカ文明にとってのファシズムとスターリン主義の意味あいに応答している。そして、さらにややこしいことに、第三世界の脱植民地化という世界史的な過程が加速するのは、第二次世界大戦後に合衆国が**まさしく**世界大国としてあらわれるのとときを同じくしている。エマソン的回避を創造的に修正しエマソン的な神義論を肯定しようというデューイの長く勇敢な奮闘は、アメリカのプラグマティズムの独り立ちのよい実例で

☆123 John Dewey, "What I Believe," in *I Believe*, ed. Clifton Fadiman (New York: Simon and Schuster, 1939), pp. 347-48.

ある。歴史意識が——世界史におけるアメリカと同様に——中央舞台を奪取する。エマソン的な回避は、社会批評家や文芸評論家や詩人からなるデューイ以後のプラグマティストたちにとってはほとんど関心をそそらず重要性が乏しいため、背景へと後退する。そしてエマソン的な神義論は修正しふたたび肯定するのがより困難になる。悲劇と皮肉の深い感覚がアメリカのプラグマティズムへと忍び寄ってくる。それはエマソンやパースやジェームズやデューイには無縁であった感覚である。アメリカそれ自体と同じように、アメリカのプラグマティズムは成熟に達する。しかしアメリカのプラグマティズムは、アメリカの世紀の新たな挑戦を受けて立つことができるだろうか。それともそれはこの新たな荒野でその足場を失ってしまうのだろうか。

第4章　二十世紀中葉のプラグマティズム知識人たちが抱えたジレンマ

表向きは究極的な現実を対象としながら、哲学が社会的伝統に埋め込まれた貴重な価値に専念してきたことが認められるとき、または、哲学が、さまざまな社会的な目的同士の衝突から、あるいは、受け継がれてきた制度とそれとは相容れない現代に固有の諸傾向との対立から生まれてきたことが認められるとき、未来の哲学の課題が、自分たちの時代の社会的、道徳的争いに関する人びとの考えを明瞭にすることにあることが了解されるだろう。哲学の目標は、こういった争いにひとが対処できるようにするために、可能なかぎり身体の一部になることにある。

ジョン・デューイ

二十世紀中葉の知識人たちにとって、アメリカのプラグマティズムの遺産とは、創造的民主主義というエマソン的な文化を批判的な知性と社会的行為によって広めようとする企てのことだった。このような企て、または遺産の推進者は、もはや北部の白人ではなく、第二世代のユダヤ系アメリカ人（シドニー・フックとライオネル・トリリング）であり、第二世代のドイツ系アメリカ人（ラインホルド・ニーバー）であり、アイルランド系の南西部人（C・ライト・ミルズ）であり、そして第五世代のアフリカ系アメリカ人（W・E・B・デュボイス）であった。エマソン、パース、ジェームズやデューイたちとはちがって、これらの人びとは、北東部の教養豊かな文化とブルジョワ社会によって形成された世界で生まれ育ったわけではないし、そのような世界が与えるさまざまな特権や機会をあたりまえのものとして受け取ってきたわけでもなかった。つまり、アメリカのプラグマティズムは、新しく多様なかたちでアメリカに根づくようになっていたのだ。

これらのプラグマティズム知識人たちが直面したもっとも大きなジレンマとは、エマソン的文化である創造的民主主義には、社会的な、あるいは言説的な空間が満足に存在していないということだった。アメリカのプラグマティズムにとって、知的で政治的なフロンティアが終りを迎えてしまったと彼らには思えたのだ。これらの知識人たちは、政治の官僚化、またはアメリカの資本主義社会の舵を取って社会を設計しようとする人びとを管理する企業型リベラリズムには懐疑的だった。魅力的ではあるが人畜無害な、当時のマルクス主義を頼りにしつづけることは、彼らにはできなかった。荒廃して衰退したヨーロッパが生み出した芸術のモダニズム運動には不安をかき立てられたし、これを信頼することもできなかった。アメリカ社会に出現するようになった消費という大衆文化の俗物性には反対だった。そして彼らは、苛烈な人種差別主義と低俗な宗教がいかに根強くこの国にはびこっているかに心底驚かされていた。要約すれば、俗悪なスターリン主義、有害なファシズム、根強い帝国主義、そして近視眼的なアメリカニズムがてごわい敵となって、アメリカのプラグマティズムから、活動の場をほとんど奪いさっていたのである。

デューイの親しい友人であり、教え子であり、忠実な批判者でもあったシドニー・フックは、最初、マルクス主義に傾倒したが、すぐに、ソヴィエト連邦でマルクス主義が歪められるのを見て幻滅したのだった。その後、彼は、大学の哲学科の教授として、また社会活動家として企業型リベラリズムの片隅に社会民主主義の居場所を刻みだそうと奮闘する冷戦期の闘士の代表的なひとりとなった。C・ライト・ミルズは、修士号を取得したのちに哲学を捨て、社会理論に関心を向けるようになったが、結局はそれが、企業型リベラリズムのもとで企業を擁護するパーソンズの理論に支配されているのを知るはめになるだけだった。彼は、タルコット・パーソンズの社会学に宣戦布告し、銃口を向けたのだが、順応主義的で自己満足した学界では自分は孤立した存在であることを知り、そのような学界を嫌悪したのだった。

W・E・B・デュボイスも、ウィリアム・ジェームズのもとで哲学を勉強したのちに哲学を捨て、歴史と社会の研究に進むようになった。第一級の有機的知識人であったデュボイスは、アメリカの代表的な公民権運動団体の定期刊行物を編集し、のちに、マルクス主義に傾倒し、社会の最周縁部に追いやられるという酷い経験をし、最終的にはガーナに亡命したのであった。ラインホルド・ニーバーは、ジェームズ的なプラグマティズムに大きな影響を受けていた。それは彼にとって、自身の社会主義とのちの冷戦リベラリズムを保護し、発展させるものだった。戦後の宗教的リバイバルを鑑みれば当然だが、ニーバーはフック以上に企業型リベラリズムのおかげではなやかな成功を収めたのである。もっとも、金銭的な恩恵を得ることはほとんどなかったが。最後に、ライオネル・トリリングがいる。トリリングは、右で名前があがった多彩な一群の名の知れたプラグマティストと並び称されることはまずないが、ジェームズとデューイのなかに、マシュー・アーノルドがもっとも典型的にあらわしていると彼が考えていたものを見出したのである。人生と批判的にかかわり合う、熱烈なしかし柔軟な道徳的想像力のことである。マルクス主義に少し触れたのち、トリリングは、反共産主義的でリベラルな彼の読者たちを、社会改革を訴える道徳的リアリズムの文学的大地と文学的モダニズムの不気味なジャングルのなかへと導いた。他のプラグマティストたちとちがって、トリリングは、厭世的になって人生を終えた。宿命と状況に圧倒され、個人的な平穏とごく小規模な静寂を求めるようになったのだ。別の言い方をすれば、トリリングはエマソンの神義論を放棄したのである。

これらの思想家たちにとって中心的な問題は、意志をもった人間が頑固な状況に抵抗するために発揮する力が減退しているということだった。彼らの書くものに浸透しているのは、悲劇的なものの感覚、アイロニーの必要性、限界と拘束の認識であり、パラドックス、曖昧さ、困難の強調であった。私は、この中心的な問題といま述べた特徴は、アメリカの知識人のほとんどと民衆の多くのあいだで、ラディカルなユートピアへの欲望が衰退していることの兆候であると指摘したい。第二次世界大戦の余韻、とくに経済成長とこの国が内省的になったことは、エマソン流の楽観主義の再生ではなく、経済の発展にともなって出現した激しい個人中心主義とキャリア至上主義と相まって、人間の運命にたいするアウグスティヌス流の悲観主義を生み出したのである。戦争の象徴（強制収容所とキノコ雲）は、アメリカ人の精神に消えない痕を残し、残酷で危険で不安定な世界に自分たちは生きているのだということを思い出させることになった。プラグマティズム派の知識人たちが直面している基本的な課題は、悲劇的な世界において人間の執行主体《エージェンシー》としての力をいかに促進し維持していくかということだった。または、うわべだけの楽観主義やひとを麻痺させる悲観主義に陥ることなく、ユートピアを空想する力と社会改良をめざす力とを、どう区別するのかということだった。そしてもっとも重要なことに、選択肢がどんどんせばめられていく世界において、いかに創造的民主主義というエマソン的文化がもつ知的、政治的可能性を生かしていくか、ということだったのだ。アメリカのプラグマティズムの運命は、ある意味で、これらの思想家たちが、情け容赦ない現実と二十世紀中葉の切迫した問題に直面しながら、どのようにしてエマソンの神義論を再肯定、修正、あるいは拒絶するかにかかっていたのである。

シドニー・フック——デューイ流の政治的知識人

シドニー・フックは、社会と積極的にかかわりをもつプラグマティズム哲学の第一人者としてのジョン・デューイの戦後における後継者だった。フックは、多くの点で興味深い人物であり、その複雑な活動の軌跡は累々とした知的屍をあとに残していった。批評家としてのフックはデューイの影響を受けており、さながら狙った標的は必ず射止める射撃の名手として、デューイを最初の標的として活動を始めたのである。

一九〇二年に、ニューヨークでユダヤ人の両親のもとに生まれたフックは、労働者階級のスラムで育った。[☆1] 多くの意欲的で才能あるユダヤ人の若者がそうであったように、彼もニューヨ

☆1 Milton R. Konvitz, "Sidney Hook: Philosopher of Freedom," in *Sidney Hook and the Contemporary World: Essays on the Pragmatic Intelligence*, ed. Paul Kurtz (New York: John Day, 1968), p. 18. Sidney Hook, *Out of Step: An Unquiet Life in the Twentieth Century* (New York: Harper and Row, 1987), pp. 7-16.

ーク市立大学に通った。そこで、彼はモリス・ラファエル・コーエンという自然哲学派の哲学者の影響を受けた。コーエンは、ハーヴァードでロイスとジェームズのもとで博士号を取得し、チャールズ・パースの最初のエッセイ集を編纂した人物であった。☆2 コロンビア大学の大学院に進むとフックは、F・J・E・ウッドブリッジとジョン・デューイに魅かれるようになる。これら二人の人物に魅了されたことは、フックがつねに自分のことをプラグマティストであると同時に自然哲学者であると考えていたことを傍証する点で重要だ。フックにとってこれら二つの哲学的立場は、同じではないものの切り離せないものだったのだ。フックが、ジェームズやニーバーのような有神論的プラグマティストという存在に違和感を感じ、神に関する議論に本質的につねに反対していたのはこのためだ。

公にされたフックのデューイにたいする最初の批判は、アリストテレス形而上学をより自然哲学に近づけようとウッドブリッジが施した修正にたいして、フックが引きつけられていたことから生まれた。デューイによる序文が付されたフックの博士論文『プラグマティズムの形而上学』(一九二七)で、フックは、プラグマティズムの哲学ではっきりと示されないままになっている「道具の形而上学」(道具は工具でもあれば、思考の働きそのものでもある)をデューイは前提としていると、やんわりとデューイを批判する。フックはつぎのように言う。「プラグマティズムは、コントの実証主義やマッハの現象論――両方とも自他ともに認める反形而上学哲学である――に降りかかったのと同じ運命をたどるのでなければ、体系的な方法をもつことの意味を分析しなければならないし、存在に特有の性質を精査しなければならない。そもそ

☆2 Charles Peirce, *Chance, Love, and Logic*, ed. Morris R. Cohen (New York: Peter Smith, 1949). 〔浅輪幸夫訳『偶然・愛・論理』三一書房、一九八四年〕

も、体系的方法とはそのような特徴を明らかにすることにおいて有効なのだ。☆3」フックの博士論文の主要な目的は、デューイのプラグマティズム——それは、フックにおいては、ジェームズの「神秘的、唯名論的プラグマティズム」☆4とはっきりと区別される——に根本から反論を述べることにあるのではなく、それが、ウッドブリッジが示すアリストテレスの自然哲学とどの程度似ているかを明らかにすることにあった。職業的哲学者としては希有なことだが、人間の行動において状況がもっとも大きな影響をもつことを自然哲学の立場から擁護するために、フックは、ウィリアム・ブレイクの予言的な詩『ヨーロッパ』の口絵を解釈することから始める。『太古の日々』と題され、ミルトンの『失楽園』第七巻の二二四行から二三一行に触発されたとされるこの銅版による口絵は、神が世界の外辺を創造した様子を描いている。フックはつぎのように言う。

> この絵がどのような熱狂的な幻想を象徴していようとも、それは、ひとつの深遠な形而上学的意味を明らかにしている。というのも、対象を**創造する**さいに、その対象の範囲**内でのみ**理知的に使用、あるいは適用されることが可能で、かつ論理的にその対象に先行して存在する道具を使って創造することができるのは、もっとも根源的な神だけだということが描かれているからだ。人間は、日々の仕事において、その範囲が不可逆的に決定されているわけではなくとも、少なくとも暫定的に定められている存在や言説の世界で際立った特徴をしめす道具を動かすことで満足するしかない。☆5

☆3 Sidney Hook, *The Metaphysics of Pragmatism* (Chicago: Open Court, 1972), p. 6.
☆4 Ibid., p. 9.
☆5 Ibid., p. 17.

フックが主張しているのは、創造は存在以前の材料（たとえば、プラトンの『ティマイオス』における運命の必然《アナンケ》や場《コーラ》のような）を前提としているということだけではない。重要なのは、状況と条件が、物事を変容させる行為者としての人間の力のもっとも高次のものさえ限界づけるということだ。一方で、フックは、プラグマティズムから認識論的観念論的傾向をすべて排除したいと考える。したがって、フックにかかると、人間の創造性を信じるブレイクでさえ、先行する条件をまず想定しなければならなくなる。他方で、フックは、ウッドブリッジが提唱するアリストテレス自然哲学を、デューイのプラグマティズムの最良の位相と連続性があるとして、肯定したいとも思う。「科学的プラグマティズムの基本的な立場は、ウッドブリッジ教授が『精神の領域』で説得力をもって提唱したいくつかの原則と共鳴するものであると信じずにはいられない。☆6」そしてもっとも重要なことに、フックは、状況と条件を強調しながらも、「プラグマティズムの旺盛な活力の主動力」、つまり、プラグマティズムのもつ「人間の思考の創造的力と可能性にたいする熱烈な道徳的関心」を肯定する。したがって、「道具の形而上学」とは、自然の形而上学の一種となる。というのも、人間の自由は、自然の秩序に依拠しているからだ。しかしこの秩序は、みずからを決定するわけではないし、この自由に命令するわけでもない。フックのプラグマティズム的自然哲学において元凶とされるのは、無制限の主意主義、（哲学的な意味での）非文脈化された創造説だけではなく、運命論、決定論、不可避論である。フックは、デューイがこれらのどれかの犠牲になったのだと主張しているわけではな

☆6　Ibid., p. 14

い。デューイの議論はときとして、人間の創造的力を強調するあまり、状況的なものを軽視する傾向にあると述べているのだ。別の言い方をすれば、デューイによるエマソン的神義論は、もう少し、自然と歴史に根ざす必要がある、ということだ。フックは、人びとは行為し創造するが、そのような行為や創造がなされる状況は人びとが自分で選んだものではないというマルクスの洞察を、極端な真面目さで受け止めているのだ。

博士論文を書きながらフックは、マルクスとマルクス主義の伝統に連なる書物をむさぼるように読みふけった（実際、レーニンの翻訳もおこなった☆7）。そして、ニューヨーク大学でアメリカ初のマルクス主義哲学者となるだけでなく、ベルリン、ミュンヘン、モスクワのマルクス＝エンゲルス研究所で学んだあと、アメリカにおけるマルクスに関する哲学的研究書としては今日でも最良のものである二つの書物を著した。『カール・マルクスの理解に向けて——ひとつの革命的解釈』（一九三三）と『ヘーゲルからマルクスへ』（一九三六）である。前者でフックは、マルクスを言わば左翼的デューイとして、きわめてもっともらしく、ときとして非常に説得力をもって描いている。ジェルジ・ルカーチの『歴史と階級意識』（一九二三）や、フックがベルリンでいっしょに学んだカール・コルシュの『マルクス主義と哲学』（一九二五）と同様に、フックは、当時としてはまったく斬新でそれ以降もほとんど見かけることはない、明晰新鮮なマルクス解釈を提示したのだった。後者でフックは、読者にドイツ観念論哲学の基本的な発展とそれを代表するさまざまな人物を紹介する。そうすることで、マルクスの歴史的唯物論の革新性のもつ哲学的重要性を明らかにするのである。両方の書物とも、今日ではマルクス主義研究にお

☆7 *Collected Works of Vladmir Ilyich Lenin* (New York: International Publishers, 1927). フックはこの翻訳にあたって、ディヴィッド・ヴィトコと共同作業をした。これは当時、唯一レーニン研究所によって公認された翻訳だった。フックはこのことを彼の自伝のなかで認めている。*Out of Step*, p. 122.

ける古典である。

これら二つの著作に共通するフックの基本的な目的は、マルクス主義の伝統をアメリカの知識階級に紹介することにあった。このような紹介が必要とされていたのは、たんにマルクス主義に関する知識が有用だったというだけではない。より本質的なことには、このような知識が、批判的知性と創造的民主主義を真剣にとらえようとする人たちには必要不可欠だったのである。マルクス主義の理論と分析にたいするフックの探究は、エマソン的文化であるラディカルな民主主義を創造しようとするデューイ流の企てにたいするフックの献身的態度に深く根ざしたものであった。フックにとって、アメリカのプラグマティズムに歴史意識を注入しようとするデューイの勇敢な試みは、マルクス主義が強調する歴史的具体性、階級闘争、さらに暴力による革命さえも含むように拡大されなければならなかった。そのうえ、デューイによる暴力的社会変革の否定は、それが人間の生命と活力を多大に消費することを認識している点で合理的ではあったとしても、非暴力的な変革にたいするデューイの期待は、歴史の現実と現代社会の現実から顔を背けようとする楽観主義の悪臭を放ってもいたのである。

いつ支配階級が、もっとも激しく死にものぐるいの抵抗をすることなく、おとなしく権力の座から離れることに同意したことがあるというのか。(中略)過去に受けた訓練、イデオロギーや階級的地位のせいで、支配階級は必然的に、みずからの財産がもたらす利益の保護を野蛮さにたいする文明の防衛とみなし、または、精錬されたみずからの文化を保存することを衆愚の破壊行為からすべての文化を守ることととらえるものであることも忘れてはならないだろう。このような主観的な誠実さから（中略）、名誉や善良な生活として彼らが考えるものを守るために闘いたいという欲望がしばしば生まれる。

したがって、労働者が力に訴えて社会主義革命を達成しなければならないだろうことは、マルクスにとっては、歴史上もっとも起こりうることなのである。（中略）なるほど、**抽象的な可能性**の話をするならば、平和のうちに権力が獲得されるという可能性はつねにある。しかし、歴史は、抽象的な可能性によって決定されるのではない。☆8

このような暴力的な力の代償に関するデューイの議論に直接的に応えて、フックは、われわれが住んでいる、選択肢が限定された不完全な世界、および現在の状況で苦しんでいる人びとが払っている多大な代価へと議論を戻す。

マルクス主義者であれば、どのような企てであれ、それにどのくらいの費用がかかるかによって評価を下したいと返事をする。しかし、なんであれ、かかる費用のみによってそれを評価することは、この不完全な世界においてこれまで完遂されたすべてのことを無意味だと決めつけることだ。（中略）しかしながら、論理と道徳の両方が要求するのは、費用がかかるという理由である提案を却下する前に、他の選択肢があるからといってその提案を却下することによって生じる費用について考えることだ。マルクス主義者の主張は、社会

☆8 Sidney Hook, *Towards the Understanding of Karl Marx: A Revolutionary Interpretation* (New York: John Day, 1933), pp. 289, 290.

革命にかかる費用は、貧困や、失業、道徳的堕落や戦争といった、資本主義に内在する慢性的な悪を放置するよりもはるかに安上がりだということだ。マルクス主義者にとって、究極的な課題であり選択とは、すべての文化、そう、人類そのものの破壊しかもたらさない帝国主義的戦争と、世界史上新しい時代の幕開けを約束する国際的革命のどちらをとるかということなのだ。[☆9]

そして、そのすばらしい著作『ジョン・デューイ――ある知識人の肖像』（一九三九）においてフックは、力強い変革にたいするこのような希望を肯定しつつ、デューイの不当な（とフックが証拠にもとづいて評価する）楽観主義を拒絶する。

アメリカの産業界・金融界の大君主たちは、民主主義的に到達された判断を受け入れるだろうか。あるいは彼らは、「奴隷制擁護」のための反乱を煽動しようとするだろうか。どのようにこれらの問いに答えようとも、われわれはその選択が正しいとは確信がもてないうえに、あまりにも多くのことがその判断にかかっているので、われわれの判断は、あらゆる結末にたいして準備すべし、といった政治的な知恵の一部になるほかない。ヨーロッパでおきた最近の出来事、あるいはアメリカの歴史に照らして言えば、楽観的になる余地はあまりないだろう。[☆10]

☆9　Ibid., pp. 296-97.
☆10　Sidney Hook, *John Dewey: An Intellectual Portrait* (New York: John Day, 1939), p. 170.

ここで注目したいのは、デューイの企てをさらに押し進めるためにフックが展開する革命の修辞だけでなく、デューイの楽観主義を粉砕するために「不完全」、「限定された選択」、「歴史」といったことばをフックが用いていることである。端的に言えば、フックは、デューイによる創造的民主主義というエマソン的文化を推進することを、デューイによるエマソン的神義論をラディカルに歴史化することでおこなおうとしているのである。

しかし、スターリンの支配下でマルクス主義が歪められ、ヒットラーがヨーロッパでその支配を広げていくにつれ、フック自身の試みも方向転換を余儀なくされる。フックの関心は、少しずつしかし確実に、欠陥だらけの資本主義を糾弾することから、「不完全」な資本主義をスターリン主義とファシズムの脅威から守ることに移っていった。代表的著作『歴史のなかの英雄』(一九四三)においてフックは、それ以前のマルクス主義とは袂を分かち、歴史上、唯一無二の個人のもつ創造的な力にたいするエマソンの関心、あるいは、天才、運命と状況、民主主義といったテーマに関心を向けるようになったのである。この意味で、歴史において「出来事を引き起こす」人間(たとえば、レーニン)に関するフックの瞑想は、ペリー・ミラーの正典となったエッセイ「エマソン流の天才とアメリカの民主主義」(一九五三)と同じ領域を扱っていると言えるだろう。フックが十分気づいているように、彼の目的は、「人間が果たす役割と、人間に材料を与える条件的事態」との歴史的関係にたいして満足のいく説明を施すことにあったのだ。[☆11]

フックのこの本の真に革新的なところは、レーニンの存在なくしてロシア革命などなかった

☆11 Sidney Hook, *The Hero in History: A Study in Limitation and Possibility* (New York: Humanities Press, 1943), p. xiii.

と結論づけ、さらには、革命さえなければ、ソヴィエトに憲法にもとづいた共和制国家が誕生し、ファシズムをはじめとした政治体制の台頭を防げただろうと、さほど説得力なく議論を展開する長い第十章「ロシア革命——ひとつの試験的な事例」にあるのではない。[☆12] むしろフックのこの著作で重要なのは、革命による変革にたいする、以前の自身がもっていた信念を否定するために、「不完全性」、「限界」、「歴史」といった概念を用いている点である。もし、初期のフックによる批判にたいするデューイの反応が、「たしかに、変革のために暴力は必要だろう。しかし、現実的にわれわれが使うことができるのは、批判的な知性と改革主義的戦略だけなのだ」というものだとしたら、一九四三年のフックによる初期の彼自身への反応はつぎのようなものになるだろう。「たしかに、変革のために暴力は必要だろう。しかし、そのような暴力は、いま機能している不完全な民主主義を蝕むことになるかもしれない。国内外の全体主義体制の存在を考えれば、なおさらそうなる可能性は高いだろう。」別の言い方をすれば、フックは、いまだにエマソン的神義論を歴史化しようとしているのだ。ただし、いまは、結果的にではあるが、ラディカルな民主主義というエマソン的な文化の実現がいかに困難かということを強調しているだけなのだが。

じつのところ、フックは、デューイがいた地点に到達しているのである。彼はデューイの主張を認めている。しかし、そこに決定的に重要な点がつけ加えられている。フックには、信頼を裏切られた、あるいは失望させられたという強い思いがあるのだ。四十一歳になって、フックは、二十年にわたり彼を導き支えつづけてきたマルクス主義を完全に諦めることを余儀なく

☆12　フックはすでに、*Reason, Social Myths, and Democracy* (New York: Harpers, 1940), pp. 142-80でロシア革命を非難していた。

させられたのである。

過去二十年にわたり、わたしは、マルクスの基本的な教義にたいしてひとつの解釈を提示しつづけてきた。それは、一般的な見方やとらえ方とは対立するものだった。マルクスの意味に関するわたしの解釈が正しいのならば、わたしは、この世で唯一の真のマルクス主義者ということになるだろう。これは、冗談にしてもあんまりだ。したがって、わたしは、自分の立場を説明する形容句としてこのことばを使うことを諦めたのだ。[☆13]

驚くべきことではないが、フックの知的なエネルギーの多く（すべてではない）は、いわば、マルクス主義から抜け出せない人びとに向けられており、アメリカの産業界・金融界の大君主たちにではない。デューイと同じように、フックは、企業型リベラリズム陣営に位置することを余儀なくされた。企業型リベラリズムの上意下達の社会設計には馴染むことはできなくても、愛国心に免じてこの陣営に歓迎してくれたことには感謝の念をもっていたのである。そして彼は、マルクス主義者であった自身の過去を心底恥じていた。一九三二年の大統領選挙で、共産党の候補（ウィリアム・Z・フォスター）を熱狂的に支持したことだけでなく、革新的だった自身の一九三三年の著作も汚点としてとらえていたのである。言うまでもないことだが、フックは、注目に値する唯一のアメリカの左翼的団体、スターリン主義共産党とトロツキー主義社会労働党に魅力を感じているマルクス主義者には我慢ができなかった。この国でもっ

☆13 Sidney Hook, "The Future of Socialism," *Partisan Review*, 14 (January-February 1947), 25.

とも学識豊かなマルクス主義研究者としてフックは、愛国的な意図と数々の苦い思い出を抱いて、マルクス主義左翼主義者にたいして一種の道徳的救済運動に乗り出すのである。しかし、一九四七年になってもまだフックは、資本主義陣営の西側と共産圏の東側といった一般的な冷戦期のレトリックを使って世界を分断することはせずに、世界情勢を民主的社会主義陣営対ソヴィエト全体主義ととらえ、アメリカはそのどちらかをこれから選択しなければならないと考えていたのである。

二十世紀の人間にとっての危機とは、二十世紀社会の危機である。それは、今日イギリスで徐々に姿をあらわしつつあるものに代表される西側の民主的社会主義と、ソヴィエト・ロシアのものに代表される複雑きわまりない全体主義との対立にもっともむき出しのかたちであらわされている。アメリカ文化は、どちらか一方に少しずつ近づいていくだろう。☆14

しかし、たった二年後、一九四八年の大統領選でのヘンリー・A・ウォレスの選挙活動によってたしかに勢いづけられたのだろうが、フックは、「今日の世界を分断するのは（中略）、政治的自由と専制政治の対立であることは、基本的な真実である」という冷戦期のレトリックに同調するようになる。☆15 このレトリックの「論理」はつぎのように展開する。ソヴィエト連邦は世界平和と自由にたいするもっとも大きな脅威である。「自由」世界のリーダーとしてアメリカ合衆国は、ソヴィエト帝国の勢力拡大を封じ込めなければならない。これが、合衆国の外交政策

☆14 Sidney Hook, "Intelligence and Evil in Human History," *Pragmatism and the Tragic Sense of Life* (New York: Basic Books, 1974), p. 43. このエッセイの初出は、一九四七年の『コメンタリー』誌。

☆15 Sidney Hook, "On the Battlefield of Philosophy," *Partisan Review*, 16 (March 1949). ただし引用は、Richard H. Pells, *The Liberal Mind in a Conservative Age* (New York: Harper and Row, 1985), pp. 124-25 から。合衆国の自由とソヴィエト連邦の専制政治という対立する二つの陣営に世界を分断する、この冷戦期特有の見方は、フックの自伝の中心的なテーマである。*Out of Step*, pp. 199, 353, 403, 580, 600-601.

の最優先事項である。そしてこの政策は、アメリカ社会のさらなる民主化（たとえば、経済の領域における）をすべて妨げてしまう。フックは、これらの主張の最後のもの以外は肯定する。冷戦期の社会民主主義者としてフックは、経済にたいして社会がより強く取り締まることを求めたし、年季の入った公民権運動家（といっても彼はアファーマティヴ・アクションには反対していたのだが）として、アメリカの黒人がどうしようもない不当な扱いを受けていることに無関心ではなかった。☆16

デューイの影響下から抜け出たのちの自身のプラグマティズムに関してフックが述べたもっとも成熟した注目すべき発言は、「プラグマティズムと生の悲劇的感覚」（一九六〇）である。このエッセイでフックはエマソン的神義論を、限界、拘束、状況といった観点から、はっきりと歴史化している。フックは、人間の意志や執行主体としての力を排除したり、阻止しようとしたりはしない。むしろ、それらを、選択肢や代案が不足していることを理由に制限しようとするのである。別の言い方をすれば、フックは、自分は前例のない機会を捕まえた開拓者というよりも、現在あるもののなかで最良のものを保持しようと努める新参者であると、宣言しているのだ。フックは、社会変革論者でありつづけたが、未来よりも過去に目を向けた。あるいは、別の言い方をすれば、彼が未来に目を向けるときに見たものは、過去の繰り返しだった。

この重要なエッセイでフックは、プラグマティズムの基本的なテーマである、開放的な宇宙、現在を形作るのに果たす人間の力の役割や、よりよい未来に向けて人間の行動を導く批判的知性の必要などに忠実でありつづけようとした。しかし、彼はプラグマティズムを、「人間

☆16 Sidney Hook, *Democracy and Desegregation* (New York: Taiment Institute, 1952).

が直面しなければならない生にかかわる選択肢に向きあうさいの精神的態度」として、また は、人間の力の「逃れようがない限界」と「少しずつ喪失にさらされていく現実」を認める精神の態度として定義する。☆17 フックは、かつてはあまりにも「神秘的」と考えていたウィリアム・ジェームズを、「不可避な悲哀と喪失」がプラグマティズム的なものの見方において中心的な位置を占めていると主張しているとして、引き合いに出す。

プラグマティズムの哲学のこのような側面は、ほとんど完全に批評家たちから無視されてきた。しかしながらそれは、わたしにとっては、プラグマティズムにおいて中心的だと思えるし、人間が抱える問題や困難を調べるための、示唆に富んだ視座を提供してくれるものに思える。それは、生の悲劇的感覚の認識に根ざしたものなのである。☆18

さらにフックは、説教をたれるたんなる道徳論や社会改革論としてしか哲学をとらえない狭義のプラグマティズムの哲学観に意義を唱える。その代わりに彼は、哲学を「絶え間ない内省的な知恵の探究」ととらえるデューイのより広い哲学観に賛同する。☆19 そのうえで彼は、プラグマティズムによる知恵の探求と人生の悲劇的な感覚の認識とを関連づける。プラグマティズムが通常、楽観主義や可能性や明るい展望といったものに関連づけられることを踏まえれば、このような関連づけが奇妙なものに見えるだろうとフックは認めている。

☆17 Sidney Hook, "Pragmatism and the Tragic Sense of Life," *Pragmatism and the Tragic Sense of Life*, pp. 4, 5.
☆18 Ibid., p. 5.
☆19 Ibid., p. 7.

「プラグマティズム」と「生の悲劇的感覚」を隣り同士に並べることは、「プラグマティズム」を意味に関するせせこましい理論として、そして「生の悲劇的感覚」を人間の生命が有限であることにたいするヒステリカルな嘆き——それこそが「生の悲劇的感覚」というウナムーノの同名の本の中核にある詩的テーマである——と理解している者たちにとって不可解だろう。プラグマティズムと生の悲劇的感覚について同時に話すことは、「ジョン・デューイの仏教」や「誰も知らないデューイ」について論じるようなものだろう。わたしは、デューイが「生の悲劇的感覚」という表現を使ったことがあるかを知らない。しかし、南北戦争が残した影のもとで育ったデューイは、わたしが「生の悲劇的感覚」ということばで指しているものを感じていたし、そのことは道徳的経験に関するデューイ自身の記述に暗示されてもいるとわたしは知っている。[☆20]

以上の文章で、フックは論を急ぎすぎている。第一に、多くの理性的な人びとが、生の悲劇的感覚を得ることなく、「南北戦争の残した影」のもとで成長した——ちょうど今日では多くの理性的な人びとが《ホロコースト》のもとで成長したように。重要なのは、ひとが生きる状況だけでなく、そのような状況をひとがどのように解釈するかということだろう。第二に、生の悲劇的感覚は、デューイの思想のなかに暗示されているのかもしれないが、決定的に重要なのは、どのように、何の目的のためにひとがこの悲劇的感覚を使うのかということだ。歴史意識をもつことは、どうにも手に負えない拘束や、対立する善と限定された選択肢との板ばさみに

☆20 Ibid., pp. 9-10.

直面することだ。そうすることで、フックの初期の著作に見ることができたように、ユートピアをめざすエネルギーを促進する生の悲劇的感覚を生み出すことができるのだし、後期のフックやデューイにおいてそうだったように、社会に向けられる欲望を社会改革につなげることが可能になるのである。言うまでもないことだが、悲劇的感覚とは、フックとデューイはそろって否定するが、人間の意志と執行主体としての力の無意味さを裏書きするものでもある。

フックは、悲劇的なものをひとつの道徳的な現象として、対立するもののなかから選択をせまられる人間的な苦難のひとつとしてとらえている。病気であるとか、老齢や死といった自然現象は、あわれむべきものかもしれない。しかしそれ自体としては、フックにとって悲劇的ではありえない。悲劇的なものとは、和解しがたい諸価値（なかでもとりわけ対立する義務）を前になされなければならない道徳的選択によって成り立っているのである。

もっとも劇的な葛藤とは、善と善とのあいだのものではないし、善と正義のあいだに生じるのでもない。それは正義と正義とのあいだに生じるのである。国際的な場面においては、それは、主張するおのおのにある程度の正当性が認められるが、両立しえない国家間の主張としてあらわれる。たとえば、イスラエルとアラブの袋小路にはまってしまった対立関係がそうである。（中略）

アイロニーは悲劇によって肉付けされる。というのも、現在われわれが享受しているさまざまな権利をわれわれは祖先に負っているのだが、その祖先たちはこれらの権利をわれわれのために勝ちとる過程で、他者から彼らの権利を奪い去ったからだ。世界のある地域では、人びとが足をつけて立っているまさにその大地が、彼らの先祖が他者から力づくで、あるいは騙しによって取りあげたものなのだ。しかし、われわれが拠って立つ法律によると、現在所有する権利をもっている者たちから、その所有物を取りあげることで原初的な不正を正そうとする試みは、新たな不正とされてしまうのである。侵略国家にたいして補償を求めるという正当な要求は、まだ幼かったがために侵略行為にたいして責任がなかったからという理由で、侵略国家市民の子孫にたいする不当な要求とされるのだ。歴史が、なんらかの十分に正当な権利がつねに犠牲になる——ときとして戦争の神への犠牲になる——もっとも深い道徳的葛藤が繰り広げられる場となるのはこのためである。[☆21]

フックがここで、アイロニーという概念を注入しているのは示唆に富んでいる。というのもそれは、基本的に、困難と複雑さを承認することを促すし、歴史の裏側に潜んだ被害者たちへの共感を生み出し、それと同時に、ユートピアへと向けられるエネルギーと社会を転覆させたいという欲望を、自分自身と歴史の犠牲者たちとのあいだから取り除くことになるからだ。「われわれ」とフックが言うとき、それは、血にまみれた歴史によって「勝者」と目される者たちを指していることを間違えてはならない。真の敗者は「彼ら」なのである。アメリカのインディアンや、オーストラリアのアボリジニの人びと、イスラエルのパレスチナ人、南アフリカの土着の黒人、こういった人びとのことである。乱暴な言い方をしてしまえば、アイロニーは、

☆21 Ibid., p. 17.

トラシュマコス〔詭弁派〕的な、目的は手段を正当化するという考えを道徳的に非難する方法のひとつとして機能するのだが、歴史が判定する「勝者」（つまり「われわれ」）を政治的に容認するのである。

　皮肉なことに、アメリカのプラグマティズムにデューイよりも深く豊かな歴史意識を吹き込もうとするフックの試みは、プラグマティズムを、極端な立場を調停し、和解するものととらえたジェームズの考えに依拠することになる。歴史の舞台において（という概念はジェームズにはないが）、この調停や和解は、歴史の犠牲者よりも勝利者の側が有利になるように傾いている。そのなかには、かつては犠牲者だった現在の勝利者も含まれる。このようなバイアスは、フックがプラグマティズムをヘーゲルの歴史哲学やキリスト教の愛と比べるさいに大きく浮かびあがってくる。

> 生の悲劇的葛藤に対処する方法は一般的に三つある。ひとつは歴史のそれである。二つ目は愛を通したやり方である。三つ目は、調停の方法を探し求める批判的な知性を使うやり方である。最後のものをわたしは、プラグマティズム的と呼ぶ。[☆22]

フックは、ヘーゲルの歴史哲学的アプローチを退ける。というのもそれは、「苦悶や挫折は悪ではなく全体の善のためには必要な要素なのだと、弁証法的に証明して人間を慰める」からだ。[☆23] このような「タペストリー」的な神義論は、いかに歴史が酷いものであるかを認識するこ

☆22　Ibid., p. 18.
☆23　Ibid.

とを拒否している点で、真の悲劇をまったくないがしろにするものである。またフックは、人びとが経験するさまざまな愛情のもつれから生じる対立を無視している点で、アガペー的なアプローチも退けるのである。愛の倫理学は、これらの対立に勝敗の判断を下す方法を生み出すことはない。フックにとっては、神の愛に訴えることは空疎なことだった。神がみなを平等に愛しているということは、「神はスターリンもスターリンの被害者同様に愛している」という堪えがたい結論を導くからだ。☆24

フックが主張するには、プラグマティズムの方法は、悲劇を低俗なものにも高尚なものにもしない。それがそれ以外の方法よりも真剣で英雄的であるのは、批判的知性を用いるプラグマティズムの方法が、悲劇的な歴史を作るだけでなくそこから利益を受けることもできる人類に、行動のための手引きを与えてくれるからだ。そのような手引きとして重要なのが、冷戦期のレトリックにおいて支配的であった「より小さい悪」という比喩的表現である。

> すべての調停の試みはなんらかの犠牲を生みだす。特定の状況に根ざした固有の善を求めること、または、いまここでなされなければならないことを追求することは、いまあるすべての選択肢よりもよいものを示すことがあるかもしれない。しかし、それが指し示すのは、より小さい悪でもあるのだ。妥協であれ、正当な要求をやんわりと主張することであれ、はたまた、関係者全員にとって離婚のほうが殺人よりましであるとする判断がもとづくのと同じ一般的な原則にもとづいて、納得しがたい思いを抱えながら平和に生きること

☆24　Ibid., p. 19.

を学ぶことにせよ、これらはすべてより小さい悪なのである。☆25

ここで問題なのは、「より小さい悪」という比喩表現それ自体ではなく、その用いられ方である。所与の状況で調停し妥協点を見出すためにそれが用いられることは、それ自体、価値判断の結果だし、イデオロギーが詰め込まれており、社会的な意味が満載されている。重ねて言うと、初期のフックに見てきたように、被害者の立場からすれば「より小さな悪」である選択肢とは、社会の根本的な変革、あるいは革命になるだろう。この比喩表現は、悲劇的という概念とちょうど同じように、選択肢を吟味する視点を変えることで、冷戦期のリベラルな改革者たち（あるいは、保守的なトーリー派）が好んで使えるものにもなるのである。フックが初期の著作で見せたように、重要なのは、誰が悲劇的感覚をもっているか（すなわち、誰が賢明で、経験豊富で、洗練されているか）、誰がそれをもっていないか（すなわち、誰が知恵が足りなく、粗野で、愚直であるか）ではなく、悲劇的感覚にたいしてひとがどのような考えをもち、自分の関心や目的と照らし合わせてどのようにそれを利用するのかである。

この問題がより複雑になるのは、批判的知性というレトリックが、野蛮な暴力を肯定するために使われているだけでなく、そのような暴力との共犯関係を隠してもいるからだ。実際、後期のフックは、批判的知性をもつ者すべてが取り組まなければならない課題は、ソヴィエト連邦の脅威を相殺するために合衆国の戦争開始能力を高めることだ、と主張したのである。フックはこの問題に正面から挑む。

☆25 Ibid.

暴力の行使を未然に防いだり、打ちひしいだりするための暴力の知的な行使は、健全な民主主義的方法や、衡平法、自由の伝統や習慣にもとづくことで、人びとのあいだのさまざまな差異に、理性的で秩序だった方法ではけ口を与える。したがって、たとえそのような暴力の知的な行使は、慎重に検討されたならば差し控えてもよいような場合でも、十分に正当化されうるのである。つまりは、寛容さにはつねに限界があるということだ。寛容は、積極的な不寛容それ自体を寛容に受け止めることはできないのである。☆26

重ねて言うが、フックの「現実主義的な」、おふざけを許さない真面目一徹なものの見方は、プラグマティズムを、純粋な個性を守るために社会改革に向けて人間の力を解放することをめざした哲学というよりも、冷戦期の企業型リベラリズムに仕える哲学にしてしまうのである。皮肉なことに、フックの見方では、前者のプラグマティズムのとらえ方は、たんなる理想主義的な道徳論としかみなされないのである。フックは、アメリカの独占資本主義を、「衡平法を従えた健全な民主主義的方法」として描き出すのである。南部には（これが書かれた一九六〇年には）、制度化されたテロリズムによって支えられた白人のみの一党政治があり、それ以外の場所では、企業によって政治のシステムが支配されていたにもかかわらずである。誰の視点に立ってものを見るかがここでは決定的に重要になる。批判的知性と寛容の限界にフックが没頭していたのは、未熟で、冷戦期のイデオロギーの偏向性によって支配され、動機づけられて

☆26　Ibid., p. 23.

いるように見える。フックのものの見方は、探究的で、包容力があり、将来を見通す気質をあらわしているというよりも、保存的であり、防御的であり、過去を振り返る感性を示しているのだ。

　結論でフックは、デューイ的レトリックを採用し、そこに人間の創造性と可能性に関するエマソン的な比喩表現を加えるのだが、エマソンのユートピア的、楽観的、社会転覆的な要素は排除する。

> わたしが理解しているところによると、プラグマティズムの生の見方は、嘆きや、これ見よがしな抵抗や、うそ偽りを排除して、逃れがたい悲劇に満ちた世界で人びとが生きることを可能にするための試みであるということになるだろう。悲劇というものは、道徳的な理想同士の葛藤から生じるものである。このような見方では、人間社会の最良のものにおいてでさえ、悲劇は存在する。血が流れることはないかもしれないが、涙は間違いなく流れるであろう悲劇である。（中略）
>
> 　プラグマティズムは（中略）、ひとのなかに、ソフォクレスのことばを使えば、宇宙においてもっとも素晴らしいものともっとも酷いものの両方であるものを同時に見出すのだ。それはつまり、自分自身とその周りの世界をより良くする力であり、より悪くする力でもあるものだ。こうして、プラグマティズムに立脚した社会変革論は（中略）、ロマン派的な悲観論（中略）と壮大な楽観主義を回避するのである。

わたしが解釈するところによれば、プラグマティズムとは、不安定で悲劇的な世界で、知的な社会統制という手段によって人間の自由を広げていくための理論と実践なのである。それは初めから勝算のない試みなのかもしれない。しかし、わたしはそれより良いものを知らない。そしてわれわれが自由にたいするわれわれの信念を支える勇気と知性を奮い立たせることができれば、またほんの少しばかりの幸運に見舞われることがあれば、まったくの失敗に終わることもないだろう。☆27

エマソン、パース、ジェームズやデューイとちがってフックは、締めつけられ拘束されるという感覚、閉じ込められる感覚を伝えようとする。フックは、エマソンの神義論の自由意志的、道徳主義的側面を肯定する。しかし、世界はともかくも人間（とくにアメリカ人）の望みに応じてくれるものであるというエマソン的な考えを受け入れることは拒否するのである。フックは、自然も歴史も人間の発展・進歩に好意的であるとは信じていない。エマソンにたいする直接的な言及として、フックはつぎのように述べる。

世界を受け入れ、ひとは自分が自然に置かれた状況を陽気に肯定することで、安定を手に入れることができるのだと信じているエマソンやホイットマンのような例外的に宗教的な人びとでさえ、自然は人間の目的や存在に敬意を払うことなどないことを、自然が怒り狂うことがあることを、火や氷や洪水や風がひとの営みに無神経に介入してくることで引き

☆27 Ibid., pp. 22, 25.

起こされる苦しみがしばしば、人間の残忍性から引き起こされる苦しみをちっぽけなものにしてしまうことがあることを、理解しなければならない。エホバや自然は、人間の掟には縛られないのである。☆28

フックは、アメリカのプラグマティズムの人間中心主義を批判はしない。そのような批判をしたことでもっとも有名なのは、ジョージ・サンタヤナだ。しかし、フックは自然を、あるいは時間化された自然としての歴史を、人間が占拠し、支配し、共有するために開かれた空間とは見ていない。そうではなく、フックによると、自然（と歴史）は、人間の意志が手なずけることができないし、これからもけっして手なずけることができない恐怖なのである。そうすることが叶わない人間は、その代わりに、可逆的ではあるが究極的には運命づけられている状況に悲劇的な戦いを挑むのである。

不幸なことに、フックの長大で散乱した文章群と長くうねったキャリアは、これまであまり注目を浴びることも精査されることもなかった。これには、挑発的な彼の文体と攻撃的な応酬の仕方（とくに六〇年代にユートピア的、社会転覆的な活動が盛んだったころに顕著だった）のせいで、弟子や信奉者がほとんど育たなかったことを理由にあげることができるだろう。しかしより重要なのは、フックの攻撃的な反共産主義と冷戦期にきわめて固有のものの見方が、アメリカにおける最初のマルクス主義哲学者としてのフックの独創性を覆い隠してしまっていることだ。ラディカルな民主主義というエマソン的な文化をめざすデューイの企てを考えれ

☆28 Sidney Hook, "The Quest for Certainty: Existentialism without Tears," *Pragmatism and the Tragic Sense of Life*, p. 48.

ば、プラグマティズムの伝統がフックのような思想家を生んだことはたんなる偶然ではないことがわかるだろう。いずれにせよ、デューイ的マルクス主義から始まり、反スターリン主義的民主的社会主義者を経由して、冷戦期に社会民主主義者になるシドニー・フックの思想的軌跡は、アメリカのプラグマティズムが深刻な危機に陥っていることを物語っているのである。

C・ライト・ミルズ――新デューイ流のラディカルな社会批評家

C・ライト・ミルズは、戦後アメリカにおいて誰よりもよくアメリカのプラグマティズムの危機を理解していた。彼にとってこの危機は、政治の領域では、企業型リベラリズムによるアメリカのプラグマティズムの編入と取り込みというかたちをとっていた。経済の領域では、創造的な民主主義の希求が、資本主義的な利潤優先の生産とブルジョワ的な衒示的消費の追求へと退廃するというかたちであらわれていた。そしてもっとも重要なことに、プラグマティズムの危機とは、アメリカ文化における批判的な知性と正真正銘の個性が衰退することを意味していたのだ。ミルズは、ラディカルな民主主義というエマソン的文化を知的にきちんと表現すること、およびそれを政治的闘争を通して追い求めることがほとんど消滅してしまった状況を、消費資本主義下のアメリカにおける、あまねく行き渡ってしまった道徳的退廃と知的な神経の機能不全の症状としてとらえた。ミルズの目的は、アメリカのプラグマティズムを若返らせることにあるのではない。ラディカルな民主主義とリバタリアンなアメリカという、プラグマティズムのヴィジョンの最良の部分を生かしておくことにあるのである。

テキサスに生まれ育ち、そこで教育を受けたミルズは、大学院はウィスコンシン大学にすすんだ。そこで彼が受けた最初の大きな知的影響は、アメリカのプラグマティストが与えたものだった。彼自身のたくましい個人主義とみずからを偶像破壊主義者ととらえる自己像は、迎合や慣例にたいするエマソン的な敵意と調和していたし、道徳的良心を神聖視することもアメリカのプラグマティズムの基本的な倫理的衝動とよくかみ合っていた。そして人間の存在の紛うかたなき不条理にたいするミルズの実存主義的な怒りの感覚は、アメリカのプラグマティストたちによる創造的民主主義の促進によって支えられた土着の政治的ラディカリズムへとつながっていったのである。

C・ライト・ミルズは、戦後アメリカの二つの基本的な特徴に取りつかれていた。民衆のあいだで創造的な人間の力を利用することがだんだんとむずかしくなっていることと、人間の力を無効にし、そのような状況を促進させる社会＝経済的状況である。ミルズの著作は、いまだに歴史を作っているごく少数の人びとないしは集団に関する研究であり、こういった人びとや集団が力を行使することによって残りの民衆が無力にされたことに関する研究として読むことができる。プロメテウス的エリートと操られた大衆とのこのような相互作用こそが、彼の著作群における中心的なテーマなのである。道徳意識によって動機づけられ、政治的な性格を帯びている彼の主要な目的は、批判的知性と社会的行為という手段によって、大衆のあいだにプロメテウス的エネルギーを呼び起こすことにあった。その手段はすなわち、たてまえ上批判的知性をみずからの文化的資本としている知識人にとってのもっとも身近な手段なのである。

このようなテーマと関心は、のちに『社会学とプラグマティズム――アメリカ思想研究』として出版された（出版は一九六四年だが一九四二年には書き上げていた）ミルズの博士論文に簡単に見つけることができる。表面的には、この研究は「ひとつのタイプの哲学すなわちプラグマティズムとアメリカの社会構造との関係、哲学と社会の「あいだの」関係を説明することに専念し、高等教育機関が、生硬ながらももっとも確実にその両者を結ぶものとして機能していると説明している」もののように見える。☆29 しかし、より深く読み込めば、この博士論文は、産業社会アメリカにおける中産階級の専門家や改革主義者たちの価値や希望のもっとも知的に洗練された表現の探求とみることができるだろう。ミルズにとって、プラグマティズムの歴史は、アメリカの職業的研究者の歴史と不可分なだけでなく、資本主義的経営者と金融家に依存しつつ批判的であり、自分たちの職業的世界観と道徳観にもとづいて世界を作り上げようとする革新主義的知識階級の台頭とも分かちがたく結びついているのである。

この研究でミルズは、プラグマティストたちの定式化の一貫性や整合性、または彼らの活動の社会的基盤だけに関心があるのではない。より重要なことには、ミルズの関心は、二十世紀アメリカのリベラリズム（たとえば革新主義、のちにはニューディール）とアメリカに根ざした急進主義の可能性との両方に特有の源泉を知的に解剖することにあった。彼の目的のひとつは、スモールタウンに対するデューイのノスタルジアと、現実を生物学的にとらえようとするデューイの科学的理解とが主な原因となって、アメリカに根ざした急進主義の可能性が、二十世紀のアメリカのリベラリズムによって息の根を止められてしまったのはなぜなのかを解き明

☆29 C. Wright Mills, *Sociology and Pragmatism: The Higher Learning in America* (New York: Oxford University Press, 1964), p. 35.〔本間康平訳『社会学とプラグマティズム――アメリカ思想研究』紀伊國屋書店、一九六九年。抄訳のため、この部分の訳は存在せず。〕

かすことにあった。私は、このような主張は刺激的ではあるが、前章で見てきた通り、その妥当性は疑わしいと思う。しかし、ミルズにとってこういった主張は、デューイにたいする批判の根幹をなすものであった。つまり、デューイは歴史と社会を真剣にとらえてはいなかったがために、政治的・経済的力と正しく折り合いをつけることができなかった、というのである。

ミルズは、科学と技術が現代における人間の力の利用の典型例であるというデューイの考えに着目する。そしてこう述べる。

表面的にみると、科学とテクノロジーは道徳的に中立的であり、経験的には手段とみなされ、可能性のある目的の範囲を限定するかもしれないが、それにもかかわらず、目的を設定することはないと思われたようである。ある時期には、テクノロジー上可能な目的の範囲が非常に拡大された。実際、それは文字通りの慰安から硬直した死にいたる範囲に及んでいる。

テクノロジーの力は、その場合、社会的には中立的である。そして、それをほめたたえる人びとは、何のための力かという問題に直面しなければならない。デューイは、科学とテクノロジーをつうじて力を手に入れた「人間」の成長をほめたたえた。彼はそのような称賛に含まれる問題にはっきりとは応えなかった。もしそうしたなら、現在の社会秩序のもとに存在する現在の力の分配の政治的・法的問題に真正面から立ち向かわなければならなくなっただろう。しかし、デューイはそうすることを絶対にしなかったのである。[☆30]

☆30　Ibid, p. 417.〔同右訳書、二八六頁〕

ここでミルズは、デューイによって成熟するようになったアメリカのプラグマティズムが（ミルズは、パースに八九ページ、ジェームズに六一ページを割いているのにたいして、デューイには二〇〇ページ近くを割いている）、近代哲学にたいするエマソン流の介入を職業化し、エマソン的神義論を最新化するかもしれないことを示唆している。しかし、デューイの成熟したプラグマティズムは、プラグマティズムの歴史意識を説得力をもった社会構造分析へと推し進めそこねている。というのも、ミルズにとって、個性と民主主義というプラグマティズムの理想に身を捧げた洗練された社会批評家になるということは、古典的社会学の伝統——すなわち、カール・マルクス、マックス・ウェーバー、エミール・デュルケム、ゲオルク・ジンメルその他の言説——に根ざすことにほかならないからだ。

ミルズによると、デューイは、マルクスやウェーバーを無視してしまった結果、人間の争いを生物学的に説明することになり、価値と力という根本的な問題を素通りすることになってしまったのである。デューイのプラグマティズムは、何にでも応用できる（たとえば、生物学的な説明を可能にする）「成長」という概念に頼ることによって目的を技術に従属させてしまったという、ランドルフ・ボーンが以前に唱えた挑戦的な議論[☆31]に共鳴して、ミルズは、生物学的議論に傾いていたデューイは構造的な社会的葛藤および闘争をきわ立たせることができなかったと結論づける。

☆31 Randolph Bourne, "Twilight of Idols," *The Radical Will: Selected Writings, 1911-1918* (New York: Urizen, 1977), pp. 336-47.

行動および反省の生物学的モデルは、社会のなかでの分裂や権力の分割を最小限にする働きをする。ことばをかえていうと、人間と人間とのあいだの問題の代りに、人間と自然とのあいだにあらゆる問題を位置づける問題設定の普遍的な設定様式として作用する。

したがって、それは知力に訴えようとする一般的傾向を助長することになる。すなわち、あらゆる価値、権力、人間問題を知性の機能一覧表のなかに持ち込もうとする企図を助長する。あらゆる問題にたいする回答は、「人間」が直面する困難を切り開いて「自分の」道をつくり上げるために、人間が知性をどう利用するかという問題になる。生物学的な環境と有機体の調整図式がこの種の「問題設定」とその回答の論証力の基礎に横たわっている。それは社会問題の解決策として、より多くの教育をおこなおうとする傾向と一致する。つまり、必要な事柄は「知性」の普及なのである。

適応の概念をつうじて、生物学的モデルは、問題の特殊化の傾向を強める。そして、この特殊化は――ここではおおざっぱに、簡単にふれておくが――状況改革の政治をおこなわせる。適応とはひとつのステップであり、同時にひとつの状況に直面しているのである。[☆32]

この重要な箇所におけるミルズによるデューイの創造的誤読は、ミルズ自身によるより歴史的・社会的な分析のための舞台を用意する。ミルズの読みが創造的であるのは、エマソン的な意味で、つまり挑発という手段を用いて、ミルズがみずからの創造的なエネルギーに火をつけ

☆32 Mills, *Sociology and Pragmatism*, p. 382.〔前掲本間訳、二二九―二三〇頁〕

るためにデューイを利用しているからである。ミルズは、実際に深い洞察を示してもいる。たとえば、デューイの政治・経済概念が適切ではないという指摘である。しかし、このような不適切性が、社会的習慣を生物学的な適応の問題に矮小化してしまうデューイの議論の仕方のみに（あるいは主にそれに）あるとするミルズの主張にはあまり説得力がない。実際のところ、デューイはそのような矮小化には批判的である。☆33 ミルズはデューイを誤解している。しかし、それによって、新しい言説空間がミルズ自身のために作り出され、彼自身がアメリカのプラグマティズムを止揚《アウフヘーブング》するように刺激を与えられるのである。

ミルズが文字通りのプラグマティストであったかどうかは問題ではない。ミルズはたしかに自分自身を、エマソン的文化であるラディカルな民主主義を批判的知性と社会的行為を通して推進するデューイの試みの批判的支持者であると考えていた。ミルズのデューイ批判が内在的である理由はここにある。つまり彼は、デューイ自身の基準、原則、傾向に訴えることで、デューイを批判しているのである。実際のところ、ミルズのデューイ批判はリベラリズム批判でも**ある**。現代社会における現実的な社会的、経済的、政治的力にたいする理解がリベラリズムには欠けている、とミルズは考えているのだ。しかしミルズは、自由、民主主義、平等といった**理想**を歓迎している。

> 一連の理想としての自由主義は、なお命脈をたもち、西欧の人びとをかりたててさえいる。自由主義がアメリカの政治的レトリックの共通公分母となっているひとつの理由はこ

☆33 John Dewey, *The Quest for Certainty* (1929; New York: Capricorn, 1960), pp. 195-222.〔河村望訳『確実性の探求 デューイ＝ミード著作集5』人間の科学社、一九九六年、二〇四—二二二頁〕

こにある。しかし、理由はそれに尽きない。自由主義の掲げる理想は、近代社会の構造を実現させる手段として役だったかもしれないが、いまではその社会のあらゆる現実からかけはなれてしまった。一般的な目的に関しては誰しも簡単に一致できる。だが、手段に関しては、一致することはそうたやすくない。自由主義の理想を実現するために、なすべきことをなさない者、なしえない者、なそうとしない者、これらの者にとっては、自由主義が現存社会から遊離してしまったがため、それがかえって絶好の仮面になっている。（中略）かりに自由主義の精神的な力がいまだにひとを鼓舞するものをもっているとしても、その社会的内容はとぼしく、いうなれば、その精神的目的にふさわしい理論をもっていないのである。[☆34]

ミルズにとってアメリカのリベラリズムの危機は、デューイのジレンマにもっともはっきりと結晶化されている。デューイもリベラリズムも、民主主義的目的のために批判的知性を働かせて人間の力を行使することを称揚する。しかしいずれも、なぜ民衆の大半が自分たちの生活を自分たちの自由にすることができないのか、つまりなぜ彼らが無力化されているのかという問題に答えることができない。問題は壮大な「西洋の世俗性の伝統」から流れ出るリベラリズムの理想にあるのではない。むしろ、「ひとつの時代にひとつの階級」[☆35]と唱えるこのリベラリズムが押しつける階級的な使い方、および構造的な拘束にあるのである。

ミルズは、このような危機が、知識人と彼らに見識と知的影響を求める人たちにとって、

☆34 C. Wright Mills, "Liberal Values in the Modern World," *Power, Politics, and People: The Collected Essays of C. Wright Mills*, ed. Irving Louis Horowitz (New York: Oxford University Press, 1963), pp. 189, 191.〔I・L・ホロヴィッツ編、青井和夫・本間康平監訳『権力・政治・民衆』みすず書房、一九七一年、一五八―一五九、一六〇頁〕

☆35 Ibid., p. 191〔同右訳書、一六〇頁〕

「閉塞的なフロンティア」という感覚、八方ふさがりの感覚を生み出したのだと主張する。ユートピア的理想主義的反応の主要なものは、マルクス主義であった。しかし、ソヴィエト連邦におけるマルクス主義の変形は、社会主義者たちの希望を打ち砕いた。したがって、お金儲けのキャリアと快適な生活を約束する企業型リベラリズムと、ラディカルな集団的行為は不毛であるとするイデオロギーとが、アメリカのプラグマティズムの遺産をめぐって張り合うことになったのである。

プラグマティズムは、今世紀初頭の数十年間においては進歩的なアメリカ的思想の中枢であった。けれども、三〇年代に時流をなした左翼からはかなりきびしい打撃を蒙り、またそのあとでは、もっと宗教的で悲劇的な政治観や人生観との競争に明らかに敗北した。ちょっと前の時期にはジョン・デューイを読んで明らかに満足していた多くの人たちが、いまではセーレン・キルケゴールのような人間的悲劇の分析家に、なまなましい興味を抱くようになった。人間の運命を制御すべき人間の知性の力にたいするプラグマティズムの強調を回復させようとしても、もはやアメリカの知識人はそんなことには心をとめなくなっている。彼らは明らかに新しい苦悩に駆りたてられ、そして新しい神を求めている。[☆36]

今日、主たる潮流とたたかうかもしれない知識人にたいし、二つの大きな目隠しとなるものがある。そのひとつは、新しい魅力的な出世の機会であり、それはしばしば、彼らの

☆36　C. Wright Mills, "The Social Role of the Intellectual," *Power, Politics, and People*, p. 292.〔同右訳書、二三七頁〕

技能をかなり自由に行使する機会をふくんでいる。他のひとつは、自由主義イデオロギーであり、それは、彼ら知識人がまっすぐに考える機会を奪うものである。これら両者は重なりあったものである。なぜならば自由主義イデオロギーは、知識人がいま用いているように、新しい出生の機会をつかむための手段であるように作用し、しかも、魂は自分のものだという幻想を残させるものだからである。[☆37]

したがって、資本主義が支配するアメリカの政治的・経済的力をより適切な歴史的・社会的分析によって解明することで、エマソン的文化としてのラディカルな民主主義というデューイの思想を存続させようとするミルズの試みは、基本的な三つの知的領域においておこなわれなければならない。第一に、そのような試みは、企業型リベラリズムが、民主主義や自由の思想にリップサービスをするエリートのイデオロギーであり、ひどい不平等や、民衆の無力さ、彼らが自分たちの生活にたいしてなんの自由もないことを隠蔽している、という事実を暴露しなければならない。第二に、ミルズの試みは、階級間の不平等と資本の力に関する優れたマルクス主義の洞察を批判的に自分のものとしながら、マルクス主義がもつ労働者階級にたいするや過剰な期待を捨てることで、マルクス主義と競争しなければならない。第三に、ミルズの試みは、社会的行為を妨げるか社会的行為を断片的な社会工学に限定する、あまねく浸透している「生の悲劇的感覚」に依拠したものの見方と距離を取らなければならない。ミルズの企てにとって大きな障害となるのは、定着したこのようなものの見方にたいして反

☆37 C. Wright Mills, *The New Men of Power: America's Labor Leaders* (New York: Harcourt Brace, 1948), p. 281.〔河村望・長沼秀世訳『新しい権力者——労働組合幹部論』青木書店、一九七五年、二八五頁〕

論をくりひろげなければならないということだけではなく、二十世紀半ばのアメリカで、彼の企てを実現可能なものと描き出すことが困難であるという点でもある。ミルズは、自身がアメリカのプラグマティズムに影響を受けているせいで、自分の思想をたんなるユートピア的な希望として素朴に提示することにためらいを覚えてしまうのである。むしろ、ミルズは自身の思想を重要な選択肢のひとつ、実現する可能性がいくらかある選択肢のひとつとして提示したいのである。しかし、どのようにして彼の思想は実現されるのか。誰――あるいはどのような歴史的執行主体――によって実現されるのか。このような疑問が、生涯、ミルズについて回った。しかし、まず最初にミルズが取りかかったのは、企業型リベラリズムの暴露であった。

ミルズの有名な三部作――『新しい権力者』（一九四八）、『ホワイト・カラー』（一九五一）、『パワー・エリート』（一九五六）――は、基本的に、企業型リベラリズム下のアメリカにおける権力の力学、その源泉と影響を際立たせようとする試みだった。ミルズは大胆にも同業者たち――とりわけ近視眼的に大衆の好みを調査する「高等統計学者」と、学術専門書を読みあさって得た知識の森とみずからのエリートとしての位置から見た木についてもったいぶって話す「大理論家」[☆38]――に反抗して、企業型リベラリズムに取りこまれ、まったくもって民主主義的ではなく、文化的に気取ったアメリカを描き出そうとするのである。労働組合の指導者たちは、より高い賃金と付加給付という甘い汁のために、自分たちの支持者であるプロレタリアートの魂――つまり彼らの自律と自己決定権――を売る戦略的なエリートとして立ち現われる。没落しつつある従来の中産階級と拡張する新しい中産階級は、職業的な地位と名声をどん欲に追い求め、自

☆38 C. Wright Mills, *The Sociological Imagination* (New York: Grove Press, 1959), pp. 25-75.〔鈴木広訳『社会学的想像力』紀伊國屋書店、一九六五年、三四―九九頁〕

分たちの社会的地位から滑り落ちることを恐れ、自分たちより下の階級に敵対的な存在として描かれる。そして支配的なエリート――政治的、経済的、軍事的大物たち――は、協調した行為と統合された利益、それからきわめて限定された意見とものの見方によって特徴づけられたひとつの集団に自分たちを結束させてくれるひとつの文化形式としての生活を生き、それをおおいに楽しんでいるのである。

企業型リベラリズムに支配されたアメリカを徹底的に社会的に分析しておきながらも、ミルズは、俗流マルクス主義の陰謀論と洗練されたマルクス主義の繊細な階級分析を拒絶した。というのもミルズは、権力がそれを行使する諸個人に及ぼす心理学的・文化的影響に深い関心があったからである。したがって、ミルズは、これらの個人の社会における「客観的な階級的位置」だけでなく、学歴や社交生活、個人的なつきあいや自我像を強調する。さらにミルズは、これらエリートたちの権力が下の階級にどのような影響を及ぼしているのかに興味があった。こういった心理学的、文化的な側面を強調するあまり、ミルズは、（労働者階級の反乱を妨げる）「虚偽意識」という観念を退けるだけではなく、より劇的なことに、支配階級という概念も経済学的過ぎるという理由で拒絶したのである。[☆39]

ミルズは、「生の悲劇的感覚」に依拠したものの見方に我慢がならなかった。彼には、歴史上の恐怖や苦しみにたいする繊細な感受性があった。しかし、悲劇的なものを、冷戦期のリベラルや宗教的保守派が提示するような仕方で示すことは、たんに、恐怖や苦しみに対峙しそれらを最小限に食い止めるためのエネルギーを人びとから奪い去っているにすぎないとミルズは

☆39　C. Wright Mills, *The Power Elite* (New York: Oxford University Press, 1956), p. 277.〔鵜飼信広・綿貫譲治訳『パワー・エリート』東京大学出版会、一九五八年、一六七―一六八頁〕また、つぎの文献も参照のこと。Mills, *The Marxists* (New York: Delta, 1963), pp. 105-31.〔陸井四郎訳『マルクス主義者たち』青木書店、一九六四年〕マルクス主義者からの特筆すべき返答としては、Paul Sweezey, "Power Elite or Ruling Class" *Monthly Review* (September 1956), 再録 *C. Wright Mills and the Power Elite*, compiled by G. William Domhoff and Hoyt B. Ballard (Boston: Beacon Press, 1968), pp. 115-32, とくに p. 129 n. 4.

主張した。もっとはっきりと言えば、冷戦期のリベラルや宗教的保守派たちの「生の悲劇的感覚」に根ざしたものの見方は、階級的位置としばしば生活水準を反映しており、そのことによって、彼らのものの見方が本物であるかが疑わしくなる。ジャン＝ポール・サルトルの初期の実存主義思想を「グランド・ホテルの深い淵」と呼んだジェルジ・ルカーチの批判に呼応するかのように、ミルズは、快適な中産階級にいる「悲劇的現実主義者」たちに疑いのまなざしを向け、化けの皮をはいでやろうという態度をとるのである。

「生の悲劇的感覚」は（中略）わたしには「閉ざされている」わけではない。それを慎重に精査した結果、わたしはそれを拒絶したのである。政治的には袋小路であり、社会学的には非現実的であり、道徳的には無責任であるからだ。それは、社会的、個人的に孤独であるアメリカの青年を魅了するある種のロマン主義なのだ。しかし、それは、ほんの少しの省察にも耐えることができない雰囲気なのである。自分自身にこう言うようなものだ。「俺たちはみんないっしょなんだ。肉屋も将軍もドブ堀作業員も財務省長官も料理人も合衆国大統領も。」しかし、現に下されている、または下すことのできるさまざまな判断に関して言えば、「われわれ」はみんないっしょではない。そのような判断の結果からの影響の受け方に関して言えば、「われわれ」はみんないっしょではないのである。前記二つの言明のうち、どちらかでも否定することは、権力に関するもろもろの事実、とりわけ、別々の人びとが現在利用可能な権力の別々の部分を担っているという事実、を否定することである。権力が完璧に民主主義的に分配された社会ですべての人間がどこにいても平等な権力をもって行動することができるというのでなければ、われわれは、まじめに「悲劇的見方」で責任をとらえることなどできないだろう。☆40

しかし、ミルズの痛烈な企業型リベラリズム批判、マルクス主義批判、冷戦期悲劇主義者批判は、真の個性と民主主義を立ち上げるという彼自身の新デューイ的試みをいかに実現するべきかという重大な課題には関係がない。ここでもやはり、意志をもった執行主体と拘束力をもつ状況——人間の創造的力と運命——の相互作用が立ちはだかる。ドワイト・マクドナルドによって自費出版された左翼雑誌『政治』に掲載された、ミルズの政治的ジャーナリズムの仕事として最初のものである「無力な人びと——社会における知識人の役割」（一九四四）においてミルズは、このような相互作用を、権力をもった無責任なエリートと、無力で支配された大衆とのあいだに生じるもの——少数による権力の行使は、多数の宿命的な苦境を引き起こす——ととらえている。

> 大組織の世界では、権力的な意思決定と草の根民主主義的な統制とのあいだの線がぼけて細くなっており、みたところ、頂点の人びとによる無責任な行為が助長される。（中略）このような光景を見つめている知識人の悲劇感は、無責任な政治と経済にたいする個人的反応以外のなにものでもない。

☆40 C. Wright Mills, "Comment on Criticism," in *C. Wright Mills and the Power Elite*, p. 243.

以前には、これほど少数の人びとが、手足の出しようもない状態におかれているこれほど多くの人びとにたいして、致命的な意思決定をしたことはなかった。（中略）個人は、あらゆる面で、みかけのうえでは縁の遠い組織と向かいあっており、そして萎縮させられ、手足の出しようもない状態におかれていると感じている。（中略）敏捷な行為の必要にかつてないほど否応なく迫られるようになった現代のような時代に、個人は危険にも自失感にとらわれている。☆41

ミルズの念頭にある「個人」とは、主に「知識人」であり、もっとはっきりと言えば自分自身である。二十世紀半ばのアメリカの状況では、知識人たちが自分たちの考えを話したり、自分たちのふるまいに責任をもつことは困難になっているのである。政治ジャーナリズムやハリウッドや学界においては、知識人は、自分たちの生活に影響を及ぼす雇用主に依存した一種の「雇われ人」なのである。知識人は、かつては自分自身のスタイルを確立するために自分自身に投資し、自分の作品にたいして全面的なコントロールをもつ自由に行動する職人であり、自律した熟練工であった。しかし、いまや知識人は、批判的な知性を、所属する大学選びとキャリアアップのために犠牲にしているのである。

知識人とその潜在的な公衆とのあいだには、他の人びとによって所有され操作される技術的、経済的、社会的構造が横たわっている。パンフレットを配っていた時代には、T・ペ

☆41　このエッセイは、"The Social Role of Intellectual," *Power, Politics, and People* とタイトルを変え、再録された。pp. 294, 295.〔前掲青井・本間監訳、二三八―二三九頁〕

インのようなひとに読者への直接的な経路を提供するが、広告に支えられたマスコミが発達した世界では、すでに広く受け入れられていることを言わないような人間が読者とつながる余地はたいてい残されていないのである。あらゆる知的、芸術的な満足にとって中心をなす職人的な生き方は、知識人勤労者の増加のために阻害されている。☆42

大学は「仕事する場所としてはいまだにもっとも自由な場所」であるが、

事実上の拘束は、外的な禁止によるよりもむしろ、学界の紳士たちの一致した合意による反逆分子統制策であるのだ。☆43

このような状況にたいするミルズの道徳的な憤りは、「ジョン・デューイとドイツの社会学者故マックス・ウェーバーの倫理学と政治学において中心をなしている」責任という概念にもとづいた「民主主義の倫理と政治」にたいする彼の忠誠心から生まれている。☆44 ミルズにとって、デューイは責任という概念がもつ民主主義的可能性を、ウェーバーはそれが個人的職業的領域においてもつ意味を示しているのだ。ミルズの考える責任という概念は、イマニュエル・カントの『啓蒙とは何か』（一七八四）にもっとも良くあらわされている、啓蒙主義の成年《ミュンディヒカイト》という考えに似ている。この考えは、自己決定権と成熟、人間の力の理性的な使用とみずからの運命を自分の手で操ること、の両方を意味する。個人的なものと政治的なもの、私的な問題と公

☆42 Ibid., p. 296.〔同右訳書、二四〇頁〕
☆43 Ibid., p. 297.〔同右訳書、二四〇―二四一頁〕
☆44 Ibid., pp. 297, 298.〔同右訳書、二四一、二四一―二四二頁〕

共の問題とのつながりは、ミルズの議論の特徴である。[☆45] このような特徴が、抑圧的で内省的な五〇年代ののち、六〇年代の若者の運動家に大きな影響を与えたのである。ときとしてフランクフルト学派の一員のように聞こえるが、その道徳観と個人主義によって明らかに区別されるミルズは、政治的戦略の目的はエマソン的文化であるラディカルな民主主義を実現させることにあると述べる。

> われわれの生活する社会の形成と、そのなかでの生活様式は、ますます政治的となっている。そしてこの社会は、知性の領域と個人的徳性の領域とを包含している。もしわれわれが、こうした領域を、公的な変化をもたらすようなわれわれの活動と連結させようとするなら、個人的徳性と政治的関心は密接に関連しあうようになる。個人的逃避でない哲学ならすべて、政治的立場をとることを含んでいる。もしこれが真実なら、それはわれわれの政治的思考にたいして大きな責任を課す。こうして政治の範囲が拡大されるがゆえに、政治を考えるさいに頭に浮かべるのは、われわれ自身の個人的な生活と反省のスタイルである。
>
> 　独立的な芸術家や知識人は、真に生気あるものがステレオタイプ化し、その帰結として死にいたることにたいし、抵抗と闘争を試みる少数の名士たちである。現代のコミュニケーション技術がステレオタイプな視野と知でもってわれわれを圧倒してくるが、新鮮な知覚とは、それらをたえず暴露し粉砕する能力を伴うものになっている。こうした大衆芸術

☆45 Mills, *Sociological Imagination*, pp. 8-13.〔前掲鈴木訳、一〇―一七頁〕

と大衆思想は、ますます政治の要求に連結されていく。政治においてこそ知識人の知的な連帯と努力が集中されなければならない理由は、ここにある。もし思想家が自分自身を政治闘争における真実の価値と関連づけなければ、彼は責任をもって生活経験全体に対処することができない。☆46

この決定的に重要な箇所は、ミルズの思索における二つの基本的なテーマを明らかにしている。政治的戦いにおける個人的スタイルの重要性と、この戦いをまさに実践する第一義的かつ特権的なかたちとして知的な仕事をもちあげること、である。これらのテーマは、アメリカのプラグマティズムにたいするミルズの曖昧な関係を際立たせる。彼は、批判的知性の重要性を認めつつもその限界を強調するのである。慣例と順応にたいする個人の反抗にふけって浮かれるくせに、集団として団結し行動する必要性を声高に主張するのである。ミルズは、ラディカルな民主主義を促進しながら、主要な歴史的執行主体としての知的エリートに焦点を当てる。別の言い方をすれば、ミルズの、個人的スタイルと知的仕事の擁護はたしかに勇敢で気高くあるが、そこからは、民主主義的感性と並んで、デューイ的というよりはエマソン的な個人主義とエリート主義が漏れ出ている。とはいえミルズは、デューイと同じように、産業化以前のアメリカへのノスタルジアに特徴的な、知的自律と責任に関する神話的職人ふうのモデルを用いるのである。

ミルズがスタイルにこだわっていることは、彼が考える歴史上の重要人物のリストを見れば

☆46 C. Wright Mills, "Social Role of the Intellectual," p. 299.〔前掲青井・本間監訳、二四二頁〕

明らかだ。トマス・ペイン、世界産業労働者組合（ＩＷＷ）《ウォブリー》の組合員（サンディカリスト的反乱者たち）、そして誰よりもソースティン・ヴェブレンである。これらの人物に共通して特徴的であるのは、ある意味で人生の敗残者たちであるということだ。つまり、彼らは勇敢に勝ち目の少ない戦いを挑んだのだが、彼らの一風変わったスタイル、特異な流儀、反抗的な精神のために、（死後のペインのように）忘れ去られた存在となったり、（世界産業労働者組合の戦略のように）破産したり、（存命中のヴェブレンのように）周縁に埋没したりするように運命づけられたのである。ソースティン・ヴェブレンの処女作にして最良の作品である『有閑階級の理論』（一八九四）の一九五三年版に付されたミルズの序文は、彼自身の考えをきわめてわかりやすくむき出しにしているのであるが、そこにはつぎのように書かれている。

> ヴェブレンをもっとも疎外されたアメリカの知識人として、いわばゲットーからも追い出された王子として、感傷的に扱うことが流行となっている。しかし、ヴェブレンの美点は疎外ではない。失敗である。現代の知識人は、「疎外」を成功の証として扱う。しかし、ヴェブレンは、生まれながらの敗残者なのである。あからさまに「疎外される」ことは、ヴェブレンがもっとも嫌ったであろう成功のかたちである。気質において、キャリアにおいて、精神において、ふだんの生活において、ヴェブレンは部外者であり、その作品は、彼が鋭敏に感じ取った状況を知的に仕上げたものなのだ。
>
> 　ヴェブレンほど失敗した学者はアメリカの学界にはいない。ヴェブレンは誰にも従わな

い反抗者であった。ヴェブレンをアメリカの誰かと結びつけなければならないとすれば、より反抗的なアメリカ人、世界産業労働者組合《ウォブリー》の組合員になるだろう。このような試みにアメリカはふさわしくない。ウォブリーは教育を受けていないが、ヴェブレンと同じように誰にも従おうとしない人びとであり、二十世紀アメリカにおいて唯一中産階級外で反乱を煽動したのである。強い不満をもち、計画を立てることに消極的であったという点においてヴェブレンは、言わばウォブリーの知識人版と言えるだろう。[☆47]

ミルズはヴェブレンを、「敗残者」であったことに加えて「いままでアメリカが輩出したなかでもっとも優れたアメリカの批判者」と考えていた。[☆48]ヴェブレンは、ワスプ的北東部以外の出身で、アメリカ社会を批判的に考察することに関して中心的な位置を占めることになった知識人の第一世代であった。驚くべきことではないが、ミルズは、自分自身（一九四五年からコロンビア大学の教授）をこのアメリカの思想家のなかの反乱者の集団に位置づけている。

最後の世代のアメリカ人の姿は消え去り、第一世代のアメリカ人——ノルウェー移民の息子、中西部の大学で英文学を教えているニューヨーク出身のユダヤ人、ニューヨークをつぶすために北部にやってきた南部人——が、もはや百パーセントアメリカの、というわけではないとしても、正真正銘の批判者の姿として定着したのである。[☆49]

☆47　C. Wright Mills, "Introduction to the Mentor Edition," in Thorstein Veblen, *The Theory of the Leisure Class: An Economic Study of Institutions* (New York: Mentor, New American Library, 1953), pp. viii, ix.
☆48　Ibid., p. vi.
☆49　Ibid., p. xi.

ノルウェー人の息子とは、もちろん、ヴェブレンのことであろう。南部人はミルズのことであり、ニューヨークのユダヤ人というのが誰であるのかは不明だ。ウィスコンシン大学でミルズが、セリグ・パールマンから受けた影響は絶大だった。しかし、パールマンは、労働史に関する革新的な研究を著わしたのであって、文芸批評をしていたわけではない。たしかにライオネル・トリリングは、三〇年代半ばの短いあいだ、ウィスコンシンで教えていたが、五〇年代のミルズはトリリングに関してほとんど何も好意的なことを述べなかった。[☆50] ここで重要なのは、「いまだに自分たちの先祖を選ぶことができる」新しい「職業的ではあるが専門家ではないアメリカ批判者の第一世代」[☆51]が、いまやアメリカにおける知識人のあり方を独占しているとミルズが信じていることだ。彼らは、ミルズ自身が「社会学的詩」を作ったように「芸術作品」を書き上げ、「きわめてアメリカ的な効率性、有用性、実用的素朴さ」[☆52]を喧伝したのである。ミルズは、ヴェブレンにたいして関心をもちつづけるのは、彼のスタイルゆえであると述べる。他の多くの社会学者とちがってヴェブレンは、「芸術作品と同じで、自分自身のために（中略）「読まなければ」ならない」本を書いたのである。[☆53] ヴェブレンの本は指示を求めてではなく、啓発を求めてでさえなく、エマソン的な挑発を求めて、つまり自分自身の創造性を刺激するために読むものなのである。創造的民主主義の文化を先取りしていたのは、誰にも、どのような権威にも従おうとしない、ヴェブレンによく似たウォブリーだった。この点に関してミルズはエマソンと同じであった。つまり彼は自分の存在を、将来的には書物という媒体を抜きにしては無理だとしても、彼の人格というかたちで世界に刻みつけたかったのである。

☆50 Irving Louis Horowitz, C. *Wright Mills: An American Utopian* (New York: Free Press, 1983), pp. 84-87.
☆51 Mills, "Introduction to the Mentor Edition," pp. x, xi.
☆52 Ibid., pp. vii, xi.
☆53 Ibid, p. vii.

ウォブリーも、上司と保安官によって成り立っている世界で正式なリーダーをもたずに、自己決定権と自己の発展を求めたのである。

「ボート一杯のウォブリーがエヴァレットに着いたとき、保安官がこう言った。
もうこれ以上先に進むな、と。
お前らのリーダーはいったい誰なんだ。
お前らのリーダーは誰なんだい。
それからあいつらウォブリーはすかさずこう叫んだんだ。
おれたちにはリーダーなんかいねえよ。
おれたちは全員がリーダーなんだ。
それで、やつらはどんどんやってきたってわけさ。」

一九四七年六月のネヴァダ州サトクリフの無名の一労働者へのインタビューから取られたこのやりとりは、ミルズの最初の著作『新しい権力者——労働組合幹部論』(一九四八)のエピグラフに掲げられている。この著作では、彼は、独立してどこにも属さない彼のような左翼知識人と労働運動との協力の可能性を真剣に探っている。この協調体制のデューイ的目的は、「現代社会の構造を民主化する」ことにあった。[☆54] デューイの意図に忠実に、ミルズは、この目的を政治的・経済的レベルだけでなく、政治的なものも経済的なものも含むより大きな文化的レベル

☆54 Mills, *New Men of Power*, p. 251.〔前掲河村・長沼訳、二五六頁〕

において構想している。エマソン的文化である創造的民主主義は、民衆の日常生活全体にわたってずっと浸透しつづけなければならない。創造的民主主義とは人間の力を発揮させるプロセスであり、その産物なのである。

これを達成するためには、選挙、革命、あるいは最上層の取引によって得られた権力だけでは不十分である。社会的混乱の時代だけでなく、日々の力を蓄積する過程においても、民主的創成の力が一般庶民に認められ、かつ育成されなければならない。[☆55]

デューイと同じように、ミルズの思想は、リベラル、社会主義、ジェファソン主義（公民的共和主義）といった側面を含んでいた。しかし、ミルズは、エマソン的感性を有することでそれらを超えてもいた。それにもかかわらず、デューイと同じように、ミルズは、民主的な社会主義という不適切なレッテルにこだわったのである。

社会主義的な政治的プログラムは、職場ならびに組合において、日常生活のより直接的な民主主義の訓練がなされていなければ、この社会においては成功裡に実施できないものである。民主主義を真剣に考える者は、まず人間の衝動に、それが仕事において創造的に結実する機会を与えることからはじめなければならない。それが、民主的な社会主義の政治の基礎となるものである。[☆56]

☆55 Ibid., p. 252.〔同右訳書、二五七頁〕
☆56 Ibid., p. 260.〔同右訳書、二六四頁〕

ミルズにとって喫緊の課題であったのは、知識人と労働者階級が道徳的規範を打ち立て、政策を練り、企業型リベラリズム下のアメリカの「主流」にたいして圧力を加えることができる、左翼の公共圏を構成することであった。ミルズは、現在の状況にたいする現実的な評価と民主主義的目標にたいする無条件の道徳的こだわりを示しつつ、結論づける。

左翼の進めているプログラムが、勝算のない小集団をひきつけうるにすぎないことに難点を述べる人びとにたいして、左翼の知識人は、つぎのように答える。あなたが正しいかもしれない。誰も知らないのだ。われわれもそれを信じていない。しかし、たとえそうであっても、われわれはなおそれを試みることを支持する。われわれは、「勝算のない小集団」と運命をともにすることを決意した者の一員なのである。現実には、大きな集団が勝つことはけっしてない。いかなる集団もその反逆性を失なっていくのである。おそらくそれが、勝つということの意味するすべてであろう。問題は、自己の重みをどこにかけると決意するかということなのである。[☆57]

この引用文において、労働者ではなく知識人が反論に応答していること、そして支配的な集団の立場が不安定で流動的なものとしてとらえられている点は注目に値する。この数年後にミルズは、労働者階級は大部分、企業型リベラリズムの制度に絡めとられており、政治的、経済

☆57 Ibid., p. 265.〔同右訳書、二六八―二六九頁〕

的、軍事的エリートたちによって支配されているこの制度を打ち負かすことは事実上不可能だと主張するのである。

ミルズはつぎの著作『ホワイト・カラー――中流階級の生活探求』（一九五一）で、衰退と減退、制限と混乱というアメリカの叙事詩を描く。古典的な戯曲『セールスマンの死』（一九四九）におけるアーサー・ミラーのように、ミルズは、ホワイト・カラーの（男性よりは女性の）社会学的な物語を語る。ホワイト・カラーは、

悲劇的というよりは、憐れである。というのも、彼はつねに集団単位でしか問題とされず、非人間的な暴威をふるうインフレーションと戦い、成功を夢みながら、実際にはいつまでも悲惨な状態にあくせくしている。彼は、自分ではどうすることもできない強大な外部勢力のために、右に左にこずきまわされ、自分にはなんのことかわからぬ運動に無理に引きずりこまれる。彼は、いつも一番損な役廻りを引き受ける。彼は犠牲の英雄であり、他人に踏みつけられ、影響されることはあっても、他人に影響を与え、踏みつけることはなく、他人の事務所や店でめだたず働き、大きな声でものを言ったり、口答えしたり、積極的に自己の主張を表明したりすることができない、みじめな存在である。[☆58]

自由で独立した企業家はもういない。仕事での職人芸などもはや存在しない。「なんらの権威的な中心をもたず、ただ無数の自由で機敏な取引関係から成り立っている」エマソン的個人な

☆58 C. Wright Mills, *White Collar: The American Middle Classes* (New York: Oxford University Press, 1951), p. xii.〔杉政孝訳『ホワイト・カラー――中流階級の生活探求』東京創元社、一九五七年、五―六頁〕

どもう存在しない。[☆59] アメリカ教という宗教や、デューイやミルズが唱えたラディカルな民主主義が提示した歴史的執行主体はもう存在しない。ミルズの作品群のどこにも、前記の引用以上に、エマソンのアメリカにたいするミルズのノスタルジアが明瞭に浮かび上がる箇所はない。ミルズは、博士論文で批判したデューイとまさに一体化しているのである。

このノスタルジアこそ、ブルジョアなアメリカ社会にミルズが見出す圧倒的な絶望感と神経衰弱を前にして、それでもなんらかの希望や作用にすがりつこうとするミルズの試みの兆候なのである。このような実存的、文化的諸問題は、社会・経済的苦境から切り離せず、かといってそれに帰することもできないのだが、「人間は、機会さえ与えられれば、自分自身あるいは自分の階級の利害について自然に政治的な意識をもつにいたる」[☆60]ことを前提にする、リベラリズムとマルクス主義という現在のありふれた二つの政治意識の盲点を明らかにする。このような合理主義的思いこみは、私生活中心主義と現実逃避のうえに成り立ち、政治的生活にたいする無関心を蔓延させている、消費という誘惑的な文化に照らし合わせてみれば、まったく根拠がない。

そのような無関心が、リベラリズムの行き詰りと社会主義的な希望の瓦解の両方をはっきりと示すしるしなのだ。またそれは、現代におけるすべての政治的疾患の根本的原因ともなっている。[☆61]

☆59　Ibid., p. 9.〔同右訳書、八頁〕
☆60　Ibid., p. 326.〔同右訳書、三〇二頁〕
☆61　Ibid.〔同右訳書、三〇三頁〕

『ホワイト・カラー』においてミルズは、企業型リベラリズムのアメリカは、「自分のことしか考えない人間からなる官僚主義社会」という、かなり安定してゆるぎない社会であると結論づけた。みずからが追い求める商品と同じように、中流階級は「売物に出ているのである。十分に力と威厳をそなえているように見える者ならば、誰でもそれを買うことができる」[☆62]のである。

このような大胆極まりない中流階級批判の結果、ミルズは、重要な行為者たち、すなわちアメリカ社会において歴史を作り出し、社会を変える人びとを探求することになる。『パワー・エリート』(一九五六)は、前二作ほど分析が鋭いわけではないが、創造的民主主義というエマソン的文化の実現の可能性に関しては、より悲観的な結論を示す。二十世紀半ばのアメリカは、デューイが思い描いた理想を実現するのに必要な道徳的、文化的資産をもっていない。

その上層グループと中間層が抜け目のない法律くぐりの網の目をつくっていると一般に信じられているような社会では、内的な道徳的感覚をもった人間がつくり出されるはずはない。すなわち、まったく便宜的な風潮に侵された社会は、良心をもった人間などつくりえない。金を絶対的な価値とし、金儲けだけを成功と考え、金銭的失敗をもっとも重要な悪徳と考える社会は、抜け目のない投機者といかがわしい取引をつくり出す。シニカルな人びとに幸いあれ、というわけだ。というのは彼らだけが、成功するにはどんなことが必要か知っているのである。[☆63]

☆62 Ibid., pp. 350, 354.〔同右訳書、三二七、三三一頁〕
☆63 Mills, *Power Elite*, p. 347.〔前掲鵜飼・綿貫訳、二七七頁〕

このような社会では、「個人はみずからを形成するのではない[☆64]」。その代り、そこには、「自分で自分を利用する人間」がいるのである。企業、政府、軍部、学界といった社会的階層的秩序に適応するように自分を変えてしまうのだ。要するに、ミルズにとって、エマソン的空間はアメリカに事実上存在しないのだ。エマソン自身が影響を与えたプラグマティズムに支えられて、二十世紀半ばのアメリカは、創造的民主主義というエマソン的文化が根づき繁栄する機会を排除してしまったのである。

いかなる保守主義的イデオロギーをもたぬ保守的な国家であるアメリカは、いまや、むき出しの恣意的な権力として、全世界の前に立ち現われている。その政策決定者たちは、現実主義の名において、世界の現実について狂気じみた定義を下し、それを押しつけている。精神的な能力においては第二級の人物が支配的な地位を占め、凡庸なことを重々しくしゃべっている。そこでは自由主義的な言辞と保守的なムードが蔓延し、前者では曖昧さが、後者では非合理性が原則となっている。現代アメリカの私企業経済、軍部の台頭、政治的真空という状況のなかでは、広報宣伝活動と国家機密、問題を瑣末化するキャンペーンと無器用に積み重ねられたおそるべき既成事実が、政治的理想と合理的討論にとって代わった[☆65]。

痛烈な、しかし麻痺させるほどではない悲観的観測からミルズは、知識人に最後の望みを託

☆64　Ibid., p. 349.〔同右訳書、二八〇頁〕
☆65　Ibid., pp. 360-61.〔同右訳書、二九八―二九九頁〕

す。ミルズは、知識人が彼の考えるデューイの理想を実現できないことは知っている。しかし、少なくとも理想を存続させることはできると考えているのだ。影響力ある『美徳なき時代』（一九八一）の著者アラスデア・マッキンタイアのように、ミルズは、野蛮人が権力を握った新しい《暗黒時代》に生きていると考えている。しかし、マッキンタイアがアリストテレス的な美徳の伝統を守っていきたいと考えているのにたいして、ミルズは、デューイの理想である創造的民主主義というエマソン的文化を守りたいと考えているのである。ミルズは、第四の時代を想像している。中央集中化された民間経済、官僚化された政治、商品化された文化、とてつもなく多くの兵器保有量が「頂点に達したポストモダンの時代」である。それは、「社会的事実としての人間精神がその質と文化的水準において堕落した」時代であり、確実に「なんらかの公的な力としての精神が欠如した」[☆66]時代である。ミルズはここで「精神」を、まさに「解放という公的な意味」をもたらすデューイ的な意味での批判的知性として理解しているのである。

こうして「精神が欠如することで」、知性が対決し討論しうるようななんらかの合理的弁護論もなしにくだされる政策決定が横行するばかりでなく、幼稚園のなかのおしゃべりのような会話がいたるところでおこなわれるのである。[☆67]

ミルズにとって、およそ「精神」と呼べるものをポストモダンの時代において保ちつづける

☆66　C. Wright Mills, "Culture and Politics," *Power, Politics, and People*, pp. 244, 245〔前掲青井・本間監訳、二四〇、二〇一頁〕; C. Wright Mills, "On Knowledge and Power," Ibid., p. 610〔同右訳書、四七〇頁〕; C. Wright Mills, *The Causes of World War Three* (New York: Simon and Schuster, 1958).〔村上光彦訳『第三次世界大戦の原因』みすず書房、一九五九年〕

☆67　Mills, "On Knowledge and Power," p. 610.〔前掲青井・本間監訳、四七〇頁〕

唯一の方法は、デューイの理想を維持することである。この保存活動は、全面的にどころか第一義的にさえ政治的なものではない。とはいえ、その政治的な影響は大きい。

知識人は、すくなくとも真実の価値に関するかぎりでは、彼の社会の道徳的良心となるのが当然である。なぜなら、決定的事実として、それこそが彼の政治なのであるから。（中略）

知識人は、ほかにどのような人びとの仲間であろうとも、たしかにまじめな質問をする人びとのひとりであり、もし、彼が政治的知識人の場合には、権力にある人びとにたいして、こうした質問を発する。知識人がどういう種類の人間かを問うなら、彼はまず合理的精神によって偉大な論争をおこなってきたあの少数者のひとりであると答えなければなるまい。こうした少数者とは、西欧社会がアテネとエルサレムの小さな共同体として、二千年前から始まって以来つづいてきた——あるいは、とだえてはまた始まった——偉大な論争をおこなってきた人びとのことである。この偉大な論争は、とにかく参加すべきである──たとえその末席に連なるにすぎないとしても──というような漠然としたものではない。そして、それは参加して有意義だったと感じさせたはじめてのものであり、現代の自由人たちの参加をうながすただひとつの道への鍵もここにある。しかし、いったんそれに参加したら、それがわれわれに要求するところに従って生きるようにしなければならない。それは、われわれがそれについてのセンスを保つことを、なによりもまず要求するの

であるが、人間の歴史のこの時点、ちょうど現代においては、それは非常に困難なことである。[☆68]

これはなにか小むずかしいヒューマニストのレトリックのように聞こえるかもしれない。しかしミルズにとってこれは、「精神」が民主主義とかかわりがなくなってしまったアメリカにおける知的な格闘の言語なのである。ミルズはここで、デューイ的理想を実現するためだけでなく、西洋における世俗の伝統がもつ対抗の可能性の存在そのものを守るための、その必要性が痛切に叫ばれている闘争にもかかわっている。

興味深いことに、ミルズは、きわめてエマソン的な二つの問題関心に取り組むことになったのである。

わたしがあきらかにすべきなのは、つぎの二点だけである。ひとつは運命と歴史の創造について、もうひとつは多くの知識人たちがいま演じているさまざまな役割についてである。[☆69]

ミルズは、人間は歴史を作ることができる――なかには実際に作る者もいる――けれども、批判的知性とユートピア待望熱の衰退は、左翼知識人から個人的な使命感と道徳的目的意識を奪い去ってしまったのだと主張する。学界における官僚主義の侵食とお金になる研究への誘惑が

☆68　Ibid., pp. 611, 612-13.〔同右訳書、四七一、四七二頁〕
☆69　Mills, "Culture and Politics," p. 243.〔同右訳書、二〇〇頁〕

知識人の仕事を封じ込め、方向づけてしまったのである。教授たちはしばしば、孤高の知識人というよりも大学経営に携わる学者となってしまっている。

大学でみずからの地位を築いたのち、教授の環境や資産が、精神の孤高性を容易にしたり、ましてやそれを造り出したりするものであることはほとんどない。彼は、中流階級の環境につつまれ、知的生活を社会生活から切り離すことで、外界からほとんど完全に遮断されたちっぽけなヒエラルキーの一員となるのだ。そのようなヒエラルキーにおいては、凡庸さが規則を作り、成功の規範となり、昇進する道は、創造的な仕事のみならずむしろ大学運営にかかわることとなるのである。☆70

学界という「封建的制度」にいる大学院生にとっては、「他の教授からの干渉を避けるために、特定のひとりの教授に忠誠をつくす」というより酷い状況が待ち受けている。☆71

知識人は、公衆の一員となって公衆を築くことがむずかしくなっているとますます感じている一方、学者は、自分たちの市場を広げている。自己修練する人間のイメージは影が薄くなり、専門家のイメージが台頭するようになった。ミルズは、もちろん、このような流行が世界的なものだと見ている。東側共産圏では、知識人は幽閉されていて、西側では、知識人は現状にたいする明白な批判をしばしば回避することで、「みずからを閉じ込めている」のである。冷戦期の知識人は、反対する自由（といっても全員が享受するわけではないとされる場合も多

☆70 Mills, *White Collar*, p. 131.〔前掲杉訳、一一四—一一五頁〕
☆71 Ibid., p. 130.〔同右訳書、一一三頁〕

いが）を正しく擁護した。しかし、彼ら自身はその自由を使って、真剣に反対の声を上げることなどほとんどなかったのだ。

したがって、ミルズは、知識人であるという使命を、衰弱したリベラリズム、汚名を与えられた共産主義、不能になった悲劇的なものの見方に取って替わる唯一のものと見ていたのである。ミルズが考える知識人の使命とは、特定の価値を負わされたものである。つまり、それは、批判的知性と創造的民主主義というデューイの理想を通して提示されるのである。このような仕方で、ミルズは、アメリカのすべての進歩的な可能性が消滅したかに見えるなかで、アメリカのプラグマティズムのエマソン的神義論を肯定するのである。彼の著作『キューバの声』（一九六〇）に見て取ることができるように、ミルズはキューバ革命に勇気づけられていた。しかし、アメリカの外交政策が、キューバ革命に「世界情勢のなかで徹底的な中立とほんものの自主独立路線を達成すること」[☆72]をおそらく許しはしないことに気づいていた。そのような反帝国主義的な企ては、支持する価値はあるものの、忍び寄る《第四の時代》〔古代、中世、近現代につづく新時代としてミルズが構想した〕の輪郭を示すものの典型であった。《第四の時代》とは、歴史上の新しい時代であるが、一九六二年に死んだミルズには、彼がもっていた、主にアメリカのプラグマティズムに根づいた知識人の十全たる使命感を発揮する機会はなかった。

要するに、われわれがなさねばならぬことは、人間がおかれている現実を明確にすることであり、われわれの規定を公にすることである。そしてわれわれの歴史形成の新しい事態

☆72 C. Wright Mills, *Listen, Yankee: The Revolution in Cuba* (New York: McGraw-Hill, 1960), p. 189.〔鶴見俊輔訳『キューバの声』みすず書房、一九六一年、三〇七頁〕

に立ちむかい、政治的責任という問題にたいするその意味を明確にすることである。そして、いまや人類共同体に開かれているあらゆる可能性を探求するために、たんなる大原理の説諭や日和見的な行動を超えることによって、人間の想像力を解放することである。

もしもこのことを――すなわち真理による政治を――反則行為だというならば、そのとおりかもしれない。また、やけくその政治だというならば、いかにもそのとおりである。だが今日のアメリカにおいては、それが知識人にゆるされている唯一の現実的な政治なのである。それは指針であり、そしてつぎの段階へ進む一歩でもある。それは責任ある決定の道徳的、知的中核としての人間自身の証言であり、「運命」を拒否する自由な人間行為である。なぜならそれは、少なくとも**みずから**の運命を自身の手に保持しようという決意を明らかに示しているのであるから。[☆73]

☆73 C. Wright Mills, "The Decline of the Left," *Power, Politics, and People*, p. 235.〔前掲青井・本間監訳、一九三―一九四頁〕

W・E・B・デュボイス――ジェームズ流の有機的知識人

W・E・B・デュボイスの生涯は、二十世紀にアメリカのプラグマティズムが直面した危機にたいするユニークな反応としてとらえることができる。デュボイスは、ジョン・デューイが生まれた九年後に（しかも約一〇〇マイル離れた場所で）生まれ、ミルズが死んだ一年後に死んだのだが、本質的に第三世界の脱植民地化によって形成された時代、《第四の時代》の輪郭をすでにつかんでいた。アフリカ系アメリカ人知識人――この国が輩出したもっとも偉大なアフリカ系アメリカ人知識人――であるデュボイスは、エマソンやパース、ジェームズ、デューイやフックやミルズとは異なったレンズを通してこの国を見る。アメリカのプラグマティズムに根ざし、これによって育まれたデュボイスは、みずからの選択により、また社会的に求められるとおりに、言葉のうえでもおこないにおいても、地に呪われたる者たちの味方であった。合衆国においては、それは、アフリカ系アメリカ人たち自身による、あるいは彼らの苦難を取り除くために設立された制度、組織、運動のなかで、知的な仕事をおこなうことを意味した。

生まれと育ちの点でニューイングランド人であったデュボイスは、子供のとき、普通のアフリカ系アメリカ人が経験する人種差別や蔑視を経験することがなかった。中等学校においては、彼は唯一の黒人だったし、白人だけしかいない会衆派の教会に通っていた。デュボイスの家族――母親が長だった――は貧乏だったが、同じ町で迫害されていたアイルランド人の工場労働者ほどではなかった。高校を卒業してから、デュボイスはハーヴァード大学に通いたいと思っていたのだが、通っていた高校があまり学力が高くなかったため、また周囲の白人から水を差されたので（とはいえ、結局は白人の金銭的援助を得て、そこに通うことになるのだが）、フィスク大学――黒人のイェール大学と呼べるものだった――に通うことにしたのだった。高校の成績が良かったので、二年生に編入することが許されたデュボイスは、そこで初めて人種差別とアフリカ系アメリカ人の文化を経験する。黒人の音楽、言語、習慣に見出せる流動的な口承文化、感情に結びついた身体性、戦闘的な精神性に不慣れであったため、デュボイスは、この文化にたいして曖昧な態度を抱いた。一八八八年に卒業した五人の学生のひとりとしてデュボイスは卒業式で、彼のヒーローであるビスマルクについて、「言い争いばかりしている人びとの一群から国民を作り上げた」[☆74]人物と讃えるスピーチをおこなった。自伝のひとつで述べているところによると、「わたしは、ものの見方においては、軽々しくもヨーロッパ人的、帝国主義的であり、アメリカ人が考える民主主義という意味で民主主義的であったのだ」[☆75]。

フィスク大学を卒業して、デュボイスはハーヴァード大学に入学――フィスク大学の学力水準が「低い」ため、三年に編入――したのである。ハーヴァードでは、まったく社交的な生活を送らずにいた――合唱団からは入団を拒否される――にもかかわらず知的な面では大きく成長する。黒人共同体にかかわっていたおかげで、情緒的に不安定になることがなく、ハーヴァードでは、ジェームズと彼のプラグマティズムにもっとも知的な刺激を受けた。

> わたしがハーヴァードにいたのは教育を受けるためであって、そこに残るのに十分である以上の成績をとるためではなかった。（中略）なによりもわたしは哲学を勉強したかったのだ！ わたしは、知識を高めるための基盤を固めて、知の基盤とはじまりを探求したかった。したがって、わたしはパーマーの倫理学を選んだ。しかし、先生は一年間研修でお休みだったので、ウィリアム・ジェームズがその代わりを務めることになった。わたしは、ジェームズが彼のプラグマティズム哲学を作り出しているときに、彼の熱心な弟子になったのである。[☆76]

デュボイスが、プラグマティズムに魅力を感じたのは、それが、認識論中心の哲学をエマソ

☆74 W. E. B. Du Bois, *The Autobiography of W. E. B. Du Bois: A Soliloquy on Viewing My Life from the Last Decade of Its First Century* (New York: International Publishers, 1968), p. 126.
☆75 Ibid.
☆76 Ibid., p. 133.

ンのように回避していたからであり、プラグマティズムがアフリカ系アメリカ人の苦境について考えるうえで重要であると感じていたからだ。

わたしは生涯をかけて哲学を究めたいと思っていた。教えることで生計を立てながら。（中略）わたしにとって救いだったのは、受講した授業の内容ではなく、出会った先生が良かったということだ。ウィリアム・ジェームズはわたしを学問的な哲学の不毛性から現実主義的なプラグマティズムへと導いてくれたのだ。（中略）

わたしは、ウィリアム・ジェームズ、ジョサイア・ロイス、若いころのジョージ・サンタヤナなどを精密に分析することを楽しんだ。しかし、ジェームズと彼のプラグマティズム、そしてアルバート・ブッシュネル・ハートと彼のリサーチ手法が、楽しくはあるものの不毛な哲学的思索から、わたしの黒人研究のために事実を集め、分析する分野にふさわしいものとして、社会科学にわたしの目をふたたび向けさせたのだった。（中略）

わたしはもうこのころには、研究しながら生活していく唯一の現実的な方法は、教えることだと気づいていたし、ハートの合衆国史の授業をとってからは、人種関係の歴史的な考察に哲学を適用することを考えるようになっていた。☆77

「学問的な哲学の不毛性」ということばで何を指していたのかは、デュボイスがはっきりと述べたことはないが、ジェームズのプラグマティズムについてわれわれが知っていることを考慮

☆77 Ibid., pp. 133, 148.

に入れれば、それが近代哲学におけるデカルト的認識論的難問の回避にかかわることであるのは明らかだ。しかし、ジェームズとちがって、そしてこの点ではデューイにより近いのだが、デュボイスは、歴史と社会科学に関心を寄せるようになった。一八九〇年、デュボイスは、優等で哲学の学位を得て卒業している。「誰であっても哲学者として生計を立てる見込みなどたたないだろう」というジェームズの率直な（人種差別的ニュアンスなどない）助言もあって、歴史と社会科学の道に進もうと考えたデュボイスは、研究奨励金を得てハーヴァードに残り、大学院で勉強することになった。ハーヴァードではまだ社会学は学問的分野として存在していなかったので、デュボイスは、歴史学科と政治学科で勉強することになった。さらには、デュボイスが、「社会学の研究に哲学と歴史を通ってたどり着いた」[☆78]——すなわち、主にジェームズのプラグマティズムと文献資料を重視するハートの方法を通って——という事実は、デュボイスを、十九世紀アメリカの知的発展の最先端に位置づけることになった。

指導教授だったハートのすすめで、デュボイスは二年間（一八九二—九四年）をベルリン大学で過ごす。ドイツでは、グスタフ・フォン・シュモラーとアドルフ・ワグナー（二人とも「社会主義者の教授」だった）のセミナーで経済学、歴史学、社会学を学び、客員教授のマックス・ウェーバーの講義を聞いた。しかし、デュボイスがもっとも感銘を受けたのは、高名なプロイセン人の歴史学者・政治理論家であるハインリッヒ・フォン・トライチュケの英雄的、ロマン主義的民族主義であった。デュボイスは、ビスマルクを無批判に持ち上げていたころから大きく考えを変えていたが、歴史は、みずからの国民を団結させ導く偉大な人びととの力強い意志によ

☆78 Ibid., p. 149.

って作られるというトライチュケの考えに、いまだに魅力を感じていたのだ。言うまでもないことだが、デュボイスは、このような役割を、黒人アメリカ人にたいする自分のものだととらえていた。二十五歳の誕生日に、デュボイスは「自分自身を自分の民族にとってのモーセ」[☆79]として捧げたのである。

ヨーロッパの滞在は、彼自身とアメリカに関するデュボイスの考えに非常に大きな影響を与えた。一方で、彼は「たんに狭い人種的、地域的なものの見方からではなく、ひとりの人間として世界を見る」[☆80]方法を学んだ。他方で、アメリカにたいする敵意のはけ口とアメリカの偏狭さにたいする洞察を得ることができた。

大変喜ばしいことに、ヨーロッパ人はわたしと同じように、アメリカを文明の最終的なかたちなどとは思っていないのである。ハーヴァードがフィスクで得た学位を認めなかったように、ベルリン大学がハーヴァードの学位を認めなかったことに、わたしはある意味で満足したのである。みな、アメリカ人はお金儲けは得意だが、その方法には無頓着で、そのためにはやりたい放題であるといったことなどに揃って同意していた。ときとして、彼らのアメリカ批判は、反アメリカのわたしでさえをもいらだたせることがあった。しかし、総じて、アメリカがわたしにとって意味するようになったものにたいするわたし自身の態度が、他人の口から発せられるのを聞くのは、新鮮だった。[☆81]

☆79 Francis L. Broderick, *W. E. B. Du Bois: Negro Leader in Time of Crisis* (Palo Alto: Stanford University Press, 1959), pp. 27-28; Manning Marable, *W. E. B. Du Bois: Black Radical Democrat* (Boston: Twayne, 1986), pp. 19-20.
☆80 Du Bois, *Autobiography of W. E. B. Du Bois*, p. 159.
☆81 Ibid., p. 157.

一八九四年の六月、デュボイスは「黒んぼ嫌い」[☆82]のアメリカに戻った。ヨーロッパからの移民で溢れんばかりの船に乗り、ニューヨークの港に着いたときに、デュボイスはつぎのように考えた。

わたしはどのような感情の波が他の乗客に押し寄せたかは知らない。しかし、ひとりのいたずら好きそうなフランス人の女の子が、目をキラリと光らせて、つぎのように言ったことを思い出さずにはいられない。「あ、あそこにあるのが自由の女神ね！　アメリカに背を向けて、フランスに顔を向けているのね。」[☆83]

白人の大学で教えることは想像もできないことだったので、デュボイスはギリシャ語とラテン語をオハイオ州のジーニアにある、教会が作った学校——ウィルバーフォース大学——で教えることになった。ジェームズのもとで、独善的な信仰心を捨て去っていたので、デュボイスは、この大学での宗教的に敬虔な雰囲気に馴染むことができなかった。たとえば、ある集会でつぎのようなことを言われた。

「デュボイス教授が手本としてまずお祈りを捧げてくださるでしょう。」[☆84]わたしは単純に「そんなことはしません」と応えた。おかげでほとんど職を失いかけた。

☆82　Ibid., p. 183.
☆83　Ibid., p. 182.
☆84　Ibid., p. 186.

デュボイスはウィルバーフォースでは息が詰まりそうだった。とはいえ、ハーヴァードに提出することになった、アフリカからの奴隷貿易の禁止に関する博士論文を完成させたのはこの時期だった。一八九六年に、この博士論文は、ハーヴァードの歴史研究叢書の一冊として出版された。アーノルド・ランパーサッドが述べたように、これは、独創的かつ革新的なリサーチを含んではいるものの、本質的には、倫理的な動機と民族的な良心が強調された「彼の国の道徳的歴史の一章」である。☆85

フィラデルフィアの黒人社会（当時、北部では最大のもの）を調査する依頼を受けたために、デュボイスはウィルバーフォースには二年しかいなかった。この依頼は、新婚の妻とともにウィルバーフォースを離れる機会となっただけではなく、自身の科学的調査技術を確かめ、人種関係に関する啓蒙主義的見方の焦点を定める絶好の機会でもあった。

> 黒人問題は、わたしの頭のなかでは、体系的な調査と理性的な理解の対象であった。世間は、人種について間違った考えをしている。というのも正しい考えとはどういうものなのか知らないからだ。究極的な悪は愚かさである。それにたいする治療は科学的調査にもとづいた知識である。☆86

このような見方にもとづいてデュボイスは、彼の先駆的な研究『フィラデルフィアの黒人』（一八九九）だけでなく、彼がアトランタ大学で十三年間経済学の教授をしていたときに、編集に

☆85 Arnold Rampersad, *The Art and Imagination of W. E. B. Du Bois* (Cambridge: Harvard University Press, 1976), p. 50.
☆86 W. E. B. Du Bois, *Dusk of Dawn: An Essay toward an Autobiography of a Race Concept* (New York: Harcourt, Brace, 1940), p. 58.

携わった『アトランタ大学刊行物』（一八九六―一九一四）を生み出したのである。研究者としてのキャリアの第一段階において、デュボイスは社会学者、大学教授として、アメリカの黒人がおかれた社会状況についての経験的な一次データを集めて熱心に働いた。しかし、ジム・クロウ法がより厳しくなり、リンチが増えるなど制度的なテロリズムが南部で激しくなるにつれ、デュボイスは、自身の道徳的理想主義を、黒人の抑圧に関する真実を暴き、事実を明らかにするという学問的方法論とともに、だんだん信用できなくなる。

それ以降、二つの考えがわたしの仕事に介入し、やがてそれを邪魔することになった。第一に、黒人がリンチされ、殺され、飢えで苦しんでいる以上、ひとは、冷静沈着で客観的な科学者などになれなかったということ。第二に、わたしがそのうちあらわれるだろうと楽観的に思っていたのとはちがい、わたしがおこなっている科学的仕事にたいする需要などなかったということ。世間のひとは、真実を知りたいと思っているだろうと、そして真実がほぼ正確にかつ実直な情熱をもって追求されたならば、そのような試みを喜んで支持するだろうことは自明だ、とわたしはみなしていたのだ。[☆87]

デュボイスは、「たいていのアメリカ人が、黒人に関するすべての問いに推測で答える」[☆88] ということだけでなく、権力、利益、地位が、彼が思っていたよりも重要な役割を演じているとともますます確信するようになった。このような認識によって、デュボイスは、社会変革のための

☆87 Du Bois, *Autobiography of W. E. B. Du Bois*, p. 222.

☆88 W. E. B. Du Bois, *The Souls of Black Folk: Essays and Sketches* (1903; New York: Fawcett, 1961), p. 81.〔木島始・鮫島重俊・黄寅秀訳『黒人のたましい』岩波文庫、一九九二年、一三九頁〕

道具として科学的リサーチを信用することができなくなり、中産階級向けのジャーナリズムや一般読者に向けて書くことを重視するようになったのである。アメリカの古典となった彼の著作『黒人のたましい』（一九〇三）は、すでに主要な雑誌（ほとんどが『アトランティック・マンスリー』）に掲載されたものに加筆・修正した八篇のエッセイと、新しく書き上げた五つのエッセイから成っていた。エマソンと同じようにデュボイスは、十九世紀的な広い意味で、自分自身を詩人とみなしていた。人類を道徳的に高めるために新しい視野と語彙を創出するひとという意味での詩人である。このような詩人的感性は、彼の書いたいくつかの詩と五つの小説に明らかである。しかしそれがもっとも良くあらわれているのは、『黒人のたましい』である。

デュボイスのこの古典的著作は、エマソンの著作に連なるものとみることができるが、アメリカ白人のほとんどに見過ごされた洞察を含んでもいる。デュボイスは、エマソン的神義論を裏返すのである。これを、たんに人間の力がもつ、困難に打ち勝つ力を肯定することによっておこなうだけでなく、より重要なことには、アメリカにおいて「自分自身が問題であるとはどんな気分なのか」[☆89]――アメリカがその存在を認めず、それに対処する気もない問題であるとは――という疑問を投げかけることでおこなうのである。デュボイスのテクストの目的は、「自分が問題である――つまり、アフリカ人の子孫であるアメリカ人である」という「不思議な経験」を伝え、体現してみせることにあるのだ。

黒人は、このアメリカの世界に、ヴェールを背負い、未来を見通す目をもって生まれで

☆89　Ibid., p. 15.〔同右訳書、一三頁〕

た、いわば第七の息子であった。アメリカの世界――それは、黒人に真の自我意識を少しも与えてはくれず、自己をもうひとつの世界（白人世界）の啓示を通してのみ見ることを許してくれる世界である。この二重意識、このたえず自己を他者の目によってみるという感覚、軽蔑と憐びんをたのしみながら傍観者として眺めているもうひとつの世界の巻き尺で魂をはかっている感覚、このような感覚は、一種独特なものである。彼はいつでも自己の二重性を感じている。――アメリカ人であることと黒人であること。二つの魂、二つの思想、二つの調和することなき向上への努力、そしてひとつの黒い身体のなかでたたかっている二つの理想。しかも、その身体を解体から防いでいるものは、頑健な体力だけなのである。☆90

☆90　Ibid., p. 17.〔同右訳書、一五―一六頁〕

デュボイスが「自分自身が問題であるという経験」について書いていたのは、ロシアの日本にたいする敗北（一九〇四年）、イラン立憲革命（ペルシア内乱）（一九〇五年）、メキシコ革命（一九一一年）といった第三世界の台頭を示す紛うことなきしるしがあらわれた時代だった。そしてアメリカが世界の強国としてあらわれるにつれて、自由や民主主義というレトリックの信頼性は、黒人アメリカ人の抑圧という事実によって脅かされることになった。

エマソンは、アメリカ人であるということ、つまりヨーロッパの文化を非ヨーロッパ的環境においてもつことの「二重意識」と取り組んだ。しかし、彼にとっては、アメリカ人であることは問題ではなく、人間の力を発揮して問題を解決する格好の機会であった。デュボイスの

「二重意識」は、この格好の機会こそ問題の原因であるととらえているのである。エマソンの讃える白人の能力がまさに発揮されることによって生まれた問題なのである。要約すれば、デュボイスは、エマソンの神義論を、帝国主義的で自民族中心主義的なレトリックと政治的文脈に置くことで、ひっくりかえそうとしているのである。

しかし皮肉なことに、デュボイスのこのひっくりかえしの試みは、エマソン的神義論の彼自身による修正によって促進されているのである。この修正は、初期のエマソン的神義論の盲目性、沈黙、排他性を乗り越えるために、主としてデュボイス自身の力を発揮することによって果たされる。デュボイスの修正したエマソン的神義論の目標は、より豊かな多様性を付与されているとはいえ、やはり、自我の創造と個性の確立であった。その目的は、やはり、ひとつの文化の形成であった。問題によって挑発された人間の力が、人間の人格の道徳的発展のために、押し広げられることが可能な文化である。

> アメリカ黒人の歴史は、この闘争の歴史である。すなわち、自我意識に目覚めた人間になろうとする熱望、二重の自我をいっそう立派ないっそう真実の自我に統一しようとする熱望の歴史なのである。この統一の過程で、彼は、古い自我のいずれをも失いたくないと望んでいる。彼はアメリカをアフリカ化しようとはしないであろう。なぜなら、アメリカのもっているものはあまりにも多大なので、アフリカと世界に教えきれるものではないからである。また、彼は、黒人の魂を、白いアメリカニズムの奔流のなかで漂白させようとも

しないだろう。なぜなら、彼は、黒人の血のなかに世界にたいする予言がながれていることを知っているからである。彼は、ひとりの人間が自分の仲間によってののしられたり、つばをひっかけられたりすることもなく、また、自分の目の前で「機会」のとびらが荒々しく閉ざされたりすることもなく、黒人であると同時に、しかもアメリカ人でもある、ということができるようにと望んでいるにすぎない。

そこで、つぎの点が彼の向上へのたたかいの目標となる。すなわち、文化の領域で白人の共働者となること。死と孤立を免れること。自己のもっともすぐれた能力と、埋もれた天才を大事にうまく使うこと。☆91

それぞれの人種は、固有の才能や資質をそなえているとするハートの人種差別的歴史観に従って、デュボイスは、黒人の能力は、物語と歌、汗と筋肉と精神から成り立っていると考えた。☆92 デュボイスは、黒人のこのような能力がアメリカに、唯一の土着の音楽、アメリカという帝国の物理的な基礎、そしてアメリカが道徳的に限定されていることを示す倫理的批判を与えた、と主張する。黒人の音楽は、アメリカ自体がもつ、多様に即興する性質、つまり新しい挑戦につねに反応し、適応し、実験する性質をあらわしている。奴隷制は、アメリカの国力の基礎となっていたのだが、アメリカの繁栄によって覆い隠されている悲劇的かつふだん見過ごされている代償を体現している。黒人による倫理的批判は、それ自体がしばしばアメリカ的なプロテスタンティズムと合衆国の政治的理想に立脚しているのだが、自由と民主主義というアメ

☆91 Ibid.〔同右訳書、一六―一七頁〕
☆92 Ibid., p. 190.〔同右訳書、三六二―三六四頁〕

リカのレトリックの偽善性を暴露する。

高度な教育を受けた西洋の黒人知識人として、デュボイスはしばしば、アフリカ系アメリカ人の文化を貫く「野蛮さ」（ときとしてアフリカ性と混同される）を嫌悪していた。実際、私は、「黒人の後進性」にたいする間接的な言及を十八箇所も見つけた。☆93 デュボイスは、黒人の自己決定へ導いていく、ある種のパターナリズムを支持することさえもする。

> わたしは、黒人たちのもっている明白な弱点や短所をおよそ否定しようなどとは思わない人間である。（中略）わたしは、部分的に未発達のところがある民衆は、ついには自分みずから独りだちでこの世界の闘争に乗りだし、たたかうことができるようなときがくるまで、彼ら自身の福祉のために、自分たちより強力なまたより善良な隣人たちによって統治されるということは可能であり、またときには最善でもあるのだということを、なんのこだわりもなく認めるものである。☆94

このパターナリズムは、彼が初期に提唱した「才能ある十分の一」理論、すなわち、デュボイス自身のように教育を受け、教養を身につけており、洗練された人びとが、非文化的で無知で粗野な黒人大衆を荒野から約束の地へと導くというデュボイス説とうまく溶け合う。しかし、そのキャリアのこの第一段階においても、デュボイスは、文化的領域、とりわけ音楽の領域における黒人大衆の創造的力を認め、これを強調する。

☆93 Ibid., pp. 48, 50, 75, 76, 83, 87, 101, 107, 109, 125, 126, 132, 139, 150, 170, 171, 182, 189.〔同右訳書、七四、七八、一二九、一三〇、一四三、一四九、一七八、一九三、一九五、二二八、二三〇、二四一、二五四、二七八、三三〇、三三三、三四六、三六一頁〕

☆94 Ibid., p. 132.〔同右訳書、二四一頁〕

デュボイスが黒人の音楽を重視していることは重要である。というのも、彼はここに黒人の主体性が働いているのを見ているからだ。エマソンや他のプラグマティストと同じように、デュボイスは、文化の創造を歴史の創造の最良のものだととらえていた。デュボイスがこう考えたのは、音楽以外の領域が黒人にとって開かれていなかったからだけではなく、あらゆる社会において、いかに抑圧的であろうとも、人間の創造性は文化の形成に見ることができると考えていたからにほかならない。まさしくエマソン的な意味で、デュボイスの民主主義的道徳観は、日常生活のレベルにおいて人間の創造的力を見出すことに根ざしていたのである。

アトランタ大学を辞めたことと、『クライシス』という、新しく設立された全国有色人種向上協会（NAACP）機関誌の編集者の地位を引き受けたことが、デュボイスのキャリアの第二段階の始まりにあたる。ウォーカー・トロッターのような黒人からするとNAACPは、あまりにも人種混交的な団体であったし、ウィリアム・ジェームズのような考え方をするひとからすれば、それは当時としてはあまりにも戦闘的であった。しかし、デュボイスと他の黒人、白人運動家――そのなかにはジョン・デューイも含まれる――は、民衆を煽動し、政治的圧力を武器にすることで、社会変革と黒人の公民権の確立を達成しようとしたのである。出版物とリサーチの責任者としては、デュボイスはNAACP唯一の黒人役員であった。『クライシス』の第一号は、一九一〇年の十一月に一〇〇〇部発刊された。一九一八年には、一〇万部が発行されるまでになった。デュボイスは編集者を二十四年間つとめた。

デューイと同じように、デュボイスは、一九一二年にウッドロー・ウィルソンとアメリカの第一次世界大戦参戦を支持した。二人とものちにこれを後悔することになり、その結果、よりラディカルになる。デュボイスの急進性は、主に、アフリカの脱植民地化に焦点を当てた国際的な視点というかたちをとった。黒人の社会的主体性——そしておそらくは、社会転覆につながる反乱性——に直接的に関心を寄せる有機的な知識人として、デュボイスは、アメリカ国内外でイデオロギー的政治的論争の中心に位置づけられた。デュボイスは、「ヴェルサイユでの和平会議でアフリカ人が世界に向けてどうにかして苦情を述べること」☆95ができるようにするために、一九一九年、パリでパン・アフリカ会議を組織した。「才能ある十分の一」理論から抜けきれていないデュボイスは、アフリカの「半文明化された人びと」のために、エリート主義的で新植民地主義的な綱領を作成した。道徳的な理想論に影響され、経済的・政治的力の役割を十分に理解していないため、デュボイスは、国際連盟がアメリカやヨーロッパでの人種差別主義を抑制するだろうと期待した。パン・アフリカ会議についてデュボイスはつぎのように語っている。

> 実際、われわれは、文明社会に耳を傾けさせることができたのだ。もしもっと長く滞在できていたなら、もっと行き届いた準備ができたなら、真実を広めることができたなら、達成できなかったことなどあるだろうか。（中略）
> 黒人の権利のための世界規模の戦いは始まっているのだ！☆96

☆95 Du Bois, *Dusk of Dawn*, p. 261.
☆96 W. E. B. Du Bois, "My Mission," *Crisis*, 18, no. 1 (April 1919), 9, in *The Seventh Son: The Thought and Writings of W. E. B. Du Bois*, ed., Julius Lester, Vol. 2 (New York: Vintage Books, 1971), p. 199.

人種暴動が多発した一九一九年のいわゆる赤い夏は、デュボイスの希望をくじいた。南部の黒人たちの北部産業への移動は、白人と黒人の労働者のあいだの人種的な競争を煽った。そして戦争から帰ってきた黒人兵士が勲章を授与されたことで、白人が嫉妬まじりの恨みをもつようになった。その年に、ひとりの女性とひとりの兵士を含む七七人の黒人がリンチされた。そして二六の都市で人種暴動が起こった。

国際連盟の衰弱とパン・アフリカ運動内でのイデオロギー的対立による弱体化によって、デュボイスは、組織によって推進されていない大義に忠実になった。マーカス・ガーヴィーの騒々しい台頭、ハーレム・「ルネッサンス」をめぐる大騒ぎ、そして白人人種差別主義者による黒人の権利の侵害といったことが、デュボイスに、——いまや五十代後半になって——その漸進主義を再検討させることになった。より重要なことは、デュボイスがはじめのうちは距離をとっていたロシア革命が、本質的な部分で彼に変化を促したことだ。デュボイスは一九〇七年からずっと自分のことを民主的な社会主義者——「小道の社会主義者」——とみなしてきた。実際に、社会党にも一時期加入していたことがあった。クロード・マッケイやA・フィリップ・ランドルフ、チョーンシー・オーエンズのような社会主義者からの左翼的批判にたいする反論として、デュボイスはつぎのように述べた。

『クライシス』の編集者は、みずからを社会主義者とみなしている。しかし、ドイツの国家社会主義やプロレタリアートの独裁政治が完全な万能薬だとは思っていない。彼は、ほとんどの人びとと同じように、現在の富の生み出し方、その管理や分配の仕方がまったく間違っていると感じている。社会による富の支配はなければならないし、それが実現しつつあると思っている。しかし、彼はそのような管理がどのようなかたちをとるのかわかっていない。そしてマルクスやレーニンを援用して、それを教義化するつもりもない。☆97

デュボイスの基本的な関心は、職場においては白人資本家の搾取の被害にあい、この国の政治体制と文化的習慣においては白人資本家と労働者から抑圧される、アフリカ系アメリカ人の苦しい立場という具体的な苦境にある。

ロシア革命がデュボイスに与えた主要な影響は、知的探求の方法としてのマルクス主義がつきつける問題に真剣に取り組むことを余儀なくさせたことにある。マルクス主義の歴史・社会分析は、デュボイスに、「光、さらなる光、明晰な思考と、正確な知識、慎重な弁別」☆98によって特徴づけられた彼の道徳的な民主的社会主義を乗り越えることを強いた。マルクス主義は、実際に、科学にもとづいた知識にたいして忠実であろうとする面があり、それはデュボイスのような訓練を受けた社会学者にとっては、決定的に必要な条件だった。と同時にマルクス主義は、道義的説得が、控えめに言ってもごくちっぽけな役割しかはたさない権力闘争の現実を強調したのだった。このように、ロシア革命はデュボイスにとって、歴史的出来事というより、マルクス主義の思想にたいして知的な関心を呼び起こす機会であった。この思想は、

☆97 W. E. B. Du Bois, "The Negro and Radical Thought," *Crisis*, 22, no. 3 (July 1921), 103, in *Seventh Son*, 2: 264.
☆98 W. E. B. Du Bois, "The Class Struggle," *Crisis*, 22, no. 4 (August 1921), 151, in *Seventh Son*, 2: 265.

わたしが人種差別の原因として考えていた無知や意図的な悪意の向こうに、異人種にたいする敵意の基礎をなすものとして、より強力で、より脅威に満ちた力があることに気づかせてくれた。この力にわれわれは抵抗し始めたばかりか、あるいは実際はまったく抵抗していないのかもしれない。さらには、このような人種間の憎しみの原因は、隠され、部分的に秘匿されているのだが、それにたいする批判は、黒人によって先導されなければならない。それは、特定の行為を思いとどまらせ、特定の考えを捨てさせることを白人に求めるという意味でたんに否定的であるだけではなく、黒人が自分たちで新しく包括的な計画をもとに建設的に進めなければならないという意味で、真っ向から攻める企てでもなければばならない。このようなわたしの基本的な考えの変更を最初に照らし出して明らかにしたのは、ロシア革命だったと思う。[☆99]

一九二六年に初めてロシアに行ったことで、デュボイスのユートピア思想にふたたび火がついた。彼はロシアを「現代世界でもっとも希望に満ちた国」[☆100]ととらえていた。しかしデュボイスは、合衆国の共産党の戦略を一刀両断で切り捨てた。アメリカにおける権力を取り巻く現実を認めたあとも、デュボイスは、革命は「アメリカの思想のもっとも知性的な部分」によって影響された「ゆっくりとした、理性的な発展」[☆101]になるだろうと主張した。

デュボイスがマルクス主義と出会ったことで生まれたもっとも重要な成果は、独創的な著作『ブラック・レコンストラクション――アメリカの民主主義を再建するために黒人が演じた役

☆99　Du Bois, *Dusk of Dawn*, p. 284.
☆100　Ibid., p. 290.
☆101　Ibid., p. 291.

割の歴史に関する論考　一八六〇―一八八〇年』（一九三五）である。この作品が独創的であるのは、アメリカの南部再建時代の代表的な歴史家ジョン・W・バージェスやウィリアム・A・ダニングが提唱する人種差別に満ちたうやむやな神話ではなく、黒人と白人労働者の支配にかかわる奴隷解放以降の闘争に焦点を当てたからだけではない。また、革新的なリサーチをおこなったからというわけでもない。この本はほとんど二次資料に依存しているのだ。むしろ、デュボイスの『ブラック・レコンストラクション』が独創的であるのは、アメリカの歴史上、決定的に重要な時期に、民主主義を求める戦いがどのようにして抑えつけられたかを、被害者（黒人、白人両方の労働者を含む）の視点から考察している点にある。

『ブラック・レコンストラクション』でもやはりデュボイスは、「自分自身が問題であるという奇妙な経験」について考察しているが、その考察は、社会経済的かつ政治的な視点から構造的に分析するものになっている。他のどのプラグマティストともちがい、デュボイスは、台頭しつつある、ないしは少なくとも実現する可能性がある創造的民主主義に、産業化社会のアメリカがいかに強い抑圧をかけているかを描き出す。北部資本家と南部農園主の経済的な力と、白人労働者と政治家の人種差別的態度と、奴隷から解放され自由になった黒人の奮闘とが複雑に絡み合い、アメリカにおいて創造的民主主義が成立するという希望を最初はもたせたものの、最終的にはそれは打ち砕かれることになったのである。そしてラディカルな民主主義の成立をめざした効果的な運動の挫折は、ほとんどのアメリカの黒人にとって形だけの民主主義さえ存在していないこととと不可分であった。

デュボイスの分析は、個性と民主主義にたいするアメリカのプラグマティズムの思索における盲点と沈黙を指し示している。熱心な人種差別主義者だったプラグマティストはひとりもいないし、ほとんどが公的には人種差別的慣習に反対の立場をとっていたが、人種差別主義が、個性と民主主義の両方の達成を著しく妨害しているのだと考える者はひとりもいなかった。より具体的に述べれば、デューイもフックもミルズも、その論考や著作で、人種差別主義がエマソン的な創造的民主主義の発達をいかに阻害しているか真剣に考察していない。「人種差別主義」と私がここで述べるものは、人種にもとづいた区別と貶めだけでなく、より重要なことには、アメリカにおける資本主義経済、政治体制、文化装置の発展にたいして黒人が演じた戦略的な役割への無視のことである。どの程度、黒人の要求がアメリカの民主主義の成長を促し、これを拡張させたか。黒人の要求がより大きなエスニック・グループや、女性、ゲイ、レズビアンや老人による要求に派生的な効果を生み出したことを考えれば、民主主義は黒人の要求にどのように依存していたと言えるか。デュボイスの『ブラック・レコンストラクション』は、深刻かつ性急な問題として、以上のような疑問を暗に提示する。なまなましくおおげさな表現でデュボイスはつぎのように語る。

> アメリカはこうして近代の最初の幕開けに世に躍り出たのである。美しい芸術に、ルネッサンスの贈り物をつけ足し、信仰の自由には、マルティン・ルターやレオ十世の贈り物である、自己統治という民主主義の姿、つまり、自由で自立した人びとによる理知的な判断

によって管理された政治生活をつけ足したのである。なんとすばらしい考えであることか。そしてその実現がなんとすばらしい場所で起こったことだろうか――はてしなく肥沃で、これまでほとんど見つかったことのないほどの自然資源に溢れた国土。つきることなく多彩で、あらゆる才能に恵まれ、貧困と階級差の炎で焼成され、《見知らぬ神》を切望する人びとと、ひとも悪魔も恐れない自立した開拓者たちの国土。アメリカの出現は、西洋の《偉大な戦い》の歴史の最後に位置する《至高の冒険》であった。それは、たんなる肉にたいする低次元の欲望から人間の精神を解放し、夢をもち、歌を歌うことを可能にする自由を求めた冒険だったのだ。

そののちに、正義に無頓着な神が笑いながら、天国の城壁から身を乗り出して、人びとのまっただなかに黒人を投げ落とした。

その結果、世界は変わった。民主主義はローマ時代の帝国主義とファシズムにあと戻りしてしまった。階級差と寡頭政治がふたたびあらわれ、自由を奴隷制に変え、大勢の人間から人間性の名を奪い取ってしまったのである。

しかし、抵抗がなかったわけではない。(中略)

そして南北戦争という争いが起こった。(中略)奴隷は自由になり、しばしのあいだ日の光を浴び、そしてまた奴隷制へと舞い戻っていった。アメリカ全体が、色による階級差へと投げ込まれたのである。有色人種は、イギリス、フランス、ドイツ、ロシア、イタリアそしてアメリカの前に、敗北したのである。新しい奴隷制が始まった。社会的に上昇したいと思う白人労働者はだまされて、色による階級差にもとづいた利益競争に参入するようになった。黒人の心のなか以外で、民主主義は死んでしまったのだ。☆102

デュボイスは、アメリカのプラグマティズムに足りなかったものをもたらした。個性とラディカルな民主主義を勢いづけるものとそれを妨害するものに関する国際的な視点である。それは、地に呪われた者たちの苦難をきわ立たせる視点である。つまり、財産も富ももたず、民主主義的な取り決めにはまったく参加できず、苛酷な労働と熾烈な生活環境によってその個性が踏みにじられている大多数の人類のことである。ジェームズは、このような見方に達するのに必要な要素をもっていたが、個人を見るだけで社会構造を見ることはなかった。デューイは、たしかに社会構造と個人を見たが、それは主にアメリカというレンズを通してだった。フックも国際的な視野をもっていたが、冷戦にたいする彼の感情は、第三世界を二つの強国の対立が繰り広げられる舞台としてしか見ない狭窄的な視野にとらわれていた。ミルズは、他の誰よりもデュボイスに近かった。しかし、彼にとって、ポストモダンの世界で歴史的執行主体となるのは、西洋の、あるいは西洋化された知識階級だけだった。デュボイスはこれらの人びと誰よりも深く、遠大な視野をもっていた。創造的な力は、服従させられているときにあっても地に呪われたる者にあり、世界における民主主義のもろさは、かなりの部分、この力が究極的にどのように発揮されているかにかかっているとデュボイスは考えたのである。

「アメリカの、ヨーロッパの、そしてその他の世界の白人たち全員が、人種間の平等にたいし

☆102　W. E. Burghardt Du Bois, *Black Reconstruction: An Essay toward a History of the Part Which Black Folk Played in the Attempt to Reconstruct Democracy in America, 1860-1880* (New York: Russell and Russell, 1935), pp. 29-30. デュボイスの古典的な著作にもとづき、それを超える、レコンストラクション期に関するもっとも洗練された議論については、エリック・フォーナーの威厳に満ちた著作 *Reconstruction: America's Unfinished Revolution, 1863-1877* (New York: Harper and Row, 1988) を参照。

てあまりにも断固として否定的であるがため、われわれの煽動活動にたいして力と説得力を与えるつもりなどないこと」[☆103]を確信していたデュボイスは、別々の公共の建物や別々の共同経済にもとづいた自発的な人種隔離を提唱した。イデオロギー的対立のせいでNAACPが掲げるリベラルな人種統合を軸とした改革主義から離れてしまったデュボイスは、一九三四年にNAACPを辞めてしまう。アトランタ大学に、社会学部の学部長として戻ることになる。ここでデュボイスは、『ファイロン』という雑誌を創刊、その編集に携わり、第一次世界大戦後の黒人が置かれている経済状況の緩和を目的とした計画のために一連の会合を組織した。しかし、不意にデュボイスは、大学の理事たちによって辞めさせられる。もっと驚いたことには、NAACPに戻るように要請されたのである。しかし、四年間NAACP指導部と、とりわけ一九四八年にデュボイスがヘンリー・ウォレスを支持したことに関して口論したあげく、デュボイスは放逐される。

一九四五年にパン・アフリカ運動がふたたび盛り上がりを見せ、平和運動が高まると同時に、脱植民地化に専心したデュボイスは、対話の相手としてだけでなく、攻撃の標的としてますます冷戦に巻きこまれていく。『肌の色と民主主義――植民地と平和』（一九四五）においてデュボイスは、冷戦の戦士たちをアメリカ帝国主義の下女として痛烈に非難する。マーシャル・プランは、新しい戦後の植民地主義のための道具であり、封じ込め政策は世界平和にたいする脅威なのだと主張したのだ。彼は、一九五〇年に、労働党から合衆国上院議員選挙に出馬する。これは共産党との関係が密接だったことを物語っている。つぎの二月には、デュボイスが

☆103　Du Bois, *Dusk of Dawn*, p. 295.

主催する平和情報センターが、その四ヶ月前に解散していたにもかかわらず、「ある外国人本人の代理人であることを登録しなかった」罪で、ワシントンＤＣで大陪審により起訴される。八十三歳になり、半世紀以上にわたってアメリカ国内外で個性と民主主義を追い求めた結果、デュボイスは犯罪者として起訴され、手錠をかけられ、最大五年間を刑務所で過ごす可能性に直面したのである。

わたしはこれまでの人生でたくさんの不快な経験をしてきた。群衆の咆哮の対象となったり、殺すという脅しを受けたり、顔をしかめて嫌悪感を露わにする聴衆に出くわすことなどだ。しかし、起訴された犯罪者としてワシントンの法廷に座ることになった一九五一年十一月八日という日ほど脅かされたと感じたことはなかった。[☆104]

デュボイスがロシアのスパイだと新聞——白人と黒人の両方の——が中傷したため、マッカーシズムの時代のアメリカにおいて、デュボイスには、左翼の友人か、デュボイスに忠誠を誓う何人かの支持者しか残らなかった。しかし、国外からの支援の声はたくさんあがった。政府は、デュボイスが（そして平和センターのデュボイスの同僚が）破壊工作を働いたとは証明できなかったのだが、一般大衆にとっては、不名誉なイメージがはがれ落ちることはなかった。デュボイスは、国外を旅行する権利を否定され、大学のキャンパスで（地元のＮＡＡＣＰの支部においても）講演をする機会をうばわれた。デュボイスの原稿は、名のある出版社からは拒

☆104 Du Bois, *Autobiography of W. E. B. Du Bois*, p. 379. この点についてよりくわしくは、Marable, *W. E. B. Du Bois*, pp. 182-89 参照。

絶され、郵便物は勝手にいじられた。
つらい時期だった。わたしは嵐の前に身をかがめたのである。しかし、屈服することはなかった。（中略）わたしは新しい友人を見つけ、以前よりも広い世界に生きるようになった。人種の壁《カラーライン》がない世界だ。わたしは、わたしの人種にたいする指導者としての立場をなくしてしまった。有色人種の子供たちが、わたしの名前を聞くことなどなくなってしまった。[☆105]

六年後、デュボイスのパスポート申請がようやく認められた（最高裁の判断による）。デュボイスは一年近く、中国、フランス、イギリス、スウェーデン、ドイツ、ロシア、チェコスロバキアを旅行した。一九六一年、クワメ・エンクルマがデュボイスをガーナに招待した。デュボイスが一九〇九年に提案したアフリカ百科事典の編纂に携わるためである。デュボイスはこの提案を受け入れた。ガーナに出発する前に、デュボイスは合衆国共産党に入党する。選択の幅が狭いアメリカの政治的文化において、デュボイスは、有色人種に服従を強いる人種差別主義的なアメリカより、ヨーロッパやアメリカの帝国主義に抵抗する抑圧的な共産主義を、究極的には好んだのである。ガーナに出発する数週間前、デュボイスは友人への手紙でこのように書いている。

わたしはこの国の仕打ちにはこれ以上我慢できません。わたしたちは十月五日にガーナに

☆105 Du Bois, *Autobiography of W. E. B. Du Bois*, p. 395.

向けて出発します。いつ帰るかは決めていません。（中略）顔を上げて戦いつづけなさい。しかし、アメリカの黒人は勝てないことを忘れてはなりません。☆106

二年間、百科事典の仕事をしてから、デュボイスはガーナの市民になった。同じ年、一九六三年に、デュボイスは死んだ。マーティン・ルーサー・キング・ジュニアが、黒人によるアメリカン・ドリームのエマソン的探求を永遠不滅のものとして記念するのを聞きに、ワシントンDCに二五万人が集まったのと同じ日である。マルコムXやのちにキング牧師自身がそうしたように、デュボイスは、ほとんどの黒人アメリカ人が苦しんでいることを基準に考えるのであれば、この夢はむしろ悪夢でしかないと結論づけた。デュボイスにとって、創造的民主主義というエマソン的文化は、妄想《キマイラ》となってしまっていた。人種差別主義的、性差別主義的、多国籍資本主義のアメリカでは、個性とラディカルな民主主義というプラグマティズムの理想を実現する可能性などないのである。しかし、それでもデュボイスは戦うことを勧めた。アメリカを出発する一月ほど前、デュボイスは、勇敢な黒人共産主義者のリーダーで、刑務所での待遇の悪さから視力を失ったのちに出所したヘンリー・ウィンストンのために開かれた晩餐会に出席した。デュボイスはエマソンの詩「犠牲」から引用したのだが、それは自身の人生と仕事にたいする的確な表現だった。

愛は不満を口にし、理性はすりへっていくが、

☆106 Gerald Horne, *Black and Red: W. E. B. Du Bois and the Afro-American Response to the Cold War, 1944-1963* (Albany: State University of New York, 1986), p. 345 に引用。

応答されることのない声がする
安全であろうとするのは、ひとにとっては破滅であろう
真実のために、死ななければならないときには。[☆107]

アメリカという国による軽視と、政治的な選択肢が限定された状況によって、デュボイスがイデオロギー的な「視野」をなくしてしまったのは確かだが、デュボイスが「見た」ものが、アメリカにおけるラディカルな民主主義というエマソン的文化の成立にたいする大きな障壁であることは疑いようがない。

ラインホルド・ニーバー――ジェームズ流の文化批評家

ラインホルド・ニーバーは二十世紀半ばのアメリカでもっとも影響力のあった文化批評家だった。片足を福音主義のリベラルなプロテスタンティズムに突っ込み、もう片方をアメリカのプラグマティズムに突っ込んだニーバーは、「キリスト教プラグマティズム」[☆108]を主張した。それは、イデオロギー的には社会主義的でリベラルなかたちをとることで、ユートピアにたいする希望を失いつつも人間の創造的な力にたいしていまだに魅了されていたひとりのアメリカ知識人の想像力をとらえたのである。ニーバーの貢献として特筆すべきなのは、悲劇的な見方――キリスト教のお墨つきを得た――を、企業型リベラリズム下のアメリカにたいする道徳的批判や英雄的闘争を促進するものとして、効果的に使用したことにある。フックと同じように、ニ

☆107 W. E. B. Du Bois, *Against Racism: Unpublished Essays, Papers, Addresses, 1887-1961*, ed. Herbert Aptheker (Amherst: University of Massachusetts Press, 1985), p. 320.

☆108 この語がアーサー・シュレージンガー・ジュニアのつぎの論文でニーバーの思想を説明するのに使われている。“Reinhold Niebuhr's Role in American Political Thought and Life,” in *Reinhold Niebuhr: His Religious, Social, and Political Thought*, ed. Charles W. Kegley (1956; New York: Pilgrim Press, 1984), p. 196.

ーバーの批判は、政治的選択肢がしぼんでゆくとともにその鋭さをなくしていったが、人間の意志と歴史的限界、個人の意志の力と運命的な状況といった対立からなるニーバーの繊細な弁証法が、左翼も中道も右翼も含めた一世代のアメリカ人をとらえていたのは事実である。

　エマソン同様ニーバーも、真に知的エネルギーに溢れたひとだった。彼の途絶えることのなく、一箇所にとどまることがない活動は、新しい開拓地を探し求めるアメリカ人の開拓者精神を体現していた。ほとばしる文体と活気に満ちた性格がその多作な執筆活動同様に印象的であるという点において、ニーバーはジェームズに似ている。そしてデューイと同じように、ニーバーの社会運動は、改革を求める中産階級のアメリカ人が重要だと思っている問題のすべてに触れていた。要約すると、作家、運動家、「巡回牧師」としてニーバーは、二十世紀半ばのアメリカにおけるまさにエマソン的人物だったのだ——もっとも、知的にはデューイほど偉大だったわけではないが。

　皮肉なことに、知的コンプレックスとみずからの国籍にたいする懸念という二つの顕著な点が生涯ニーバーにつきまとった。専門性と学術的信用が一番とされる世界において、ニーバーは学士号も博士号ももっていなかったし、愛国主義と排外主義が高まるアメリカで、ニーバーはドイツ移民の子という己れの出自を話題にすることを極力避けようと苦労した。ニーバーの知的コンプレックスは彼に、学問的な名声や達成にたいして羨望を覚えさせると同時に懐疑的にさせた。そして、みずからの国籍にたいする不安から、世界に自分の存在をアメリカ人として刻み込むという野心に執拗に駆り立てられたのである。

一八九二年に生まれ、中西部（イリノイ州とミズーリ州）で育ったニーバーは、人生の最初の二十一年間をドイツ語が話されている地方の孤立した地域で過ごした。エネルギーに満ちあふれ、厳格なドイツ系の福音主義教会の牧師と、教育は受けていないものの想像力豊かな母親のあいだに生まれたニーバーは、エルムハースト大学とエデン神学校に入学した。エルムハースト（正式に認可された学士のプログラムはなかった）は、実際は平凡な寄宿学校で、限定的な古典教育——ラテン語と古代史のみで、英語や自然科学、近代史はなかった——を高校生に与えていた。実際、ニーバーが最後に数学と科学の授業をとったのは十四歳のころで、イリノイ州リンカーンの小さな高校でのことだった。エデンは、三年制の宗派教義にもとづいた神学校（ニーバーの父もその卒業生だった）で、五人の熱心だが地方出身者の教授たちがいた。卒業生（学年二〇人中）総代として卒業したのちに、ニーバーは、牧師として必要な知性を鍛えるため、ニューヨークのユニオン神学校とニューヘイヴンのイェール神学校に願書を送った。認可された学士号をもっていなかったために、ユニオン神学校からは断られ、当時は学問的には僻地であったイェール神学校に入学を許可された。ニーバーの聖職者としての任職式とイェールへの出発の数ヶ月前に、最愛の父が突然なくなったことは、彼の使命感を強めると同時に金銭的な責任を彼に負わせることになった。ニーバーは生涯の大半、未亡人となった母を金銭的に援助した。

　イェールでニーバーは完全に萎縮して、脇に追いやられた存在であった（「サラブレッドのなかの雑種」とみずからを呼んだ）[☆109]。ワスプ上流階級の牙城のようなこの学校で、ニーバーは

☆109　エデンのかつての恩師サミュエル・プレスへの手紙からの引用。June Bingham, *Courage to Change: An Introduction to the Life and Thought of Reinhold Niebuhr* (New York: Charles Scribner's Sons, 1961, 1972), p. 84. Richard Wightman Fox, *Reinhold Niebuhr: A Biography* (New York: Pantheon Books, 1985), p. 28 も参照。

自分の受けた教育が劣っていることを認識させられたし、中西部のドイツなまりに恥ずかしい思いをさせられた。ニーバーは神学士をめざす三年生として入学し、すぐにウィリアム・ジェームズの思想に影響を受けるようになった。この影響は、若くて、カナダからイェールにきたばかりのバプテスト派の教授ダグラス・クライド・マッキントッシュの経験主義への傾倒の結果だった。

その主著『経験科学としての神学』(一九一九)に明らかなように、マッキントッシュはプラグマティズムの支持者ではなかった。しかし、彼は認識論的なパズルや難問という新しい世界をニーバーに見せた。認識論を中心においた哲学とのニーバーの格闘は、「宗教的知識の有効性と確実性」と題された三八ページの神学士論文に見ることができる。ニーバーのこの荒削りな仕事は、英語の流暢さに欠けることを露わにしているが、それでも二つの重要な点を含んでいる。宗教的な主張の正当性は人間の経験に求めることができるということと、宗教を人間の苦闘と英雄的な道徳的行為を挑発するものとしてとらえるジェームズ流の宗教観である。ニーバーは知ることを、「外側の見かけ」ではなく、特定の目的に到達し、具体的な要求を満たす手段となる活動ととらえたのである。

われわれは魂のために、不死、神、自由、責任を必要としている。あるいは必要としていると思っている。だからわれわれは、それらが本物だと信じている。必要としているものや大切にしているものの価値を実証できるかぎりにおいて、われわれはそれらが本物であると確信するのである。

　ウィリアム・ジェームズのような人びとによる宇宙の決定論にたいする反抗は（中略）、高まりつつある人びとの道徳意識の反抗である。そのような道徳意識は、みずからの苦闘がなにも結果をもたらさず、自分の力がみずからのものにはならない宇宙にますます我慢ができなくなっている。人間は、人生を賭けた戦いがにせものの戦いではないことを知りたいのである。[☆110]

言うまでもないが、ジェームズの「信ずる意志」の教義に関するニーバーの未熟な理解は、それ自体やや通俗的なプラグマティズムの解釈であり、まったく説得力がない。しかし、ここで重要なのは、ニーバーの主張に説得力があるかどうかではなく、ニーバーがみずからの主張を擁護するためにジェームズを引き合いに出しているという事実である。のちにニーバーははっきりとこう語った。

　わたしはウィリアム・ジェームズの伝統に立っている。ジェームズは経験主義者にしてかつ宗教的な人間であった。そして彼の信仰は、彼のプラグマティズムの結果と前提の両方であった。[☆111]

より重要なのは、ニーバーがジェームズと共有していたプラグマティストとしての見方の際

☆110 Fox, *Reinhold Niebuhr*, p. 32.

☆111 Bingham, *Courage to Change*, p. 224.「ニーバーは完璧なジェームズ流プラグマティストだった」というリチャード・フォックスの主張も参照されたい。*Reinhold Niebuhr*, pp. 84, 110.

立った特徴である。アーサー・シュレージンガー・ジュニアは、これを鋭く見抜いていた。

ニーバーはプラグマティズムの反乱の子であった。（中略）彼は宇宙を開かれた未完のものとして、つねに未完成で、つねに肥沃で、つねに新しいもので活気にあふれているものととらえる生々しい感覚を、ウィリアム・ジェームズと共有していた。ジェームズが「複数の宇宙」と呼ぶものを、ニーバーは「躍動的な宇宙」と呼んだ。しかし、現実を、飼いならされておらず、間断なく流れつづけ、暫定的なものととらえる感覚は、二人にとって重要だった。同じように、二人とも、この予測できない宇宙が、なんらかの閉ざされた哲学的体系のなかに捕らえられ、押し込めることができるという考えに反対した。ジェームズの議論の要点は、世界が完全にひとつの事実としてあらわれてくる視点が人間にとって可能だという考えには反対だということだ。経験の粗雑さは永遠に経験の要素なのだとジェームズは言う。同様にニーバーは言う。「完全に安定した世界観は、自然の生命と人間の歴史におけるなんらかの現実的な事実を踏みにじることになるだろう。」（中略）ジェームズが、経験の扱いにくさと知覚の不完全性を現実の本質として認めているのにたいして、ニーバーは、究極的な説明を求めて、「矛盾」というカテゴリーを発展させ、ジェームズの「ラディカルな経験主義」の実質をかたちづくるさまざまな二律背反を扱う。[☆112]

ニーバーに公平を期すために述べておくと、シュレージンガーが、ニーバーは「究極的な説明

☆112 Schlesinger, "Reinhold Niebuhr's Role in American Political Thought and Life," pp. 195-96.

を求めて」いると述べるのは間違いである。そうではなく、キルケゴールの「矛盾」という概念を自分のものにすることで、ニーバーは究極的な説明の探求を妨げ、そうすることで、神話を活性化し、記号を活気づけることを受け入れるのである。そして記号は人間の創造的な力を生み出し、そのような力を人間の人格を高めることへと導く。

　要約すると、ニーバーは、彼なりの不器用なやり方で、認識論を中心とした哲学のエマソン流の回避のし方を肯定しているのである。ニーバーが粗雑ながらもジェームズを取り込んだことで、ニーバーはデカルトの創始した認識論から離れ、個人の道徳生活に目を向けるようになった。もう一年イェールにいたのち——そうすることで神学士号と修士号の両方をそこで取得した——ニーバーは、それ以上大学院で勉強をつづけないことに決める。ニーバーはつぎのように書いた。「認識論は退屈だった。（中略）そして率直に言えば、わたしの別の側面があらわれてきた。学問より社会性を欲したのである。[☆113]」このような見方が、パウル・ティリッヒの有名なニーバー批判を誘発した。

> ニーバーの認識論について書くことの困難は、そのような認識論など存在しないという事実にある。ニーバーは、「わたしはどのようにして知ることができるのか」などとは問わない。彼は知ることを始める。そしてのちになって「わたしはどうして知ることができたのか」などとは問わない。彼の思想の説得力を認識論でもって補強しようなどとはしないのである。[☆114]

☆113 Bingham, *Courage to Change*, p. 83; Fox, *Reinhold Niebuhr*, p. 34.

☆114 Paul Tillich, "Reinhold Niebuhr's Doctrine of Knowledge," in *Reinhold Niebuhr: His Religious, Social, and Political Thought*, p. 90.

ティリッヒは、アメリカのプラグマティストたちによって演じられ、ニーバーによって受け入れられているエマソン流の回避にたいして彼が感じるイライラ感――それは、認識論とは何かというドイツ観念論にもとづいた彼の考えによってさらに激しさを増すのだが――を表明しているのである。

ジェームズがニーバーに与えた影響は、賞をとったニーバーのエッセイ「愛国心の矛盾」にも見ることができる。第一次世界大戦の勃発と、ドイツ人にたいする恐怖症がこの国で広まったことで、ニーバーは、「戦争の道義的等価物」というジェームズの概念を自分のものにすると同時に、強い愛国心を口にするようになった。キリスト教会の倫理的責務は、「戦争にたいする適切な代替物」を用意することと、「われわれ自身の栄誉の殿堂において、道徳的戦いの英雄たちが戦争の英雄たちに取って替わる」[☆115]ことを可能にすることにあった。

ニーバーはイェールを離れて、デトロイトにあるベテル福音教会の牧師の職についた。キリスト教的、ジェームズ的道徳英雄論を実行に移したかったのである。皮肉なことに、ニーバーは、説教をする牧師として働くよりも、講演をしたり執筆をしたりするのにより多くの時間を費やした。偏狭な、主にドイツ語が話される教会に失望し、ジャーナリスティックな野心によって動かされ、金銭的な必要にせまられて、牧師の職に自分のエネルギーを集中させなかった。イェールで「自分の運命を英語とともにすること」に決め、第一次世界大戦の最中に「暴力的なアメリカの愛国者」になったニーバーは、ジョージ・クリールの公共情報委員会に代表

☆115 Fox, *Reinhold Niebuhr*, pp. 36, 37.

される反ドイツ・ヒステリーの高まりに直面して、主として、自分の教派の人びとをアメリカ化することに、自分のもつ技術を費やした。[☆116] 自分の教派の戦争福祉委員会のトップとして、また『アトランティック』誌に掲載された「ドイツ系アメリカニズムの挫折」といった影響力あるエッセイの書き手として、ニーバーは愛国主義的目標を支持した。しかし、それでも彼は、影響力と注目度の点で、国際的な舞台からはあまりにも遠く離れていると感じていた。

もしわたしが医者であったなら、人びとはわたしのもつ技術とわたしが得た評判に頼って、わたしに相談しにくるだろう。しかしわたしは聖職者であるから、自分と同じレッテルを貼られた者たちにたいしてしか訴えることができない。(中略)もしわたしがより大きな教派に属していたならば、このようなことにうんざりさせられることはあまりなかったかもしれない。わたしは、みずからの教派が数的に弱小勢力であるというまさにそのことによって、劣等感に苛まれているのである。もしわたしがより大きな教派に属していたなら、気取って歩き回って、教派の栄光を自分のものであるかのように主張したことだろう。もしわたしが職業としての宗教に身を捧げるのであれば、自分の活動の舞台を教派の垣根を越えた場に見出すことが必要だ。しかし、そのような場はあるのだろうか。[☆117]

ニーバーは、戦争に従軍することにあこがれてもいた。従軍牧師——そのうちのひとりはニーバーの弟H・リチャードだった——のもとを訪れたとき、ニーバーは彼らのもつ犠牲と献身の

☆116 Ibid., pp. 28, 43.
☆117 Ibid., p. 49.

感覚をうらやんだ。

キリスト教の聖職者としての彼らにたいして、わたしはとくに尊敬の念を抱くことはない。しかし、彼らと接すると恐ろしい劣等感に圧倒されてしまう。それが制服のもつ力なのだ。（中略）制服それ自体が、戦闘の神にたいする彼らの献身の象徴なのだ。わたしやわたし以外のものに深く印象づけられるのは、制服であって十字架ではない。そうすべきではないとわかっていてもわたしは感銘を受けてしまうのである。☆118

ニーバーがしつこく「劣等感」を感じていたのは、たんに自信がなかったからだけではない。それは、彼の人生の知的、道徳的側面における自己批判と自己挑戦のあらわれでもあった。一方で、ニーバーはみずからの知的能力と道徳的強靭さにたいして不安があった。もう片方で、それら二つを発展させ、はたらかせるために、神経衰弱になる瀬戸際にまで自分自身を追い込むのであった。彼は、成長し、前進し、輝くためのどのような機会でも利用した。その最低の手口としては、一九二一年にニーバーは、ロックフェラーによって資金提供された《教会間共同世界運動《インターチャーチ・ワールド・ムーヴメント》》の指導者であったときに、ロックフェラーの「明白な誠実さ」と「他人の世話をしようとする気持ち」を擁護した。最良の手口としては、ニーバーは自動車工場の労働者とともにヘンリー・フォードと戦った。後者の苦闘の経験が、一九二六年に初めてニーバーに社会主義を支持することを促したのである。そして「大物」になる機会が、ユニオ

☆118　Ibid., p. 55.

ン神学校から一九二八年にもたらされた。良き友人であったシャーマン・エディによって、金銭的に保証された非常勤教師としての仕事を依頼されたのである。デューイと同じように、ニーバーもニューヨークで巨人になった。しかし、ニーバーの場合、反知的専門職業人というジェームズ流の感覚をもち、世界と積極的に政治的かかわりをもつことで、そのようになったのである。

このようなかかわりをもつことは、芝居じみたスタイルと中西部のなまりとともに、ニーバーの格式張った先輩たちに受け入れられなかった。よりやっかいだったのは、ニーバーのラディカルな政治活動だった。ニーバーは社会党に加入し、ノーマン・トーマス（ユニオン神学校の一九一一年の卒業生だった）を公然と支持し、左翼がかった労働組合と活動をともにした。一九三〇年には州の上院議員選に、一九三二年には合衆国の上院議員選に社会党の候補として出馬した。ニーバーとデューイは両方の選挙でともに働いた。しかし、ニーバーの業績は、彼の政治運動にあるのではなく、彼のテクストにある――これこそまさにユニオン神学校がニーバーを手放さなかった理由だった。

四十歳でニーバーは最初の主著、『道徳的人間と非道徳的社会』を著わす。この本は今日でも、アメリカの民主的社会主義にたいするキリスト教からのもっともすぐれた擁護である。そのような社会主義を実現させるために、暴力的な闘争が必要だとしていても、である。ニーバーが主要な標的としたのは、「批判的知性」を発展の主要な原動力とみなす世俗的なリベラルと、「愛」をそのような原動力とみなす宗教的なリベラルであった。前者の例として、ニーバーはデューイに焦点をあて、後者の例としてウォルター・ラウシェンブッシュを強調した。二人ともリベラリズムの大罪を犯していた。すなわち、「《理性》の時代の幻想やセンチメンタルな態度」[☆119]を促進したのである。

宗教的であれ合理主義的であれすべてのこのようなモラリストたちに欠如していることは、人間の集団的行動における残虐な性格やあらゆる集団間の関係における自己利益や集団エゴイズムの力についての認識である。集団的エゴイズムは道徳的かつ普遍的な社会目的に強情に抵抗をするのだということを認識できないことが、彼らに非現実的にして混乱した政治思想をいだかしめるのである。(中略)彼らはこのような事実を見ていない。すなわち、人間の想像力には限界があり、また理性は偏見や感情に容易に屈服しがちなものであり、その結果、とりわけ集団的行動において非合理的エゴイズムが執拗であることなどによって、人間の歴史のなかでは、おそらくその終末にいたるまで、社会的闘争は不可避なものになるという事実、それを見ていないのである。[☆120]

言うまでもないことだが、リベラル——とりわけデューイとラウシェンブッシュ——にたいするニーバーの非難はおおざっぱで、しばしば公平ではなかった。しかし、それは、彼の大砲のための弾薬となったのである。さまざまな意味でニーバーは自己批判をおこなった。政治的、宗教的なものを含めた以前のみずからのリベラリズムを全面的に拒絶したのである。ニー

☆119 Reinhold Niebuhr, *Moral Man and Immoral Society: A Study in Ethics and Politics* (New York: Charles Scribner's Sons, 1931, 1960), p. xxv.〔大木英夫訳『道徳的人間と非道徳的社会』白水社、一九九八年、二〇頁〕
☆120 Ibid., p. xx.〔同右訳書、一六頁〕

バーはつぎのように書いた。

> 世界にはそれほど悪意はないように思える。ただたんに、複雑な文明の入り組んだ営為をこなしていくのに十分な知性がないだけなのだ。☆121

そして、力、戦い、利己主義や葛藤を強調しておきながら、ニーバーはリベラルなキリスト教の愛の倫理に縛りつけられたままだった。しかしニーバーはそのはたらきを厳しく制限し、個人間および集団の領域におけるそれにもっとも近いものとして正義を引き合いにだした。より重要なことには、リベラリズムを、台頭するブルジョアジーや進歩、平和、友愛といった幻想と結びつけておきながらも、宗教を道徳的、社会的変革の起動力とみなしている点において、ニーバーはリベラルなキリスト教徒のままだということだ。ニーバーはリベラリズムの幻想——完全さ、神が降臨した地上の王国、究極的な調和——をたしかに捨て去ってはいるが、それらはいまだに、人間の行動を統制し、厳しく悲劇的な世界で英雄的なエネルギーを喚起する、神話的な理想になっているのである。

ニーバーの最良の批評家である弟のH・リチャードはこのことをとらえて、つぎのように述べている。

> あなたは宗教をある種の力——ときとして危険で、ときとして役に立つ——として考えて

☆121 Reinhold Niebuhr, *Leaves from the Notebooks of a Tamed Cunic* (Chicago: Willett, Clark, and Colby, 1929), p. 43. 同じようなリベラルな主題は彼の最初の著作にもあらわれている。*Does Civilization Need Religion? A Study in the Social Resources and Limitations of Religion Modern Life* (New York: Macmillan, 1927). ニーバーのキャリアにおけるこのリベラルな時期に関する優れた説明に関しては、Ernest F. Dibble, *Young Prophet Niebuhr: Reinhold Niebuhr's Early Search for Social Justice* (Washington, D.C.: University Press of America, 1977), pp. 26-95を参照。

います。これはリベラルな立場です。宗教それ自体にとって、宗教は力ではなく、宗教が向けられているもの、つまり神が力なのです。（中略）わたしが思うに、リベラルな宗教は徹底的に悪です。それは偽善を救急手当するものです。そして、善意、道徳的理想論を称揚します。それは、その性質が「人間の性質をn度まで高め」られた神を信仰します。わたしは、あなたのようにこの宗教に助けてもらおうなどとは思いません。そのようなことは感傷的だしロマン主義的です。神秘家や苦行者をつうじて宗教を理解しているのだといままで気づいたことはありますか。あなたは、パウロやアウグスティヌスやルターやカルヴァンについてほとんど考えていません。わたしが見るかぎり、あなたはヒューマニスト的な宗教について述べているのです。ときとしてそれから離れようとしそうになるのだけど、結局はそうはしません。[☆122]

パウロとアウグスティヌスの伝統に向かうようになったのちもニーバーは、リベラルなキリスト教徒でありつづけた。私がこのように述べるのは、アメリカのプラグマティズムにルーツをもつニーバーにとって人間の創造的力を中心に据えないことなどできない、ということを示すためだ。ニーバーのプラグマティズムは、意志をもった自我と運命的な状況、人間の意志と歴史的な制約の弁証法的な相互作用にニーバーを閉じ込めてしまっている。彼が考える宗教はこの相互作用に適合しなければならないのである。そしてニーバーにとって、宗教的世界観の深遠な洞察は、人間の偉業をそそり立てるものの、人間が成し遂げることができないものをも認

☆122 Fox, *Reinhold Niebuhr*, p. 145.

識する。

『道徳的人間と非道徳的社会』のエマソンを彷彿させる箇所は、このことを証明している。一方で、「あらゆる歴史は、人間的性格と非人格的宿命との闘争であるゆえ、またこの二つのうちどちらが所与の状況においてはより強力であるか誰にも明らかでないゆえ、その一方あるいは他方の完全な勝利にいたるものとして将来を読むいかなる歴史哲学も、ある行き過ぎの要素をもっている」[☆123]。したがって、歴史は終わることなく開かれており、新しい可能性と問題、新しい挑戦と制約がつねに登場するのである。

もう片方で、宗教は、

個人の良心や洞察からでたヴィジョンであって、集団的人間によってそれを成就することは不可能である。(中略)このヴィジョンの生命力は、人間の集団的生が自然世界に束縛されているという運命にたいして、その自然世界に反発する魂を有する人間が反抗する度合いを示している。そのヴィジョンは、それ自身度を過ごすことによってのみ、その生命力を維持しうるのである。しかし、それとは別に、集団的人間は、歴史的現世的な場で活動するのであるから、もっと控えめな目標をもって満足せねばならない[☆124]。

この箇所で、ニーバーは、「集合的人間」を「個人」よりも歴史化するというきわめてエマソン的なふるまいをしているだけではなく、この二つのあいだを「反抗」——人間の創造的な力

☆123 Niebuhr, *Moral Man and Immoral Society*, p. 155.〔前掲大木訳、一七三頁〕

☆124 Ibid., pp. 21-22.〔同右訳書、三九—四〇頁〕

のプロメテウス的比喩――によって調停するのである。したがって、プラグマティズムを放棄し、エマソンとのつながりを断つことによってしか、ニーバーは弟の異議に応じることができない。

さらに、ニーバーの宗教的リベラリズムは、現代科学にたいする彼の態度にもあらわれている。デューイが「理性」を神聖視することにたいしてレトリカルに非難するニーバーだが、彼は実際はデューイ以上に科学にうやうやしく従っている。すでに見てきたように、デューイは科学に、「世界のあり方」について述べる権威を与えているわけではない。そうではなく、科学は、自然現象を予測し説明するという目的にもっともかなった記述を提供してくれるのである。しかし、ニーバーにとっては、科学は存在論上の権威がある――ただ、意味や価値という問題にはかかわらないのである。したがって、神話的な思考は、意味や価値を与える神話が字義通りに理解されるのであれば、「科学以前的」で「原始的」となり、それらの象徴が象徴的、劇的、詩的に受け止められるのであれば、「超科学的」で「永久」となるのである。[☆125]

ニーバーの神話における指示対象をめぐるこの根本的な問題は、ニーバーの批判者と支持者の多くを当惑させた。ニーバーと同時代の、新正統派の神学者であるエミール・ブルンナーは、直接この問題をニーバーにぶつけている。

ブルトマンが聖書の終末論に関する「神話的」発言を排除するのとは対照的に、ラインホルド・ニーバーが、これらの象徴は排除されるのではなく、記号として真剣にとらえられ

☆125 Reinhold Niebuhr, "The Truth in Myths," *Faith and Politics*, ed. Ronald H. Stone (New York: Braziller, 1968), pp. 15-32; Reinhold Niebuhr, *An Interpretation of Christian Ethics* (1935; New York: Seabury, 1979), p. 15f.〔上興二郎訳『基督教倫理』新教出版社、一九四九年、三六―三七頁〕

るべきだと強調するであろうということには疑いの余地がない。しかしどのような現実がこれらの記号の背後に潜んでいるのだろうか。それは、われわれがいまわの際に望むはずの不死の生命なのだろうか。聖書が予言する神の国の実現なのだろうか。（中略）ひとが、思索するキリスト教徒の誰にたいしてであれ――キリスト教徒の思想家であればなおのことだ《ア・フォルティオーリ》が――自分がキリストに何を求めているのか認識してほしいと期待するのは当然ではないのだろうか。どの程度、ニーバーのいう「終末論的象徴」の背後には、**現実**があるのか、また、それはどのような現実か――あるいは、これらの終末論的象徴はたんに、カントが述べる「規制的原理」であるのか――これらの疑問こそ、彼にはっきりとした意見の表明をしてもらいたいとわれわれが思っている問題である。☆126

同じ本で、ニーバーはブルンナーの質問に答えていない。しかし、別の寄稿者に応えることで、間接的にこの問題に触れている。

三位一体とキリストの神性をわたしが「文字通りではなく象徴的な意味で」信じているというヴァイゲル神父の主張に、わたしは困惑しているとつけ足さなければならない。神や永遠に属することを「文字通り」信じることがいかにして可能なのかわたしにはわからない。しかしわたしは、「象徴的に」を「主観的に」と同義であるとはとらえない。ヴァイゲル神父にプロテスタント神学の微妙な点をすべて理解してもらうことは期待できないだ

☆126 Emil Brunner, "Some Remarks on Reinhold Niebuhr's Work as a Christian Thinker," in *Reinhold Niebuhr: His Religious, Social, and Political Thought*, p. 86.

ろう。したがって、彼はわたしの考えをブルトマンのそれと同じだと言うのだ。他方わたしは、むしろ、ブルトマンは科学以前的な神話と永久に有効な象徴とを厳密に区別していないと考えている。☆127

この応答は、純粋な哲学的たわごと——相手を見下す態度が加わった——である。ニーバーは、科学を含めて、なにかを文字通り信じることが可能なのかという問題に関しては、最終的な結論をくださないままである。もしそれが可能でないとしたら、ニーバーは、「現実」の大々的な比喩的構築という、すべりやすいニーチェ的斜面を滑り落ちていくだけである。もしそれが可能なのであれば、科学的な信憑が宗教的なものよりもより「文字通り」であるとは、どのような意味においてなのだろうか。ニーバーは、曖昧でなおかつ検証されていない科学の概念にもとづいた区別を引き合いに出すことで、このような問題を回避する。ニーバーはたんに、自分の手に余ることに手を出してしまっただけではないかと私は疑っている。さらに私は、暗黙の実証主義——現代科学にたいするオマージュ——が、ニーバーのキリスト教的プラグマティズムの背後に隠れているのではないかとも疑っている。そしてこの実証主義は、哲学的な議論よりも、彼のリベラルなミドルクラスの環境が培う偏見に負うところが大きいのではないかとも。

このことは、ニーバーがつぎのように述べて、カトリック教徒の質問者を唖然とさせたことにもっともよくあらわれているだろう。「さて肉体の復活など誰も本当に信じていないと思う

☆127 Reinhold Niebuhr, "Reply to Interpretation and Criticism," in *Reinhold Niebuhr: His Religious, Social, and Political Thought*, p. 522.

のですが（中略）。」

質問者　あなたは、多くのキリスト教徒が肉体の復活を信じていないと本当に思っているのですか。

ニーバー博士　もちろんです。どうして彼らがそんなものを信じられるというのです。[☆128]

そう、ニーバーの宗教的リベラリズムの根は深い。しかし、政治的リベラリズムと複合したそのひとつの変形にたいして強力な批判をおこなったために、ニーバーは、三〇年代には社会主義の陣営にどっしりと位置づけられることになったのである――つねにキリスト教的な土台の上にではあるが。

　フックが、三〇年代のもっとも優れたアメリカのマルクス主義者であったのと同じように、ニーバーは、三〇年代でもっとも優れたキリスト教徒の左翼思想家であった。二人とも第二次世界大戦後は、冷戦にたいして同じような思想的立場をとるようになったのだが、ニーバーの軌跡はより複雑である。皮肉なことに、ニーバーは神学的により保守的な方向に進むにつれ、短いあいだであったが、政治的によりラディカルになった。『ひとつの時代の終わりにたいする省察』（一九三四）でニーバーはつぎのように述べている。

　以下に述べる省察は、この時代にたいするたんなる政治的小冊子である。（中略）この時代

☆128　*Commonweal*, 45, no. 11 (December 16, 1966). "Reinhold Niebuhr" として *Theologians at Work*, ed. Patrick Granfield (New York: Macmillan, 1967) に再録。p. 63

の根底にある基本的な確信によれば、現代のリベラルな文化には、ある社会システムの崩壊と新しい社会システムの立て直しという課題に直面している混乱した世代を導き、方向づけをすることができない。わたしの考えでは、適切な精神的な指導は、われわれの時代にそう理解されているよりもラディカルな政治的指向と、より保守的な宗教的信念をとおしてのみ可能なのである。政治的なラディカリズムとより古典的かつ歴史的な宗教の解釈を結合させる取り組みは、現代の精神には奇妙で気まぐれなものに思えるだろう。それは、政治や宗教におけるリベラルを満足させることもなければ、政治的な急進論者や伝統的なキリスト教の信奉者を満足させることもないだろう。[☆129]

ニーバーが政治的に左がかったのは、アメリカの民主的社会主義の無力を感じ、それが、ヒットラーの台頭によってドイツで死ぬのを見届けたからである。つねに親英国的であり、いまやイギリス系の女性と結婚したニーバーは、英国のラディカリズムを模範として、これに期待した。ニーバーは、ラムゼイ・マクドナルドがトーリー党と協力関係を結んだあとに、マクドナルドと手を切った左翼の反対集団であるスタフォード・クリップス卿の《社会主義連盟》に手本を見出した。しかし、ニーバーは、自分の望みが実現する可能性が低いことを知っていた――ドイツで起こっていることは、北大西洋圏の文明を先取りしているように思えたからである。しかし、ニーバーは、主に共産主義者たちの熱狂的な非宗教主義と無神論に嫌気がさして、共産主義者に加わりはしなかった。

☆129 Reinhold Niebuhr, *Reflections on the End of an Era* (New York: Charles Scribner's Sons, 1934), p. ix.

弟の宗教改革神学的な批判にそそのかされてニーバーは、キリスト教の伝統の深さを測ろうと試みたのだが、その結果、「神の恩寵の確信」や「恩寵の経験」について熟考することになった。このようなことばは、基本的に、一見絶望的で破滅的な状況で希望を持続させ、人間の行動を維持するための方法なのである。資本主義に支配された現在は荒涼としているのだ。

アメリカの資本主義は、かつては強壮だったものの、早すぎた老衰にかかり、しかしみずからの危険な状態に気づいていない人間を思い出させる。そのような人間が自分の状態に気づかないのは、みずからの無力さの直接的な結果から逃れるのに十分な富をもっているからであり、比較的最近まであった若々しさに起因する楽観的な心理が、彼の現在の状況に関する悲劇的な事実を覆い隠すからでもあり、また、かつてのおもかげを無力な両手から引き離す力をもった者が周囲にいないからでもある。[☆130]

そしてニーバーにとって、共産主義という選択肢は魅力的ではなかった。

共産主義がブルジョア文明の機械的個人主義を機械的集産主義によって置き換えるであろうという兆候はあらわれている。共産主義の集産主義が機械的であるのは、それが、資本主義と同じように、機械的文明の産物であるからだし、リベラリズムと同じように、合理主義の果実であるからだ。この点において、またその他の点においても、共産主義は、あ

☆130 Ibid., p. 83.

まりにも資本主義の子供でありすぎるし、人類に本当の平和と幸福をもたらすには、資本主義の悪徳の精密な否定に気を取られすぎている。人類の歴史の悲しい側面のひとつは、特定の悪徳を滅ぼすために人類が用いる審判の道具は、それを滅ぼすことが可能になるためには、その悪徳と同じカテゴリーに属していなければならないということだ。☆131

ニーバーの代案は、プラグマティズム流に人間の創造的力を強調することで統合された、民主的な社会主義と予言的な宗教の曖昧な混合物である。

社会的、道徳的問題にたいする適切な対応は、つぎのものを含んでいなければならない。社会において対立する利己的な衝動を抑制するのにもっとも有効な社会的方法をもたらす政治的方針。生を利己的な目的から社会的な目的へと広げていくために、利他的な衝動と理性のあらゆる資源を利用する道徳的理想主義。歴史的偉業の可能性を通り越し、そうすることで、達成されなかったことのヴィジョンに照らして、すべての具体的な達成に異議を申し立てる魂の理想を正当に評価する宗教的な世界観。☆132

この挑発的ではあるが、中身がつめこまれていないヴィジョンが、ニーバーの「キリスト教的プラグマティズム」の転換点になった。この時点から、ニーバーは第一に、社会的なことにかかわりつつ、自我の切望、責任、不安を出発点とするキリスト教的神話の発展に焦点を当て

☆131　Ibid., pp. 93-94.
☆132　Ibid., p. 229.

るようになった。要するに、ニーバーはキリスト教神学を真剣に受け止めることにした――あるいは少なくともキリスト教徒のプラグマティストとして可能なかぎりにおいて真剣に受け止めることにした――のである。ニーバーは政治運動に関しては依然として活発で、《社会主義キリスト教徒団》と雑誌『ラディカル・レリジョン』を発足させた。しかし、ニーバーが夢中になっていたのは、自我の独自性に根ざしたキリスト教徒としてのアイデンティティを確立し、保護することだった。そのような探求が、この時期の彼の主要な作品における主な衝動であった。『キリスト教倫理の一解釈』(一九三五)、『悲劇を超えて』(一九三七)、そして彼の主著である二巻本の『キリスト教人間観』(一九四一、一九四三)である。この探求と衝動の知的な表現は、二十世紀のアメリカの神学でもっとも野心的で影響力の大きいものだった。

ニーバーの神学的人類学の出発点は、まさに、二十世紀半ばのアメリカのプラグマティズムが孕んでいた問題機制であった。すなわち、主体的な自我と運命的な状況、人間の意志と歴史的制約の相互作用である。ニーバーはこの動的で恒久的な相互作用の原因は、不安の原初的な存在論的状態にあると主張する。セーレン・キルケゴールの『不安の概念』における洞察にならい、また北大西洋圏文明の荒廃(恐慌と第二次世界大戦)に応答して、ニーバーは、根源的な不安を人間の条件の中核に据える。それは、善にたいしてであれ悪にたいしてであれ、人間の創造的な力の使用を生じさせる。ニーバーにとって、不安は善でもなければ悪でもない。それは、むしろ、善や悪の評価やそれらの実行の前提条件なのである。

短く言えば、人間は、自由であり束縛されており、制限されておりまた無制限であるがゆえに、不安である。不安は、人間がそこに巻き込まれている自由と有限性との逆説につきまとう避けられない附随物である。（中略）

人間は、自己の生命が制限されており依存的であり、しかも己が限度を知らないほどに制限されていないということによってのみ不安なのではない。人間は己が可能性の限度を知らないがゆえにもまた不安でもある。（中略）もちろん、そこには限度があるが、いかなる直接的観点からもその限度を測ることは困難である。[☆133]

別の言い方をすれば、ニーバーは、創造的な力を発揮することに熱心だが、同時にものごとの根本的な偶発性に摑まってしまい、創造的な力が発展をもたらすか破滅をもたらすかわからなくなってしまったエマソン流の自我から出発しようとしているのだ。デューイと同じように、ニーバーはエマソンの神義論を歴史化しようとする。しかし、ニーバーの宗教改革的神学は、発展と同じように破滅を強調しもする。このような強調は、罪の不可避性――必要性ではない――の結果である。つまり、根強い、しかしあらかじめ決定されたわけではない、人間の自由の間違った使用法のことである。この間違った使用は、みずからの根本的な偶発性、有限性、そして自分が条件づけられた状態にあることを認めることを人間が拒否した結果なのである。カレン・ホーナイの『現代の神経症的人格』にならって、ニーバーは、アルフレッド・アドラーの「権力への意志」とジークムント・フロイトの「リビドー衝動」を二つの主要な不安

☆133 Reinhold Niebuhr, *The Nature and Destiny of Man: A Christian Interpretation*, Vol. 1: *Human Nature* (New York: Charles Scribner's Sons, 1941, 1964), pp. 182, 183.〔武田清子訳『人間の本性』新教出版社、一九五一年、二三七―二三八頁〕

の扱い方ととらえた。最初の方法は高慢の罪——権力、知識、独善性のなかに安定性を攻撃的に求めること——に対応する。二つ目の方法は、官能性の罪——自己の自由にたいする責任から逃れるために享楽的な放縦を無制限に追い求めること——に対応する。ニーバーによる、エマソンの神義論にたいするキリスト教の観点からの修正の天才的なところは、人間の力の価値を損なったり、悲劇を公然と非難することなしに、ハーマン・メルヴィルのエイハブとF・スコット・フィッツジェラルドのギャッツビーの両方を説明している点にある。

自由に永久につきまとうものとしての不安は、このようにして、創造性の源であるとともに罪への誘惑でもある。それは（直喩を用いるなら）下に波涛の深淵をひかえつつ、上にある「鴉の巣《クロウズ・ネスト》」〔帆柱のてっぺんにある見張台〕めざしてマストをのぼってゆく水夫の状態である。彼は、自分が近づいてゆこうとする目的と、彼が落ちこむかもしれない無意味さの深淵との両方に気を遣っているのである。なにものかであろうとする人間の大望は、つねに幾分は、彼の存在の偶然的な性格によって彼を脅かす無意味さの恐怖によって刺戟されている。彼の創造性は、それゆえに、まぎれもなく偶然的なものを絶対的で無制限の領域におしあげることによって、偶然性を克服しようとする努力によってつねに腐敗させられている。この努力は普遍的であるが規範的なものとはみなせない。それはつねに破壊的である。しかも、明らかに、不安の破壊的な面は、創造的な面と非常に緊密に入り組んでいるがゆえに、その二つを簡単に分けることはできない。その二つは、人間の無制限の可能性を実現しようとすることと、人間の存在の依存的で偶然的な性格を克服しつつ隠そうとすることとの両方を思い煩う人間の理性によって、解きほぐすことができぬまでに結び合わされている。[☆134]

ニーバーのキリスト教的プラグマティズムの人類学は、エマソン的自我を滑りやすい綱渡りの綱の上に置く。プロメテウス的完璧さの探求というスキラと、デュオニソス的放棄への逃避というカリブディスのあいだを歩いて——走ってさえ——いるのである。避けることのできない墜落は堕落を意味し、ふたたび綱に戻って試練をつづけることが人間の尊厳を明らかにするのである。しかし、ある意味でニーバーのリベラルなキリスト教に忠実に、恩寵は試練からの超自然的な救済などではなく、綱渡りをしている者に力を与えるものなのである——「われわれのなかのキリストとして」顕在化する「人間の内部に宿る力としての、人間にたいする慈悲としての恩寵」なのである。

恩寵の経験の二つの側面は、密接に関係していて対立することはなく、お互いを支え合っていることを強調しておくことは重要だ。われわれの内なるキリストは、憑依ではなく希望であることを、完璧さとは現実ではなく意図であることを、そしてわれわれがこの世で知っている平和は、純粋にものごとを達成したことによって生じる平和ではなく、「完全に知られたうえですべてを許された」ことで生じる平穏であることを理解すること。こう

☆134 Ibid., pp. 185-86.〔同右訳書、二四一頁〕

いったことすべては、道徳的熱意や責任を破壊しない。その反対に、生の早すぎる完成を予防し、謙虚さという土地に、新しく、より激しい高慢が根を下ろすことを抑え、自分たちが罪人であることを忘れてしまった聖人たちの堪えがたい気取りから、キリスト教徒の生を救い出す唯一の方法なのである。☆135

ニーバーは、みずからのキリスト教的プラグマティズムの人類学を、ルネッサンスと宗教改革の最良の部分の現代的な統合として提示する。しかし、それは、恐慌と戦争によって麻痺させられ、取り乱し、混乱したアメリカの中産階級のために、キリスト教プロテスタントという枠組みのなかで、エマソンの神義論を救い出そうとする試みであると言うほうが近いだろう。学問的な野心をもっていたものの、ニーバーの企ては、リベラルの幻想を非難し、過去の盲目性を嘆き、アメリカの新しい可能性を提示する、二十世紀半ばのエマソン流の嘆き節《ジェレマイアード》でありつづけた。ニーバーのもっとも痛烈な、しかし洞察力に富んだ批評家であった、イェール大学のロバート・カルフーン教授はつぎのように述べた。

証拠を注意深く計る計量者はここにはいない。（中略）その代わり、神のことばをみずからの個人的な啓示と調和させて説明する説教師がいる。

作者の教義の真の基盤は、読んだものであるのではなく、彼の身に起こったことである。苦闘する自我は、（中略）永遠に読者の思考の一部とならなければならない。☆136

☆135 Reinhold Niebuhr, *The Nature and Destiny of Man: A Christian Interpretation*, Vol. 2: *Human Destiny* (New York: Charles Scribner's Sons, 1943, 1964), pp. 125-26.
☆136 Robert Calhoun, *Journal of Religion*, 21 (October 1941), 477-78. Fox, *Reinhold Niebuhr*, pp. 203, 204 に引用。

一九三九年の独ソ不可侵条約ののち社会主義者にとって選択肢が狭められたことで、ニーバーはどんどんローズヴェルトに傾倒していった。《ブリテンの戦い》――彼の愛したイギリスの危機――によって、ついにこの左翼主義者の我慢は限界を超えた。損なわれそうになったのは家族の利益――ニーバーの妻はイギリス人であった――だけではなく、北大西洋圏文明の手本としての英国のイメージであった。一九四一年に、ニーバーは、《民主主義的行動のための連合》と雑誌『キリスト教と危機』の発足に力を貸す。いずれもその主要な目的は、民主主義をドイツの蛮行から守るために、アメリカに連合国の奮闘を援助させることにあった。

ニーバーの干渉主義的活動の注目すべき点は、ドイツのユダヤ人たちの苦境に着目したことである。彼は、ヨーロッパからのユダヤ人の移民をより多く受け入れるようローズヴェルト政権に働きかけただけではなく、パレスチナの地にユダヤ人の祖国を建設することをめざすシオニストの議論を公然と支持した。[☆137] ヒットラーのもとで、ユダヤ人が筆舌に尽くしがたいほどひどい扱いを受けていたことを考えれば、この支持は理解できる。しかし、それが、世俗の、民主主義的な価値に献身的に打ち込んでいる革新主義者の口から発せられたとあれば、奇妙に思えるだろう。ニーバー自身がそのような齟齬を認めていた。「ユダヤ人のための政治的な故国という理想はとても興味深いので、そのために、ほとんど自分の信念を捨ててもいいとさえ思えるほどだ」[☆138]と述べたのである。ここで重要なのは、ニーバーのシオニスト的政治学ではなく、民主主義の理想が適用されるその範囲である。皮肉なことに、ニーバーが、その力強い民主主

☆137 Reihold Niebuhr, "Jews after the War," *Nation*, February 21 and 28, 1942, pp. 214-16, 253-55.

☆138 Fox, *Reinhold Niebuhr*, p. 209 に引用。また、p. 288 も参照。

義擁護論を『光の子と闇の子』（一九四四）で展開しているあいだ、彼は、民主主義を北大西洋圏文明以外に広めることには消極的であった。イギリスの雑誌『スペクテーター』の一九四六年の八月十六日号に掲載された意味深い記事で、ニーバーは、みずからのシオニズム思想をつぎのように弁護している。

アラブ人の権利に関しても英国のアラブ世界との恥ずべき関係に関しても、十分な考察がアメリカではなされていないことをわたしは知っている。他方でわたしは、ここではごく平均的な人間が、アラブ世界の「意見」を口にすることに困惑もしている。そういう人間は、そのような意見が少数の封建的な大君主の仲間内でしか通用していないし、その世界ではミドルクラスなど存在せず、不幸な大衆は絶望的な貧困にあえぎ、意見を述べることなど彼らにとっては手の届かない贅沢でしかないということを不問に付しているのである。アラブ問題のむずかしさのひとつは、ユダヤ人が導入を手助けしたかもしれない、そしてアメリカ資本の援助を受けるべき、川の開発、土壌の保護、自家発電の利用を含む技術的で躍動的な文明は、アラブの大衆にとっては利益をもたらすものの、アラブの首長たちに受け入れられることはないだろう、ということにある。したがって、それは、暫定的に導入されなければならないだろうが、究極的には大衆に受け入れられる可能性があるだろう。☆139

☆139 Reinhold Nibuhr, "New View of Palestine," *Spectator*, August 16, 1946, p. 162. この論文にたいする真剣な批判は、Edward W. Said, *The Question of Palestine* (New York: Times Books, 1979), pp. 31-34 を参照〔杉田英明訳『パレスチナ問題』みすず書房、二〇〇四年、四六―五一頁〕。

ニーバーはこのような立場を、率直に「帝国主義的現実主義」[☆140]と呼んだ。しかし、それは民主主義に関する彼の信念に抵抗するものだった。一方で、ニーバーは、「アラブ人の権利」を脇にどけ、アラブ人の「意見」を（ミドルクラスがないために）無効化し、「技術的で躍動的な文明」の名のもと、移住者を土着の人びとに暫定的に押しつけることを正当化するパターナリスティックな議論を提示した。その一方でニーバーは、有名な彼の公式を雄弁に語ったのである。「正義を実行しうる力が民主主義を可能にするのであるが、またそれとともに人間の不正に陥り易い傾向が民主主義を不可欠のものとする。」[☆141]われわれは、「絶望的な貧困」が正義を取り扱う能力を損なうと推論すべきなのだろうか。あるいは、非ヨーロッパ人、つまり、「技術的で躍動的な文明」を比較的欠いている者は、取り決めを「押しつけられる」ことが必要なのだろうか。

ここに見られるニーバーの盲目性は、アメリカのプラグマティズムの伝統のほとんどに流れる北大西洋圏の自民族中心主義を再肯定している。実際に、彼のシオニスト的立場は、ユダヤ人全体にとっての祖国ではなく、主に技術的なノウハウをもっていて文化的に洗練されているという理由で、北大西洋圏のユダヤ人にとっての祖国を正当化するものとみなすことができる。もちろん、ホロコーストの測定不可能な悪を引き合いに出すことはできるだろう。しかし、そのような論理は、アルメニア人やカンボジア人やその他の邪悪な支配者によって虐殺された民族にとっての祖国を正当化することになるだろう。

外国に向けられたニーバーの盲目性は、国内における不正にたいしてますます鈍感になって

☆140 Fox, *Reinhold Niebuhr*, p. 210.

☆141 Reinhold Niebuhr, *The Children of Light and the Children of Darkness: A Vindication of Democracy and a Critique of Its Traditional Defense* (New York: Charles Scribner's Sons, 1944), p. xxii.〔武田清子訳『光の子と闇の子――キリスト教人間観によるデモクラシーおよびマルキシズムの批判』新教出版社、一九四八年、三―四頁〕

いったこととと、手に手を取り合っていた。フックと同じように、ニーバーは冷戦の名のもと、企業型リベラリズムのほうを向くようになった。実際、ニーバーは、寡頭政治は流動的であり、権力の不平等は必然であり、アメリカには「大まかな正義」があり、そして財産の私的所有は「社会平和と正義の比較的有効な制度」であると強調するようになったのである。[☆142] アメリカ社会の**偽善**とその被害者が受ける**具体的な**結果を批判的に考察する代わりに、ニーバーは、アメリカの歴史の**皮肉**と、それが野心的（しかし以前より賢明になった）新しいミドルクラスにもたらす教訓をあざやかな手際で探ったのである。[☆143]『タイム』誌の二十五周年記念号（一九四八年三月八日）の表紙をニーバーの写真が飾り、『タイム』上級編集者のホイッテイカー・チェンバースによって、ニーバーは「エスタブリッシュメントの公式な神学者」として神聖化された。雲上の集団《外交問題評議会》への入会を許されたことにより――これが、ニーバーがイェールの学長候補として真剣に考えられるようになることを助長したのだが――ニーバーによるキリスト教的プラグマティズムのリベラル版は、冷戦期の公式な思想的兵器に仕立てあげられることになった。

一九五二年に発作で体が衰弱したのち、ニーバーは活動を自粛せざるをえなかった。しかし、彼にとって自粛したのちの活動も、他人にとってみれば旺盛な活動だった。それ以降は、彼の宗教的敬虔はより個人的になり、攻撃的な彼の文章はますます神学的ではなくなった。彼は、エドマンド・バークにもっとも顕著である社会問題にたいする有機的な漸進主義的アプローチを評価するようになり、合衆国の「ブラウン対教育委員会」判決を、その観点から分析し

☆142 *Reinhold Niebuhr on Politics*, ed. Harry R. Davis and Robert C. Good (New York: Charles Scribner's Sons, 1960), p. 220.

☆143 Reinhold Niebuhr, *The Irony of American History* (New York: Charles Scribner's Sons, 1952).〔大木英夫・深井智朗訳『アメリカ史のアイロニー』聖学院大学出版会、二〇〇二年〕

た。[☆144]キング牧師の公民権運動と学生の反戦活動を支持していたにもかかわらず、リチャード・ニクソンやヒューバート・ハンフリーやロバート・ケネディが嫌いだったために、ニーバーは一九六八年には、共和党（ネルソン・ロックフェラー）に投票するつもりだった。

デューイと同様に——そしてミルズやデュボイスとは鮮やかなまでに対照的に——ニーバーは、名声に包まれた大立者として（一九七一年に）亡くなった。しかし、デューイとは異なり、ニーバーは実際に、わずかなあいだではあるが、企業型リベラリズムのエスタブリッシュメントにとっての有機的知識人となった。ニーバーは、アメリカのプラグマティズムの危機に応えて、二十世紀半ばのアメリカにたいする預言的な挑戦と司祭のような擁護の両方をやってのけたのである。ニーバーのもっとも根深く永続的ではあるが曖昧な遺産は、キリスト教的な悲劇的視点と、人間の創造的力にたいする強調を少し和らげたエマソン流の視点とを結びつけたことにある。この遺産は、ニーバーに関連づけられている以下の祈りの文句にもっともよくあらわされているだろう。

神よ　われらに与えたまえ、
変えることのできないものについて、それを受け入れるだけの冷静さと、
変えることのできるものについては、それを変えるだけの勇気と、
そして、変えることのできるものと、変えることのできないものとを、識別する知恵とを。

☆144 Reinhold Niebuhr, "We Need an Edmund Burke," 無記名の論説 *Christianity and Society* (Summer 1951); Niebuhr, "The Supreme Court on Segregation in the Schools," *Christianity and Crisis*, June 14, 1954, pp. 75-77; Niebuhr, "School, Church, and the Ordeals of Integration," *Christianity and Crisis*, 16, no. 16 (October 1, 1956), 121-22; Niebuhr, "The Mounting Racial Crisis," *Christian Charity and Crisis*, 23, no. 12 (July 8, 1963), 121-22.

その生涯を通して、ニーバーは「キリスト教的プラグマティズム」に訴えることで、変えることのできるものの領域における、ものごとの変革を正当化してきた。しかし、ニーバー以後、アメリカのプラグマティズムにともなうエマソン流の神義論は、もう二度と元通りにはなりえなくなった。

ライオネル・トリリング――アーノルド流文芸批評家としてのプラグマティスト

ライオネル・トリリングは、二十世紀半ばのアメリカでもっとも名声が高くまた尊敬されていた文芸批評家であった。アメリカのプラグマティズムの危機――自我とそれを取り巻く状況、人間の意志と非人格的な運命に関する問題――にたいするトリリングのユニークな応答は、個性と民主主義というプラグマティズムの理想を、エマソン的基盤から創造的に切り離す、というものだった。つまり、トリリングは究極的には、エマソン流の神義論を非難し、放棄したのであった。みずからのプラグマティズム的感性と知的エネルギーをアーノルドやフロイトの方向に向けることで、トリリングは、アメリカのプラグマティズムが、その攻撃的な、そして物事を改善しようとする傾向をはぎとってしまえばどのようなものになるかを明らかにしたのである。別の言い方をすれば、トリリングは、ケネス・バークのような同時代の他のプラグマティストの文芸批評家たちと際立って対照的に、エマソン的な要素をぬぐい去ることで、アメリカのプラグマティズムを救い出そうとしたのである。

ユダヤ移民の洋服屋とイギリス好きの母親のあいだに、社会的な上昇を期待された子供として生まれたトリリングは、青年期は左翼的感性をもち、成人になったころには大きな職業的な野心をもっていた。みずからの民族の排他主義にたいして反抗的であったトリリングは、アメリカ文化の地平に新たな知的領域を切り開こうとしたのである。ユダヤ世界主義を追求するホレス・カレン（ウィリアム・ジェームズの弟子）と、エリオット・コーエン（『メノラー・ジャーナル』誌の編集者であり、『コメンタリー』誌の発起人）の影響を受けて育ち、コロンビア大学で一貫した教育を受けたトリリングは、「部外者」が煩う不安感と若者がよくかかるアイデンティティ・クライシスに苦しんだ。後年、彼は『メノラー・ジャーナル』との自身のかかわりをつぎのように書き記している。

> 『メノラー・ジャーナル』を「孤立」にたいする反応と呼ぶだけでは、十分ではありません――若いミドルクラスのユダヤ人が感じる恥を、読者に理解させなければならないのです。自己嫌悪ということばはのちに流行ったのですが、恥のほうがよりシンプルでより適切でしょう。[☆145]

そしてコロンビア大学の英文科で終身雇用の教授――ユダヤ人としてそのような地位に就くのは初めて――となったあとも、トリリングはつぎのように、私的な日記に記している。

☆145 ライオネル・トリリングからアラン・M・ウォルドへ。一九七四年六月十日。Alan M. Wald, "From Cultural Pluralism to Revolutionary Internationalism: Jewish Identity and the New York Intellectuals in the Early 1930s," *Jewish Socialist Critique*, no. 3 (Spring-Summer 1980), p. 36に引用。また、Alan M. Wald, *The New York Intellectuals* (Chapel Hill: University of North Carolina Press, 1987), p. 36を参照。

このような地位にわたしが就いていることには、不条理の感覚がある——というのもわたしより無知な人間などいないだろうからだ。わたしは、いかなる古典言語の知識もなく、いかなる現代語も流暢に扱うことができず、広範な読書経験があるわけでもなく、読書にたいしてますます怠け者になり、研究にたいする意欲もないのだ。わたしにあるのは、文学を思慮深く扱うという才能である。自分の知性が弱いことを自覚しているので、そのような才能があることは驚きでさえある。わたしが教授であること、そして敬意を表され、称賛されさえする人間であることは、おおいなるいかさまである。（中略）ひとが教授であり、なおかつ人間であることができるなどと、大胆にもわたしが思っているとすれば、そのうえ、作家でもいられるなどと思っているとすれば、それは、とんでもない傲慢さと慣習の否定のあらわれだろう。しかし、非常に大胆にも、表面的にはわたしはそれを信じているのである。☆146

☆146 Lionel Trilling, "From the Notebooks of Lionel Trilling," *Partisan Review*, 51 (1984), 511.

エマソンと同じようにトリリングは、たんなる学者や専門家になることを切望したのではなく、みずからが説くものを具現化する知識人になりたかったのである。

アメリカで文学的人物——すなわち、自己の世界観を描くだけにとどまらず、それに従って生活する人びと、筆者自身が書いたものの具現者である人びと、書いたもののゆえに、彼らが人間として何かをあらわしているとわれわれが考えている人びと——が出現し始めてからかなりのときがたった。彼らは、いわば、ある思想と人生態度を統轄している。その意味で、マーク・トウェインはわれわれのための人物であった。ウィリアム・ジェームズも然り。（中略）アメリカ人の性格にはイギリス人のそれと異なり、人物という概念にふさわしくない何かがある。☆147

トリリングは、自分をそのような人物に変えてくれる文学者を、マシュー・アーノルドに見出した。トリリングの処女作で最良の作品である『マシュー・アーノルド』（一九三九）――コロンビアに提出した博士論文を大幅に書き換えたもの――でトリリングは、みずからの教育のために、そしてインスピレーションを得るために、自分にとってのお手本を慎重に解剖してみせた。一方で、アーノルドがトリリングにとって魅力的だったのは、アーノルドがミドルクラスの批判者であり、ミドルクラスにとって「異邦人」であったにもかかわらず、ミドルクラスにたいする忠誠を恥も外聞もなく宣言していたからだ。一九三九年の『パーティザン・レヴュー』誌のシンポジウムで、トリリングはこの忠誠心を反復している。

わたし自身の文学的関心は（中略）、ヒューマニズムの思想の伝統と、この伝統を自分たちが継続していると考えている知的なミドルクラスにある。今日では、このような考えは、おそらくは正しく誠実な態度とはみなされないだろう。しかし、わたしがどれほど労働者階級の歴史的役割とマルクス主義の有効性を認めようとも、わたしの主たる文学的関心が

☆147 Lionel Trilling, "George Orwell and the Politics of Truth," *The Opposing Self: Nine Essays in Criticism* (1955; New York: Harcourt Brace Jovanovich, 1979), pp. 136-37.〔川成洋・中村幸雄訳『自我の反逆――現代欧米小説論』泰文堂、一九七四年、四三一―四四四頁〕

> この階級とこの伝統にあることを述べることとは、誠実さのあらわれ以外ではありえない。わたしにとって、知的なミドルクラスに関してとても興味深いのは、彼らが意識的な選択にかけては、もっとも大きな自由（幻想と呼んでもよい）をもって生きていながら、つまり、みずからを偉大なヒューマニストと合理主義の伝統の継承者であると信じていながら、彼らの行為が、考えが足りず、愚かなものでしかないという劇的な矛盾である。（中略）この知的階級にたいしてわたしはものを書いているのであろう。[☆148]

トリリングは、アーノルドから出発してみずからの文化の概念を作り上げた。価値と感性の概念、秩序や階層、権威や体面を重視する生き方や苦闘の仕方に関する概念である。[☆149] このアーノルド流の文化観は、批判的知性の規範と、洗練された礼儀と、知的な抑揚を奨励した。[☆150] トリリングの企てとは、スターリン主義の政治と俗物的な文化による侵食に対抗するために、教育を受けたミドルクラスに向けてこの文化の概念を明確にし、精緻なものにすることだった。ちょうどアーノルドが、十九世紀のイギリスで、貴族階級のひとりよがりな物質主義と労働者階級の威嚇的な「無政府主義」に反対したように、トリリングも、極度に単純化されたマルクス主義の教理教育と消費という大衆文化を封殺するために、知的、道徳的指導力を発揮したのである。彼は自分自身を、自民族中心的な偏狭さから抜け出したコスモポリタンな知識人であり、二十世紀半ばのアメリカで、教育を受けたミドルクラスにたいするアーノルド流のヘゲモニーをめぐる――「文学と政治が交わる血なまぐさい十字路」において――苛烈な戦いに携わって

☆148　Lionel Trilling, "The Situation in American Writing: A Symposium," *Partisan Review*, 6, no. 5 (Fall 1939), 111.

☆149　第一級の人文主義的批評家であるデニス・ドナヒューがこの点に同意していることは、つぎのように述べていることに見ることができる。「トリリングが精神を秩序の概念そして階層という概念さえもと重ね合わせていることは、十分に明らかだ。」"Trilling, Mind, and Society," *Sewanee Review*, 86, no. 2 (Spring 1978), 169.

☆150　「抑揚」は、きわめてトリリングらしい用語である。それは、彼の小説 *The Middle of the Journey* (New York: Viking Press, 1947)〔斎藤数衛訳『旅路のなかばに』、『現代アメリカ文学選集4』荒地出版社、一九六八年〕のリベラルな主人公ジョン・ラスケルを「抑揚を帯びた観念」

(p. 302)〔五二四頁〕として構想したことまでさかのぼる。

いると、（生涯でとても若い時期に）理解した。

他方で、トリリングは、アーノルドの示すお手本がそのままアメリカの土壌に移植できないことに気づいていた。それは、はっきりとしたアメリカ的な伝統、すなわち、アメリカのプラグマティズムによって、飾りつけされなければならないと考えたのである。まず、トリリングはアーノルドを、厄介なヨーロッパ（とりわけフランス）の伝統に対抗してみずからを作り上げるという、危機に満ちた奮闘に携わっている人間として描いた。セナンクールの『オーベルマン』に魅了されて、アーノルドは、自我の創造的力とそれを押し殺そうとする運命の状況との関係と格闘した。セナンクールの結論の「陰気な冷淡さと喜びのない倦怠」を避けることが目的だったのである。トリリングはつぎのように書き記した。

> しかし、人間は自身のさまざまな自我をくまなく探して、どれかひとつを選び出すことで、新たに人格を自分自身のために作り上げたとしても、正しい選択をしたなどということが自分にわかるだろうか。人びとは若さを捨てるときに、かつては自分に内在していた要素を自分自身から排除することで、多少意識的にひとつの役割を身につけたと感じるものなのだ。しかし、そののち、もうひとつ別のより良い選択があったのではないか、自分は選択を失敗したのではないか、という恐怖につきまとわれるようになる。こうしてアーノルドは、成熟《テュッヒティヒカイト》を獲得したものの、みずからが達成したことにたいする疑念を抱えていた。ひとつの人生を彼――あるいは世界――が、不当に埋めてしまったのではないか

という疑いである。（中略）
彼と同時代の作家は誰も――おそらくはエマソンを除いて――アーノルドほど明晰かつ直接的なことばで、目的と自我の歪みというこの心理的な現象と、世界に立ち向かうためにある態度を身につけることを理解した者はいなかった。☆151

この箇所でトリリングは、自分で選んだ自分になるというアーノルドの苦闘を描き、それを通して、みずからの使命感を眺めているだけではない。彼はエマソンを、アーノルドを超える可能性のある師――苦闘の底知れなさをより良く理解し、みずからを生み出す自我が繁栄するためには「喜びの**共通性**☆152」が必要であることを理解している人物――としてとらえてもいるのだ。トリリングは、アーノルドに「順応の危険性と生の光をみずからのうちに絶やさずに宿すことの必要性☆153」を教えたのはエマソンだったことに注目している。

それからトリリングはアーノルドを、科学と詩、頭と心、知性と感情の溝を克服しようとするデューイの試みに結びつけようとする。デューイもアーノルドも、この裂け目を乗り越えようとしたのである。デューイは哲学、すなわち認識論をさげすむ世俗的な哲学を選択し、アーノルドは「詩」、すなわち衒学を放棄する世俗的な文芸批評を選んだ。両者の共通項は、生に深くかかわる活発な批判的知性にたいする傾倒である。

デューイが提案する仕方とまったく同じではないにしても、つまり「批判的システムの冷

☆151 Lionel Trilling, *Matthew Arnold* (1939; New York: Harcourt Brace Jovanovich, 1977), p. 136.
☆152 Ibid., p. 302.
☆153 Ibid., p. 19.

徹で内省的な仕方」ではないとしても、アーノルドの批評は、デューイが求めている復興をおこなう。そしてわれわれは、この再統合を理解して初めて、現代の多くの読者を混乱させてきたアーノルドのことばを理解できるようになるのである。「詩［あるいは「文学」、アーノルドにとっては両者は置き換え可能だ］は生の批評である」ということばを。なぜならば、アーノルドにとって詩は、想像力あふれる理性にとって最上の表現だからである。☆154

さらには、トリリングは、アーノルドがジェームズ流の信仰の跳躍によって、すなわちみずからの経験を神に置き換えることで生じる効果に訴えることで、「真実に依拠した喜び」にたどり着いていることを示そうと試みた。宗教はアーノルドにとって、科学と知識のどちらにもかかわらず、「行動するかぎりにおける人間」とかかわっているのである。この意味で神は「本物」なのである。

「神は本物である。現実に効果をもたらすのだから」とは、ウィリアム・ジェームズの教理であった。それはアーノルドの教理でもある。もしジェームズがアーノルドを読んでいなかったとしても、アーノルドがジェームズを読んでいたと言ってもよかっただろう。というのも、より古い作家のほうが、比較的新しいほうの名前により密接に結びつけられるプラグマティズム的立場を主張したからだ。（中略）

☆154 Ibid., p. 194.

アーノルドにとって、詩と科学は両者が経験に関してもっている共通基盤で落ち合うのである。そして**経験**は宗教に関するアーノルドの議論におけるキーワードでもある。☆155

アーノルドをプラグマティストとして描き出すトリリングのアーノルド像は、挑発的でもっともらしいが、説得力に欠ける面がある。いくつか反論は考えられるが、ジェームズは新古典主義的な概念である「正しい理性」を解体したのであるが、それこそ、アーノルドを魅了し、彼の中心的概念である「公平無私」の基盤をなすものだったのだ。要するに、ジェームズが偶発性を全面的に是認したことは、アーノルドが安定と均衡を追求したこととは噛み合ないのである。

しかし、ここでわれわれの関心を引くのは、トリリングの解釈の妥当性ではなく、トリリング自身の企てにとってこの誤解がどのような価値をもつかということである。ジェームズは神の力を客体化し、その「非合理性」を擁護している点において、たしかに「アーノルドと完璧に一致」しているだろう。☆156 しかし、トリリングにとってより重要なのは、アーノルドのアメリカ性が彼のプラグマティズムにあるということだ。

トリリングによるアーノルド批判の主要な部分は、まさに、マルクス主義に影響を受けながらアメリカのプラグマティズムに棹さす若い批評家らしいものだった。社会における批判的知性の影響を熟考するにさいして、政治的、経済的力を比較的軽視する点がそうである。

☆155 Ibid., p. 319.
☆156 Ibid., p. 348.

哲学的な政治学の永遠不滅の課題は、どのようにして権力と理性を同じ執行主体に預けるべきか、あるいはどのようにして権力を理性的なものになすべきか、あるいはどのようにして理性に権力を付与するべきか、ということである。明らかに国家――それは権力を意味する――が必要だろう。理性に従うことを拒否する階級や個人がどこかにいるだろうし、彼ら以外の者たちの利益のために彼らを抑えなければならないだろうからだ。(中略)アーノルドの国家論は、論理的な構造として成立していないし、実用的な構造にもなっていない。その失敗は、リベラリズムの失敗の典型である。というのも、アーノルドの国家論は、H・N・ブレイルスフォードが「権力にまつわる露骨な問題(中略)、すなわち、もろもろの現実のなかでも繊細で合理的な人間がもっとも対面したがらないもの」と呼んだ現実にまつわる問題を回避する――はじめから回避しようと意図されていた――からだ。[☆157]

トリリングは、視学官で大出版社の守護者であったアーノルドが、「非理性的な」集団や階級にたいして威圧的に権力を用いることを正当化することで、ほんとうに権力の問題に向き合おうとしていたかもしれないなどとは思っていなかった。その代わり、トリリングは、ルソーにたいするアーノルドの愛とパリ・コミューンの支持(一八七一年)を強調した。[☆158] この愛と支持は、「革命を支持しているというアーノルドの表明」を裏づけるものだった。もっと的確なことには、アーノルドの企てが、ユートピア的な左翼思想と老朽化したリベラリズムのあいだに挟ま

☆157 Ibid., pp. 253, 255.
☆158 Ibid., p. 280.

れたアメリカのミドルクラスにとって有効である可能性をトリリングは力説したのである。

> われわれは、アーノルドの試みを、エクスペリメントゥム・フルクティフェルムすなわち果実を実らせる実験というよりも、エクスペリメントゥム・ルキフェルムすなわち光で照らし出す実験とみなすべきだろう。それは、対象をめぐる精神の戯れであり、それによって批評が成り立っているのだ。直接的な実用性はその目的ではない。（中略）
> アーノルド自身は、しかし、われわれの寛大さをありがたく思うことはないだろう。彼は、自分の理論の実用性を主張したのである。基本的に神秘的な彼の国家概念は、ほとんどプラトンの神話のように読めてしまえる。（中略）いかなる神話の価値も、それが事実として通用するかどうかにかかっているのではなく、それが具体化する態度の価値のみにかかっているのである。それが、さらに生み出す態度と誘発する行為とに。このような観点から眺めた場合、アーノルドの神話はいまだに豊壌であり価値がある――そして道徳的に不可避である。☆159

トリリングがアーノルドの思想を効果的に表現できるかは、知的権威を獲得するトリリングの能力にかかっていた。トリリングはこれを二つの方法で成し遂げた。第一に、彼は、世論に影響を与える偉大なアイヴィー・リーグの大学――ジョン・デューイや学長ニコラス・マレイ・バトラーを擁するコロンビア大学（当時は、ハーヴァードやイェールより影響力が強かっ

☆159 Ibid., p. 255.

た）――の反ユダヤ的機構のなかで、勤勉かつ慎重に仕事をした。トリリングはコロンビアで、一九三二年から一九三九年まで（一九三六年から三七年までのわずかなあいだ、ウィスコンシン大学に在職した期間を除いて）講師を、一九四五年まで助教授、一九四五年から一九四八年まで准教授、一九四八年から六五年まで教授を務めた。彼は、一九六五年に、文学部のジョージ・エドワード・ウッドベリー講座の教授となり、一九七〇年には大学最高教授となった。一九七四年にコロンビア大学を退職する。前述したように、トリリングは――ハーヴァードのオスカー・ハンドリンとイェールのジョン・ブラムと並んで――ワスプで占められていたアイヴィー・リーグの教員になった最初のユダヤ人のひとりであった。

　金銭的な支えと個人的な地位を得ようとしてますます大学に頼るようになった増大する知識階級の世界観を定めてしまおうという、トリリングのアーノルド流の苦闘が成功したのは、たんに大学内における彼の地位によるのではない。彼の書くものの文体、議論の提示の仕方、テクストにあらわれる彼の語調、ニュアンス、態度などもそれに貢献したのである。トリリングは、批判的知性をあらわす文学的スタイルのユニークな一形式を自分のものとした。「将軍のような統率力、大勢の考えを戦闘のために整列させる能力」[☆160]を伝えるスタイルである。このスタイルは、トリリングの基本的な手法を反映していた。すなわち、「文学的状況を文化的状況としてとらえ、文化的状況を道徳的問題に関する壮大かつ精密な戦いとしてとらえ、道徳的問題を個人的存在の恣意的に選ばれたイメージに関係するものとしてとらえ、個人的な存在のイメージを文学的スタイルに関係するものとしてとらえる」[☆161]手法である。

☆160　Lionel Trilling, *E. M. Forster* (1943; New York: New Directions, 1964), p. 57.

☆161　Lionel Trilling, *Beyond Culture: Essays on Literature and Learning* (1965; New York: Harcourt Jovanovich, 1979), p. 12.

皮肉なことに、自分自身のスタイルに専念したことで、トリリングは、研究対象とした文学芸術家の形式が演じる役割を軽視することになった。彼は、形式主義を文学の批評的研究の方法としては退けた。トリリングの文章で、読者の頭にぬぐい去りがたく残るものは、彼が何を言ったかということよりも、どうそれを言ったかということであった。たとえば、偉大な近代小説に見られる道徳的リアリズムをトリリングは擁護したのだが——トリリングのマルクス主義者の分身とも呼べるジェルジ・ルカーチによる似たような擁護と同じように——それはしばしば説得力を欠いていた。そしてトリリングの、文学テクストの締まりのない読解はたいてい、読者にとっていらいらさせ、気に障るものだった。しかし、小説を「道徳的想像力のとりわけ有効な実践」としてみる彼の見方と、許容されうる政治的・文学的言説の「多様性、複雑さ、困難」の強調は、彼が考える善き生を描く大きなキャンバスを提供した。

大学で終身在職権を得てから、トリリングが書物をみずからの考えを提示する場としてとらえなくなったことは、注意する必要がある。それ以降、トリリングは、ほとんど例外なくエッセイ（と多くの短い書評）の分野で仕事をするようになった——折に触れて執筆された非学術的なエッセイや、正典的な文学テクストにたいする序文をよく書いた。この分野で仕事をすることで、トリリングは、読者を創り出し啓発しようとしたのである。彼自身と同じように、複雑さをありがたがり、精神的な至福に喜びを覚え、スターリン主義の愚直さや大衆文化の低俗さを忌避する、教育を受けたミドルクラスの人びとからなる共同体という読者である。

この分野は、また、自分自身を学術的な批評家ではなく、文芸芸術家とみなすトリリングの自己像を反映していた。言うまでもないことだが、トリリングの初期の短篇小説と、特筆に値する小説『旅の途中』(一九四七)は、この自己像をさらに強めた。異例とも言える自伝的な注釈のいくつかで、トリリングはつぎのように述べている。

自分が批評家として言及されるのを聞くたびに、驚いてしまう。三十年ほどその名で呼ばれたあとでも、それが意味する役割と機能は、わたしにとっては奇妙に思える。(中略)

なぜそう思えるのかと自問するならば、答えは、ある意味で、これまでわたしは批評家になるつもりなどなかったからということになるだろう。批評家になることは、ワーズワースのことばを借りるならば、少年期、あるいは青年期、もしくは成人になったころでさえも、わたしの考えに合致した人生計画の一部ではなかった。わたしの考えに合った将来計画とは、たしかに文学的なものだった。しかし、わたしが描いていたのは、小説家としてのキャリアだった。この目標にとって、批評は、わたしが結局それを実際におこなうことになったときには、つねに副次的なものであり、付け足しでしかなかった。要するに、それは、余技であって、天職ではなかったのである。(中略)

このことに関しては、つぎのことを述べる以上に詳細に記述するのはよしておこう。つまり、人生において何が興味深く、何が問題なのか、現実は何でできていて、幻想とは何であるのか、何に執着し、何に無頓着であるべきなのか、こういったことに関するわたしの考えは、主に小説家から得たのであって、自分より以前の批評家からではないし、文学

の性質や機能を体系的に思索する哲学者からでもない、と。（中略）

自分の批評の仕事は、小説から方向性を得ていると述べることで、わたしは、自分の仕事が、副次的な場合は除いて審美的な問題に集中することはなく、むしろ、日常生活を経験することと、文化と歴史を経験することによって提起される道徳的問題に専心する傾向をもっていることを指し示したいのである。☆162

エッセイを文学的形式として用いるトリリングの独創的な方法は、同時代の文化的、政治的危機のなか、読者を導いた。そうすることができた理由は、主に二つの基本的な修辞戦略にある。第一に、トリリングの文章の口語的でつかみどころのない調子は、彼の厭世的な読者に、二十世紀アメリカの知的言説に広く見られる数々のクリシェや特殊なことばづかいから逃避することを可能にした。トリリングの落ち着いた散文は、読者を感情的になだめると同時に、知的に刺激した。彼の書いたものは、文学的な逃避と文化的に洗練される方法の両方を提供したのだ。つまり、トリリングの書いたものは、彼と読者を「いさかいにたいして超然」とした態度をとらせ、自分たちは優れているのだという幻想を補強したのである。

第二に、トリリングの興味深い観察と魅力的な記述は、論理的な精密さや真剣な論証をほとんどか、あるいはまったく欠いたまま提示される。彼の都会的に洗練された文体、つまりユダヤ的な饒舌さとジェームズ的な忍耐の混成は、批判的な精査と冷静な反論を受けつけなかった。それどころか、トリリングの文体は、イデオロギー的読みと政治的反応——それこそがま

☆162 Lionel Trilling, "Some Notes for Autobiographical Lecture," *The Last Decade: Essays and Reviews, 1965-1975*, ed. Diana Trilling (New York: Harcourt Jovanovich, 1981), pp. 227-28.

さに、彼の文体によって貶められ、失墜させられた言説の形態なのだが――を呼び起こした。[☆163] 別の言い方をすれば、トリリングの批判者たちは、彼が用意した罠にしばしばはまったのである。有意義な対話と実質的な意見交換は、トリリングが考えるアーノルド流のイデオロギーと修辞戦略が規定する洗練された語法のルールに従うことをぶっきらぼうに拒否するものであるかのように描かれているので、ひとは欺かれるのである。このように、トリリングの文体は、「複雑さ、困難、多様性そして抑揚」の名のもとに葛藤を避けるのである。ジェフリー・ケーン・ロビンソンが述べたように、

エッセイというものは、親密な人たちによる理想的な共同体を前提としている。その成員たちは精神の究極的な喜びをともに信じていることによって引き寄せられ、本質的に争うことも意見が食いちがうこともなく、知己となり、分かちあう。エッセイの書き手たちによって前提とされ、語られる文明のこのような高次の状態は、キーツが想像した、すべてのささやきが隣人に帰着するという崇高な民主主義かもしれない。牧歌としてのエッセイは、読者自身の精神とエッセイの書き手の精神の活動から生じる特別な喜びを読者のなかにかき立てるかぎりにおいて、また、そのように共有された活動こそ、それを概して歓迎しない世界における健康と達成の証拠であるということを、十分に説得力をもって示すかぎりにおいて、社会と対立する自我が有する、闘争のための独特な道具になるのである。[☆164]

☆163 このような反応のうち主要な二つは、Delmore Schwartz, "The Duchess' Red Shoes," *Selected Essays of Delmore Schwartz*, ed. Donald A. Dike and David H. Zucker (Chicago: University of Chicago Press, 1970), pp. 203-22 と Joseph Frank, "Lionel Trilling and the Conservative Imagination," *The Widening Gyre: Crisis and Mastery in Modern Literature* (New Brunswick: Rutgers University Press, 1963), pp. 253-74 である。

☆164 Jeffrey Cane Robinson, "Lionel Trilling and the Romantic Tradition," *Massachusetts Review*, 20, no. 2 (Summer 1979), p. 217.

特定のエッセイの形式――牧歌としてのエッセイ――に関するこの記述は、トリリングのスタイルに関するものとして読むことができる。トリリングの戦略は、さまざまな危機的状況において彼自身と彼の読者を支えてきた過分な権威を、彼自身と彼の読者に与えた。トリリングがしばしば、奇妙でそれほど神秘的ではない「われわれ」について語ることから、トリリングが当然とみなした文化的均質性が見えてくる。それは彼に、偏見を常識として見せびらかすことを可能にした。この権威が過分であるというのは、その正当性に関して理性的な議論がなされたことがなく、また道義的な正当性が弁護されたこともなかったからだ――その権威は、たんに主張され、当然のこととみなされただけなのだ。ちょうど、一般的に受け入れられているキリスト教の神話が、ニーバーによりアウグスティヌス的に解釈されたことで、教育を受けたミドルクラスのワスプに見られる攻撃的な独善性への衝動に制約をかけ、「アメリカ的生活様式」を「皮肉」に、なおかつ「現実的に」弁護する結果になったように、トリリングによって提示されて暗黙の合意を得たアーノルド的価値観が、世俗的なミドルクラス知識人のあいだに見られるプロメテウス的希求の限界を強調し、アメリカの現状との抑制された和解を支えたのである。

一九五二年の『パーティザン・レヴュー』誌の有名なシンポジウム「われわれの国とわれわれの文化」でのトリリングのコメントは、権力はいかにして理性的になりうるのかという、以前の彼自身がアーノルドに向けたプラトン的な疑問にたいする直接的な返答であった。彼は、知識人と企業型リベラリズムの経済的エリートたちが協力して働いていることに拍手をおくる。

> われわれの社会におけるさまざまな必要性が、社会的ヒエラルキーの頂点に近い場所に、相当な力と複雑な精神をもつ人びとからなる大きな階級の人びとを据え置いた。（中略）知性は、おそらく歴史上いままでにないほどみずからを権力とかかわらせた。そして、いま知性はそれ自体が一種の権力であると認められている。[☆165]

トリリングは、知性と権力のこの結びつきが現代社会の知識人に深遠な結果をもたらしたと考えていた。彼の同僚であるC・ライト・ミルズからの予想できる批判にたいする回答として、トリリングはつぎのように述べた。

> わたしは、イデオロギーが原則と名誉に取って替わっていることに、あらかじめ魅了されているわけではない。われわれの文化では、そのようなことはよくあることだが。ただ、イデオロギーは、それ自体のなんらかの原則となんらかの名誉を内包している。そしてイデオロギーが支配的な文化は、知識人にとっては好都合である。（中略）一種の文化革命が起こったのである。産業革命のように、この文化革命は、乱雑さと俗悪さとを大量に生み出すが、同時に、修正と改良の可能性を多くもたらしもする。[☆166]

☆165 Lionel Trilling, "The Situation of the American Intellectual at the Present Time," *A Gathering of Fugitives* (Boston: Beacon Press, 1956), p. 65. この論考は、有名なシンポジウム "Our Country and Our Culture," *Partisan Review*, 19, no. 3 (May 1952) にたいするトリリングの寄稿である。

☆166 Irving Louis Horowitz, *C. Wright Mills: An American Utopian* (New York: Free Press, 1983), p. 86.

トリリングが、人間の意志の状況的で条件づけられた性格を一見抽象的に定式化したのは、この知識階級のエネルギーを道徳的に導くために、ガイドラインを提供しようと意図したからだ。彼は、そのエネルギーを、左翼の単純明快さから遠ざけて、知識階級が信じる冷戦期のリベラリズムと企業型リベラリズムに、悲劇の感覚を付与したかったのである。要するに、文学と文学的知識人の両方が、知性と権力の合体を承認することに消極的であったと指摘しているのである。文学と文芸批評が政治的であるのは、その最良の作品において、イデオロギー的正説、とりわけ左翼のイデオロギー的正説の盲点や硬直性を暴いてみせるからにほかならないのである。今日的であろうとするとともに政治を取りこもうとするこの意欲が、トリリングの古典的な作品『リベラル・イマジネーション』(一九五〇)を活気に満ちたものにしている。周縁を(古典的作品は保存しながら)開拓した古いヒューマニストにもプロフェショナリズム(精読のための新しく細かな技術)を育てる新批評家にも抗して、トリリングは、政治が不可避であること、およびアーノルド的な感性をもった文芸批評家が、企業と冷戦の目的のために瀕死のリベラルのイデオロギーをよみがえらせうる独自の方法をもっていることを提起したのである。

しばらく前からわたしの感じていたことだが、本質的にリベラリズムの利益のために存在する批評がもっともうまく機能するのは、リベラリズムが一般的に正しいことを確認することにではなく、現代のリベラルな観念や想定にある程度の圧力を加えてやることである。もしリベラリズムが、わたしが考えているように、緊密な一体をなす教義というよりも大きなひとつの傾向であるならば、その大きな傾向がはっきりと姿をあらわすにつれ、それに特有の表現のいくつかは他のものよりも比較的弱くならざるをえないだろうし、いくつかは無用で間違ったものにさえなるだろう。もしこれが正しいのならば、リベラリズムがそれ自身の弱い、または間違った表現に気づくことは、この傾向全体にとって有益であるように思える。☆167

トリリングにとっては、文芸批評には政治的な役割があるというだけではない。政治的な目的と利益が染み込んでいるものなのである。自意識的な批評の機能は、どのようにすればこのような目的と利益が最善のかたちで達成され、かなえられることになるのかということに、想像力をかかわらせることにある。リベラリズムの知的兵器庫は修復の必要に迫られており、トリリングは、文学的知識人たちがそのために大きな貢献をすることができると確信していた。

善きにつけ悪しきにつけ、われわれの運命は政治的である。したがってそれは英雄的な響きがあろうとも幸福な運命ではないけれども、そこから逃れることはできない。それに耐える可能性は、われわれが考える政治の定義に、すべての人間的活動とすべての人間的活動の精妙さを押し込む以外にない。そうすることには明らかな危険がともなう。しかし、より大きな危険はこれをしないことにある。政治は想像力と精神であることを主張しなけ

☆167 Lionel Trilling, *The Liberal Imagination: Essays on Literature and Society* (New York: Charles Scribners Sons, 1950, 1976), pp. x-xi.

れば、想像力と精神が政治であること、しかもわれわれが好まない類いの政治であることを、われわれは知ることになるだろう。[☆168]

しかし、トリリングは、このようなリベラルな政治的意志と想像力の主張からさえも、すぐに手を引いてしまう。彼の傑作「英雄としての詩人——書簡におけるキーツ」——トリリングのエッセイの最良のものであり、彼の思想の転換点を示している——で、トリリングは、もっとも魅力的な悲劇的ヴィジョンであっても、彼が考えるリベラリズムにとって受け入れることのできる救いも改良も、結果としてもたらすことはないと結論づけた。むしろ、意志の存在を主張することは、それが悲劇的なヴィジョンによってもたらされたとしても、現代ではユートピア的、無律法主義的、無政府主義的にならざるをえない。したがって、トリリングは、状況を自我の上に、生を想像力の上に、世界を意志の上に、知恵を詩の上に持ち上げる。皮肉なことに、文芸批評家としてのトリリングは、みずからをモダニスト的な文学のほとんどに対抗させることになったのである。

このような態度の初期の兆候は、キーツに関するエッセイに浮かび上がっている。トリリングは、キーツをたんなる詩人とみなすのではなく、「詩人より興味深い何か（中略）、人間、特定の種類の人間、英雄」[☆169]としてとらえることから始める。フックの場合と同様に、英雄的行為に関するトリリングの考えは、悲劇的ヴィジョンが用いられるその**使用のされ方**に変化をもたらす。しかし、トリリングが現代的な意志——意志的な自我——の重要性を低く見ることにかけ

☆168 Ibid., p. 100.
☆169 Lionel Trilling, "The Poet as Hero: Keats in His Letters," *Opposing Self*, p. 3.

ては、フックの比ではない。トリリングにとってキーツが唯一無二だったのは、彼の早熟が聡明さを生み出したからである。

したがって、われわれはキーツの精神の魅力をかたち作る生き生きとした矛盾のなかの、最初のものにいき着く。若者らしい狭いものの見方から、成熟をそなえた知恵が発生することである。この知恵とは、われわれが主にシェイクスピアと関連づける悲劇的な生を、誇り高く、苦々しくも、喜びに満ちて受け入れることなのである。[☆170]

このような聡明さは、キーツの愛想のよさと結びつけられた。彼の創造力を育んだ「社会性と友情にたいする強い傾向」のことである。キーツは孤独を避け、仲間といることで元気になった。「誰かが同じ部屋にいた場合でも詩作することができた」のである。彼の批評家としての活動において重要な反響を生じることになった印象的な一文において、トリリングはつぎのような名言を吐く。「彼は、家族的な状況を再構成したがっていた、と言えるだろう。[☆171]」さらには、キーツは旺盛な食欲――キーツはそれを恥ずかしがらず表現したし、楽しんでもいた――をもっていた。食物摂取のイメージ――食べたり飲んだり――は「いたるところにあるし、極端」でもある。要するに、キーツは、トリリングにとって、ヨーロッパ的男性性を表象していたのだ。

☆170　Ibid., p. 5.
☆171　Ibid., pp. 8, 12.

実際は、キーツの成熟した男性性は（中略）、彼の存在の本質だった。文化人類学が、成熟した男性性の古くからの概念を混乱させようとやっきになり、現代文化においては、その性質と価値についておおいに混乱がある状況で、成熟した男性性などということばで、それが意味するものを言いあらわそうとすることに、ひとは躊躇してしまうだろう。しかし、われわれは、思い切ってこう述べたい。伝統的なヨーロッパの文化においては、この男性性は、外的現実である世界との直接的な関係を意味するひとつの理想として存在してきたし、この男性性は、この世界を、活動によって、理解したり、支配したり、あるいはそれと名誉ある関係を築こうとするのだ、と。それは、不屈の精神、自分の義務と運命の両方にたいする責任、意図、そして自分の価値と名誉を力説することを意味するのだ、と。[☆172]

トリリングが特徴づけるキーツの「私的理想」は、道徳的自我というアーノルドの概念――あるいは、どうしようもない限界という感覚がつけ足されたエマソン的自我――と、とてもよく似ている。エネルギーという、キーツの世界観の核になるものの存在を考慮すれば、とりわけ似てくる。「わたしは、絶望と《エネルギー》のどちらかを選ばなければならない」とキーツは言った。トリリングにとって、キーツの悲劇的英雄崇拝は、世界を「魂を創造する谷」（涙の谷ではない）とみなすキーツの考えに一番よくあらわれている。「魂の創造」とは、世界のうちで、世界に対抗する困難な試みと苦闘をとおして、「知性」が「アイデンティティ」を

☆172　Ibid., pp. 21-22.

獲得し、「魂」となるまでの長期にわたる過程のことである。「魂」になることは、現実が全体的かつ究極的に悲劇的性格を帯びていることを知ることであり、同時に、自我のエネルギーと現実を肯定することである。このような肯定は、消極的受容力《ネガティヴ・ケイパビリティ》をもっている場合にのみ可能になる。つまり、「こらえられずに事実と理性に手を伸ばすことなく、不確実、《謎》、疑問に身を置くことが可能」な場合である。このような仕方で、トリリングは、消極的受容力は第一義的に芸術の理論であるのではなく、悪の問題にたいするより大きな応答のひとつの構成要素であると論じた。この見方では、成熟した自我のみが、悲劇の醜さのなかに美を——自我にみずからを肯定することと、己れを規定する運命を受け入れることを可能にする美を——見ることができる。そのような自我は、「自我の現実と状況の現実のバランスを保つ」ことができるのである。[☆173]

トリリングは、ジョージとジョージアナ・キーツにあてたキーツの日記のような手紙（一八一九年二月—五月三日）を「今世紀の文化的文書としてもっとも注目すべきもの」とみなした。これらの手紙の基本的なテーマは、自我を、「敵対的ないし苦痛をともなう状況に対峙する」ものでありながら、「どのようにして、呪われた状況にある生を祝福されたものとみなしうるか」[☆174]を示すものとしてとらえることにある。このような見方は、「自我を生き生きとしたエネルギーをもつものとして、単純に肯定すること」によって支えられており、「魂を創造する谷」[☆175]として、世界をとらえることによって補足されている。

トリリングは、キーツが、「われわれの文学において、悲劇の意味についての最高の解釈」[☆176]を

☆173　Ibid., p. 37.
☆174　Ibid.
☆175　Ibid., p. 39.
☆176　Lionel Trilling, "William Dean Howells and the Roots of Modern Taste," *Opposing Self*, p. 89.〔前掲川成・中村訳、二七一頁〕

書いたと信じている。しかし、キーツの解釈は、現実と真実は基本的に人間の切望にとって敵対的だとみなす点において非エマソン的であった。そしてトリリングの大好きなキーツの引用が示すように、キーツの神義論は、この現実と真実を、文学、詩、政治の上に位置づけるものだった。

> 通りでのけんかなど嫌悪されるべきものでしかないが、そこで示されるエネルギーは素晴らしい。もっとも低俗な人間も、けんかにおいてはある種の品位を示す――より高次の存在にとって、われわれの論理もそれと同じように聞こえるだろう――間違ってはいるが、素晴らしいのだ。これこそがまさに詩が成立する状況である。そうであるならば、詩は哲学ほど素晴らしくはないのだろう。鷲が真実と同じほど素晴らしくないのと同じ理由だ。[☆177]

このような、非常におどろくべき言明において、トリリングは、現代人はもはや、悲劇的生と悲劇的状況にたいするキーツの英雄詩的見方を手に入れることができないと主張する。つまり、現代人は自我に我慢ができないし、あるいは、自我を否定しているので、キーツに訴えることなどできないのである。現代人は、まったく条件づけられていない自我に、さもなければ、歴史的必然性に自我を引き渡すことに取りつかれているので、キーツは「ヨーロッパの病が明らかになり始めた、まさにその瞬間にあらわれたすこやかさの最後のイメージ」[☆178]となっているのである。

☆177 Trilling, "Poet as Hero," pp. 38-39. トリリングはこの同じ箇所を "On the Teaching of Modern Literature" と "The Two Environments: Reflections on the Study of English," *Beyond Culture* でそれぞれ、pp. 26, 202で引用している。

☆178 Trilling, "Poet as Hero," p. 43.

キーツに関するエッセイがトリリングの思想において転換点を示すわけはつぎの三つの基本的な理由による。第一に、トリリングは、もはや批評の政治的な仕事にではなく、その心理的＝文化的想定に焦点を当てるようになった。ひとが悪の問題にどう向き合うのか、にかかわる想定である。トリリングの新しい焦点は、フロイトにたいする深く長い関心へと彼を導く。そのような関心は「文化を超えて」生物学へとトリリングを動かす。したがって、彼の関心はすでに、謙虚な社会改良、つまり複雑さの感覚によっていくぶんやわらげられているものの、意志と想像力を主張することにあるのではなく、せまりくる社会分裂、無秩序と混乱に自我が崩壊することにあるのだ。トリリングにとって、モダニズム文学は、これを描き、ときとしては促進するのである。

第二に、トリリングは、もはや、政治的領域を自我の発展のための領域として信じることができなくなったため、日々の生活、家族、家庭の領域に関心を向けるようになった。小規模な関係で発揮される社会性にたいするキーツの趣味は、やがて、ウィリアム・ディーン・ハウエルズの「家族にたいする忠誠」や私的関係にたいするジェーン・オースティンの固着がかもす栄光に道を譲ることになるのである。

第三に、トリリングは、エマソンとアーノルドのあいだのいかなるつながりも断ち切るようになり、デューイとヘーゲルをより密接に結びつけるようになった。トリリングが、アーノルドとエマソンの結びつきを切断するようになったのは、アーノルドが意志を減退させる側にたち、エマソンが意志を強める側にいるからである。アーノルドは「誠実」、任務、責務と権威の側にいる。それにたいして、エマソンは「本物」、自我の拡張、立法と反乱の側にいる。同じように、デューイの批判的知性はもはやアーノルドの想像的理性ではなく、むしろ自己実現に価値を置くヘーゲルの動的な理性《フェアヌンフト》の一変種なのである。☆179

トリリングのこういった変化は、政治から私生活への後退を意味している。彼は、絶え間ないイデオロギーの衝突にうんざりし、さまざまな観念や性格による周転円を描きながら――左翼も右翼も――同じ盲目性と硬直性を繰り返し呈するさまを目にして疲れ果てていた。したがって、この時点におけるトリリングの仕事について述べた、ジョゼフ・フランクの有名な批判は、まったく正しい。

> 芸術を体験すること――喜びと美を、調和と和解を経験すること――を道徳的生の**理想的なかたち**とする。このことと、このような審美的理想の美徳を具体的な社会的行為に帰することとはまったく別である。そのような社会的行為は、芸術とのいかなる関係とも無縁に、意志の休止や不在をたんに示すだけだ。別の言い方をすれば、理想と現実、美的なものと社会的なものとの境界線を混同しないことはきわめて重要なのである。社会的な受動性と静観主義**それ自体**に、審美的な超越という栄光を授けてはならないのだ。☆180

五〇年代半ばには、状況的なものと条件づけられたものにたいするトリリングの関心は、後期フロイト、つまり『快感原則の彼岸』（一九二〇）と『文明とそれへの不満』（一九三〇）のフロイ

☆179 Lionel Trilling, "Mansfield Park," *Opposing Self*, p. 202.〔前掲川成・中村訳、二二二―二二三頁〕

☆180 Frank, "Lionel Trilling and the Conservative Imagination," p. 259.

トを横領したことによって、より深まった。トリリングは、初期の小説で死について痛切さをもって描き、『リベラル・イマジネーション』ではフロイトについて感謝を示した。しかし、トリリングの後期フロイトの解釈は、意志に向けられた文化的制約を超え、精神の内奥の下部へと彼を導いたのである。そして、そもそも脆弱な精神の根底には、つまり、ミドルクラスの洗練された習慣、批判的知性、錬磨された礼儀正しさの背後には、反抗的衝動、あさましい本能、無秩序な欲動が不穏にくすぶっていた。トリリングにとって、意志に反する宿命的な状況を構成している要素は、「壊れない一体性」と「鉄のような固さ」[☆181]でできた外部世界だけでなく、無秩序と混乱に傾きがちな自我の内部にある力学もあった。要するに、ミドルクラスの「誠実」な価値によって成立している世界は、社会転覆にたいする「ほんもの」の欲望の格好の餌食というわけなのだ。

『文化を超えて』（一九六五）、『〈誠実〉と〈ほんもの〉』（一九七二）、「現代世界における精神」（一九七二）、「なぜわれわれは、ジェーン・オースティンを読むのか」（一九七六）といった末期のテクストで、トリリングは、教育を受けたミドルクラスを、アーノルドの指導のもとに団結させようとする彼の企てがもちこたえられないことに気づいた。彼のピークは過ぎていたのであり、彼の運勢はかすんでいた。悪い予兆が、文学（彼のかつての教え子のアレン・ギンズバーグの「ビート」詩と、彼が忌み嫌うノーマン・メイラーの「実存主義的使命」や「白い黒人」）と、より重要なことには政治（公民権運動、都市部におけるブラック・パワーの反乱、トリリングが愛して止まないコロンビアを含んだ大学キャンパスや街頭での学生デモ）の分野であらわ

☆181 Lionel Trilling, "Hawthorne in Our Time," *Beyond Culture*, pp. 172, 179.

れ、トリリングがせっかく手を貸して生み育ててきたリベラル派のコンセンサスは崩壊したのである。そしてほとんどのリベラルな体制派の人間と同様に、トリリングはふるえあがった。実際に、この「街路のモダニズム」は彼に、現代の（そしてモダニズムの）文学を教えることが、健全な影響を社会に及ぼすだろうかという反省を、公表させることになるのであった。

> 原始的で、非倫理的なエネルギーの発見と賛美ほど、近代の文学の特徴を示すものはない。（中略）ニーチェのデュオニソス的饗宴とブレイクの地獄はほとんど同じものであるのだから。☆182

> ［われわれは］いつの日か、われわれの文化において、知性を発展、洗練させる方法として、いまだに文学研究は適しているのだろうか、と疑問を投げかけるだろう。文学教育の理論は、最初にそれが考案されたときには、文学とは、自我に文化を乗り越えさせたり、《市場》や《部族》や《劇場》やあるいは《洞穴》といったところで奉られる偶像への束縛からみずからを切り離すことを、自我に促したり可能にしたりするものだと想定していた。おそらく、かつて文学にはこのようなことができたのだろう。あるいは、理論に適う程度に、それに近いことはできたのだろう。しかし、われわれはいまや、このような古い意図が転倒させられてはいないか、文学がほんとうは、それが新しく考案した新しい形式をまとった古い偶像を打ち立てていないか、問わなければならない。☆183

☆182 Trilling, "On the Teaching of Modern Literature," p. 17.
☆183 Trilling, "Two Environments," pp. 201-2.

トリリングの有名な会話的文体はますます甲高く、半狂乱の調子になり、そのメッセージは、より黙示録的でディストピア的になった。そしてトリリングのリベラリズムは、疲れ果て弱まった保守主義へとぼやけていき、新国家主義的で新保守主義的な彼の同僚やかつての教え子たちが見せるような、十字軍めいた改革をめざすエネルギーにも縁がなくなっていった。激動の六〇年代にたいして、トリリングは、アーノルドが一八六六年のハイド・パークの暴動に見せた反応とちょうど同じように、複雑さ（かつては洗練のしるしだったもの）を避け、マニ教的二元論的思考をめざすようになった。トリリングは、弁証法の巧妙さを非難し、定言的な表明を擁護するようになった。ジェーン・オースティンを支持して、トリリングはつぎのように書いた。

『マンスフィールド・パーク』は弁証法的様式を容赦なく拒否することによって、なおさらに強くわたしたちのうえに定言命令的な制約を課そうとしているのだ。この作品はわれわれ現代人に特有の直感、つまり教育を受けた高潔な精神が正邪、善悪の判別ができるとすれば、それはただ発展過程の相のもと、未来と矛盾対立の葛藤と解決の相のもとにおいてのみであるとするという直感を確証してはくれない。それは身辺の日常実際的な判断からの超越、たとえば重厚かつ寛容な超然とか、斜に構えた皮肉な態度とか、あるいは開けゆく未来への確信とか、そういう喜びにわたしたちを誘うものではない。（中略）このようにまるで修道院のようなものの見方によってつくり出された芸術作品がわたしたちの心を悩まし、不安を呼ぶとしても無理はないだろう。(中略)たしかに、これは暗い思想、古風な思想であり、わたしたちの文化が好む先入主からわたしたちをひき離さずにおかぬ思想である。だが、いったん呼び起こされた不安に慣れてしまえば、この思想のなかにはなにか奇妙にわたしたちを安心させる力があることが見えてくるのである。☆184

トリリングにとって、他の二十世紀半ばのプラグマティズムの思想家にとってと同様に、古いフロンティアはすでに閉ざされてしまっているのだ。他の思想家たちとちがってトリリングは、征服すべき新しい荒野を予見することはない。逃れようのない閉所恐怖症がわれわれを待つ、要塞を守らなければならないことを見つけ出すだけなのである。いまや問題なのは、この要塞にわれわれ自身を順応させ、快適さを見つけるためには――そしてこれを脅かす新しい野蛮人を撃退するためには――どうすればよいのかということだ。

彼の主要な試みである、ハーヴァードでのチャールズ・エリオット・ノートン講座での講演『〈誠実〉と〈ほんもの〉』で、トリリングのカンバスになったのは、シェイクスピア以来の北大西洋圏文明における自我の教育《ビルドゥング》である。マックス・ホルクハイマーとテオドール・アドルノの『啓蒙の弁証法』(一九四七)やジェルジ・ルカーチの『理性の破壊』(一九五四)とちょうど同じように、この作品は、理性の衰退と不合理の台頭の過程をなぞっている。つまり、西洋的自我は、「誠実」なホレイショーから「ほんもの」のクルツへ、シェイクスピアの高みからコン

☆184 Lionel Trilling, *Sincerity and Authenticity* (Cambridge: Harvard University Press, 1972), pp. 79-80.〔野島秀勝訳『〈誠実〉と〈ほんもの〉――近代自我の確立と崩壊』法政大学出版局、一九八九年、一一一―一一二頁〕

ラッドの深みへと、すべりやすい傾斜を下っていき、ヘルベルト・マルクーゼ、ノーマン・O・ブラウン、ロナルド・レインやミシェル・フーコーに見られる、イドを賛美する多形の自我という最底辺にたどり着くのである。トリリングの悪夢は現実になった。教育を受けたミドルクラスは、みずからのブルジョワ的な価値に飽き足らなくなったのである。近代文学の基本的なテーマ――「文化自体に幻滅したわれわれの文化」と「文明にたいする敵意の流れを汲む苦々しい系譜」――は、ミドルクラスの制度や態度のなかに組み込まれてしまった。アメリカのブルジョアの生活は、反社会的なものを社会化し、反文化的なものを文化に適応させ、破壊活動分子を合法化してしまったのである。☆185

主たる元凶は、もはやスターリン主義や俗物主義ではなく、それらの最新の形態やあらわれ――新左翼、黒人の反乱、ロックンロール、ドラッグ、そしてフリー・ラブである。より辛辣に述べれば、トリリングがその形成に手を貸した新たな知的空間――リベラルなブルジョア・ヒューマニストの会話と市民の交流であり、そこでは複雑さが、政治的論争術や大衆文化より上に位置づけられ、至高のものとして崇拝される――は、アメリカで知識人の生き方が激しく分極化されたことによって、顧みられなくなってしまった。トリリングは、争いの最中、明らかに一方を選択しているものの、断固とした態度をとるにはあまりに疲れ果てていた。彼は、親しい友達と家族とともに、外界から遮断された自宅の居間の窓から外を眺めて嘆くことのほうを好んだのである。

トリリングによるアーノルド流の企ては行き詰まってしまった。後期フロイトの悲観主義

☆185 Trilling, "On the Teaching of Modern Literature," pp. 3, 23.

が、「原《プロト》プラグマティスト」であった初期アーノルドの社会改良をめざした姿勢や、キーツの悲劇的な英雄崇拝の無力な理想に取って替わった。驚くべきことではないが、『イギリスの国民性』（一八五六）のエマソンのみが『〈誠実〉と〈ほんもの〉』に登場し、暗黙のうちに、プラグマティズムが流動性と未来性の神聖化の原因として非難される。

> 自分たちは超越的存在であるよりは社会的存在であるということについて、イギリス人はみずからと世界に真実を語っていたのであった。エマソンのこのうえなく魅力的なところは、彼本来の傾向としてはイギリス人が主張するものを否定することにありながら、彼がこのような公然たる是認に由来する倫理的様式にじつに生き生きとした喜びを見出しているということだ。（中略）
>
> 　アメリカ人は――D・H・ロレンスが実際すでに五十年前に言ってのけていることだが――「崩壊した」ないしは、「疎外された」意識を生み出す《精霊》の歴史的段階に踏み入っていたのだ。ヘーゲルによれば、この意識を決定づけるものは「社会の外的力」への敵対――課せられた社会的環境から自由になりたいという欲求である。☆186

複雑さと込み入った状況に価値をおいていた、かつてはリベラルだったトリリングは――彼なりの洗練された仕方で――二〇年代のニュー・ヒューマニスト（たとえば、アーヴィング・バビットやポール・エルマー・ムーア）や風変わりな保守主義者アイヴァー・ウィンターズの言

☆186　Trilling, *Sincerity and Authenticity*, p. 114.〔前掲野島訳、一五七―一五八頁〕

っていることを、いまや繰り返すだけなのである。エマソン流の神義論は、手に負えない反乱、無政府主義という無秩序、実存に関する混乱した知識を引き起こすだけである、と。社会的任務、制度的な権力、軍隊の威力といった「内部からの抑制」のみが、アメリカの文明を保存することができるのである。したがって、批判的知性にたいする忠誠を自分自身で宣言しているにもかかわらず、トリリングは、アメリカのプラグマティズムは二十世紀半ばのアメリカの危機に対処することができないばかりか、その危機を煽り、火に油を注いでいると結論づけるのである。

　どのような水準のものであれ今日の教育に関心がある者にとって、今日の文化が引き起こした、政治的なリベラリズムさえもを含む社会的理想主義と個人の流動性——昔からの制約のない自我——との同化は、矯正不可能であるのと同時に、きわめて重大でもある。今日の世界において、過去のヒューマニズムの伝統に連なる教育の理想を組織立てることを妨げる要素のうち、これはもっとも決定的なものであるようにわたしには思える。[☆187]

二十世紀半ばのプラグマティストたちのジレンマにたいする知的反応はさまざまだったが、三つの基本的な共通項があった。ここで見た五人はすべて、それぞれ程度は異なっていたが、限られた教育しか受けていない労働者、下層階級の人びとにたいする懐疑を示していた。自分た

☆187 Lionel Trilling, "The Uncertain Future of the Humanistic Educational Ideal," *Last Decade*, pp. 175-76. 後期トリリングに関するより詳細な記述は、以下の文献を参照。William M. Chace, *Lionel Trilling: Criticism and Politics* (Stanford: Stanford University Press, 1980), pp. 117-89; Mark Krupnick, *Lionel Trilling and the Fate of Cultural Criticism* (Evanston: Northwestern University Press, 1986), pp. 135-90.

ちのヴィジョンを説明するにあたって悲劇の概念をなんらかの意味で用いた。そして自分たちが個人的にプラグマティズムから力を得て、みずからによる知的行為、つまり執筆活動をとおして、周縁性や劣等感を克服しようとしたのだ。

「アメリカのプラグマティズムの発展」という論文においてジョン・デューイはつぎのように述べた。

> もしわたしが、アメリカの思想界におけるこの運動の歴史上の類似物を挙げるよう言われたのであれば、わたしは自分の読者にフランスの啓蒙主義思想を想起させるだろう。（中略）ホフディングが書いているように、「知性、進歩、人間性にたいする熱狂的な信仰によって」活気づけられていたのである。そしてたしかに今日、彼らは、ひとえに彼らの教育上や社会的な重要さゆえに、知性と科学をごく普通の功利主義的目的に従属させようとしたと非難されてはいない。フランスの啓蒙思想家たちは、知性をその不純物から解放し、最上のものとして位置づけようとしたのである。（中略）それ［プラグマティズム］は、道徳的で社会的な生活に必要不可欠な唯一の信念としての知性にたいする信頼の形成なのである。☆188

デューイによる、アメリカのプラグマティストとフランスの哲学者との類比は、両者とも、無教養な一般大衆を愚民として、啓蒙される必要がある群衆として、洗練されるべき烏合の衆と

☆188 John Dewey, "The Development of American Pragmatism," *Philosophy and Civilization* (1931; New York: Peter Smith Edition, 1968), pp. 34, 35.

みなしている点で、語るに落ちている。両者とも、近代の北大西洋圏文明の歴史における特定の瞬間に台頭してきた別個の——そしてきわめて異質の——ブルジョアジーの限られた一部の欲求を表現しているのである。しかし、アメリカのプラグマティストは、彼らがエマソンから受け継いだ遺産と彼ら自身の個人的な出自のため、彼らより以前に出現したフランスの哲学者たちにはなじみのなかった平等主義的、民主主義的感性をもっていた。それでは、なぜ彼らは、労働者階級、下層階級のアメリカ人を信用しなかったのだろうか。

その答えは、批判的知性にたいするアメリカのプラグマティストたちの執着にあると私は述べたい。この執着の前提になっているのは、ブルジョア文化——大学教授や作家や芸術家を含んでいる——が批判的知性を独占しているとみなすことである。さらにこの執着は、アメリカ社会に存在するさまざまな民族、人種、階級、地域集団の息苦しく偏狭な反知性主義から抜け出そうとする欲望によって動機づけられている。この意味でプラグマティズムは、それが奉仕する必要性や利益によって視野を狭められた、たんなるミドルクラスのイデオロギーにとどまるというわけではない。むしろ、プラグマティズムは、自身が過去の制約や状況からの一種の解放を経験している人びとによって発信されているのである。そして普通の人びとにたいする実存的で文化的な優越感や、彼らとの隔絶を増強する制度的な装置の内部で入念に作り上げられているのである。デュボイス——彼自身が、アメリカでもっとも恵まれず嫌われた人びとの一群に有機的に結びついている——でさえ、このような優越感と隔絶を完全に克服することはなかった。自身の文化的な周縁性と政治的ラディカリズムにもかかわらず、C・ライト・ミルズは、彼の論敵タルコット・パーソンズとほとんど同じ見方で普通の大衆を眺めていた。つまり、個人として空疎で、社会的にはほとんど主体性も暴動を起こす可能性ももたない、他者に操作される対象と見ていたのである。ミルズは、プラグマティズムの伝統を代弁するように、つぎのように述べる。

敗者――もっともわずかしか獲物を獲得できない人びと――がアメリカ社会の最下層をなしているというわけではない。だいたいのところ彼らは社会の外側にいるのである。経済的に恵まれない人びとは、社会的にも心理的にも恵まれない人びとである。彼らは屈従の習慣を作り上げている。いま彼らは、何がおこなわれているかを見聞きする手段をもっていないし、いわんや、狭い日常の決まりきったことの範囲を越える事態については、何の意見ももっていない。彼らは、自分たちの生活の決定要因が直接の視野を越えるところに存しているような世界については、それを理解するために必要な情報を欠いているのである。

敗者は、中産階級の人びとに共通するしたたかな自信と憤激する能力を欠いている。彼らの憤激は短期的であり、しばしば道義的な些細なことに関するものである。彼らは敗北したのではない。試みもしなかったのである。敗北とは、挑戦する衝動というものを前提しており、それは敗者がほとんど知らないものである。彼らは、アメリカの文化の主流をなしている中産階級的存在領域の多くに参加していないのである。[☆189]

☆189 Mills, *New Men of Power*, p. 267.〔前掲河村・長沼訳、二七一頁〕

貧しい人びとが、わずかしか外部と接触をもたす、控えめな態度をとり、そしてときとして運命論的ものの見方をする、ということはまったく正しい。しかし、みずからが窮地に立たされている理由に関して、彼らはまったくなにも知らないのだろうか。彼らは、生のすべての領域において自信を欠いているのだろうか。それともミドルクラスの領域においてだけなのだろうか。彼らは、文化的執行主体としての力と「憤激する能力」をまったく奪われているのだろうか。彼らは本当にいままで試みようともしなかったのだろうか。それとも、試みたり、大胆になろうとしたり、危険を犯したりすることで、生き延びているのだろうか。ミルズのコメントは、庶民的な人びとの生活世界に関する彼の無知の程度をさらけ出している。大衆の理想化と侮辱は、両方ともミドルクラスの病である——ミルズも、そしてプラグマティズムの伝統の多くも、後者に罹っている。

二十世紀半ばのアメリカのプラグマティストたちの悲劇にたいする強いこだわりは、完全と進歩というミドルクラスの概念にたいする幻滅の結果である。リチャード・ホフスタッターがおおげさに皮肉を言ったように、「アメリカ合衆国は完全から出発して進歩を熱望した、世界じゅうでただひとつの国であった」[☆190]のだ。この幻滅は、限界、制約、状況、条件づけられた状態、そして宿命に関する言説のかたちをとった。右に紹介したプラグマティストたちは全員、「二つの世界、ひとつは死んでおり／もうひとつは無力ゆえ生まれてさえいない世界のあいだをさまよう」[☆191]という感覚をある程度もっていた。

☆190 Richard Hofstadter, *The Age of Reform: From Bryan to F. D. R.* (1955; New York: Vintage, 1960), p. 36.〔清水知久ほか訳『改革の時代——農民神話からニューディールへ』みすず書房、一九八八年、三二頁〕

☆191 Matthew Arnold, "Stanzas from the Grand Chartreuse" (11. 85-86). *The Poetical Works of Matthew Arnold*, ed. C. B. Tinker and H. F. Lowry (London: Oxford University Press, 1950).

しかし、以前に私が述べたように、悲劇は、普遍的な意味と均一の用法をもつ一枚岩的な概念ではない。むしろそれは、さまざまな人びとによって特定の状況でさまざまに用いられており、このため多様な結果をもたらしている。生の悲劇的感覚は、まさに、何度も打ち砕かれた希望や夢、今世紀に起きた心を引き裂く残虐行為や蛮行にたいする、しごくもっともな反応なのである。しかし、この反応は、私生活中心主義的な静観主義や、冷戦期の体制順応主義、学術的な専門性や個人の殉教を**必然的に**意味するわけではまったくない。初期のフックやニーバーにおいて暗示されていたように——そしてバイロンやメルヴィルにはっきりと示されていたように——生の悲劇的感覚は、革命的な行動と態度を促進することもあるのである。

> ある考えが社会にとって破壊的なものになるのは、それに内在するもののせいであったり、その考えを心のなかに抱いているせいであったりするのではなく、それが表現されるコンテクストによる——誰に向けて、どれほど多くのひとに向けて、どのような状況で、それが発言され、あるいは書かれたのか、による。[☆192]

デュボイスを除いてプラグマティストの誰も、悲劇と社会破壊行為の関係の深さを探ることなどとうていできるはずもなかった。なぜならば、彼らは、この関係がもっともうまく機能するコンテクストを避けていたからである。つまり、普通の人びとのあいだでおこなわれる政治的闘争というコンテクストである。アメリカのプラグマティズムの主要な盲点は、まさに、悲

☆192 Jonathan Dollimore, *Radical Tragedy: Religion, Ideology, and Power in the Drama of Shakespeare and His Contemporaries* (Chicago: University of Chicago Press, 1984), p. 22. また John P. Farrell, *Revolution as Tragedy: The Dilemma of the Moderate from Scott to Arnold* (Ithaca: Cornell University Press, 1980), pp. 17-68, 281-90 も参照。

劇的なものの見方と革命や体制転覆をめざす執行主体との関係なのだ。このことについて考え始める場所としてふさわしいのは、レイモンド・ウィリアムズのみごとな、しかし見落とされている『現代の悲劇』（一九六六）と、それにたいするウォルター・スタインの挑発的な応答「ヒューマニズムと悲劇的贖罪」である。[☆193] そして、考察の締めくくりによりふさわしい場所は、サバルタンの集団と連帯する闘争というコンテクストである。

最後に述べておきたいのは、ここで挙げた五人の人物はみな、意志が強く、野心的であり、社会のアウトサイダーとしてあらわれ、そのなかの何人かは社会のアウトサイダーでありつづけた、ということだ。人間としての彼らがプラグマティズムから与えられた根本的な影響は、彼らの意志力や希望を支え強化してくれたという点にある。プラグマティズムがそれほど多くの女性を魅了しなかった——とはいえガートルード・スタインが頭に浮かぶが——理由のひとつは、権力の領域の現実にたいするプラグマティズムの攻撃的で自信に満ちた姿勢が、家父長制の強いアメリカにおいては事実上男性のみのものであったからだ。デュボイスは、彼のヴィクトリア朝的感性にもかかわらず、女性の能力と可能性に関するアメリカのプラグマティズムの数少ない言及のひとつ、「女性の断罪」で、この点について不器用ながらも触れている。

> 未来の女性は、一生の仕事と経済的自立をもたなければならない。知識をもたなければならない。母になる権利を自分の自由に行使できなければならない。獣じみた自由な男性性という考えをいずれ捨てなければならないのであれば、自由な女性という考えにたいす

☆193 Raymond Williams, *Modern Tragedy* (Stanford: Stanford University Press, 1966), pp. 13-84; Walter Stein, "Humanism and Tragic Redemption," *Criticism as Dialogue* (Cambridge: Cambridge University Press, 1969), pp. 183-246.

る、現在広まっている上品ぶった恐怖はなくならなければならない。（中略）世界は（中略）黒い姉妹たちを忘れている。彼女たちは、ある意味で、あのヴェールに閉ざされた憂鬱を代表しているのである。☆194

アメリカのプラグマティズムは、攻撃的な意志をあまりにも重視しているのだろうか。それは、家父長文化のまた別の表現にすぎないのだろうか。異なった階級や文化を背景にもつ女性たちの強く自己主張する主体性は、知的表現のこの様式を将来的に避けるようになるのだろうか。これらの疑問は、現在では答えられないままである。しかし、私は、エマソン流の個人主義とプラグマティズムの実験精神とをともなったアメリカの文化は、性的アイデンティティの問題よりもっと奥が深いにちがいないと思っている。もし私の考えが正しいのであれば、重要なのは、アメリカの女性がいかにしてプラグマティズムを作りなおし、修正するかということである。つまり、彼女たちが自分たちの経験を主張することが、創造的民主主義というエマソン的文化をいかにして豊かなものにし、促進することができるのかということだ。というのも、プラグマティズムが生み出す効果は、つねに人びとがプラグマティズムをとおして作り出す効果だからだ。

☆194 W. E. B. Du Bois, *Darkwater: Voices from within the Veil* (New York: Schocken, 1920, 1969), p. 165.

第5章　アメリカのプラグマティズムの衰退と再興
――W・V・クワインとリチャード・ローティ

アメリカの哲学は、どうにかしてアメリカ自身が必要としているものと、成功ある行動というそれ自体の暗黙の原則を意識することができなければ、大昔に木材の繊維質のごときものになり果ててしまった歴史的な反芻物を噛みつづけること、すなわち失われた大義の弁明と、学問ぶった図式的な形式主義のあいだで失われてしまうだろうとわたしは確信している。

ジョン・デューイ

アメリカのプラグマティズムは、まさしくアメリカ独自の哲学であると広くみなされているが、哲学という学問業界では支配的であったことは一度もなかった。ジェームズとデューイの最盛期においてさえ、古い形態の観念論と新しい種類の自然主義と実在論がこの国の主要な哲学科を支配していた。そのうえ、ジェームズとデューイの主な信奉者は、影響力のある職業的哲学者というよりも社会参加する公共哲学者の傾向が強かった。例外はたしかにあって、もっともよく知られているひととしては、ともにハーヴァード大学に所属していた、ラルフ・バートン・ペリー（ジェームズの実在論系統の弟子）とC・I・ルイス（自称、概念的プラグマティスト）がいた。しかし大勢としては、アメリカのプラグマティズムは学問界の高層には多くの信奉者を得ていなかった。

これには三つの基本的な理由がある。第一に、プラグマティズムには反知的専門職的《アンチプロフェッショナル》な含みがあるために、それが学問界に完全に同化していくことが妨げられた。第二に、バートランド・ラッセルとアルフレッド・ノース・ホワイトヘッドの『プリンキピア・マテマティカ』(一九一三)によって開始された――そしてレオポールト・レーヴェンハイム、トアルフ・スコーレム、アロンゾ・チャーチ、クルト・ゲーデルの革新的な研究によって補強された――記号論理学の革命とそれへの魅了のために、職業的な哲学の関心は、プラグマティズムがほとんど口をさしはさめない問題へと向いてしまった。第三に、そしてもっとも重要なこととしては、ナチスから逃れてきたオーストリアとドイツの亡命者たちが、アメリカの哲学の場に、厳密さと純粋さと精密さと真面目さのプロジェクト――論理実証主義――を持ち込んだことである。ルドルフ・カルナップ、ハンス・ライシェンバッハ、アルフレト・タルスキ、ハーバート・ファイグル、カール・ヘンペルの影響は甚大であった。実際、論理実証主義はこの国のもっとも才能のある若い哲学者たちの想像力をとらえた。彼らにとってプラグマティズムは曖昧模糊で頭の悪いもののようにうつった。

論理実証主義の主な効果は、関心を歴史意識と社会考察から逸らし、論理と物理学へと向けることであった。その主要な目的は意味の分析と明確化であり、その目標は諸科学の働きを記述しながらも論理と数学の不可欠な役割を知らしめることによって、諸科学を統合することにあった。論理実証主義は、エルンスト・マッハの反形而上学的な著作にもっともよく見てとることができる十九世紀ウィーンの経験主義の伝統の延長であった。

主にモーリッツ・シュリック、オットー・ノイラート、フリードリッヒ・ワイスマン、クルト・ゲーデル、ルドルフ・カルナップに率いられた有名な「ウィーン学団」は、理論物理学と記号論理学の新しい進展に夢中になっていた哲学者たちによって支配されていた。その多種多様な広がりにもかかわらず、論理実証主義は三つの基本的な前提に依拠していた。第一に、それはある種の文の原子論を前提としていて、ひとつひとつの文を可能な経験的確証（科学の文）、論理的必然性（論理学と数学の文）、感情（倫理、芸術、宗教の文）のいずれかと相互に関連づけるものであった。第二に、それはある種の現象学的な還元主義をともなっていて、物理的客体についての文を実際の感覚や可能な感覚についての文に翻訳するものであった。第三に、それは意味の実証理論を前提としていて、観察にもとづく証拠こそが認知上意味のある文の基準であり、したがって世界のあり方についての有効な理論を決定するさいの最終的な根拠だとした。主要な論理実証主義者たちによってときどきに主張されてきた、これらの独立しているが相互に関連した原則は、分析的と綜合的、言語的と経験的、理論と観察という基本的な区別によって導かれていた。☆1

論理実証主義は、ゴットロープ・フレーゲ、アレクシウス・マイノング、バートランド・ラッセル、G・E・ムーアによって引き起こされた強大な実在論的反逆によって補強された。☆2 フレーゲは論理学においてジョン・スチュアート・ミルの心理主義とジョン・ヴェンの慣例主義に反逆し、マイノングは対象論においてフランツ・ブレンターノの心理主義に反逆し、ラッセ

☆1　こうした区別の哲学的精緻化と否定についての主要な論文としては、以下を参照せよ。Carl G. Hempel, "Empiricist Criteria of Cognitive Significance: Problems and Changes" and "The Theoretician's Dilemma: A Study in the Logic of Theory Construction" in his *Aspects of Scientific Explanation and Other Essays in the Philosophy of Science* (New York: Free Press, 1965), それぞれpp. 101-22, 173-226.

☆2　私が念頭においている、フレーゲ、マイノング、ラッセル、ムーアの関連性のある著作は以下の通り。フレーゲの古典的論文 "On Sense and Reference," in *Translations from the Philosophical Writings of Gottlob Frege*, ed. Peter Geach and Max Black (Oxford: Oxford University Press, 1952)〔土屋俊訳「意義と意味について」、野本

ルとムーアは形而上学と認識論においてF・H・ブラッドリーのヘーゲル的観念論に反逆した。これらの異なったタイプの実在論者たちにとって、プラグマティズムは心理主義と慣例主義と観念論についてのアメリカ版脚注にしかみえなかった。

こうした攻撃や中傷に加えて、プラグマティズムは北大西洋圏の哲学における他の主要な発展からも恩恵を受けることがなかった。自然主義や歴史主義（あるいは懐疑主義や相対主義）とは別のあり方を求めてのエドムント・フッサールの探究は、哲学とは前提なき現象学的調査によって「本質」が把握されるような厳密な科学であるという考えにいき着いた。[☆3] フッサールの弟子であるマルティン・ハイデッガーは、形而上学の可能性の条件の存在論的な探究を始めたが、アメリカの哲学は「形而上学の領域の外部に」ある、つまり本当の哲学ではないという理由で、プラグマティズムは無視された。[☆4] 最後にジャン＝ポール・サルトルは、ハイデッガーから着想を得て、アメリカのプラグマティズムの楽天気質とはまったく異質な実存主義を提唱した――しかしそれは戦後ヨーロッパのみならず、ある程度はアメリカにも力強く語りかけるものであった。[☆5] 要するに、プラグマティズムは欧米の哲学においては退潮にあった。投獄されたマルクス主義思想家であるアントニオ・グラムシのノートにおいてのみ、プラグマティズムについての好意的なことばを見出すことができよう。[☆6] そしてこのノートは数十年後まで出版されることはなかった。

プラハでカルナップとともに学んだW・V・クワインの天才は、記号論理学者と論理実証主義者のもっとも洗練された論考に、プラグマティックな定式とエマソン的、つまり人間臭い感

和幸・黒田亘編『哲学論集 フレーゲ著作集4』勁草書房、一九九九年〕、マイノングの "The Theory of Objects," in *Realism and the Background of Phenomenology*, ed. Roderick Chisholm (Glencoe, Calif.: Glencoe, 1960)〔三宅實訳『對象論に就いて』岩波書店、一九三〇年〕、ラッセルの "Meinong's Theory of Complexes and Assumption," *Mind*, 13 (1904), 204-19, 336-54, 509-24、ムーアの "The Refutation of Idealism," *Philosophical Studies* (London, 1922).

☆3 Edmund Husserl, "Philosophy as Rigorous Science," *Phenomenology and the Crisis of Philosophy*, ed. and trans. Quentin Lauer (New York: Harper and Row, 1965).〔佐竹哲雄訳『厳密な学としての哲学』岩波書店、一九六九年〕この論文は一九一〇年にはじめて出

性で介入したことにあった。クワインはプラグマティストというより自然主義者であったが、アメリカのプラグマティズムを戦後の学問的哲学において傾聴に値するものにした。オハイオ州アクロン出身で、オーバーリン大学で教育を受け、ハーヴァードで訓練され、現在では世界でもっとも著名な英語圏の哲学者でハーヴァード大名誉教授であるこの魔術師は、分析哲学のアメリカ化を始めた。☆7

その数多い著作と論文——もっとも顕著なのは古典的論文「経験主義のふたつのドグマ」（一九五一）——においてクワインは、論理実証主義が依拠している根本的区別を説得力をもって問いなおすことにより、論理実証主義を解体した。

クワインは三つの点で画期的であった。第一に、彼は、経験的重要性の基本的単位を孤立した文から文や理論の体系へとシフトさせる認識論的全体論を強調した。それぞれの孤立した文を一片の証拠や一組の実際のあるいは可能な感覚へと還元するという論理実証主義的な考えは放棄された。クワインは、カルナップがこの考えから身を引き離したことに言及したのちに述べている。

しかし還元主義のドグマは、より巧妙かつ分かりにくいかたちで、経験主義の思考に影響しつづけてきた。つぎのような考えはまだ消え去っていない。すなわち、個々の言明、個々の綜合的言明には、可能的な感覚的出来事から成る、ふたつのある決まった領域が対応しており、第一の領域に属する感覚的出来事のどれかが生ずれば、それは、当の言明が

版された。

☆4 Martin Heidegger, *Being and Time*, trans. John Macquarrie and Edward Robinson (New York: Harper and Row, 1962).〔細谷貞雄訳『存在と時間』（上下巻）、ちくま学芸文庫、一九九四年〕これが世に出たのは一九二七年である。

☆5 Jean-Paul Sartre, *Being and Nothingness*, trans. Hazel E. Barnes (New York: Pocket Books, 1956).〔松浪信三郎訳『存在と無』（I～III巻）、ちくま学芸文庫、二〇〇七年〕これは一九四三年にはじめて出版された。

☆6 Antonio Gramsci, *Selections from the Prison Notebooks*, ed. and trans. Quintin Hoare and Geoffrey Nowell Smith (New York: International Publishers, 1971), pp. 348-49, 372-73, 391.

☆7 クワインの人生については、以下を参照せよ。W. V. Quine, "Autobiography

真である公算を高めるように働くが、他方、第二の領域に属する感覚的出来事の出現は、その公算を低めることになるという公算である。この考えは、もちろん、意味の検証理論のなかに暗に含まれているものである。

還元主義のドグマは、個々の言明が、他の言明から孤立して考えられても、ともかく確証や反証を受けうるという想定のなかに生き残っている。わたしの反対提案は、本質的には、『世界の論理的構築』における物理世界についてのカルナップの説に由来する。すなわち、外的世界についてのわれわれの言明は、個々独立にではなく、ひとつの団体として、感覚的経験の裁きに直面するということである。☆8

論理実証主義における原子論と経験主義的伝統一般にたいするクワインの批判は、ジェームズ、そしてとくにデューイのそれを復唱している。彼の批判は、分析哲学者のもっとも大切にしている概念——分析性という概念、すなわち言明は意味によって真となり、事実とは関係ないという考え——にまで及ぶ。部分的にピエール・デュアンに由来する認識論的全体論にもとづいたクワインの方法論的な一元論によれば、ある孤立した言明が経験的な確証なしで真でありうるという考えは、ある孤立した言明は経験的な確証があれば真であるという考えと同じくらい受け入れがたい。彼の主要な論点はこうである。孤立した言明ではなく、世界についての相反する理論や説明や記述が「経験的重要性の基本的単位」なのであって、その最たる理由は、そのような言明の真理価値は世界についてのあるひとの理論や説明や記述に関連して変化

of W. V. Quine," *The Philosophy of W. V. Quine*, ed. Lewis Edwin Hahn and Paul Arthur Schilpp, Library of Living Philosophers (La Salle, Ill.: Open Court, 1986), pp. 3-46; W. V. Quine, *The Time of My Life* (Cambridge: MIT Press, 1985).

☆8 Willard Van Orman Quine, "Two Dogmas of Empiricism," *From a Logical Point of View* (New York: Harper, 1963), pp. 40-41.〔飯田隆訳「経験主義のふたつのドグマ」、『論理的観点から——論理と哲学をめぐる九章』勁草書房、一九九二年、六一頁〕

しうるからである。このように、「経験主義のふたつのドグマ」——還元主義と分析的／綜合的という区分——は分離できないだけでなく、「根本において同一」なのだ。

還元主義のドグマは、その薄められたかたちにおいてさえも、もうひとつのドグマ——分析的言明と綜合的言明のあいだには分裂があるというドグマ——と緊密に関連している。実際、われわれは、意味の検証理論を通じて、後者の問題から前者の問題へと導かれたのである。もっと直接的に言えば、一方のドグマは、明らかに、他方のドグマに次の仕方で支持を与えている。つまり、言明の確証と反証について語ることが一般に有意味であると考えられている限り、事実そのものによって《イプソ・ファクト》何があろうと空虚に確証されるような極限的な種類の言明について語ることもまた、有意味であるように思われる。そしてこのような言明が分析的なのである。
（中略）もしこうした見解が正しければ、個別の言明の経験的内容について語るのは誤りのもとである——とりわけ、それが、場のなかで経験に近い周縁からはるかに離れている言明であるならば、なおさらである。なおそのうえに、経験に依存して成り立つ綜合的言明と、なにがあろうとも成り立つ分析的言明とのあいだの境界を探し求めることは、愚かなこととなる。体系のどこか別のところで思い切った調整をおこなうならば、どのような言明に関しても、なにがあろうと真とみなし続けることができる。周縁部にきわめて近い言明でさえ、それにしつこく反するような経験に直面したとしても、幻覚を申し立てるとか、論理法則と呼ばれる種類の言明を改めることによって、相変わらず真であるとみなし続けることができる。逆に、まったく同じ理由から、どのような言明も修正をまぬがれないのである。☆9

クワインが分析的／綜合的という区別を放棄するのは、パースの「理性の第一規則」という錦の御旗——探究の道を妨げてはならない☆10——に従っているだけでなく、ジェームズとデューイの反二元論とエマソンの偶発性重視の精神に則っている。

最後に、クワインの自然主義は科学に先立つ第一哲学を退ける。そのかわりに、哲学は科学と連続的だとみなされる。もっと具体的に言うと、認識論は科学の主張を基礎づける自律的な学問分野ではなく、むしろ心理学の一派である。哲学的正当化はそれだけで成り立つものではなく、つねにある様態の理論的説明の本質部分をなしている。クワインは、デカルトの影響を受けて「科学の先を行き、外的世界についてのわたしたちの知識を正当化するのに役立つ第一哲学を夢見た」哲学者たちを回避する。☆11彼にとって、認識論は放棄されるというよりも自然化される。

認識論はまだつづくが、それはあらたな舞台と明確化された地位においてである。認識論、あるいはそれに似たものは、単純に心理学の一章、つまりは自然科学の一章として納まるべきところに納まる。認識論は自然現象、すなわち物理的な人間主体を研究する。こ

☆9 Ibid., pp. 41, 43.〔同右訳書、六一—六二、六四頁〕これよりもわずかに早く分析的／綜合的という区別を否定しようとした試みとしては、以下を参照せよ。Morton White, "The Analytic and the Synthetic: An Untenable Dualism," in *John Dewey: Philosopher of Science and Freedom*, ed. Sidney Hook (New York: Dial, 1950), pp. 316-30.

☆10 *Collected Papers of Charles Sanders Peirce*, ed. Charles Hartshone, Paul Weiss, and Arthur Burks (Cambridge: Harvard University Press, 1933-58), 1: 56.

☆11 W. V. Quine, "Grades of Theoreticity," in *Experience and Theory*, ed. L. Foster and J. W. Swanson (Amherst: University of Massachusetts Press, 1970), p. 2.

の人間主体は、ある経験的に制御された入力——たとえば、さまざまな周波の光線のあるパターン——を与えられ、ときが熟すると、主体は三次元的な外的世界とその歴史の記述を出力として排出する。わずかな入力と膨大な出力のあいだの関係を研究するようにわたしたちを促すのは、認識論をつねに促してきたのとある程度同じ理由による。すなわち、いかに証拠が理論に関係し、どのような仕方で自分の自然理論がどんな利用可能な証拠をも超越するのかをみるためという理由である。[☆12]

しかしクワインの近代認識論回避はデューイのそれほど徹底していない。これは、クワインの記念碑的な革新には論理実証主義の残滓が残っているためである。残滓とはすなわち、彼が物理学に存在論的な忠誠を保っていることと、彼がそのスキナー的な行動主義心理学において、最小限とはいえ基礎づけ主義的な（決定を徹底的に回避しているが）「観察文」を必要としていることである。クワインにとって、すべての有意な差異は、物理学において利用可能な最良の理論によって決定された物理的差異である。彼の主張は、形而上学はなくなるべきであり、認識論は実質上なくなっているが、存在論は残っているということである。存在論は彼の「屈強な実在論」[☆13]を温存し、《真理》と《実在》への物理学の独占を促す。クワインが存在論をあきらめることを拒否しているのは、つぎのような申し立てを考えると、奇妙に思える。

ひとりの経験主義者としてわたしは、科学の概念図式は究極的には過去の経験に照らして

☆12 W. V. Quine, "Epistemology Naturalized," in *Ontological Relativity and Other Essays* (New York: Columbia University Press, 1969), pp. 82-83.

☆13 クワインが総力を挙げて、自身の「存在論的な路線を踏襲するナイーヴで強情な実在論」と「屈強な実在論」と呼ぶものを擁護している議論としては、以下を参照せよ。*The Roots of Reference* (La Salle, IL.: Open Court, 1971)、また *Theories and Things* (Cambridge: Harvard University Press, 1981)、とくに pp. 38-42, 96-99, 173-78, 182-84 はドナルド・デーヴィッドソン、ネルソン・グッドマン、ソール・クリプキ、グローヴァー・マックスウェル、デーヴィッド・アームストロングへの彼の応答である。

未来の経験を予測するための用具であると考えつづけている。物理的対象は便利な媒介物として概念的に導入される——定義上経験に関連した媒介物としてではなく、たんに認識論的にホメロスの神々になぞらえることのできる、還元不可能な措定として導入される。わたしとしては素人の物理学者として《クア》、物理的対象の存在を信じてもホメロスの神々の存在は信じないし、そうしなければ科学的に誤っている、とわたしは考える。しかし認識論的な立場にたってみれば、物理的対象と神々がちがうのは、たんに程度の差であって、種類がちがうのではない。どちらの存在者も文化的措定としてのみ、わたしたちの考え方に入ってくるのである。物理的対象の神話はたいていの神話にまさっている。それは、経験の流れのなかに、扱いやすい構造をつくるための装置として、他の神話よりも有効であることがわかっている、という点においてなのである。☆14

物理学的対象や数学的対象の存在論は神話である。しかし、神話という性質は相対的である。すなわちこの場合には、認識論的観点にたいして相対的なのである。この観点は、わたしたちのさまざまな関心や目的のうちのひとつに対応する、さまざまな観点のうちのひとつの観点なのである。☆15

実際、クワインはアメリカのプラグマティズムの精神を確認することで彼の古典的論文を締めくくっている。

☆14 Quine, "Two Dogmas of Empiricism," p. 44.〔前掲飯田訳「経験主義のふたつのドグマ」、六六頁〕

☆15 W. V. Quine, "On What There is," *From a Logical Point of View*, p. 19.〔飯田隆訳「なにがあるのかについて」、前掲『論理的観点から』、二八頁〕

カルナップやルイスやその他の人びとは、言語形式、すなわち、科学の構造のどれを選択するかについて、プラグマティックな立場をとっている。しかし彼らのプラグマティズムは、分析的なものと綜合的なものとの境界を想定するときには、適用されないのである。わたしは、そのような境界を否定することによって、もっと徹底したプラグマティズムを支持するのである。ひとはそれぞれ、科学の遺産に加えて、感覚的刺激を次々と連続的に受け取っている。そして科学の遺産を連続的な感覚的刺激に適合するように変形してゆくときに指針となる考え方が、合理的な場合には、プラグマティックなのである。[☆16]

☆16 Quine, "Two Dogmas of Empiricism," p. 46.〔前掲飯田訳「経験主義のふたつのドグマ」、六八頁〕

プラグマティズムにたいしてこのような身振りを示しているのに、クワインはなぜデューイの『確実性の探求』の多元論を支持しないのだろうか。彼が科学のことを世界に対処するためにわたしたちがもっている説明のための最良の道具というだけでなく、世界の《真理》と《実在》であるとして擁護しているのは、彼自身が信仰の飛躍をおかしていないだろうか。この擁護は、現代文化におけるそうした権威への彼の存在論的な忠誠の表明ではないだろうか。真理や実在についてどんな権威にも服従しないというデューイのエマソン的な拒絶は、認識上の多元論へと彼を向かわせるが、すでにみたとおり、粗野な相対主義に向かわせることはない。対してクワインの実証主義的な遺産は彼をある種の存在論的物理主義に縛りつける。

論文「経験主義におけるプラグマティストの位置」において、クワインは自身の自然主義とデューイのプラグマティズムとがそれぞれ異なった存在論に依って立つと訴えることで、自身をプラグマティズムから区別しようとあからさまに試みている。

プラグマティストのジェームズ、シラー、デューイは、科学のことを数々の観察を整理するための概念的な速記法だとみていた。（中略）そしていまではわたしも、わたしが誇る自然主義にもかかわらず、同じ見解に引きつけられているように思える。ちがいはないのだろうか。

ちがいは存在論に探し求められる。（中略）デューイの実在は観察可能な客体からなっている。（中略）他方で、わたしのような自然主義の哲学者たちにとって、仮説上の存在としての性格がきわめて色濃い粒子にいたるまで、物理的客体は実在している。とはいっても、物理的客体についてのこうした認識は、すべての科学と同じように、修正される可能性がある。わたしはこのような存在論的な路線を踏襲するナイーヴで強情な実在論を支持しながらも、同時に、人間のことを大概において真理の発見者というよりも作者だと呼ぶことができる。わたしが両方の路線を支持できるのは、物理的客体についての科学的真理は、人間が作者だとしても、それでもまだ**真理**にほかならないからである。わたしの自然主義において、科学が提供する、あるいは追い求めるものよりも高位の真理をわたしは認めない。[☆17]

☆17 W. V. Quine, "The Pragmatists' Place in Empiricism," in *Pragmatism: Its Sources and Prospects*, ed. Robert J. Mulvaney and Philip M. Zeltner (Columbia: University of South Carolina Press, 1981), pp. 33-34.

デューイがある種の存在論を保持しているのみならず、「観察可能な客体」の存在論を保持しているとするクワインのとらえ方は問題含みである。クワインのデューイ観は――彼が脚注でことわっているように――アーネスト・ネーゲルの論文「デューイの自然科学理論」に依拠している。しかしこの論文を確認してみると、デューイについてそのようなとらえ方はみあたらない。それどころか、ネーゲルは論をデューイの認識上の主張に限定している。それは、可謬論を是認し、相対主義を拒絶しようというクワインの関心と共鳴する主張である。ネーゲルはたしかにデューイの多元論を「常識哲学の論者たちとしばしば結びつけられる独断的なナイーヴさ」から区別するために、「ナイーヴな実在論」ということばを思わず使ってしまっている[☆18]が、彼はつづけて、この「ナイーヴな実在論」は観察可能な物体の存在論ではなく、むしろ、何が本当に事実であるかについて、常識哲学と科学による独占にゆさぶりをかけるものだと述べている。クワインがデューイに押しつけようとしているのは、まさにデューイが否定している「独断的なナイーヴさにとらわれた」立場である――そしてネーゲルはこの否定を強調している。

> 科学的客体に関するデューイの記述は、このように、ありのままの経験という主張の再提言をともなっている。(中略)彼は、世界に備わっている究極のものとして日常的経験のさまざまな性質を含めることを強調している。しかし彼は、諸性質の直接的な把握がそうした性質の知識をなすとは思っていない。デューイにとっての知識とは、つねに探究の終着

☆18 Ernest Nagel, "Dewey's Theory of Natural Science," in *John Dewey: Philosopher of Science and Freedom*, p. 237.

点であり、このように直接的に経験されることと経験されないことのあいだの依存関係を立証することを含んでいる。しかし、これらの関係がいかなるものかということは、当該問題にかかわってくるのが物理学、私的道徳、あるいは公共政策のいずれであろうと、直感や権威によっては解決されない。それはなによりも、反省的思考や実験的探究を必要とする問題なのである。[☆19]

クワインは、デューイと同様に直感を否定しているが、デューイとはちがって、物理学の**権威**に訴えかける。それは、修正されつつも、世界のあり方についてわたしたちに教えてくれるものなのである。デューイが物理学の権威（あるいは常識哲学や他のなんらかの権威）を受け入れるのは、権威が効果的に働くかぎりにおいてのみである。このことが意味するのは、たとえば物理学はうまく予測し説明してくれるということである。つまり彼は、物理学に機能面で（あるいは道具面で）忠誠を示しているが、存在論的には忠誠を示していない。ネーゲルはつぎのように、デューイに関して正しく述べている。「したがって、物理学にとって権威ありと認められていることは客体的存在の尺度ではない。そして影響力のある知的伝統に根ざした恣意的な嗜好だけが、不変の関係秩序に独占的な実在性を付すことになる。[☆20]」だがデューイクワインが示唆するように「観察可能な客体」に独占的な実在性を付してはいない。デューイはたんに、固有の世界観のなかで「観察可能な客体」を措定する人たちのことを、別の固有の世界観のなかで「観察不可能な物理的客体」を措定する人たちと――異なった目標や目的に即

☆19　Ibid.
☆20　Ibid.

応しようとしているだけで——同じ立場にあるとして擁護しているだけである。要するに、デューイは一九五一年ごろのクワインのプラグマティズムを主張しているのだ。すでにみたとおり、デューイにとって、なんらかの**単一の**世界像によって措定された客体に独占的な実在性を付すという考え自体が、可謬論という「ドグマ内的な」考えを推進しているとしても、ドグマ的である。この理由のため、彼は**単一の**存在論を保持しない。

このことはデューイを観念論者にしているだろうか。もちろんそうではない。というのも、観念論者はたしかに、なんらかの独占的な存在論、たいていの場合、意識の内容の存在論をもっているからである。しかし彼は間違いなく実在論者ではない。ならば彼はなにものなのだろうか。彼は実在論／観念論の両極性の外部にいる。というのも、彼はこの両極性の拠点となっている領野を否定しているからである。彼がプラグマティストだというのはこの理由による——あるいは、もっとよい表現が見つからないのであえて言うと、彼は探究と関心によってのみ制限される多元論者である。

クワインのプロジェクトのなかのもうひとつの実証主義的残滓は、彼のスキナー的な行動主義心理学における観察文という概念である。意味の検証理論にたいしての——とくに、その文の原子論と還元主義と観察基準にたいしての——クワインの徹底的な批判は、中核的な文と周縁的な文、あるいは貴重な言明とさほど貴重でない言明についてのみ語るように彼を導いたはずであると考えられた。なぜ「観察」ということばを使っているのだろうか。クワインがこのことばを好んだのは、知識要求の間主観的な性質を語るために彼が必要としたのは認識論的な拠りどころではなくて（彼は基礎づけ主義者ではない）、認識上の留め具であるためだとわたしたちは発見する。観察文なしでは——「同一で同時の刺激を与えられたときに、それについて当該言語のすべての話者が同一の判断をする」ような文なしでは——人びとが同意することと人びとが世界から受ける入力のあいだにどんな因果関係もありえないと彼は示唆する。[☆21]この留め具がなければ、行動主義心理学ではなくて科学の社会学と歴史が認識論の妥当な後継者となってしまう。そしてクワインにとって、これは「認識論的虚無主義」である。[☆22]彼の認識論回避は物理学、生物学、心理学に限定されるままにとどまる。彼は人間存在の社会的歴史的次元にたいして深い不信を抱いている。こうして彼の画期性は深大で永続的なものだが、その実証主義的な偏見による制約を脱していない。

こうした制約はネルソン・グッドマンの革新的な著作において解体される。ハーヴァードで学部教育と大学院教育を受け、現在はそこの名誉教授であるグッドマンは、米国ポストモダン哲学のハーヴァードにおける「もうひとりの」長老である。強力な論理能力とすばらしく研ぎすまされた芸術的感性をユニークにあわせもったグッドマンは、彼自身のカルナップとの格闘、および構成的な論理体系のための妥当性基準の問題との格闘のなかで、独自にクワイン的な論理実証主義批判にたどりついた。しかしグッドマンはこの批判を実証主義的遺産の限界の向こうまで押し進めている。グッドマンがパンドラの箱を開けたことで、現代哲学はおおいなる苦悩に苛まれるようになった。

彼の論理慣例主義は、正確な絵画的描写にかえて、ことばによる受け入れ可能な記述を、世

☆21　Quine, “Epistemology Naturalized,” p. 86.

☆22　ノーマン・ハンソン、マイケル・ポランニー、トマス・クーンがこのため「留め具」を否定し、その「認識論的虚無主義」への扉を開いたというクワインの主張については、ibid., pp. 86-90 を参照。

界のあるヴァージョンを構築することの目標と目的だとする。グッドマンは、カルナップの『構成《アウフバウ》』（『世界の論理的構成』、一九二八）についての丹念な研究のほぼ十年後に、その著名な論文「世界のあり方」でつぎのように結論づけている。

> わたしたちが直面しなくてはならないのは、もっとも真に迫った記述でさえ、世界のあり方を忠実に再現するというのには及ばないという事実である。（中略）というのも、それは明らかな基本的要素、構成の道筋、等々をもっているが、そのどれも記述された世界の特徴ではないからである。したがって、もし体系的な記述が恣意的な人工的秩序を作り出すのであれば、わたしたちの記述を世界とより一致させるためには記述を非体系的にしなくてはならないと主張する哲学者もいる。さて、ここでの暗黙の了解は、ある記述が不十分である点は、**それが忠実な絵になり損ねている点にほかならない**ということである。そしてその暗黙の**目標**は、生き生きとした似姿に可能なかぎり近づく記述を達成することである。しかしこの目標は疑わしいものである。というのも、すでにみたように、もっとも現実的な描写法でさえ、結局はある種の慣例主義にしかならないのだから。絵画における選択や強調や慣例は、言語のそれとは異なっているが、同じくらい媒体に固有であることにかわりないし、同じくらい変わりやすいものである。ある記述を可能なかぎりもっとも忠実な絵に変えることは、結局のところある慣例を別の慣例に交換することにしかならないと理解すれば、ことばによる記述を絵による描写に近似させるという考えはその意味を失

うのである。[☆23]

グッドマンのポスト経験主義的な反還元主義は、観察の理論負荷性と理論の価値負荷性を強調する。グッドマンが、たとえばカルナップの現象主義的な体系のような構成的な体系や、アインシュタインの特殊相対性理論のような科学理論における妥当性の基準を探究した結果として主張したのは、選択は主にたんなる事実との一致、たとえば観察データに依拠するのではなく、むしろなによりも構造的な単純さに依拠するということであった。その影響力の大きな論文「単純さの試験」において、彼はこう書いている。

このように、ある理論の選択はつねに、それが取り扱う事実のいくつかを決定する以前におこなわれるのであって、したがって、そうした選択をするさいには、そのような事実との一致以外のなんらかの基準が適用されなければならない。わたしたちは、二つの素因（たとえば、放射能の時間と減退）の相互関係に関して、好きなだけ多くの点を実験によって描き出したあとに、描き出した点を包含するような無限に多くの曲線すべてのなかのひとつを選び出すことにより、残りの点を予測する。明らかに、なんらかの単純さがこの選択するさいの最大の素因となっている（わたしたちは「もっとも滑らかな」曲線を選ぶ）。この選択のまさに妥当性が依拠しているのが、選択がそのような基準に従って適切になされているかどうかということである。したがって、ここでの単純さは、真実が決定

☆23　Nelson Goodman, "The Way the World Is," *Problems and Projects* (New York: Bobbs-Merrill, 1972), pp. 29-30.

されたあとに適用される考慮事項ではなくて、真実を発見する努力のなかで適用される妥当性基準のひとつである。[☆24]

最後に、グッドマンの存在論的な多元論は真理の概念を適合の概念へと押しやり、固定した世界と唯一の真理のかわりに、世界の多様で矛盾さえする数々の真の像を推奨する。クワインの単一宇宙的な自然主義は、ここで、物理学の存在論的な特権化を根本的な問いに付す多宇宙的な多元論へと花開く。グッドマンは、そこでは根源的な偶発性が「規範」であり、人間の創造力が決定的な役割を果たすようなエマソン的な世界像を提示する。

> 要するに、言明の真実と、記述、表象、例示、表現の正しさ——デザイン、素描、言いまわし、リズムの正しさ——は、まずもって適合《フィット》の問題である。すなわち、なんらかの仕方で指し示されたものや、あるいはそれ以外の言い表わし方や、もしくは編成の様式や仕方への適合の問題なのである。ある像《ヴァージョン》をある世界に適合させること、ある世界をある像に適合させること、そしてある像をひとまとまりの適合したものにする、もしくはもろもろの像に適合させること、これらのちがいは、もろもろの像がその適合するもろもろの世界の制作において果たす役割を認める場合には薄れてゆく。そして知や理解は、真の信念の獲得というところを超えて、ありとあらゆる種類の適合を発見し案出することまでをも含むとみなされるのである。[☆25]

☆24 Nelson Goodman, "The Test of Simplicity," *Problems and Projects*, pp. 279-80.

☆25 Nelson Goodman, *Ways of Worldmaking* (Indianapolis: Hackett, 1978), p. 138.〔菅野盾樹訳『世界制作の方法』ちくま学芸文庫、二〇〇八年、二四〇頁〕

グッドマンは真理の概念を放棄しているのではなく、多数化しているのだ——反省的思索の規則のなかで。

世界については異なっていて同じくらい真の記述がとても数多くあり、そうした記述の真実さがその正確さの唯一の基準である。そしてそうした記述がどれも慣習化されているとわたしたちが言うとき、それら異なった記述はどれも、それ以外の記述もまた真なのであるから、**独占的に**真とはならないと言っているということになる。それらのうちどれひとつとして**これぞまさしく**世界のあり方ということは教えてくれず、それぞれが**あるひとつの**世界のあり方をわたしたちに教えるのである。☆26

アメリカのプラグマティストたちと同じように、グッドマンは性質的に柔軟で内容的には創造的な知の概念を主張する。

さらに、世界が発見されるものであるのに劣らず制作されるものでもあるとすれば、知ることは報告することであるばかりか、作りなおすことでもある。わたしが論じた世界制作のあらゆる工程が知ることに関与している。（中略）運動を知覚することは、しばしばそれを生み出すことである。法則を発見することは、それを起草することをともなう。パター

☆26 Goodman, "Way the World Is," pp. 30-31.

ンを認識することは、かなりの程度パターンを発明し押しつけることである。理解と創造は手を携えているのである。[☆27]

クワインと際立って対照的に、グッドマンは真理を増殖させることで物理学の特権を奪う――物理学の価値を貶めることなしに――だけでなく、科学と芸術とのあいだに方法上の質的なちがいをなんら認めない。

> 真理は十分ではなく、せいぜい必要条件でしかない。しかしこう言うことですらあまりに多くを認めすぎてしまっている。最上位に位置する科学的法則ですら完全に真であることはまれである。些細な食いちがいは広範さや力や単純さのために無視される。政治家がその有権者を否定するのと同じように、科学はそのデータを否定する――理にかなう範囲内においてであるが。（中略）
>
> 　真理とその美的対応物は結局のところ、異なる名前を冠された妥当性ということになる。もしわたしたちが芸術作品ではなく仮説を真だと言うのだとしたら、それはわたしたちが文という形態をとった記号に「真」や「偽」という用語を当てているからである。わたしが言っているのは、このちがいは無視しても構わないということではなく、それは種別ではなく個別のちがい、公式のちがいというよりも適用分野のちがいであり、科学的なものと美的なものとのあいだになんら分断を認めるものではないということである。[☆28]

☆27　Goodman, *Ways of Worldmaking*, p. 22.〔前掲菅野訳、四九頁〕

☆28　Nelson Goodman, "Art and Inquiry," *Problems and Projects*, pp. 117, 118.

グッドマンの慣例主義、反還元主義、多元論はアメリカのプラグマティズムと親和性をもっている。自身の立場について彼は、「厳格な制限を課された根本的相対主義で、それは結果的には、非実在論と似たものになる」と書いている。[☆29] たしかに「世界制作」についての彼のレトリックは観念論的な色合いが濃いが、彼が強調しているのは**世界像の数々**である。彼の**構築主義的な強調**と**観念論的な立場**を混同しないことが重要である。デューイと同じく、グッドマンは通常の哲学分類図にはうまくはまらない。彼は、彼自身の独自の道を歩き、その過程で精妙なプラグマティックな一手を打ってきた点で、現代哲学の舞台では独特な存在である。どんな呼び名も彼の複雑な立場を不当に単純化してしまうので、グッドマンはプラグマティストではないが、彼の立場を言いあらわすのに他のどんな呼び名もプラグマティストという呼び名ほど近くはない。

ウィルフリド・セラーズは哲学におけるアメリカのポストモダンの三人組の最後の重要人物である。残念なことに、彼の高度に専門的な文体と、彼がいたのがピッツバーグ大学だ（知的流行の中心から多少はずれていた）ということが、彼の著作をやや近寄りがたくし、その影響を比較的限定してきた。付言すべきなのは、ピッツバーグは、この国でハーヴァードに次いで最高の哲学科をもっているが、それは**学問的卓越**であって、**文化的な**武勲ではないということである。

セラーズはプラグマティストからはほど遠いとはいえ、プラグマティズムの再興に二つの点

☆29 Goodman, *Ways of Worldmaking*, p. x.〔前掲菅野訳、一五頁〕

で貢献した。第一に、認識論における彼の反基礎づけ主義は、自己正当化したり、内的に信頼を充当したり、理論にたいして中立的だったり、推論に依らなかったりするような経験上の諸要素を、他の知識要求のための基盤を提供し、認識上の正当化の連鎖の終着点として役立つように持ち出そうとする試みを根底から覆した。第二に、彼の心理的唯名論が擁護する考えによれば、知識は正当化する能力――ことばを使う能力――とともに始まり、そして言語は公的で間主観的であるので、知識を基礎づけると称された経験上の「所与」の要素はすべて社会的実践の事柄である。要するに、セラーズは所与というものの神話（そしてこの神話のあらゆる翻案）を脱神話化する。

セラーズは、所与の神話は主に知識の獲得と知識の正当化の混同、ひとがある信念をいかにもつようになるかについての経験的な因果的記述と、ひとが自分のもっている信念をいかに正当化するかについての哲学的調査とを混同していることから起因していると主張する。この混同は、信念を正当化するために伝統的に持ち出されてきたもの――直感、覚知《アプリヘンション》、直接知《アクウェインタンス》、その他の言語以前の意識形態――が心的な出来事ではなく、むしろ学習して得た能力であるということに気づくときに解消する。彼の心理的唯名論はつぎのように主張する。

> **種類、類似性、事実**等々の意識の**すべて**、簡潔に言えば、抽象的存在者についてのすべての意識は――実際、個物についてのすべての意識さえ――言語にかかわる事柄なのである。この見解によれば、言語使用の習得の過程は、いわゆる直接経験にかかわるような種

類、類似性、事実についての意識さえも前提としてはいないのである。[☆30]

もちろん、言語を使用しない人間、たとえば赤ん坊は、たとえば熱いストーブにぶつかったという意識をもつ。しかしこの種の最低限の意識は、自分が言うことを正当化する人間の意識というよりも、レコード再生機がスイッチを入れられた刺激にたいして反応するさいの意識により近い。知識にたいして因果的に先行する非命題的な出来事、たとえば痛みは存在するが、知識の非命題的な基礎はまるで存在しない。正当化に関することと因果的なこと――言語を使う能力（公的な事柄）と心的な出来事の生起（抵抗しがたく起こること）――を混同するのは、所与の神話を産み出すことになる。

認識論中心の哲学者たちによって支持されてきた所与の神話のひとつとしては、たとえば、

つぎのような性質をもった個別の事実からなる層が存在する、いや存在しなければならないという考えである。その性質とは、（a）当の事実のおのおのが非推論的に知られうるだけでなく、個別の事実についてであれ、一般的な真理についてであれ、他のいかなる知識をも前提とせず、（b）この層に属する事実に関する非推論的知識が、世界についてのすべての事実的主張――個別的であれ一般的なものであれ――に関する訴えの最終の上訴裁判所をなしている、というものである。[☆31]

☆30 Wilfrid Sellars, "Empiricism and the Philosophy of Mind," in *Minnesota Studies in the Philosophy of Science*, Vol. 1, ed. Herbert Feigl and Michael Scriven (Minneapolis: University of Minnesota Press, 1956), p. 289.〔浜野研三訳『経験論と心の哲学』岩波書店、二〇〇六年、六九頁〕

☆31 Ibid., p. 293.〔同右訳書、七五頁〕

この特権化された事実の層は、言語以前の意識や自己認証的な「現象的」諸性質に訴えかけることによって正当化される。しかし、認識的正当化へのこのような試みは、当の非推論的な「現象的」性質のいわゆる「観察」をするのに必要な「舞台設定」(ウィトゲンシュタインの用語)を隠しているので失敗する。セラーズはこう述べている。

多くの他のことをも知っていなければ、いかなる事実に関する観察的な知識をももつことができないであろう。(中略)というのも、問題の論点は、まさにいかなる個別の事実――たとえば、これは緑であるという個別の事実を例として挙げることができるが――に関する観察的知識も、**XはYの信頼できる徴候である**という形式の一般的事実の知識を前提としている、というものである。(中略)本質的な点は、ある出来事ないし状態を**知ること**という出来事ないし状態として性格づけるさいに、われわれはその出来事ないし状態に関する経験的な記述を与えているのではない、ということである。われわれはその出来事を、数々の理由づけからなる論理空間のうちに、述べたことを正当化し、正当化できることからなる論理空間のうちに、置いているのである。[☆32]

セラーズは、所与の神話に依拠した知識概念、およびそれに付随する認識論像は、基礎づけ主義か懐疑主義、確実性か無という誤った二者択一を産み出すと結論づける。デカルトを発信源とするこの見方は

☆32 Ibid., pp. 298-99.〔同右訳書、八四―八五頁〕

その静態的な性格ゆえに誤解を招きやすい。ひとは、亀に支えられている象という図像（何が亀を支えているのだろうか）か、自分の尾を呑むヘーゲル流の偉大な知識の蛇という図像（それはどこから始まっているのか）かのいずれかを選ぶことを強制されているように見える。どちらも不十分である。なぜなら、経験的知識は、その洗練された拡張物、すなわち科学と同様に、**基礎**をもつゆえにではなく、一度に**すべての**主張を危機に陥れることはできないが、いかなる主張をも危機に陥れることができる、自己矯正的な企てであるゆえに、合理的なのである。[☆33]

言うまでもなく、セラーズの近代認識論批判はパースやジェームズやデューイのそれと根本的な点で交じりあう。セラーズはつづけて、科学の進歩を見渡して評価することのできるアルキメデス的な立脚点をもたらす新『論理哲学論考』的な「図像化」概念を採用しているが、これはあらゆる種類の超越論を否定するプラグマティックな立場と真っ向から対立する考えである。にもかかわらず、セラーズの反基礎づけ主義と心理的唯名論はプラグマティズムをふたたび傾聴に値するものにする助けとなった。

論理実証主義の時代のなかでプラグマティズムの伝統を生かしつづけた、以下の孤独な仲間たちの貢献に言及することは重要である。つまり、ジョン・マクダーモット、ジョン・スミス、リチャード・バーンスタイン、モートン・ホワイトである。マクダーモットは、プラグマ

☆33　Ibid., p. 300.〔同右訳書、八八頁〕

ティックな気質を現在の時代精神《ツァイトガイスト》に結びつける、広く政治にかかわるような文化批評的な姿勢を好む。[☆34] スミスは、しばしば分析哲学者たちによって無視されてきた広範な視点を画布に描き込んで、アメリカのプラグマティズムについて最良の包括的な概観を提供した。[☆35] バーンスタインはプラグマティズムと大陸哲学、たとえばマルクス主義、実存主義、現象学についてのもっとも示唆に富んだ比較研究を著した。加えて彼は、数多くの分析哲学的な視点のなかにあるプラグマティズム的な側面を、鋭く洞察に富んだやり方で明らかにした。彼は、プラグマティズムが専門的な哲学的会話における真剣な対話者であることを、多くのひとがまだよくわかっていない時期に、みごとに説得力をもって主張した。[☆36] 最後に、モートン・ホワイトは、アメリカのプラグマティズムから着想を得て、しばしばそれを焦点とした、ある独自の知性史の伝統を支えた。[☆37]

ここでリチャード・ローティが登場する。早くも一九六一年には、その最初に出版された諸論文において、ローティはこう主張した。

> プラグマティズムがふたたび傾聴に値するものになりつつある。プラグマティズムのことを論理実証主義へと向かう最初の頭の悪い試みのようなものだとみなして満足している哲学者もまだ存在する――彼らは論理実証主義をわれわれの啓蒙された時代への助走だと考える。しかしもっと注意深く見た者は、ここにかかわってくる思想の運動は矢というよりも振り子に似たものだということに気づいていた。[☆38]

☆34 John J. McDermott, *The Culture of Experience: Philosophical Essays in the American Grain* (New York: New York University Press, 1976); McDermott, *Streams of Experience: Reflections on the History and Philosophy of American Culture* (Amherst: University of Massachusetts Press, 1986).

☆35 John Smith, *The Spirit of American Philosophy* (New York: Oxford University Press, 1963); Smith, *Themes in American Philosophy* (New York: Harper and Row, 1970); Smith, *Purpose and Thought: The Meaning of Pragmatism* (New York: Yale University Press, 1978).

☆36 Richard J. Bernstein, *John Dewey* (Atascadero, Calif.: Ridgeview, 1965); Bernstein, *Praxis and Action* (Philadelphia: University of Pennsylvania Press, 1971); Bernstein, *Beyond*

続く十七年間にわたってローティは、支配的になった言語学中心のパラダイムの内部から仲間の哲学的分析家たちに向けて、なんらかのかたちのプラグマティズムが彼らの厳密な試みのあとに待ち構えているということを説得しようと学問界で奮闘した。その初期のプラグマティズム的な時期において（一九六一—七二年）、ローティの主要な攻撃対象はさまざまなかたちの還元主義と直観主義であった。シカゴ大学で教育を受け（とくにリチャード・マッケオンに影響を受けた）、イェールで（ポール・ワイスの指導のもと）訓練された早熟な人文主義者《ヒューマニスト》として、ローティは分析哲学には歴史的な視点がひどく欠けていることに違和感を覚えずにはいられなかった。彼の最初の哲学的著作は、現代哲学と西洋哲学の偉大な伝統とのあいだの対話を確立することを試みるものであった。たとえば、可能態《ポテンシャリティ》という概念についての彼の長大な博士論文では、アリストテレスがこの対話における重要な対話者にされ、彼の初期の諸論文ではチャールズ・パースとルートヴィッヒ・ウィトゲンシュタインが、ルネ・デカルトとアルフレッド・ノース・ホワイトヘッドとギルバート・ライルが、さらにはトマス・アクイナスとブランド・ブランシャードとJ・L・オースティンが対比された。[☆39]

こうした初期の著作でのローティの戦略は、知識の決定不可能性といった考えや、「真」や「実在」という言葉の多義性といった考えを、「ある種の「無害な」無限後退の不可避性」に照らしあわせて押し進めることであった。[☆40] 規則に従うことと事物に名前をつけることとの本質を理解することに主に関心をもっていたローティは、曖昧さは逃れることができないと主張する

Objectivism and Relativism (Philadelphia: University of Pennsylvania Press, 1983)〔丸山高司ほか訳『科学・解釈学・実践——客観主義と相対主義を超えて』I、II巻、岩波書店、一九九〇年〕; Bernstein, *Philosophical Profiles* (Philadelphia: University of Pennsylvania Press, 1986).

☆37 Morton White, *Social Thought in America* (Boston: Beacon Press, 1957); White, *Pragmatism and the American Mind* (New York: Oxford University Press, 1973); White, *The Philosophy of the American Revolution* (New York: Oxford University Press, 1978).

☆38 Richard Rorty, "Pragmatism, Categories, and Language," *Philosophical Review*, 70 (1961), 197.

☆39 初期ローティの二十以上に及ぶ重要な論文のなかでも代表的な論文としては、以下のようなものが

が、「絶対的必然性」と「完全な恣意性」という抽象的な二者択一を回避する。☆41 曖昧さは、規則を解釈したり事物に名づけたりする数多くの潜在的なやり方がつねにあるという事実に起因しているにすぎない――それは、規則に従ったり事物を名づけたりするさいに、完全に現実化される必要も完全に無化される必要もない（そしてそうすることのできない）潜在性《ポテンシャル》である。記号や言語ゲームの根源的な偶発性は、実践へのプラグマティックな訴えかけゆえに、解釈の根源的な決定不可能性と同じではない。

> わたしたちがどのように規則に従うか、あるいはどのように名前を与えるかについて、わたしたちの理解が永遠に曖昧なままにとどまるという事実は、わたしたちが実際に規則に従い事物に名前をつける妨げにはならない。（中略）**実践**の永遠の可能性は、純粋に決定されている解釈（「規則に従うものは何もない」）と純粋に決定されていない解釈（「すべては規則に従う」）のあいだで揺れ動く諸解釈の永遠の水平後退を無害にするものである。☆42

この発展段階でのローティにとって、実践へのプラグマティックな訴えかけ以外の主な選択肢は、解釈の無限後退を止めるためになんらかの直観主義に頼ることであった。偶発的な実践というプラグマティックな考えとは際立って対照的に、直観主義者たちは、正当化の認識的連鎖を止める手段として、種々の言語以前の意識や覚知（たとえば、心的私秘性）や非推論的な

ある。"The Limits of Reductionism," in *Experience, Existence, and the Good: Essays in Honor of Paul Weiss*, ed. Irwin C. Lied (Carbondale: University of Illinois Press, 1961), pp. 100-116; "Intuition," in *Encyclopedia of Philosophy*, ed. Paul Edwards (New York: Macmillan and Free Press, 1967), 4: 204-12; "Wittgenstein, Privileged Access, and Incommunicability," *American Philosophical Quarterly*, 7 (1970), 192-205.

☆40 Rorty, "Pragmatism, Categories, and Language," p. 219.

☆41 Ibid., p. 207.

☆42 Ibid., p. 221.

知識を持ち出してくる。したがって直観主義者たちは、知識要求のために論理的必然性や超越的な基礎づけという考えに訴えかける。ウィトゲンシュタイン的な発想のプラグマティズムに忠実なローティは、この直感と実践とのあいだの戦いが解決するのは、種々の直観主義は特殊な「知識」のことを知識の因果的な条件と混同しているということを知らしめる（そしてどのように混同しているのかを示す）ことによってのみであると主張した。[☆43] このように認識的な正当化が心理的説明と混同されていることを暴露することで――これは、「所与の神話」へのウィルフリド・セラーズの攻撃から着想を得た戦略である――、ローティのプラグマティズムはますます燃えさかる。この段階において、ローティは、言語的実践への哲学的関心は「パルメニデスからデカルトやヒュームを経由して、ブラッドリーやホワイトヘッドにいたるまでの哲学の伝統全体を守勢に立たせる」ことだけでなく、[☆44] 哲学者たちをなによりもメタ哲学的な反省――すなわち、現代文化における哲学の地位と役割と機能についての反省――に取り組むようにさせることでもあるとみなしていた。『言語論的転回』（一九六七）に寄せた影響力のある序文で、彼はこう問いかけた。

> 言語論的転回はそれまでの「哲学の革命」と同じ命運をたどるように運命づけられているのだろうか。これまでの節で到達した比較的悲観的な結論によれば、哲学を「厳密な科学」に変えようとする言語哲学者たちの試みは、必ずや失敗するということになる。この悲観論はどのくらいまで正しいのだろうか。もし言語哲学が厳密な科学ではありえないと

☆43　Rorty, "Intuition," p. 210.

☆44　Richard Rorty, "Introduction: Metaphilosophical Difficulties of Linguistic Philosophy," in *The Linguistic Turn: Recent Essays in Philosophical Method*, ed. Richard Rorty (Chicago, 1967), p. 33.

すれば、もしそれがたんに批判的で本質的には弁証法的な機能しかもたないのであれば、未来はどうなるのであろうか。すべての伝統的な問題は時間が経てば解消すると仮定してみよう――つまり、言語哲学者たちによってなされる類いの批判ではびくともしないような問いについて、誰ひとりとしてうまく説明できないという意味であるが。このことは、哲学が終わるということを意味しているのだろうか――哲学者たちはみずから失職することになるということを。「ポスト哲学的」文化は本当に思い描くことができるのだろうか。☆45

一九六七年のこれらの修辞疑問への答えとして、ローティは哲学の未来のための六つの可能性を思い描いた。おおまかに言って、まずひとつに、事物の本質を経験的な問いや言語的な事柄へと還元することを拒んだフッサールの現象学がある。それから、存在の問題についての後期ハイデッガーの詩的考察、これは哲学を論述的な学問として拒否するものである。体系構築という偉大なる伝統にたちかえるワイスマンの研究、これは《実在》について記述することを避け、《実在》についてどんな言語をわたしたちが使うのかについて提案を促す哲学である。ポスト哲学的文化を求め、哲学的言語の誘惑を放棄することを求めるウィトゲンシュタインの呼びかけ。哲学とはそれ自体のために追求される一種の辞書編纂だとするオースティンの考え。そしてストローソンの、言語それ自体の可能性の必要条件を求めるカント的な記述的形而上学的プロジェクトである。

ローティは一九六七年には、これらの六つの可能性に関して明快率直な立場をとってはいな

☆45 Ibid., pp. 33-34.

い。しかし、彼が何を好んでいるのかを窺わせる二つの重要な発言をしている。第一に、彼は哲学における言語論的転回のことを「片や芸術の牽引力と片や科学の牽引力とのあいだの緊張についての自己意識を高める」ことだと見ている。☆46 第二に、根本的な認識論的問題を徹底的に再考すること、そしてとくに知識についての「傍観者的な」記述を批判的に精査することが哲学とメタ哲学の両方に革命をもたらすのであって、そうなると、現代の哲学者たちによって用いられている科学と哲学というような基本的区別は「人工的で無意味」なものにみえるようになるだろうと示唆する。☆47 彼はこう結論づける。

もしこれが起こるならば、この本に収められた論文のほとんどは時代遅れとなるだろう。それを書くのに用いられた語彙が時代遅れとなるのだから。この手の忍び寄る時代遅れは、「意味の欠如」や「論理形式」といった概念がたどった運命によって（そしてそれらの後継である「言語の誤用」や「概念分析」という概念がすぐにすたれるだろうというわたしの予言によって）例示される。未来のメタ哲学者たちが発見としての哲学と提案としての哲学のあいだの闘争のなかで使うであろう概念が、この本に収められた議論で使われている概念ではないだろうことはほぼ間違いない。しかしわたしにはそうした未来の概念がどのようなものになるのかはわからない。☆48

『言語論的転回』（一九六七）の三十六歳の編者として、ローティはアメリカの哲学の注目すべき

☆46 Ibid., p. 38.
☆47 Ibid., p. 39.
☆48 Ibid.

人材として頭角をあらわしたが、最重要人物とはほど遠かった。この時期から一九七二年まで、ローティは、精神の哲学と認識論における高度に専門的な議論という装いでメタ哲学的な問題と取り組んだ。[☆49] 彼の目標は、「プラトンとアリストテレス以来の哲学者たちを困らせてきた根本的な認識論的問題を再考する」ための土台を敷設することであった。そして彼の著作において浮上してくるもっとも示唆に富む人物はジョン・デューイである。

私は、ローティの論文「失われてしまった世界」(一九七二)の出版が彼の後期のプラグマティスト時代の始まりを印づけるとみているが、それは主にデューイの影響が明瞭で、そのなかではっきりと公言されているからである。この影響は形式と内容、文体と実質の両方において明らかである。この論文はのちに彼のトレードマークとなる成熟したローティ的スタイルを示している。すなわち、哲学的に何が問題なのかということと、それが過去と現在の思想の異なった潮流にどのように関連してくるのかについて、明快かつ明晰な見取り図を描く広範な歴史的研究である。このスタイルは、学問的博識と文学的華やかさの両方に依拠していて、批判的解説的な分析と啓発的な歴史的論述を巧みに組み合わせている。それは専門的な議論から文化的注釈へと軽やかにウィットをもって移行する。欺くところなく、たんなる賢明さ以上のものをもちあわせたローティのスタイルは、読者をつねに啓蒙し愉快にするが、同時に、説得されたというよりも誘惑されたかのような奇妙な感覚、説き伏せられて自分の見解を脱却するというよりも、ローティの視点に取り込まれてしまったような感覚を残す。デューイの巨匠風の哲学の歴史的再構築と真剣に向きなおったことが、ローティのスタイルに貢献したと私は──間違

☆49 私が念頭に置いている関連する論文としては、以下のようなものがある。“Cartesian Epistemology and Changes in Ontology,” *Contemporary American Philosophy*, 2d ser., ed. John E. Smith (New York, 1970), pp. 273-92; “Incorrigibility as the Mark of the Mental,” *Journal of Philosophy*, 67, no. 12 (June 25, 1970), 399-424; “Strawson's Objectivity Argument,” *Review of Metaphysics*, 24 (1970), 207-44; “Verificationism and Transcendental Arguments,” *Nous*, 5, no. 1 (February 1971), 3-14.

っているかもしれないが——推測する。このスタイルは、彼を学問的な専門用語の足かせから脱却させ、彼が最初にリチャード・マッケオンから学んだ旧来の人文主義《ヒューマニスト》的な知的スタイルを活用するものであった。

内容と実質の点では、デューイの「ヘーゲル的歴史主義の土着化版《ナチュラライズド》☆50」は、クワインの全体論、グッドマンの多元論、セラーズの反基礎づけ主義を、創造的な（緊張を孕んでいるが）視座のなかに包摂して連携させるのに十分なくらい広範であった。要するに、デューイのおかげでローティは、よりはっきりとその文学的な声を上げることができたとともに、そのポスト哲学的な視点を練り上げることができたのである。

「失われてしまった世界」の基本的な議論は、観察の理論負荷的な性質は世界についての議論を相対化するので、何が真であるかを決めるために、実在論者のように最終審級として「世界」に訴えることは悪循環でしかないということである。「世界」を世界についての諸理論から切り離し、そうした諸理論を理論から影響を受けない世界と照合することはできない。理論を別の理論の産物でないなにかと照合することはできないのである。したがって、「世界」についてのどんな議論も利用可能な理論と連動している。

> わたしもここで同じ論点をつぎのように述べることができる。まず、「観念的枠組」という観念の相関者である「世界」という観念は、簡単に言えばカントのいう物自体の観念のことだ。また、デューイがやったように、受容性と自発性、必然性と偶発性とのあいだの

☆50 Richard Rorty, "The World Well Lost," *Journal of Philosophy*, 69, no. 19 (October 26, 1972), 665.〔加藤哲弘訳「失われてしまった世界」、室井尚ほか訳『哲学の脱構築 プラグマティズムの帰結』御茶の水書房、一九八五年、九八頁〕

カント的区別を解消させてしまえば、実在論を正しいと信じるひとの「世界」観念も自然に解消してしまう。（中略）
観念論者たちはこのかつての一般的見解を維持しつづけ、「認識の対象」の再定義に没頭した。そのため彼らは観念論と「整合説」の評価を落とし、実在論と「対応説」の評価を上げることになったのだ。しかし、整合説も対応説もともに陳腐な説であって互いに競合しあうことはないとわかれば、われわれは最終的には実在論も観念論も超えていくことができるだろう。そのときわれわれは、ウィトゲンシュタインのことばでいえば、哲学をすることをやめたいと思うときにやめられる地点に達することができるかもしれない。☆51
よきプラグマティストらしく、ローティの主張は、世界はそこにないということではなく、たんに、世界は世界についてのわれわれの記述的言語を話さないということである。世界はたしかにわたしたちがなんらかの信念をもつようにさせるが、こうした信念は人間の言語の要素であり、人間の言語はわたしたち自身が作り出したものである――時代や場所がちがえば変化する創造物である。
一九七二年以降、デューイはローティの著作の焦点になってくる。『哲学と自然の鏡』以前の主要な論文で、ローティは現代哲学にデューイの遺影と影響をよみがえらせるためのある種の聖戦をおこなっている。一九七四年には、ローティはデューイとハイデッガーを「伝統を克服する」道を指し示す二人の偉大な人物だと提示している。

☆51 Ibid., pp. 664, 665.〔同右訳書、九七―九九頁〕

デューイとハイデッガーがともに望んだのは、ちょうどヘーゲルが十八世紀の認識論中心の哲学をのりこえさせてくれたように、こんどはヘーゲル以降の歴史主義的な哲学研究の世界をはるかにのりこえさせてくれる物の見方である。デューイは、まったく独特な活動としての哲学からはなれて日常生活へと眼を向けたことで、自分の望んだものを見つけ出した。人間をめぐる諸問題は、哲学的伝統が展開してきた区別が放棄されることで、新鮮な眼で見られることになったのである。☆52

一九七五年には、ローティは『経験と自然』の批判的読解において、デューイに真っ向から取り組む。ローティの挑発的で問題を孕んだ読みは、デューイに関する章で検証した。ローティにとって、デューイの著作は偉大な達成である。

それが偉大なのは、それが自然や経験や文化やその他のなにかの包括的特性を正確に表現しているからではなくて、それがわれわれの知的な過去からいかにして脱皮するか、過去をわれわれに仕事と責任を押しつけるものとしてではなく、遊びに満ちた実験の材料として取り扱うにはどうしたらいいかについて、きわめて挑発的な示唆をおこなうからである。デューイの著作によって、われわれは、芸術家に昔から欠けており、哲学者は昔から保持していると思われている、**きまじめさ**の精神を脇に押しやることができる。というの

☆52 Richard Rorty, "Overcoming the Tradition: Heidegger and Dewey," *Consequences of Pragmatism: Essays, 1972-1980* (Minneapolis: University of Minnesota Press, 1982), p. 53.〔加藤哲弘訳「伝統を超えること――ハイデガーとデューイ」、前掲『哲学の脱構築』、一六三頁〕この論文は一九七四年に書かれたが、最初に公表されたのは *Review of Metaphysics*, 30 (1976), 280-305 においてである。

もきまじめさの精神が存在できるのは、人間の生が生を超えた目的へと達する試みとなり、自由から無時間なものへの脱却となるような知的世界においてだけだからである。そうした世界を構想する考え方は、哲学者たちの仕事にたいする態度については言うまでもないが、われわれの教育や日常の談話のなかにもいまなお組み込まれている。しかしデューイはわれわれをそこから解放しようと最善をつくしたのであり、たとえ彼が自分の治そうとしている病いにときどき罹ってしまったとしても、責められるべきではないのである。[☆53]

デューイの知的スタイルと感性に関するこの解釈は、デューイについてよりもローティについてより多くのことを明らかにする。これが出版されたのはローティが『哲学と自然の鏡』を書いていた時期だったという事実は、ローティがその顕著になりつつあった反知的専門職主義《アンチプロフェッショナリズム》に深入りしていきながら、自分自身を励まし力づけるためにデューイの権威に訴えているということを示すように思える。言うまでもなく、デューイはその伝統哲学批判にもかかわらず、これ以上ないくらいの知的専門家である。しかも、デューイが自分自身を芸術家よりも科学者に近いと見ていたことは確かである。ここでいう芸術家とは、芸術家は「きまじめさの精神」をもたないと知って驚くだろう人たち（たとえば、ジョイス？　カフカ？　プルースト？）や、芸術家は「自由から無時間なものへの脱却」を拒絶すると知って驚くだろう人たち（たとえば、リルケ？　エリオット？　オーデン？）をも含んでいる。要するに、デューイに訴えかけ

☆53 Richard Rorty, "Dewey's Metaphysics," *Consequences of Pragmatism*, pp. 87-88.〔吉岡洋訳「デューイの形而上学」、前掲『哲学の脱構築』、二二三頁〕この論文が最初に公表されたのは、*New Studies in the Philosophy of John Dewey*, ed. Steven M. Cahn (Hanover, N. H.: University Press of New England, 1977), pp. 45-74においてである。

ることによって自分自身のスタイルと視点を権威づけようとするローティの試みは、自己を力づけるためにみずから挑発（啓発ではなく）を受けるという模範的なエマソン的実例となっている。

ローティの反知的専門職主義は、彼の一九七六年の論文（ニューヨークでの独立二百年記念哲学シンポジウムで読まれた）「職業化した哲学と超越論主義文化」においてもっともはっきりとあらわれる。ローティはここでも、「デューイ的プラグマティズムの英雄時代[☆54]」と第二次世界大戦後の哲学の職業化を対比する。この対比には幾分かの真実があるが、デューイが（彼の他の役割に加えて）職業的な哲学者として機能していただけでなく、哲学の職業化に貢献したことを見落としがちである。というのも、領域の狭い学問的定期刊行物の増殖、終身在職《テニュア》制度の序列制、もしくは専門化した知識の学問分野ごとの**制度的**区分に関して、デューイからなんらかの抗議を聞いたことがあるだろうか。ローティがデューイの広範な知的関心と政治的関心に言及しているのは正しいが、このことそれ自体では反知的専門職的な立場をなすわけではない。この点ではジェームズのほうがよりふさわしい候補者であろう。そして皮肉なことに、ちょうどデューイの政治行動主義がローティのそれよりもはるかに広範であるのと同じように、ローティ自身の反知的専門職主義はデューイのそれを超えている。

しかしローティがデューイを前面に押し出すのは、現代の北大西洋圏の哲学においてプラグマティズムを復活させるという、野心に満ちた計画によって促されている部分がなによりも大きいのであって、彼はそれをほとんど独力で成し遂げてきた。現在の知的状況へのローティの

☆54 Richard Rorty, "Professional Philosophy and Transcendentalist Culture," *Consequences of Pragmatism*, p. 61.〔庁茂訳「職業化した哲学と超越論主義文化」、前掲『哲学の脱構築』、一八一頁〕

偉大な貢献は、クワイン―グッドマン―セラーズによる知的革新の観点から、近代北大西洋圏の哲学についての強力で洞察に富んだ物語的歴史を構築し、学問分野としての哲学のための破壊的な結論を大胆に導き出していることにある。彼の『哲学と自然の鏡』（一九七九）は記念碑的な著作であり、主に、学問的哲学がどのように現在あるような深刻な危機に陥ってしまったのかについて比較的説得力のある物語を語っているという理由で、デューイの『確実性の探求』（一九二九）以来のアメリカのメタ哲学におけるもっとも重要な本である。ローティの物語は、自身と自身の専門分野について歴史的に反省し解釈することに批判的に取り組むという、分析哲学者たちによる試みの最初の重要なものである。分析哲学の現在の行き詰まりについてのローティの挑発的でしばしば深遠な解釈は、トマス・クーンのよく知られる『科学革命の構造』（一九六二）が科学哲学において演じている役割に類似する役割を果たしていて、哲学者たちに彼らの研究主題が問題含みでないかどうか検証するように駆り立てる――結果として判明するのは、現代の北大西洋圏の哲学は重要な意味において終わってしまったということである。いいかえれば、一九六七年と一九七九年のあいだにローティは、現在の危機とそれを克服する方法についての長く曲がりくねった歴史的論述のかたちで、哲学の未来に関してある一定の立場に達したのだ。そして、好んでデューイから影響を受けるなかで、彼はポスト哲学的文化を推進するというウィトゲンシュタイン的な選択肢を選ぶ――哲学者たちが哲学という学問分野によって惑わされたために罹ってしまった病気を治すという選択肢を。

ローティは、デューイとウィトゲンシュタインとハイデッガーについては、デカルト的およびカント的なパラダイムの洗練された普及版を根本から揺さぶり（あるいは脇にどけ）、哲学者たちのための新たな役割と活動を推進することによって、「「革命的」哲学の時代へとわれわれを引きずり込んだ」という栄誉を認めている。[☆55] そしてこれらの記念碑的な人物たちはたしかにローティに影響を与えている。しかし彼が哲学的に負っているのは――とくに彼の反デカルト的で反カント的な議論の実際の源泉は――クワインの全体論とグッドマンの多元論とセラーズの反基礎づけ主義である。

ウィトゲンシュタイン、ハイデッガー、そしてとりわけデューイという異質の人物たちから、ローティはある歴史主義的な指令を受けている。すなわち、確実性の追求と基礎の探求を避けよという指令を。

これらの著作家たちは、たとえわれわれが知りたいと思うものすべてについての真なる信念を正当化したとしても、それは、その時代の規範への順応以上のものではないかもしれない、という考えを生かしつづけた。また彼らは、今世紀の「迷信」が前世紀の理性の凱歌であった、という歴史主義的意識を生かしつづけたのみならず、最新の科学的達成から借用された最新の語彙が、本質の特権的な表象を表現するものではなく、世界を記述することのできる潜在的に無限な語彙のうちのひとつにすぎないかもしれない、という相対主義的意識をも生かしつづけたのだ。[☆56]

☆55 Richard Rorty, *Philosophy and the Mirror of Nature* (Princeton: Princeton University Press, 1979), p. 6.〔野家啓一監訳『哲学と自然の鏡』産業図書、一九九三年、二五頁〕
☆56 Ibid., p. 367.〔同右訳書、四二七頁〕

ローティにとって、西洋の哲学的伝統は、必然性や普遍性や合理性や客観性や超越論性といった歴史性を欠いた哲学的概念を遠ざけておくというデューイの戦略を採用することにより克服されうる。これらの哲学的概念のかわりに、わたしたちは偶発的な実践や暫定的な記述や修正可能な理論について歴史的に語らなくてはならない。

クワイン、グッドマン、そしてセラーズからローティが学んでいる基本的な教えは、ある反還元主義的な教えである。すなわち、哲学的基準のみに訴えることにより、あるひとつの言語、言語ゲーム、道徳、あるいは社会を他よりも特権化することは拒まなければならないという教えである。ローティにとって、そのような基準を探すことへの誘惑は、世界や自我やあるいは言語を固有な特質や本質をもっていると考えるという、より伝統的な哲学的誘惑の一種である。真理は文の属性であり、言語は見つかるというよりも作り出されるものであるので、哲学的な基準に訴えかけることの結果は、悪循環の弁明的議論、自分自身の視点に関する修辞的な自画自賛、「ある種の現代的な言語ゲーム、社会的実践、あるいは自我イメージを永遠化しようとする試み」でしかない。[☆57] 対立や意見の不一致の場合には、わたしたちは、知的な不一致を解決する特権的な方法として歴史性を欠いた哲学的言説に訴えることなしに、自分たちのあいだで広くおこなわれている慣習を支持するか、改革するか、あるいはそれに取って替わる実現可能な選択肢を提唱するかをしなくてはならない。

ローティは、近代の北大西洋圏の哲学の主な支柱の出現と発展と衰退についての物語を語ることで、それに死の一撃を加えている。主な支柱とはすなわち、真理の対応説、特権化された

☆57　Ibid., p. 10.〔同右訳書、一二八頁〕

表象という概念、そして内省的な超越論的主体という考えである。ローティの詳細で魅力的な物語——男性の物語《ヒズ・ストーリー》＝歴史《ヒストリー》——は、彼が描き出し推進する三つのクワイン—グッドマン—セラーズ的転換によって統制されている。すなわち、存在論における反実在論への方向転換、認識論における反基礎づけ主義への方向転換、そして精神を哲学的探究の領域から除外するという方向転換である。

存在論における反実在論への方向転換は、真理の対応説がまさに依拠する区分を根底から揺るがすという点で、対応説（いかに哲学的意義のあるものであろうと）の余地を与えない。対応説が依拠する区分とはすなわち、観念と客体、言葉と物、言語と世界、命題と現下の情勢、理論と事実、図式と内容といった区別である。ここから帰結するのはある種の観念論ではない。というのも、反実在論の主張は、観念が客体を作り出すとか、言葉が物を作り出すとか、言語が世界を作り出すとか等々ではないからである。ここから帰結するのはある種のカント主義でもない。反実在論的な主張は、観念が客体をなすとか、言葉が物をなすとか、言語が世界をなすとか等々ではないからである。むしろ帰結するのは一種のプラグマティズムである。というのも、ここでの主張は、客体や物や世界についてつぎつぎと展開される記述とつねに変化する解釈は、ある問題への返答として、特定の状況を克服する試みとして、そして特定の必要性や関心を満たす手段として、さまざまな共同体から生まれでたものであるということだからである。大雑把に言ってしまえば、観念や言葉や言語は「実在」の世界や「客観的な」世界を模写する鏡ではなく、むしろわたしたちが「わたしたちの」世界に対処するための道具なのでである。

第二の、認識論における反基礎づけ主義への方向転換は、直感、とくに言語以前の意識を、正当化の認識的連鎖にまつわる「無害な」無限後退を止めるための候補とするさまざまな考えにたいするローティの以前からの攻撃を拡張するものである。この反基礎づけ主義は、知識をある種の命題がかかわる対象との特権的な関係というよりも命題への関係としてとらえることで、特権的な表象という考えを排除する。

もし最初のように考えるならば、〈他の命題を擁護するために提出される命題〉の潜在的な無限後退を終わらせる必要はないということになるだろう。ひとたびすべての者が、あるいは大多数の者ないしは賢明な者が納得した事柄について、論争をつづけることは愚かなことであろう——もちろん、そうすることも**できる**のであるが。もし知識について二番目のように考えるならば、われわれは理由の背後に原因を探り、論証を超えて、認識される対象からの強制へと、すなわち論証するということがたんに愚かしいというだけでなく、そもそも不可能であるような状況へと進もうとするであろう。なぜなら、余儀ない仕方で対象によって捕らえられた者は誰でも、それを疑ったり、それに代わるものを見出したりすることは**できない**からである。そのような地点にまで達することが知識の基礎に到達することなのである。[☆58]

☆58　Ibid., p. 159.〔同右訳書、一六七—一六八頁〕

ローティにとって、そのような認識上の基礎の探求が表現しているのは、捕らえられ摑まえられ強制されることとの必要性、認識論において支配的な視覚性と鏡面性の諸モデルを促す必要性である。これにあてはまるのは、実在の領域を知覚するプラトンの「心の眼」や、内に向かっていって明確で明瞭な心的表象をとらえるデカルトの「精神の目」や、外に向かっていって「感覚に単称的に現前するもの」を見るロックの「魂の目」である。このような視覚的モデルはすべて、歴史的な流動する**会話**よりも歴史を欠いた終極的な対峙を人間の信念の決定要因だとみなす。要するに、表象の哲学的特権化は主に歴史から逃亡しようという認識論的な試みに依拠しており、人間の実践に限界を設けるものである。ローティはこう結論づけている。

セラーズとクワインの理論が純化されるならば、それらは単一の主張――すなわち、いかなる「知識の本性に関する説明」、実在にたいして特権的な関係に立つ表象を前提とするような理論にも依拠することはできない、という主張――の相補的な表現としてあらわれてくるであろう。これら二人の哲学者の仕事によって、われわれは（中略）なぜ「知識の本性に関する説明」[☆59]がせいぜい人間の行動の記録でしかありえないのかということを明らかにできるのである。

第三の、精神を探究の領域から除外する、あるいは超越論的主体を脱超越論化することへの方向転換は、部分的には『精神の概念』（一九四九）におけるギルバート・ライルの論理行動主義

☆59　Ibid., p. 182.〔同右訳書、一九八頁〕

と『ことばと対象』(一九六〇)におけるクワインの根源的行動主義に依拠している。ローティ自身の認識論的行動主義は、デカルト的な脱身体化した自我にたいするライルの攻撃と、カントの超越論的主体(とフッサールの非経験的自我)にたいするクワインの攻撃を、認識論における視覚的隠喩の完全なる拒絶へと結びつける。

「直接的に意識される」出来事にたいする行動主義的アプローチは唯心論者にたいする反論ではなくて、視覚的知覚と結びつけられたあの特殊な種類の確実性を追求しようとするプラトン主義にたいする不信の表明である。《自然の鏡》――それが映し出すものよりも、もっと容易に確実に見ることのできる鏡――というイメージは、そうした確実性の追求としての哲学というイメージを喚起したし、また逆にそうしたイメージによって喚起されもしたのである。☆60

二つの注目すべき帰結が、ローティの歴史主義的、反還元主義的なプラグマティズムから導かれる。第一に、「ソフト」な人間科学と「ハード」な自然科学とのあいだの広く受け入れられているちがいは消滅する。精神科学《ガイステスヴィッセンシャフテン》と自然科学《ナトゥーアヴィッセンシャフテン》とのあいだの基本的なちがいは、前者の自己規定的(あるいは内省的)な性質ではないし、後者のコンテクストとは無関係に成立する(あるいは再現可能な)事実でもない。むしろちがいは、自然科学の通常の語彙の相対的な安定性と(いくつかの近代社会の)人間科学の通常の語彙の相対的な不安定性にあ

☆60　Ibid., p. 181.〔同右訳書、一九七頁〕

る。そして一方の語彙から他方の語彙への還元不可能性が含意するのは、存在論的もしくは方法論的なちがいではなく機能的なちがい、すなわち予測と意味付与という人間がめざす目標のちがいである。

> もっとささいではあるが明らかに関連する問題に関してクーンが述べているように、われわれが科学的共同体を区別できるようになるのは「研究主題」によってではなく、「教育と情報伝達のパターンを調べること」によってである。☆61

言うまでもなく、この種の自然科学の脱神話化は、啓蒙主義時代以来、後退して守勢にまわってきた文学批評家や芸術家や宗教的思想家にとって大きな意味がある。そしてわたしたちの技術支配の文化において、そのような新しい視点によって点火された火花は燃え立ち始めたばかりである。

第二に、哲学の概念はもはや、科学、道徳、芸術、もしくは宗教が知としての地位を要求するのにたいして、それを擁護したりその化けの皮を剥いだりする純粋理性が司る裁判所といったものではない。むしろ哲学者の声は、ひとつの大きな会話に参加する他の声のうちのひとつ——物知りな趣味人的《ディレッタント》な、あるいはなんにでも手を出すソクラテス的な思想家の声——にすぎない。ローティによる、学科、専門《ファッハ》、職業的探究の分野としての哲学の脱神話化は、この大きな会話のなかの哲学者の声を他の声と同等にする（あるいは特権的でないものにする）こと

☆61 Ibid., p. 331.〔同右訳書、三八五頁〕ローティの引用はトマス・S・クーンの *The Essential Tension* (Chicago: University of Chicago Press, 1977), p. xvi から〔安孫子誠也・佐野正博訳『本質的緊張　科学における伝統と革新』第Ⅰ巻、みすず書房、一九八七年、xv頁〕。

になる。

このように考えてくると、「哲学」とは、永遠の問題を相手にしてはいるものの、不幸にしてたえずそれを述べ損なっているか、さもなくば、不細工な弁証法的道具立てでその問題を攻略している学問の名前なのではない。哲学はむしろひとつの文化的様式《ジャンル》なのであって、（マイケル・オークショットの言葉を使うならば）「人類の会話における声」なのである。この会話はある時代にはある話題を他の話題よりも好んで中心に据えるが、話題の選択は弁証法的必然性によるわけではない。それは、この会話のどこか周辺部分で生じているさまざまな出来事（新科学、フランス革命、現代小説）の結果として、あるいはなにか斬新なことを考えている個々の天才（ヘーゲル、マルクス、フレーゲ、フロイト、ウィトゲンシュタイン、ハイデッガー）があらわれた結果として、もしくは、おそらくはそのような幾つかの力の合力としてなされるのである。哲学的変貌（「哲学的進歩」と言えるかもしれないが、しかしそう呼ぶと、さらなる問いを招いてしまうだろう）という興味深い現象が生じるのは、古い問題に新しい扱い方が見出されるときではなく、ひと組の新しい問題が生じて、古い問題の影が薄くなりだすときなのである。[☆62]

☆62 Ibid., p. 264.〔前掲野家監訳、三〇二―三〇三頁〕

ローティの歴史主義的で反還元主義的な見方は、ある独特のネオプラグマティズムに結実する。ウィトゲンシュタインとハイデッガーとデューイについての、説得力はあるが異論を招く彼の読解、そして彼によるクワインとグッドマンとセラーズの創造的な利用は、アメリカの哲学において、ウィリアム・ジェームズの熱烈な反知的専門職主義以来もっとも対決的な立場を生み出す。議論を巻き起こす彼の視点は、たんにアメリカのプラグマティズムへの回帰というだけではない。より根本的には、わたしたちと世界を再創造し再記述するための哲学的権威となる伝統が残されていないという意味において、ラルフ・ウォルドー・エマソンへの回帰である。

ローティのネオプラグマティズムは、詩的活動がたいてい、人間による再記述に関する彼の構想を規定し、人間の実践のもっとも高貴なものになるとみなしているので、暗にエマソン的である。☆63 ローティによるエマソン的なデューイの翻訳は、ハイデッガーによる哲学の詩的転換によって媒介されて、ローティのつぎのような主張へと結びつく。

> 本物であるということとは、現存在《ダーザイン》と存在との関係、人間と彼がそのようなことばを作るときに指し示そうとしているもの［「真理」］との関係は、特殊と一般との関係、時間的なものと永遠の原型との関係ではなく、自己自身との関係だということに気づくことである。彼には彼の言語以上のものはなく、彼の言語には彼がそこに込めるもの以上のものはない。つまり、人間のあり方には、詩人という以外、それ以上のものはなにもない。(中略)わたしが考えるに、デューイは技術の詩人だと十分な理由をもって言うことができる——現代を祝福するための、そしてとくに、苦役からの人類の解放——余暇の普遍化

☆63 Ibid., pp. 267, 278, 358-59, 362.〔同右訳書、三〇六、三一九、四一八—四一九、四二二頁〕

——が可能にするであろう共同体の感覚を祝福するための言語を開発しようと試みた思想家だと。もうひとつの呼び名としては、彼は人間の連帯の詩人だと言うことができる。わたしたちにあるのはわたしたちの共同体の感覚だけであり、ブルジョワ的リベラルな民主主義はわたしたちがこれまで思い描いた共同体の最高の実例であるということを、わたしたちにわからせようとした思想家だと。☆64

言うまでもなく、ローティ版のデューイは、わたしたちが吟味してきたデューイよりも知的に遊び心があって、政治的に飼いならされている。しかしここでの重要な点は、ローティはそのデューイ解釈において、人間の創造と自己創造の力への、そして挑発する（啓発するのではなく）ために過去と現在を利用することを強調したエマソンへ立ち返っていることである。そして彼ははっきりとエマソンに言及しているわけではないが、彼がつぎのように言うとき、コンコードの賢人〔エマソンを指す〕であるかのようだ。ローティの見解において措定されるのは、

> 規範的な人間としての聖職者や哲学者や科学者というよりも、詩人である。（中略）新たなことばの作り手、新たな言語の形成者という一般的な意味での、人類の前衛としての詩人である。☆65

ローティのエマソン的感性は、デューイが歴史的に導き出す科学の権威でさえ、他にいくつ

☆64 Richard Rorty, "Heidegger against the Pragmatists," 未刊行論文, pp. 87-88. この論文は、ケンブリッジ大学出版局の現代ヨーロッパ哲学シリーズのなかのハイデッガーに関するローティの本の出発点となるはずであった。ローティはこの計画を放棄してしまったので、この興味深い論文が日の目を見ることはないかもしれない。

☆65 Richard Rorty, "The Contingency of Language," *London Review of Books*, April 17, 1986, pp. 4, 6. ローティの重要だがしばしば見逃されるつぎの論文も参照せよ。"Mind as Ineffable," in *Mind in Nature*, ed. Richard Q. Elvee (New York: Harper and Row, 1982), pp. 60-95. この論文のなかで彼はこう書いている。「わたしたちがじつに独特なのは、わたしたちは真か偽かという問いよりも高いところにいけるという

もある伝統のうちのひとつにすぎないとする。それはトマス・クーンやポール・ファイヤアーベントのような「教会史家たち」によって脱神話化された伝統である。

> プラグマティズムは（中略）かつて神によって占められていた場所をうめる偶像として《科学》を立てたりはしない。それは科学を文学の一ジャンルとみなすのであり、逆の言い方をすれば、文学や芸術を、科学と同じ足場に立つ探究とみなすのである。そこでは倫理は、科学的理論よりも「相対的」であるわけでも「主観的」であるわけでもなく、また「科学的」にする必要もないということになるのだ。物理学が宇宙のさまざまな部分に対処しようとする方法であるように、倫理は他の部分に対処する方法である。数学が物理学の仕事を助けてくれるように、文学と芸術は倫理の仕事を助けてくれるのだ。こうした探究のなかには、命題をうみだすものもあれば、物語をうみだすものも絵画をうみだすものもある。どんな命題を確言し、どんな絵画を観、どんな物語に耳を傾け、論評し、再説するのかという問題のすべては、われわれが欲するものを得るためには何が役に立つのか（あるいはわれわれは何を欲する**べき**なのか）、という問題なのである。☆66

ローティにとってわたしたちは、ノイラートのボートで漂流し、哲学的な基礎や超歴史的な正当化を欠いた必滅の信念や価値という有用な背景に照らし合わせて、新たな自己イメージや語彙や技法や道具を永遠に発明し創造するエマソン的な船乗り、自己生産する生物である。大雑

ことである。わたしたちは詩的な種族、自分自身を変化させることのできる種族である。」(p. 88)

☆66 Richard Rorty, "Introduction: Pragmatism and Philosophy," *Consequences of Pragmatism*, p. xliii.〔吉岡洋訳「序論 プラグマティズムと哲学」、前掲『哲学の脱構築』、六二頁〕

把に言って、わたしたちは、哲学的に擁護することはできないひとつの文明（あるいは一組の現代的な民族的慣習）——そしておそらくは腐敗し衰退しつつある文明——と連帯した北大西洋圏の自文化中心主義者《エスノセントリスト》である。この意味で、ローティのプラグマティズムは自文化中心主義的なポスト人文主義《ヒューマニズム》の一形態である。現在のところ「ポストモダニスト・ブルジョワ・リベラリズム」よりも選ぶ価値のある生活様式はないと主張している点で、彼は恥じることなく自文化中心主義者である。☆67

わたしの見解では、われわれはブルジョワ資本主義社会がこの惑星の人類のほとんどがかかえている諸問題のほとんどに解決をもたらすものではないことを嘆きつつも、これまでに実現された最高の政治形態としてそれをいまよりももっとすすんで祝福してしかるべきなのである。☆68

しかしローティの見方は、マシュー・アーノルドのブルジョワ人文主義《ヒューマニズム》やジョン・デューイの庶民的人文主義とは異なる。彼はこの文明のための哲学的基礎を作り出すことはできないと信じているからである。一九七九年十二月二十九日にニューヨーク市でのアメリカ哲学協会第七十六回東部年度会議でおこなった会長演説において、ローティはこうはっきりと述べた。

プラグマティストによれば、それを継続することがわれわれの道徳的義務である対話と

☆67 Richard Rorty, "Post-Modernist Bourgeois Liberalism," *Journal of Philosophy*, 80 (1983), 583-89. ローティ独特の冷戦的リベラリズムは流行のネオコンと同列に扱うべきではない。むしろそれはアメリカの古風な社会民主主義的な見方、たとえばジョージ・マクガヴァンもしくはヘンリー・ジャクソンの見方により近い。これは国内では恵まれない人びとのためにより大きな平等を主張し、国際的な前線においては「赤の脅威」を封じ込めることを主張する見方である。ローティの政治についてのよりくわしい議論としては、彼のつぎの論文を参照のこと。"Thugs and Theorists: A Reply to Bernstein," *Political Theory* (October 1987).

☆68 Richard Rorty, "Method, Social Science, and Social Hope," *Consequences of Pragmatism*, p. 210 n.

は、たんにわれわれのプロジェクトであり、ヨーロッパ知識人の生活様式にすぎないのである。それは、形而上学的にも認識論的にも、成功の保証をもっていない。さらに（そしてこれが肝心な点であるが）、**たんに「継続」という以外には、「成功」が何を意味するのかをわれわれは知らないのだ。**

（中略）プラグマティストは、パースとともに、真理は勝利することを**運命づけられている**、と語るのを避けねばならない。プラグマティストは、真理は勝つであろうと言うことさえ避けねばならないのだ。彼に言えることはただヘーゲルとともに、真理と正義は、ヨーロッパ思想の連続的諸段階を通じて示されてきた方向のなかにあるということだけである。これは、彼がなんらかの「必然的真理」を知っており、この知識の結果としてそうした実例を挙げてみせるからではない。これはたんにつぎのようなことにすぎない。すなわち、プラグマティストが自分の確信を説明する方法としては、自分の対話相手にたいし、自分と対話者がともに同じ立場にあり、自分と対話者が偶然的な出発点を共有し、自分と対話者がともに流動し根拠をもたない対話に従事していることを思い出させる以上によい方法はない、ということである。このことが意味するのは、「ヨーロッパのどこがそんなに特別なのか」という問いにたいして、プラグマティストはこう答えることしかできないということである。すなわち、「**われわれの**ヨーロッパ的目的をもっとよくかなえてくれるものとして提示できるような非ヨーロッパ的な何かがあなたにはあるのか」と。[☆69]

16. 〔浜日出夫訳「方法・社会科学・社会的希望」、前掲『哲学の脱構築』、四四八頁、注16〕

☆69 Richard Rorty, "Pragmatism, Relativism, and Irrationalism," *Consequences of Pragmatism*, pp. 172, 173-74. 〔庁茂訳「プラグマティズム・相対主義・非合理主義」、前掲『哲学の脱構築』、三七九、三八一―三八二頁〕

ローティのネオプラグマティズムは、死にかけの人文主義《ヒューマニズム》にたいする辛辣な反人文主義的批判――マルティン・ハイデッガー、ジャック・デリダ、ミシェル・フーコーのそれのような――を独創的に反唱する。しかし、彼ならではのネオプラグマティズムは、滑らかで魅力的でウィットに富んだ典雅な散文によってこうした批判を飼いならし、そしてもっと重要なことに、自身のプロジェクトを（わたしたちがさまざまに異なった仕方や程度でそうするように）彼が大事にしてやまない文明にたいする文化的政治的批判にまで押し進めようとはしないために、そうした批判を弱めてしまう。このようにローティは、自身の自文化中心主義的なポスト人文主義を事実上ブルジョワ人文主義の領域のなかに閉じ込める。

しかし、倫理的な視点――プラグマティストたちにとって中心的な視点――からすると、ここでどんな重要なちがいがあるというのだろうか。ローティのネオプラグマティズムは、リベラルなブルジョワ資本主義社会の下から哲学的な支えをはずすだけであり、それはわたしたちの文化的政治的な実践になんら変化を要求しない。ならば、彼のネオプラグマティズムの倫理的政治的帰結は何であろうか。マクロ社会的なレベルでは、そのようなものはまったく何もない。ローティはこう述べている。

しかしリベラルな民主主義にはなんら悪いところはなく、その領界を広げようとしてきた哲学者たちにもなんら悪いところはない。悪いのはただ、彼らの努力を彼らが達成しようとはしていなかった何かを達成できていないから失敗だとみなそうとする試みである。この何かとは、わたしたちの生活様式が他のすべての生活様式よりも「客観的に」優れているという証明のことだ。要するに、啓蒙主義の希望、西洋の民主主義を形作った希望にはなんら悪いところはないのである。われわれプラグマティストにとって啓蒙主義的理想の価値とは、そうした理想が形作ってきた制度や慣習のいくつかのものの価値にすぎない。[☆70]

このように、ローティのネオプラグマティズム的なポスト哲学的文化へ向けたプロジェクトは、リベラルなブルジョワ資本主義社会の基本的慣習を後押しするイデオロギー的な試みであるが、彼はそうした社会を哲学的に擁護する試みをやめさせようとすることで、このプロジェクトを無害なものにみせかけている。哲学にたいするローティの無頓着さは、北大西洋圏の諸社会、とくにアメリカ社会で支配的なブルジョワ的生活様式を守っていこうという熱烈な警戒心と不可分である。

しかし、ミクロな制度のレベルでは、ローティのネオプラグマティズムには意義がある。意義とは、彼の視点には学問界にとって計り知れぬほど大きな反知的専門職的な意味合いがあるということである。ローティにとって、学問的哲学者たちはその専門化した活動を正当化することができないし、まさに彼が切り崩す哲学的弁護がなければ彼らの狭い研究成果を正当化することもできない。彼はわたしたちに以下の見方を提唱している。

哲学者が現在「客観的で実証可能で明確に伝達しうる」解答を与えようとしている問題

☆70 Richard Rorty, "Solidarity or Objectivity" in *Post-Analytic Philosophy*, ed. John Rajchman and Cornel West (New York: Columbia University Press, 1985), p. 16.

は、知識と道徳の隠された本質を求める啓蒙主義の誤った探求から継承された歴史的遺物でしかないとみるべきである。これは、われらの知識人仲間の多くによって共有されている見解である。彼らはわれわれ哲学教授たちのことを、時間の歪みにとらえられて、啓蒙主義をもう一度生きようとしている人物だとみなしているのだ。☆71

ローティのネオプラグマティズムは、近代西洋にとって地を揺るがすような視座を提唱しているのではなく、高度に専門化した職業階層の教育労働者、すなわち大学の哲学科に在籍する教育労働者の危機の徴候である。この危機は、現在の学問的哲学、とくにその大学院生や若い教員のあいだに広まる士気阻喪の感覚をうみだした。ローティの反認識論的急進主義と文学趣味的な反アカデミズムは、卑しめられ衰亡をもたらすばかりの孤独に深く陥った学問分野では新鮮で歓迎すべきである。しかし皮肉なことに、彼のプロジェクトは豊かな可能性に満ちているとはいえ、論争（主に他の職業的学問人たちにたいする）に終始しがちであり、したがって実りは多くないままにとどまっている。それは孕んだ子孫を産み落とすことを拒絶するのだ。ローティは哲学を政治と文化の複雑な世界へといざなったが、自分が熱を入れる対象を学問界の転換と近代西洋の弁護に限定してしまっている。

この政治的な狭量さは、西洋哲学の伝統一般と特殊、英米哲学の伝統についてのローティの解釈によって例証される。この解釈はそれ自体、英米哲学の非歴史的性格を帯びている。ローティの歴史主義的な感覚はあまりに広漠としていて、あまりに厚みがなく、力の作用する現実

☆71 Rorty, "Pragmatism, Relativism, and Irrationalism," p. 170.〔前掲庁訳「プラグマティズム・相対主義・非合理主義」、三七六頁〕

とは関わりがないままにとどまっている。彼の自文化中心主義的なポスト人文主義はあまりに漠然としていて、あまりに無頓着で、リベラリズムの衰退を気にかけることがない。しかも、ローティの近代哲学の脱神話化は、関連する社会政治的な問題が浮上してくるやいなや、哲学的領域に撤退する。

たとえば、存在論において顕著になりつつある反実在論と、わたしたちの教養ある職業的学問界や教育制度の内部での知的権威の危機のあいだにつながりはないのだろうか。ネオプラグマティズムやポスト構造主義やその他の前衛的な職業的イデオロギーによって主張される反実在論と反基礎づけ主義の諸見解は、今日の高度資本主義国家の学問文化に広く行き渡る「規範なき」(あるいは旧式のブルジョワ的コンセンサスなき)「文体的言説的異種混交性」[☆72]によって形成され、またそれを形成していないだろうか。超越論的主体——しばしば北大西洋圏のブルジョワ階級と結びつけられる主体——の脱超越論化は、現代の資本主義社会の中産階級の深い無力感、北大西洋圏の近い将来には解放のプロジェクトはないという感覚と関係していないのだろうか。つまりは、世俗的な新保守主義、終末論的な予言、自己愛的な生活、そしてもろもろの勝手気ままで皮肉な思考形態の多くを助長するシニシズムの広まりと関係がないのだろうか。そしてローティが述べるように、もし科学が「価値を負荷された企て」[☆73]であるのならば、自然科学の方法自体にイデオロギー的な性質がないのだろうか。そこにはなんらかの合意された自然観と自然への態度があって、それがわたしたちの環境への支配だけでなく、「自然」という大見出しのもとに包摂される人びと(この地球の大多数!)——たとえば、女性や非ヨー

☆72 Fredric Jameson, "Postmodernism, or the Cultural Logic of Late Capitalism," *New Left Review*, no. 146 (July-August 1984), p. 65.

☆73 Rorty, *Philosophy and the Mirror of Nature*, p. 341.〔前掲野家監訳、三九五頁〕

ロッパ人、そして「低級」労働者でさえも含まれる――にたいする支配をも促進しているのかもしれないではないか。

こうした挑発的な問いの数々に通底する中心的な問題は、哲学を部分的に政治化する（哲学を通俗的にイデオロギー化することとは対照的に）ことなしには、哲学を歴史化することは不可能だということである。たしかに、哲学の文化や政治にたいする関係は複雑であり、それを無視することはもっとも楽な道である。しかし政治と文化の複雑さに足を踏み入れることなしに、哲学を脱神話化する歴史主義的なプロジェクトに乗り出すことはできないのである。哲学の歴史的な性質を語りながらも、歴史上のいろいろな時代における哲学者たちの政治的内実や役割や機能を語ることを避けるのは、歴史の名のもとに歴史を欠いたアプローチを助長することである。必然性や普遍性や合理性や客観性や超越論性といった特権的な哲学的概念を切り崩すと言いつつも、こうした概念のイデオロギー的な庇護のもとになされた数々の抑圧行為を知らしめ際立たせることをしないのは、頭でっかちで均質な歴史を書くことである。それは認識論的な特権を熱烈に攻撃するが、種々の政治的、経済的、人種的、性別的な特権について比較的口をつぐんだままの歴史である。そのような歴史は、一部の抑圧された人びとの歴史をひそかに圧殺するものであり、この歴史がポストモダンの前衛たちの反認識論と反形而上学への嗜好を補強するときでさえ、過去と現在における力の諸作用――支配と抵抗の両者――を隠してしまう。

たしかに、ネオプラグマティズムの相対主義的あるいは虚無主義的でさえある含みは、主流の実在論者や古風な人文主義者たちを狼狽させる。学問界内部での前衛的な知的専門家と体制維持派の知的専門家のあいだの、狭いが注目すべき戦いは激戦でありつづけるだろう。しかし、哲学的な戦火がおさまったのちの肝心な仕事は、社会的な異種混交的な系譜を追跡していくことである。つまり、自然科学と人間科学における語彙や言説や（非言説的な）実践の発生、発展、維持、衰退を、特定の（そしてしばしば共存する）生産様式や政治的葛藤や文化的布置や個人的動揺の動的な変化という背景に照らし合わせて、詳細に論じていくことである。

ローティは系譜学的な論述にたいしてひどく懐疑的である。たとえば、西洋思想における視覚的隠喩の中心性についての暫定的な説明――推論的な説明とさえ言ってもよい――が適切であるように思えるときに、彼は「われわれ現代人の後知恵からこんなことを言っては恩知らずかもしれないが、この視覚的隠喩が西洋思想の創始者たちの想像力をとらえた格別の理由はなかった」と主張する。[☆74] そして西洋における近代科学と道徳意識の受容と働きについての問いを考えるときには、ローティは「いずれの場合も、何がよき答えとなりうるかは、誰にもわからない」と結論づけている。[☆75]

歴史的あるいは系譜学的な論述についてのそのような悲観論を考えると、ローティはこうした問題についての自分自身のネオプラグマティズム的な見方を真剣にとらえているのかどうかという疑問がわいてくる。「よき答え」とは、あるひとつのあらわれつつある、あるいは支配的になりつつある、あるいは衰退しつつある社会的コンセンサスにもとづき、ある具体的な目的にかなうようにされたある特定の見識、ある有用な解釈以上のものではないか。ローティの

☆74 Ibid., p. 38.〔同右訳書、二八頁〕
☆75 Ibid., p. 341.〔同右訳書、三九五頁〕

物語それ自体が、デカルト主義者やカント主義者や分析哲学者たちへの「よき答え」ではないだろうか。要するに、ローティのネオプラグマティズムには、歴史を欠いた哲学的正当化を許す余地はない――そしてこれは正しい――のだが、彼の中途半端な歴史主義は頭でっかちの均質な物語で満足し、社会的かつ異種混交的な系譜学的論述を不信の目で見ている。この中途半端な歴史主義は、倫理的に限定され政治的に飼いならされた彼の物語の諸帰結と結びついており、彼がしばしば全包括的で差異化されていない社会概念を使用しているところではっきりと見えてくる。

合理性や認識上の権威は、社会がわれわれに何を語るのを許しているのかを明らかにすることによって説明されるのであって、その逆ではないということ――これこそ、わたしが「認識論的行動主義」と呼ぼうとするものの本質である。[☆76]

すでに明らかであろうが、ローティの偏狭な歴史主義には、マルクスやデュルケームやウェーバーやボーヴォワールやデュボイスが不足している、つまり、彼の物語にはもっと精妙な歴史的社会学的視点が足りない。

彼がそのような視点を相対的に欠いていることは、ローティのネオプラグマティズムの二つの主要な欠点から由来している――すなわち**その理論不信とその間に合わせ的な語彙へのこだわり**である。最初に、プラグマティックな結果の重視と具体的実践への歴史主義的な関心を区

☆76　Ibid., p. 174.〔同右訳書、一九〇頁〕

別しなくてはならない。プラグマティズムのよくある初歩的な誤りは、後者を理解することを犠牲にして前者を持ち上げるということである。この誤りは素朴な反理論主義を助長する。実際、プラグマティズムにたいするありふれた批判はプラグマティズムの理論嫌いに狙いを定める――これはプラグマティズムのよくある初歩的な誤りによって正当化される批判ではある。しかし、もっと洗練されたプラグマティズム、その歴史感覚と系譜学的な目標を保持するプラグマティズムは、大理論に抵抗しつつも、ひと組の暫定的で修正可能な理論的枠組みに照らし合わせて、結果と具体的実践の両方を強調する。こうした大理論にたいする抵抗と不信は理論それ自体を嫌悪することと混同されるべきではない。じつのところ、素朴な反理論主義は、異種混交性と複雑性を無視する素朴な大理論への自動反射的な反応である。**洗練されたネオプラグマティズムの目標は、利用可能な最適の社会理論や文化批評や歴史記述的見識に照らし合わせて具体的実践について系譜学的に思考し、効果的な戦略と戦術に照らし合わせて特定の道徳的帰結を達成するために政治的に行動することである。**

　この種のネオプラグマティズムは間に合わせ的な語彙や言説へのこだわりを吹き飛ばす。そのかわりに、それはどんな言語的、対話的、情報伝達的、もしくは会話的なモデルも避け、そうしたもののかわりに複数レベルでの力の作用に焦点を据える。じっさい、この焦点のもとに見据えられるのは、力を帯びたものとしての言語の性質――ある種のレトリックのイデオロギー的な重みやさまざまな言説の政治的な重力――である。しかし言語とその特質が、生産様式や国家装置や官僚制度といった他の非言説的な力の作用を理解するためのモデルにされたりはしない。もちろん、そのような力の作用は言語や言説を前提としているが、この前提が意味するのは、言語や言説における力の動的作用が社会的な構造や制度における力の動的作用を決定しているということではないし、あるいは前者が後者に倣うということでさえない。構造主義者やポスト構造主義者たちが記号体系の物質性に注意を促したのは正しい。それは古典的な社会理論家たちからはしばしば無視されてきたからである。そしてネオプラグマティストたちが反実在論と反基礎づけ主義について、限定された歴史主義的な考えにたどりついたのは正しい。ならばつぎの課題は、こうした見識を社会理論や文化批評や歴史記述における近年の精緻化のうちの最良のものに接続し、かつそれらの見識を見込みのある社会運動や社会の動きへと、根本的な社会変化のための効果的な戦略や戦術をともなった社会運動へと根づかせることによって、さらに発展させていくことである。空虚な学問的理論主義、職業的な反理論主義、ひとりよがりの「ラディカルな」反知的専門職主義の時期はもう終わったのだ。ジョン・デューイ、W・E・B・デュボイス、シェルドン・ウォリン、スチュアート・ホール、エリザベス・フォックス＝ジノヴィーズ、エドワード・サイードといった知識人の例に倣わなくてはならない。歴史主義的な立場の中途半端なネオプラグマティズムは、わたしたちの大部分の生活を統制し支配する勢力にたいする社会的でイデオロギー的な異議申し立てにおいて、道徳的政治的武器として展開される系譜学的論述に席を譲らなくてはならない。このように、ネオプラグマティズムはエマソンからローティまでのそれ自身の伝統から学び、さらに発展させ、そして超えていく——それはまだ人間の力や挑発や人格に関心を示すとはいえ、いまでは階級や人種やジェンダーについての反体制的な分析や、創造的民主主義と社会的自由のための反体制運動と密接に結びついたものとなっているのである。

第6章　預言的プラグマティズム
——文化批評と政治参加

理論の水準では、実践の哲学は、それ以外のいかなる哲学とも混同されたり、またはそれらに還元されてはならない。実践の哲学の独創性は、それ以前の哲学を超越している点にあるだけではなく、なかんずくそれがまったく新しい道を切り開くこと、哲学それ自体について考える方法をすっかり一新してしまう点にもある。（中略）哲学について考える方法が、「歴史化」されたのである。つまり、以前より具体的で歴史的な哲学の仕方が存在しはじめるようになったのである。

アントニオ・グラムシ

ローティによる流動的な会話のモデルから、複数のレベルで作動する権力のモデルへと話題を移行することは、われわれをラルフ・ウォルドー・エマソンへと連れ戻す。エマソンはフリードリッヒ・ニーチェのように、なによりもまず、権力の形式を生み出すことに取りつかれた文化批評家である。ローティにとっては、これらの形式は、会話の行為として理解され、人間の新しい自画像を生み出すことを可能にするという第一義的な目的のために存在する。しかし、エマソンにとっては会話は、たんに人間の力と人格を高める可能性がある無数のやりとりのうちのひとつでしかない。皮肉なことに、ローティがマイケル・オークショットの「会話」の隠喩を採用したことは、彼自身が批判するほかならぬ知的専門職主義という支配的な理想を反映している。この理想はじつに、エマソンが好んだ理想的なやりとり、つまり、ガーデニングやウォーキングや読書よりも公共的な出来事であり、しかし同時に上品でブルジョア的でもあるのだ。

プラグマティズムの伝統――アメリカの思想においてもっとも影響力がある流れ――は文化批評のあからさまに政治的な形態を必要としている。それは、権力、挑発そして人格にたいするエマソンの関心を、デューイによる歴史意識の強調と、地に呪われたる者の苦しみにたいするデュボイスの着目とに照らして、洗練し修正していかねばならない。文化批評のこの政治的形態は、エマソン的な幻視の力――彼のユートピアへの衝動――を取り戻さなければならないが、デューイの創造的民主主義の概念とデュボイスによる資本主義的民主主義の限界の社会構造分析をとおして方向づけされなければならない。さらには、この新しい種類の文化批評――われわれはそれを預言的プラグマティズムと呼ぶことができるだろう――は、フックとトリリングに見出せる悲劇的感覚、ニーバーに見られるジェームズ流の格闘の雰囲気をより宗教的にしたもの、ミルズに見られる知識人の使命との苦悩にみちた取り組みに誠実に向き合わなければならない。アメリカの遺産に根をはり、地に呪われたる者への希望を掲げる預言的プラグマティズムは、批判的知性と社会行動という手段によって、創造的民主主義というエマソン的文化を促進する最良の可能性をになっている。

その第一歩は、創造的民主主義というエマソン的文化がどのような様相をしているのか定義する、あるいは少なくとも、それが創造される過程とはどのようなものなのかについてなんらかの理解をもたらすことである。振り返ってみると、エマソンが哲学からそれたことは、たんに、デカルト的そしてカント的な認識論のモデルを拒絶していたことを意味するだけではない。それは、価値判断を超越する哲学者の知（エピステーメ）よりも力をもった民衆の意見（ドクサ）が優位であることを主張することでもあるのだ。エマソンが哲学を避けたのは、理性に従属させられた常識を理性と同じ地平に民主主義的に置くためだったのである。エマソンは、哲学者が「理性を常識に置き換えるとき、庶民の感覚を無意味とみなす」[☆1]ことに気づいていた。哲学にたいするエマソンの懐疑とは、たんに、思想家は哲学の言語によって魅了されてしまっているのではないかという疑いだけでなく、より重要なことには、哲学が根深い、反民主主義的な結果をもたらしているのではないかという疑念であった。エマソンにとって、理性、形式的な思考、基礎、確定性は、いきいきとした人間の経験から遠く離れているというだけでなく、それらも人間の創造物であるのに人間から切り離された抽象概念としてあらわれ、みずからの創造主に命令を発し、そうすることで創造主の自由を制約するものでもある。その結果は、哲学的真理と知識の名のもとに人間の可能性と参加が抑圧されている点において、反リバタリアン的で反民主主義的である。エマソンの感性は、われわれの時代には、ベンジャミン・バーバーによって繰り返されている。

☆1 Benjamin Barber, *The Conquest of Politics: Liberal Philosophy in Democratic Times*（近刊）, chap. 8.

政治の混乱した不確定性を抑え込み、道理にかなうことを合理性と見せかけることで、彼ら［哲学者たち］は、われわれの政治的判断を導くよりも上手に、啓蒙という理想に奉仕してきた。（中略）権利は哲学的に擁護されるが、もろもろの権利に命を吹き込む民主主義的共同体を蝕む抽象概念としてだけである。正義は、現実の行動と結びつけて考えられることも、あるいは政治的行動が派生する熟慮の対象となることもないままに、認識論においてはその価値がまったく疑われることのない地位を与えられている。語ることが、政治的過程の核心としてよみがえり、そのあとで市民に推奨される。ただし、市民権のではなく、哲学の拘束力に呼応するものとしてであるが。礼儀は重宝される。しかしそれは、礼儀に政治的意味を与えるような人間の集団的な選択や共同体の諸目的とは両立しないものと解釈される。☆2

ということで、創造的民主主義というエマソン的文化について語ることは、政治的な意味が認められた知識――そこでは、人間の政治参加が奨励され、そのために人間の人格が高められる――が生み出される社会と文化について語ることである。社会実験が基本的な規範であるが、それが機能するのは、その結果にもっとも影響を受ける人たちが、その結果を生み出す制度を有効的に制御できる場合、つまり意志決定過程に介入しうる場合だけである。この意味で、エマソン流の認識論の回避は、創造的民主主義というエマソン的文化と分ちがたく結びついている。つまり、アメリカの知識人が哲学を回避したことには、政治的動機と政治的実質が

☆2　Ibid.

あるのだ。

> 政治とは、形而上学が用をなさないときに、人びとがおこなうものである。（中略）それは、抽象的な、独立した基準が不在のなかで共通の現実性を鍛え上げることである。政治は、動的で、現在も進行していて、人びとに共通している熟慮と行動を内包しており、個人が社会的相互作用により市民へと変容された場合にのみ実行可能なのである。☆3

アメリカの知識人が哲学を回避した政治的動機は、低俗な意味でのイデオロギーに従ってのことではない。つまり、哲学は、ある階級や集団の物質的な利益を隠すためのたんなる外套であるという主張に沿ってのことではない。むしろ、基礎の探索と確実性の探求をあきらめてしまえば、真実と知識への人間の探究は、社会や共同体に根ざした状況へと変化し、そこでは、人びとは知識を手に入れる過程で情報を伝達し合い協力するのである、という主張にもとづいてのことなのだ。かつては純粋に認識論的であったものが、いまや、人間による真実と知識の生産の前提条件である、価値と権力の働きを浮かびあがらせることになるのである。

　アメリカの知識人が哲学を回避したことにおける政治的な実質とは、哲学者の特権、すなわち理性的な熟慮がいまや民衆のものになったということである——そして熟慮する民衆とは、生成過程にある創造的民主主義なのだ。言うまでもないことだが、このような見方は、すべての職業的なエリートを排除したり、これらの人びとに敵対したりする許可証を与えるものでは

☆3 Ibid. 好ましい経済に関して私が知るかぎりもっとも有用な概説は、Alec Nove の *The Economics of Feasible Socialism* (London: George Allen and Unwin, 1983), pp. 197-230 である。

ない。ただし、彼らに説明責任を求める。同様に、熟慮する民衆は、衆愚による支配とも大衆の偏見とも同義ではない。むしろ、民衆は、公共の利益を中心にし、個人の権利を重んじる民主主義への参加によって形作られる市民としての意識をもつ、行動する市民なのである。

預言的プラグマティズムは、アメリカの知識人が哲学を回避したことの背後にある、このような政治的動機と政治的実質を明らかにする。デューイと同じように、それは、プラグマティズムを文化批評の政治的形態として理解し、政治を普通の人びとの毎日の経験のなかに位置づける。デューイとは異なって、預言的プラグマティズムは、社会分析のマルクス主義の伝統とより直接的なかかわりを促進する。預言的プラグマティズムの政治学の中心に位置する、解放をめざした社会的実験主義は、マルクス主義理論のラディカルな民主主義的要素と非常によく似ているが、その柔軟性ゆえに、いかなる教条的、先験的、一元論的断言もおこなわない。

預言的プラグマティズムとマルクス主義理論の遭遇は、マルクス主義によって形作られた（しかしマルクス主義ではない）民主主義的な社会のヴィジョンを打ち出すもっとも重要で精巧な試みをくわしくみることで、一番よく理解できるだろう。そのような試みとは、具体的には、ロベルト・アンガーの複数巻に及ぶ『政治学』のことである。アンガーは預言的なプラグマティストではない――しかし、アンガーの仕事と預言的なプラグマティズムのあいだには、深い選択的な親和力がある。大雑把に言ってしまえば、両者とも、左翼ロマン主義第三の波の注目に値する手本なのである。

ロベルト・アンガーの現代社会思想にたいする独自の貢献は、マルクス主義の理論と実践の危機に照らし合わせて、ジョン・デューイの社会実験の概念を根本的に深め鋭利にしたことにある。アンガーの基本的な目的は、人間による社会形成というマルクス主義的概念を、進化論的、決定論的、経済主義的な足かせから解放することにあった。このとき、多数の歴史的に具体的な社会的取決めと、しばしば見過ごされる、ユニークで目的意識をもった諸個人間の関係の政治学とに、デューイ流に注意を払うことが手段となる。アンガーの素晴らしい試みの成果は、基本的に、現代の政治的・イデオロギー的領域のなかに新しい言説空間を取り分けたことだった。預言的プラグマティズムは、これと同じ空間を占有している。この空間は、単純に左翼的であったりリベラルであったりするのではなく、マルクス主義的でもなければロック的でもないし、無政府主義的でもなければカント的でもない。むしろ、アンガーの視点は、ポスト・マルクス主義的であると同時にポスト・リベラルである。つまり、この視点は、民主主義と個人の自由を拡大しつづけるという目的のために、恒久的な社会変革と永続的な自己発展を促進する、解放をめざした実験主義によって成り立っているのである。しかし、ほとんどの重要な社会思想家と対照的に、アンガーは、はっきりと宗教的な関心によって動機づけられている。たとえば、ロマン主義的な愛に見られる自然との密接な関係、または、永遠の生への願望にあらわれる自然の超越である。この点で、アンガーは、解放をめざした彼の実験主義の根本的な実存的不十分さを強調し、そうすることで、人間にとって究極の問題のつぎに大切な物事について、もっとも上手に語りかけることができるのだ。アンガーにとって、人間の究極的な関心は、社会変革と自己発展への終わることのない探究と分かちがたく結びついていると同時に、それらに還元しきれないのである。

アンガーの企てに関して、私は三つの点を議論しようと思う。第一に、アンガーの視点は、現在、もっぱら第一世界の進歩的なインテリゲンチャ（あるいはこの進歩的インテリゲンチャのなかでいまだ生き延びている者たち！）のかなりの数の人びとのあいだを席巻している**左翼ロマン主義の第三波**の、もっとも精緻な表現としてとらえるのが一番ふさわしいという点。第二に、この左翼ロマン主義第三の波は――預言的プラグマティズムと同様に――言説としては、ジョン・デューイのラディカルでリベラルな社会主義と、アントニオ・グラムシの断固として歴史主義的なマルクス主義概念のあいだに位置づけられるということ。第三に、この挑発的な企ては、現代の社会思想のほとんどより先進的であるが、人種による、またはジェンダーによる隷属の形態を理論的に検討しないだけでなく、具体的な進歩的政治闘争の反人種差別的、そしてフェミニスト的な側面についても沈黙したままであるヨーロッパ中心的、家父長的言説に、いかに埋もれたままになっているかを強調したいと思う。

アンガーの著作を読んで受けるもっとも著しい印象は、彼の臆面もないロマン主義である。ここでいうロマン主義とは、ごく単純に、プロメテウス的な人間の力にたいする強い関心、自我と社会の偶発性に関する認識、ひとがそのために生きて死ぬ、規制力を有する解放の理想というかたちをとった欲望と希望の大胆な投射のことである。シニシズムと否定主義に染まったポストモダンの現代——ヒトラー、スターリン、チトー、ムッソリーニ、フランコらによる想像を超えた残虐行為や、アジア、アフリカ、ラテン・アメリカでヨーロッパとアメリカの帝国主義者の援助のもとに繰り広げられる、しばしば忘れ去られがちな蛮行を経験したのちの時代であり、そして今日、ホメイニ、ピノチェト、モイ、メンギスツが第三世界に存在し、官僚主義的な小物政治家たちが第二世界を支配し、レーガン、サッチャー、コール、シラクが第一世界で音頭をとっている時代——では、アンガーのロマン主義は、すがすがしくはあるが、やっかいでもある。

アンガーの仕事を形作る、社会改革のエネルギーとユートピアへの衝動がすがすがしいのは、あまりにも多くの人びとが、「変革を想像する出来あいの方法」[☆4]を欠いているからである。われわれは、実行可能な抵抗をするための道がなく、実現可能で信頼できる別の選択肢がない世界に囚われたように感じている。この政治的不能の感覚——「のめりこむことをせず、不本意ながら従う経験」[☆5]——は政治の三つの基本的なかたちを生み出す。短気で、怒りに満ち、虚無的なラディカルのための散発的なテロリズム。落ち着いて、教養もあり、社会問題に関心があるリベラルのための職業的な改革主義。そして、おびえて、パラノイア的で、非難がましい保守主義者のための福音的愛国主義である。未来は、現在と根本的に異なり、それよりも良くなるし、良くなるべきだというアンガーのロマン主義的価値観は、彼に、前記の三つの支配的な政治形態を拒絶させるだけでなく、「われわれの時代の重要な政治的問い——社会民主主義

☆4 Roberto Unger, *Social Theory, Its Situation and Its Task: A Critical Introduction to Politics? A Work in Constructive Social Theory* (Cambridge: Cambridge University Press, 1987), p. 41.
☆5 Ibid.

は、われわれが常識的な範囲で望みうる最良のものなのだろうか」[☆6]に否定的に答えるように駆り立てる。アンガーは、われわれはもっとましなことができるし、しなければならないと思っているのだ。

しかし、アンガーによる左翼ロマン主義第三の波が、非常にやっかいであるのは、われわれは、左翼ロマン主義の第一波と第二波の有害な効果と人間が非人間化される結果とを見てきた――そして、それをしばしば思い出させられる――からだ。第一波――アメリカとフランスの革命にもっとも良くあらわれている――は、それまでにないほど人間のエネルギーと力を放出させ、自我と社会を徹底的に変え、人間の激しい欲望と希望を、民主主義と自由、平等と博愛主義という壮大な道徳的で信頼できる政治的理想へと向かわせた。この第一波の代表的な人物の二人――トマス・ジェファソンとジャン＝ジャック・ルソー――は、疑いの余地なく、アンガーが人間の活動の三つの基本的要素と考えるものを認めるであろう。三つの要素とは、すべての人間活動のコンテクスト的、ないしは条件的要素のことであり、実質的あるいは概念的な活動のコンテクストすべてを突破する可能性のことであり、コンテクスト保存的、すなわちルーチン化された活動と、コンテクスト破壊的、つまり逸脱的な活動を区別する必要性のことである。[☆7]

さらには、ジェファソンもルソーも、想像力を、変革の観点から社会改革という目的のために社会的現実をとらえる人間の力とみなすアンガーのロマン主義的概念に同意することだろう。[☆8] この点で、アンガーは北大西洋圏のロマン主義の伝統に根ざしている。それでは、なぜわ

☆6 Ibid., p. 14.
☆7 Ibid., pp. 18-22.
☆8 Ibid., p. 43.

れわれは左翼ロマン主義の第一波に居心地の悪さを感じなければならないのか。左翼ロマン主義の第一波は、人類の進歩を開始し、促進したにもかかわらず、それを歴史的・社会的に体現した勢力は、野蛮なおこないを補強し、再生産することになったからである。たとえば、白人優越主義的な慣習は、アフリカ人の隷属や先住民やメキシコの人びとにたいする帝国主義的な支配に結びついているし、男性優越主義的慣習は、家族内の関係や文化的慣行や社会的制約に刻み込まれている。そして低賃金や、反組合的な法律、限定された特定のビジネス（たとえば鉄道）だけにたいする政府の支援に見られるように、公共の利益をビジネスが過剰に支配し、左右する。こういった特筆に値すべき、左翼ロマン主義第一波の醜悪面の例にわれわれが居心地の悪さを覚えるのは、現状を進歩的な方向に変える試みがすべて望ましくないからではない。むしろ、歴史的に特定される人間の力の形態に価値を置こうとするいかなる試みも、そのような人間の力に従属させられるのが誰なのかを認識し、それにたいして注意しなければならないからだ。

左翼ロマン主義の第二波は、アメリカとフランスの革命のおおいなる幻滅と不満のすぐあとにつづいてあらわれたのだが、二人の偉大な預言的かつ予見的な北大西洋圏の人物が明確にそれを体現している。ラルフ・ウォルドー・エマソンとカール・マルクスである。彼らは二人とも、革命の問題に取りつかれていた。つまり、コンテクスト保存型活動をコンテクスト破壊型へと変容させるために、そのための条件を特定し、作り出すことである。二人とも、自分自身と社会をより自由で民主主義的な存在に作り変える人間の能力を強く信じていた。そして二人とも科学——知識、現実、真実にたいする新しい文化的権威——を、このような作り変えと改良の必要不可欠な道具とみなしていた。

変革をもたらさなければならないという道徳的性格の強い使命が自我のなかに占める中心性、自制を統御し自然との密接な関係を築くという自我の目的をかなえるための実験の必要性、そして自我創造と自我に権威を認めることの重要性というエマソンのテーマは、アンガーの著作にはっきりとあらわれている。実際のところ、『政治学』第一巻の最後から二つ目の段落は、エマソンの『自然』からそのまま抜き取ったかのように読めてしまう。

> より調子がよくて、より正気な瞬間において、男性も女性もみな、自分たちを唯一無二の存在と感じるまま、そのような存在として生きたいと願う。そしてこの真実を埋没させるのではなく、これに敬意を払う、現実的で情熱的な愛着を固めたいと願う。自分たちの社会的世界群が拵えものであり、張り合わされていることを理解するやいなや、人びとはこれらの世界の共同制作者になることも欲するのである。現代の社会思想には、こういった欲望を十分に満足させる社会にわれわれはすでに住んでいるのだと説くものがある。また他方で、そのような欲望は、非現実的なものとしてあきらめるよう説くものもある。前者は、われわれには信じがたく、後者は実践しがたい。☆9

同じように、価値判断につきまとわれる政治的闘争の中心性、現在の社会が変容する必要

☆9 Ibid., p. 214.

性、自然を支配する必要性、そしてもっとも重要なこととして、すでにつねに効力を発揮している拘束力に対抗して人間の社会を作り変えることができる人間の力の可能性、というマルクス主義のモチーフは、アンガーの企てにおいて重要な役割を演じる。『政治学』第一巻の最後の段落は、マルクスの『一八四四年草稿』〔『経済学・哲学草稿』〕と『一八四八年宣言』〔『共産党宣言』〕と同じ比喩、情熱、目的を呼び起こす。

社会思想の幻想によって、繰り返され、強化され、増大された社会の拘束力のために人びとは、切望していても世俗性と諦念という仮面をつけなければならないという恥辱を負うようになった。反自然主義的社会理論はこの拘束力を打ちのめすことはないが、われわれが拘束力と争うことを妨げようとする幻想を追い払う。理論的洞察と預言的なヴィジョンは、貪欲な利己心を非情な葛藤と合体させ、現在世界で燃えている炎の点火役を果たした。それは、信仰と迷信の混合物を融解して分離させる炎であり、偽の必要性の力を焼やし尽くす炎である。[☆10]

左翼ロマン主義の第二波は、エマソン的なアメリカ観と、マルクス主義的な社会主義概念に支配されていた。おおよそ一八六〇年代から一九四〇年代まで、世界じゅうで見られた民主主義と自由、平等、友愛にたいする人類の希望は、エマソンかマルクスのどちらかの遺産に依拠していた。言うまでもないことだが、国家を建設し、帝国を強固にしようとするヨーロッパ諸

☆10　Ibid., pp. 214-25.

国の試み――ロマン主義第二波の主要な源泉だった――は、エマソンとマルクスの両方の遺産に暴力的に対立した。第二次世界大戦の終わりには、ドイツによるヨーロッパと世界にたいする支配の企てが、合衆国とロシアによって率いられた連合国によって失敗に終わると、左翼ロマン主義の第二波は勢いをなくし始めた。マルクス主義の遺産の主要なもの――マルクス＝レーニン主義（当時、スターリンによって率いられていた）――を、ますます多くの左翼ロマン主義者たちは、抑圧的で、嫌悪感をかき立て、退行的であると信じるようになった。エマソンの遺産の主要なもの――アメリカニズム（当時、トルーマンとアイゼンハワーによって率いられていた）――は、多くの左翼ロマン主義者たちから、人種差別的であり、狭量で、空虚であるとみなされた。

左翼ロマン主義の第三波は、マルクス＝レーニン主義とアメリカニズムにたいする深い失望から始まった。第三波の兆候的な運動の代表的なものは、第三世界や、第一世界における有色人種――インドのガンジー、ペルーのマリアテギ、エジプトのナセル、そして合衆国のマーティン・ルーサー・キング・ジュニア――に見られる。しかし、主に、生存することに腐心しなければならないという悲劇的な事実、近視眼的なリーダーシップ、それから選択肢が限定されていたことによって、第三世界のロマン主義のほとんどは、左翼ロマン主義第三波から離れ、画一的な管理を特徴とするマルクス＝レーニン主義か貪欲なアメリカニズムという罠に陥ったのである。主な例外――サルバドール・アジェンデのチリ、マイケル・マンリーのジャマイカ、サンディニスタのニカラグア――は、恐るべき、たいていの場合乗り越えがたい障害に遭遇した。言うまでもないことだが、第二世界——一九五六年のハンガリー、一九六八年のチェコスロバキア、一九七〇年のポーランド——における似たような企ては、悲劇的なことに、暴力的に踏みつぶされた。

左翼ロマン主義第三波の二人の主要人物は、ジョン・デューイとアントニオ・グラムシである。デューイは、ジェファソンとエマソンの視点を、われわれの世紀の具体的な歴史的、社会的現実にあてはめる。同じようにグラムシは、これらの現実にたいするルソーとマルクス主義の見方をより研ぎすまし、修正する。われわれがこれまで見てきたように、デューイは、数多くのエッセイ、論文、書評、それからもっとも重要なことに著作『公衆とその諸問題』(一九二七)、『個人主義——昔と今』(一九二九)、『リベラリズムと社会的行動』(一九三五)、『自由と文化』(一九三九)で、リベラリズムに立脚しつつ、それを超えた社会主義の力強い解釈を打ち出している。この解釈は、「社会の最下部までもを含む」社会実験の概念を強調する。つまり、説明責任を果たす権力、小規模な協同組合、個人の自由といったジェファソン的、エマソン的理想の観点から、根本的な経済的、政治的、文化的、個人的変容という考えを奉じるのである。グラムシは、さまざまな断片的記述、未完成の研究、政治的介入、そして、『獄中ノート』(一九二五—三五)と『現代の君主』といった著作で、レーニン主義に依拠しながらも、それには収まりきらないマルクス主義の鋭い見解を提示した。この見解における焦点は、社会現象のあらゆる決定論的、経済論的、還元主義的読解を阻止する歴史的具体性という考えとヘゲモニー概念である。このような仕方で、デューイとグラムシは、われわれの時代において人びとに受け入れられ、そして存立可能な左翼ロマン主義第三の波が取り組むべき課題を、ある程度設定したのである。

アンガーの挑発的な企ては、デューイとグラムシのあいだの言説空間を占める。それは、われわれが今日手に入れることができる、左翼ロマン主義第三波のもっとも詳細な記述である。預言的プラグマティズムと同じように、アンガーは、ジェファソン―エマソン―デューイの洞察と、ルソー―マルクス―グラムシの定式化の交差点に位置する。皮肉なことに、第三世界(ブラジル)出身で、そこの出身者としての感性をもち、第一世界の学界での地位とその学界に属する人間としての指向(二十年近くハーヴァードで法学の教授を務めている)をもつ知識人として、アンガーは、彼のジェファソン―エマソン―デューイ的感性よりも、ルソー―マルクス―グラムシからの遺産のほうに、より大きな関心を寄せている。実際、彼の主要な目的は、第三世界での彼の経験と第一世界での訓練をもとに、マルクス主義の代わりとなるラディカリズムを――方法論そして政治的・個人的実践のレベルで――提供することにあった。

『政治学』は、とても異なった二つの経験の産物である。ひとつは、現在、北大西洋圏の民主主義社会で盛んな社会的・歴史的思想の、豊かで、磨き上げられた、他者にたいしても自己にたいしても批判的であるが、悲観的で衒学的な文化にさらされるという経験である。この社会思想の文化は、ある風潮の影響に苦しんでいる。もっとも寛容な市民が、みずからをすでに確立された制度的配置に従わせつつ、せいぜい軍事的惨劇を回避して、ほんのわずかな再分配の目標を達成することを望む風潮である。もうひとつの経験は、第三世界の先端に位置するブラジルの混沌とした、しかし希望に満ちた政治における、実際的で創造的な政治参加である。そこでは、わたしがこれを書いている現在、少なくとも何人かは、基本的な制度、慣習そして思い込みは、社会組織のいかなる確立されたモデルにも迎合しない仕方で再構築されうるという考えを真剣に受け止めている。

この書物に書かれていることの多くは、北大西洋圏世界における知的資源を、その他の場所で痛切に人びとが感じている関心や義務に奉仕するように取り込んでいこうとする試みと理解できるだろう。このような仕方でわたしは、ラディカルな企てを推進しようとする者たちの共通語《リングア・フランカ》の役割をいまは果たしているものの、曖昧で、納得しても納得させてもいないマルクス主義の代わりになるものを発展させることに貢献したいと願っているのである。この本の議論が有効であるならば、この理論的な試みがもたらす変容の中心的な力には、その試みの直接的な起源や動機を越えた認識上の価値があることになる。[☆11]

この意味で、アンガーは、マルクス主義の言説を特権化する。一方で、マルクス主義の「構造や制度的フェティシズム」——深層構造的な論理である不可避性の名のもとに、歴史的、社会的筋書きを押しつける傾向——は、アンガーのラディカルな企ての大きな障壁になる。[☆12]もう片方で、マルクス主義は、他のどのような社会理論よりもこのような傾向に抵抗し、そうすることで、アンガーの仕事を手助けするための資源と分析的な道具をそなえているのである。

☆11　Ibid., pp. 223-24.
☆12　Ibid., p. 200.

この本の多くは、このテクストが、深層構造の社会分析と呼ぶものにたいする論駁になっている。マルクスとその追従者たちの文献は、深層構造の動きについてのもっとも強力で精妙な実例である。しかし、マルクス自身の書いたものは、野心的な理論化を深層構造に関する思いこみから自由にしようとする試みの役に立つ要素を多く含んでいる。マルクス主義の伝統で仕事をしている人びとは、深層構造研究方法を発展させてきた。しかし、彼らは同時に、マルクスの独創になる歴史の科学などというものよりも、マルクスや他の古典的な社会理論家たちの反自然主義的な意図により忠実な社会生活観を築くためのもっとも強力な道具を鍛えあげたのである。[☆13]

アンガーは自分の企てを、マルクス主義者の特定のグループ(「政治的マルクス主義者」と彼が名づける者たち)により密接に関連づける。とはいえ、アンガーはけっして、マルクス主義の説明の枠内にとどまろうという彼らの試みを肯定しているわけではない。この集団の主要な人物は、アントニオ・グラムシである。実際に、「階級的な状況と階級意識が、資本主義のような生産様式の典型的な特徴から相対的に自律していること」を強調し探究するグラムシの柔軟性に富んだマルクス主義は、アンガーの仕事の主要な足がかりであることは間違いないだろう。[☆14] グラムシのような政治的なマルクス主義者から影響を受けていることをアンガーがはっきりと認めている――みずからを権威とみなすアンガーのテクストにおいてはきわめて稀なこ

☆13 Ibid., p. 216.
☆14 Ibid., p. 233.

とである——のは、このことを証明している。

ときとして政治的マルクス主義者たちは、史的唯物論の中心的な主題とのかかわりを保持したいという欲望のために、自分たちの洞察の発展を犠牲にしてきた。彼らにとって、それらの教義は、理論的な一般化のための、また、彼らが生活する社会の配置や状況から批判的な距離を得るために必要な、唯一入手可能な基盤であるように思えたのである。別のときには、政治的マルクス主義者たちは、理論を断念しただけである。（中略）過去と現在と未来の社会にたいする明確な制度的代替物が感覚としてわかるように伝える能力を喪失することで、彼らはその代価を払ったのである。『政治学』の建設的な理論は、政治的マルクス主義者が手を引いたところから出発している。しかし、この本は、理論化にたいする野心を放棄することも、マルクスの社会理論の特徴的な教理のどれかを受け入れることもせずに、それをおこなうのである。[☆15]

アンガーが、グラムシを超える必要を感じているのは、グラムシが、社会の現実の複雑さをつかみ損ねる理論的な一般化と図式とを生み出す、模範的なマルクス主義の「超《スーパー》理論家」であるからではなく、そのマルクス主義にもかかわらず、流動的な社会現実のさまざまな特徴と様相を記録するために、大局的な説明と理論的な体系化を回避する「極《ウルトラ》理論家」の典型であるからだ。[☆16] 疑いの余地のない超理論家（実証主義、単純素朴な歴史主義、深層構造理論という

☆15 Ibid., p. 219.
☆16 Ibid., pp. 165-69.

罠を避けようと試みる）としてアンガーは、グラムシやフーコーのような極理論家を、説明的ないしは規範的な理論を拒絶し、そうすることで解放のために有効な思想や実践を最終的に無効化してしまっている、と批判する。アンガーによると、極理論家は、すべての理論的な体系のなかに深層構造の論理を見出し、説明的な一般化を認識論的基礎づけ主義と混同し、自分の仕事が、ありきたりの社会科学の唯名論的形式に堕してしまう危険をおかすのである。要するに、アンガーがグラムシから学んだもっとも重要なことは、マルクスやその他の思想家たちから要素を取り込みながら、マルクスより繊細で、より微妙で、より敏感な超理論家になることだったのだ。

アンガーの企てにはデューイの主題のいくつかが顕著ではあるが、アンガーのテクストではデューイは実質的に不在である。さらには、デューイにたいする唯一の言及は謎めいていて、誤解を招きやすい言明であった。主要な極理論家としてフーコーとグラムシに触れたのち、アンガーはつぎのように付け足す。

そのうえ、極理論を、左翼ないしはモダニズムの理論家のみと関連づけるのは間違いである。たとえば、なぜジョン・デューイではないのか（制度的実験主義にたいする傾倒と制度的保守主義への滑り込みとの亀裂がありはするものの）。[☆17]

この箇所は、三つの理由でひとを困惑させる。第一に、アンガーは、デューイが左翼でもモダ

☆17　Ibid., p. 237.

ニズムの知識人でもないと暗示しているのだろうか。第二に、アンガーは、自身の社会的実験主義とデューイの制度的実験主義を区別しているのだろうか。第三に、どのような意味で、そしていつ、デューイは、制度的保守主義に滑り落ちていったというのか。もしアンガーが最初の質問に肯定的に答えるのであれば、彼は、デューイを低俗なアメリカニストとしてとらえる、間違ったステレオタイプのデューイ観に呑みこまれている。というのも、われわれが以前に見てきたように、デューイの六十五年にわたる民主的社会主義者としての政治的経歴を見れば、この点は明らかだろうからだ。そしてデューイが二十世紀アメリカの世俗的な大物知識人である以上、デューイがモダニズムの知識人であることは議論の余地がないだろう。もしアンガーが自分の実験主義とデューイのそれを区別しようとしているのなら、その妥当性は不明確にとどまる。そんなことになるわけは、デューイの教育改革運動にだけ注意を奪われ、デューイが進歩的教育に集中した時期のあと、二〇年代後半、三〇年代、四〇年代だけでなく、その時期の最中にも、根本的な社会改革を広く訴えた事実を無視するからであろう。そしてデューイが制度的保守主義に滑り落ちていったというありえない意見は、四〇年代におけるデューイの反スターリン主義を保守主義と間違えることによってのみ可能になる。というのも、デューイのアメリカ社会批判は、最後まで手厳しいままだったからだ。

アンガーはデューイにたいするごく短い言及で、たんに足を踏みはずしたのだと私は思っている。しかし、デューイがアンガーに、彼の企てを可能にする洞察と道具を与えることができるという点で、この踏みはずしは重要である。これらの洞察や道具は、マルクスのものとは比較できない。というのも、デューイは社会理論家ではないからだ。しかし、デューイ自身の極理論は、グラムシのそれと同じように、超理論にたいするアンガーの野心を抑制し、和らげるのである。

たとえば、客観性という科学的概念と人格という社会的概念のあいだに類比的な関係をつくり出そうとするアンガーの試みは、（科学的方法に対立するものとしての）科学的態度と生活様式としての民主主義とをデューイが結びつけたことによって、すでに予見――しかももっと説得力をもって――されていた。鍵となる概念は、客観性ではなく――客観性を自己批判的な見解一致ととらえるローティによる独創的な再定式化でさえもなく――、むしろより本質的には、他者にたいする敬意であり、過謬性の条件としての説明可能性である。[☆18] 同様に、デューイの極理論は、説明的な一般論を排除したり、軽視したり、阻止したりすることはない。実際に、デューイは、アンガーが挙げるのと同じ理由で（すなわち、われわれの実践を説明したり管理したりするため）、われわれにはなんらかの超理論が必要なのだと説く。しかし、デューイは、超理論をわれわれがもつその他のいかなる道具や武器と同じようにみなすよう、そしてそれがわれわれの目的に役立ち、われわれの関心を満足させるときだけそれを使い、われわれの役に立たないときには、それを批判し放棄するよう警告する。グラムシとデューイの大きなちがいは、前者がマルクス主義理論を受け入れ、後者がそれを拒絶していることにあるのではなく、グラムシが、マルクス主義理論が役に立たない領域、たとえば政治や文化においてもしつこくそれに取りすがっている点にある。デューイは、マルクス主義理論の有効な部分を多く

☆18 Richard Rorty, "Solidarity or Objectivity?" *Post-Analytic Philosophy*, ed. John Rajchman and Cornel West (New York: Columbia University Press, 1985), pp. 3-19.

受け入れ、それを使って説明する領域を限定しただけであり、万能ぶって、一元論的、教条的な部類のマルクス主義を拒絶しただけである。アンガーの企てを矯正することになるデューイのこのような思想は、預言的プラグマティズムを指し示す。

ラディカルでリベラルなデューイの社会主義は、ユートピアを探し求めるアンガーの情熱に水をかけるかもしれない。というのも、当時、デューイは、権威主義的な共産主義とリベラルな資本主義的民主主義は、第一世界においても第二世界においても、重要な信頼できる選択肢であったし、現在でもそうだ、と認識していたからだ。そして第三世界における社会実験は、このような限界づけられた選択の幅という桎梏から、抜け出せないでいる。こう述べるのは、われわれは、改革を夢見たり、それを希望したり、そのために生きたり、戦い、死んだりすべきではないということを言いたいからではない。しかし、そのようなロマン主義的な切望は、洗練された社会思想の衣装で着飾ったとしても、西側の資本と東側の官僚主義の締めつけの国際的な協調関係による厳しい拘束力を変えることはない。この意味で、デューイのプチブルジョア的なラディカリズムも、大きな欠点があるものの、捨て去るべき伝統というわけではなく、西側においてはラディカルな改革の絶え間ない試みに、また東側においては抑圧の存在を示すのろしになるほかはない。同じように、共産党内でのグラムシの指導的地位は、いまは主にイタリアとスウェーデンにその遺産が見られるが、東側における民主化の大胆な試みを構成するほかないものだし、西側における社会的に引き起こされた苦痛（たとえば、貧困、人種差別）の存在を示すのろしになるほかはない。アンガーにとって根本的な課題は、歴史的な作戦

——彼の解放的な実験主義のための——の空間をデューイとグラムシのあいだに、つまりプチブルジョア的ラディカリズムとマルクス的社会主義のあいだに見つけることだった。

この課題は、二つのレヴェルにおいて取り組まれるべきである。インテリによる学術的な生産と消費というレヴェルと、大衆的な政治的組織と動員のレヴェルである。二つのレヴェルは、それぞれ独自の意味で重要である。総合大学、単科大学そして専門学校のいくつかは、ハイテクやコンピューターにどんどんのめりこむようになっているものの、それらはリベラルな資本主義的民主主義社会において、新しいイデオロギー空間に関する真剣な会話ができる数少ない制度的な場をいまだに提供している。六〇年代の新左翼の遺産が、そのような場所に現在存在しているのは、たんなる偶然ではない。アンガーの企ての消費者の多くは、これらの教育制度の内部において、あるいはそこから、ある程度の文化的権威を働かせることができる、このような進歩的な職業的管理者によって構成されている。彼らの重要性、とくにエリートの文化的価値と感性を伝達する存在としての重要性は見過ごされてはならない。しかし、彼らの影響力が誇張されてもならない。実際、左翼的な政治指向から彼らが生み出したり消費したりするものは、ほとんどの場合、学園内にとどまる。アンガーは比較的に専門用語を排したことばで書こうとする称賛に値する試みをしているが、それにもかかわらず、これは彼のテクストに関してもあてはまるのである。したがって、デューイとグラムシのあいだをいく左翼的企てを提示しようとするアンガーの試みは、おそらく、彼が非難する相手にほかならぬ幻滅した革新主義者たちの所有物のままで終わる可能性が非常に高い。われわれの時代の「悲観的で衒学的な」知識人文化の左翼の人びとにたいする影響の重要性は軽視されるべきではないだろう。それにもかかわらず、アンガーはそれ以上のことをしたがるのである――彼は、現実世界の政治に、意味のある体系的介入をおこないたいのである。

こうしてわれわれは、政治的な組織化と動員のレヴェルにたどり着く。デューイやグラムシとちがってアンガーは、普通の人びとの日常生活における、激しく燃える文化的・政治的問題にほとんど関心を示さない――宗教的な、または民族的な（たいていは排外的な）復興運動、労働組合の力の減退、人種的または性的な暴力の激化、広まる薬物中毒やアルコール中毒、核家族の崩壊、マスメディア（テレビ、ラジオ、ビデオ）の文化的・政治的影響、自殺者の数と殺人の件数の急激な増加といった問題である。アンガーは個人的な人間関係と日常生活の政治を引き合いに出しはするが、その内容についてはやや曖昧なままなのである。

アンガーの言説がヨーロッパ中心主義と家父長制の骨組みのなかに刻み込まれたままである、と私が述べるとき私が言いたいのは、アンガーのテクストが――概念的、実際的なレヴェルで――この国における多数の人びとのあいだに階級間の移動と政治化を促すまさに右記のような問題にたいして比較的沈黙を守っているということである。アンガーが大衆のために単純な政治的小冊子を書くべきだと述べたいのではない。アンガーのすばらしい仕事は、彼自身の新しい左翼政治にとって動機づけとなるであろう問題に、より多くの関心を払うべきだと言いたいのである。われわれの時代において、人種的、ジェンダー的な隷属の形態について言及すらしない――ましてや正面から取り組むなどしない――社会理論と政治学の偉そうなテクストを書くことは、政治的そして理論的な観点から許されないことである。☆19 そうすることは、壮大なしかし欠陥を抱えたヨーロッパ中心主義と家父長制の遺産に囚われたままでいることを意味する。もっと重大なことには、それは、実現可能な左翼政治の新しい可能性の多くを見逃すことである。言うまでもないことだが、人種やジェンダーといった問題を真剣にとらえるからといって、信頼できる進歩主義的政治が保証されるわけではない。しかし、それらの問題を素通りすることは、超理論という致命的な罪を犯すことである。体系的な一貫性を犠牲にしながら、具体的なものを無視することなのだ。

結論を述べると、アンガーの野心的な企てには、われわれが細かい注意と精密な吟味を払う価値が十分にある。それは、預言的プラグマティズムの政治的企ての動機と理想の多くを明確に述べている。それは、ジェファソン―エマソン―デューイとルソー―マルクス―グラムシの遺産の最良の部分に依拠している左翼ロマン主義第三の波をはっきりと表現しようとする、もっとも重要な試みなのである。残念なことに、アンガーは、これらの壮大な北大西洋圏の遺産につきまとう理論的、実際的な視野狭窄によってわずかに目を曇らされたままでいる。しかし、アンガーは、すべての預言者は不完全であり、すべての解放のためのヴィジョンと計画は修正や変形をこうむるのが当然であるとまっさきに認めることだろう。

ミシェル・フーコーの挑戦

アンガーの企てと預言的プラグマティズムのそれを、それらが左翼ロマン主義の第三波である

☆19 人種に関するこの点についての準備的な試みは、Cornel West, "Race and Social Theory: Towards a Genealogical Materialist Analysis," in *American Left Yearbook 2*, ed. Michael Davis et al. (London: Verso, 1987), pp. 74-90 を参照。

がゆえに称賛することは、ミシェル・フーコーの影響を受けた進歩主義者の集団のいくつかにとっては、意に反することだろう。フーコーは、典型的な反ロマン主義者であり、総体、全体性、目的、意図、あるいは未来さえも話題として取りあげるにたいして懐疑的なのである。[☆20] 預言的プラグマティズムは、権力の働きにたいする執着をフーコーと共有している。それはまた、フーコーの後期の仕事によって始められた系譜学的な探究をその一部として組み込んでいる。実際に、預言的プラグマティズムは、多くの点でフーコーのそれと似た系譜学的な唯物論的分析手法を推奨する。[☆21] しかし預言的プラグマティズムは、フーコーの反ロマン主義を三つの基本的な理由から拒絶する。

第一に、フーコーの有名な考古学と系譜学は深い洞察と豊かな解明を与えてくれるが、フーコーは権力の特定のひとつの働きのみに執着する。具体的には、人間が主体として構成されるようになるときのさまざまな様式である。[☆22] 規律を通じて人間を服従させ、客体化する権力というかたちをとる様式に関するフーコーの強力な研究は、通常のカント的枠組みを出ない。フーコーはいまだに、「主体の構成を可能にする条件とは何か」といった質問を投げかけるのだ。超越論的な回答や歴史的な人間中心主義的答えを用意する代わりに、フーコーは、主体を構成する匿名的で自律的な言説の系譜学的な説明をわれわれに与えてくれる。要するに、フーコーは主体の構成というカント的な質問に、ニーチェ的な解答をするのである。

わたしは、構成に関するこれらの問題が、構成する客体（狂気、犯罪性など）にふたたび

☆20 フーコーの影響力が大きい論考 "Nietzsche, Genealogy, History," *Language, Counter-Memory, Practice*, trans. Donald F. Bouchard and Sherry Simon (Ithaca: Cornell University Press, 1977), pp. 139-64 を参照〔伊藤晃訳「ニーチェ、系譜学、歴史」、『ミシェル・フーコー思考集成IV 規範／社会』筑摩書房、一九九九年、一一―三八頁〕。

☆21 フーコーの力強い系譜学的研究の最良の例は、*Discipline and Punish: The Birth of the Prison*, trans. Alan Sheridan (New York: Vintage Books, 1979) である〔田村俶訳『監獄の誕生――監視と処罰』新潮社、一九七七年〕。

☆22 フーコーの著作のこの点を強調した読解に関しては、John Rajchman, *Michel Foucault: The Freedom of Philosophy* (New York: Columbia University Press, 1985), pp. 103-8 を参照。

言及することによってではなく、歴史的な枠組みのなかでどのように解決されるかをみきわめたかったのです。しかし、このような歴史的な文脈化は、現象学的な主体の単純な相対化以上のものである必要があります。わたしは、現象学者たちがでっちあげた歴史の流れのなかで進化する主体という概念を歴史化することによって問題が解決するとは信じていません。構成主体という考えを捨てなければならないし、主体そのものを捨て去らなければならないでしょう。別の言い方をすれば、主体がどのように構成されるかを歴史的な枠組みのなかで明らかにするような分析にたどり着かなければならないのです。そしてこれが、わたしが系譜学と呼ぶものです。つまり、出来事という場にたいして超越的であったり、あるいは空虚な同一性を保ったまま歴史の流れのなかを存在しつづける主体に言及したりすることなく、知識、言説、客体の領域などの構成を説明する歴史の一形式のことです。☆23

この自己像が皮肉なのは、フーコーの仕事が一方では、主体の構成に関するカント的、ヘーゲル的、マルクス的説明を避けているのにもかかわらず、フーコーが**カント的な問いを立てることで**、そのような説明をすることに取り憑かれたままであるからだ。実際に、彼が権力の働きに関心があるのは、この主体中心的な問いに答えることができる範囲においてだけなのである。みずからの仕事をもっとも細かく振り返ってみて、フーコーは正直にこう述べる。

〔田村俶訳『ミシェル・フーコー――権力と自由』岩波書店、一九八七年、一九一―二〇一頁〕。

☆23 Michel Foucault, "Truth and Power," *Power/Knowledge: Selected Interviews and Other Writings, 1972-1977*, trans. Colin Gordon et al. (New York: Pantheon Books, 1980), p. 117.〔北山晴一訳「真理と権力」、『ミシェル・フーコー思考集成VI セクシュアリテ／真理』筑摩書房、二〇〇〇年、一九九頁、再録『フーコー・コレクション4 権力・監禁』ちくま学芸文庫、二〇〇六年、三四一―三四二頁〕

わたしは、まずはじめに、何がここ二十年間のわたしの仕事の目標だったかを述べたい。それは、権力の現象を分析することではなく、そのような分析の基礎を精緻に固めることでもなかった。
そうではなく、わたしの目標は、人間が、われわれの文化において主体にされるときのさまざまな様式をまとめたひとつの歴史を作り出すことだったのだ。（中略）
したがって、わたしの研究の包括的なテーマは、権力ではなく主体だった。☆24

預言的プラグマティズムが、フーコーの企てに異議を唱えるのは、彼に歴史的な感覚がないからではなく、あまり役に立たないカント的な問いから出発することで、彼の企てが寸詰まりとなったままだからだ。デューイとローティ――ウィトゲンシュタインとハイデッガーは言うまでもなく――が示したように、「……を可能にする条件とは何か」という問いの形式は、人間の社会的実践を超越してその外側で成立している妥当性の概念に、その問いそのものが分かちがたく結びついている点で、誤解を招くものである。この点で、フーコーの解答――匿名的で自律した言説、規律、技術――は、古くからある答え、つまり、生産様式の弁証法的発展（俗流マルクス主義）、世界精神《ヴェルトガイスト》の働き（荒削りのヘーゲル派）、あるいは超越論的主体の活動（講壇カント派）の最新版でしかない。☆25 これらの解答はすべて、時間と空間にわたって構築されたり解体されたりする活発な社会実践の中心性を避けている。

フーコーにたいする預言的プラグマティズムの異論の二つ目は、驚くべきことではないが、

☆24 Michel Foucault, "The Subject and Power," *Critical Inquiry*, 8, no. 1 (Summer 1982), 777, 778.〔渥海和久訳「主体と権力」、『ミシェル・フーコー思考集成IX 自己／統治性／快楽』筑摩書房、二〇〇一年、一〇―一一頁〕

☆25 Rajchman, *Michel Foucault*, p. 103.〔前掲田村訳『ミシェル・フーコー』、一九一頁〕

言説、規律、技術にたいするフーコーの物象化に関してのものである。人間の執行主体としての力——個人としても集団としても人間が営む行動——を軽視することで、フーコーは、こっそりと、執行主体としての力を言説、規律そして技術に帰する。制度や構造を生み出し、また、それらから生み出される人間の行動には、意図されていなかった結果や知られていなかった先行条件がたしかに多数存在する。社会理論における方法論的な個人主義は、十分ではない。それにもとづくと孤立して原子的な個人の行動によって、人間の社会や歴史が十分に説明されてしまうからだ。しかし、その代わりになるのは、執行主体としての力をもっぱら、非人格的な力、超越論的な存在、あるいは匿名的で自律的な言説の結果としてとらえることではない。預言的プラグマティズムにおいて、人間の執行主体としての力は中心的な位置を占めている——われわれにとって、人間の社会や歴史には、時間と空間にわたって構築されたり解体されたりする人間の社会的な実践しかないのである。エドワード・サイードは、フーコーに関して鋭い見解を述べている。

この作業の特異な世界内現実性にもかかわらず、フーコーは、権力の使用に関してではなく、いかにしてそしてなぜ権力が手に入れられ、使われ、保持されるのかに関して、興味深いほど受動的で不毛な見方をしている。これが、フーコーのマルクス主義との不調和の、もっとも危険な結果であり、また、彼の仕事のもっとも説得力がない側面でもある。（中略）権力がどれほど、非直接的な官僚主義的な規律と管理の一種であろうとも、誰が権力を握っているのか、誰が誰を支配しているのか、といった理解から派生する変化は確認できるのだ。(中略)フーコーに見ることができないものは、活動中の政治活動家の視点からなされるグラムシのヘゲモニー、歴史的ブロック、社会的諸関係の総体の分析に似たなにかである。活動中の政治活動家にとって、行使されている権力についての魅力的な描写が、社会における権力の諸関係を変える試みに取って替わることはけっしてないのである。☆26

フーコーは政治的知識人である——限定された局所的問題に対応し関与している「特定の」知識人であり、ある階級、民族あるいは集団の利益を代表しそのために発言する「普遍的」知識人ではない。しかし、フーコーのカント的問いは、人間の執行主体としての力を軽視させる結果になり、言説と規律の修正可能性を限定させ、そうなることで、フーコーの関心は、権力の働きの特定のもの、つまり主体の構成にかかわるものに、限られてしまうのである。たとえば、フーコーは、経済的生産様式や国民国家における権力の働きにほとんど関心を払わないのである。

フーコーの企てにたいする預言的プラグマティズムの最後の批判は、フーコーが道徳的言説の価値をおとしめている点に関してである。フーコーの熱烈な反ユートピア主義——これもまたヘーゲルとマルクスの目的論的ユートピア主義にたいする反動としてある——は、政治闘争にいかなるかたちの目的も目標も認めない。したがって、彼は、改革と革命を、反乱と暴動に

☆26 Edward W. Said, *The World, the Text, and the Critic* (Cambridge: Harvard University Press, 1983), pp. 221, 222.〔山形和美訳『世界・テキスト・批評家』法政大学出版局、一九九五年、三六一―三六二頁〕

置き換える。こうすることで、フーコーは左翼的倫理を、支配的な権力者に向けられた大胆で反抗的な《おおいなる拒絶》に単純化してしまうのである。しかし、民主主義、平等、自由という理想を表明して練り上げることをしそこねることにより、フーコーは、批判や抵抗の否定的なだけの概念を提供するのである。彼は、正しいことに、そのような理想を打ち出す「普遍的」知識人の目的が自己の権威化と特権化にあるのではないかと疑っているのだが、間違ったことに、これらの理想を政治活動と社会再建のための手引きとしてとらえるいかなる試みも、隷属と規律的管理の新しい形式にならざるをえないと信じているのだ。フーコーは正当にも容赦のない批判と健全な懐疑主義を保護しようと思っている。しかし、試験的な目的や暫定的な目的さえ拒絶することの結果としてあらわれるのは、道徳的ヴィジョンと体系的な(とはいえ柔軟な)分析によって成り立っている共働的な政治実践というよりも、実存的な暴動またはミクロ政治的な反乱である。それとはきわめて対照的に、預言的プラグマティストは、道徳的な言説——政治活動の修正可能な手段と目的、活動する者たちの誠実さや性格、そして市民参加の民主主義の貴重な理想、さらには異なった人間諸個人の独自性の開花——を真剣に受け止める。

したがって、預言的プラグマティストは、フーコーのカント的問いを、回転するがメカニズムには何の役割も演じていない歯車とみなし、拒絶する。その代わり彼らは、戦略的、戦術的な思考と行動の様式へと直接進んでいく。[☆27] これらの様式は、権力の働きや人間の人格の発展に貢献する挑発の効用を強調する。フーコーのように、預言的プラグマティストは、経済的搾取

☆27　一九八七年春のパリでのダニエル・ドゥフェール教授との話で、教授は、フーコーの手紙には、彼がアメリカのプラグマティズムに精通していた証拠があるとのことだった(チュニジアで二年間フーコーの隣人だったのは、フランスでのアメリカ哲学の翻訳の第一人者ジェラール・ドルダールであった)。さらには、ブラック・パンサー党が生み出した文献を読んだことが、系譜学的研究における戦略や戦法の中心性にフーコーが目を向ける助けになったのである。ここでの私の基本的な主張は、フーコーの後期の仕事には、なんらかのカントの残滓がまとわりついている、ということだ。

や国家による抑圧や官僚による支配にだけでなく、隷属の形式を批判し、これに抵抗する。しかし、これらの批判や抵抗は、フーコーが考えるものとは異なり、臆面もなく、創造的民主主義と個性という道徳的理想によって導かれているのである。

悲劇、伝統、および政治実践

エマソン流のプラグマティズムの重大な欠点は、その楽観的な神義論にある。問題は、エマソン自身に悲劇の感覚がなかったということではなく、人間の力と運命、人間の執行主体としての力とそれをめぐる状況、人間の意志とそれにたいする拘束力の関係を系統立てて述べるエマソンのやり方が、彼および彼以降のプラグマティストたちに、人間の能力にたいする過剰な楽観主義と過大な悲観主義とのあいだで繊細なバランスを保たせることを困難にしたことにある。初期のエマソンが一方の極みに位置していて、後期のトリリングは、別の極みに位置している。預言的プラグマティズムから見れば、初期のフックとニーバーのみが——彼らの三〇年代初頭の仕事が——理想的なバランスを保っているのである。

バランスに関するこの問題が、進歩的な伝統にたいして、長いあいだ無視されてきた基本的問題を提起する。悲劇と革命、伝統と進歩の複雑な関係である。預言的プラグマティズムは、この問題を避けることを拒否する。人類の歴史上の蛮行と残虐行為、今世紀になってからの大量虐殺の試み、そして今日の蛮行を前にして、進歩的とか預言的とかの呼び名を受け入れる人たちは、悲劇のなんらかの概念を提示する必要に迫られている。このように問題を提示することは、ある意味で論点のはぐらかしである。というのも、「悲劇」という語それ自体が、さまざまな宗教的・世俗的な背景的観念を前提としているからだ。しかし、預言的プラグマティズムは、キリスト教プロテスタントと左翼ロマン主義が結婚して生まれた子供なのだ。したがって、こうしたはぐらかしは、預言的プラグマティズムが「悲劇」という概念への注目を必要としている伝統に立っているという意味において許される。

「悲劇」が複数の意味をもつ概念だということを最初から認めることは重要だ。それは、コンテクストによってさまざまな意味を帯びる。たとえば、ギリシャ悲劇のコンテクスト――そこでは、支配階級の家族の行動が観衆に憐れみと恐怖をかき立てる――は、共通の形而上学的社会的意味を集団的に経験することを共有する社会である。一方、現代の悲劇のコンテクスト――そこでは、普通の個々人が、無意味や無と格闘する――は、形而上学的意味が崩壊している断片化された社会である。もっと明白なことには、「悲劇」の概念は人間の執行主体としての力という考えに結びついている。その執行主体が、高貴な人間であれ使用人であれ、あるいは王子であれ乞食であれ。

現代において悲劇が「たんなる苦しみ」と切り離されてしまったことを理解するための真の鍵は、倫理的な制御、さらにもっと重要なことには人間の執行主体としての力が、社会的、政治的生活のわれわれの理解から切り離されてしまっていることにある。（中略）悲劇的ととらえられない出来事は、われわれ自身の文化のなかに深く埋め込まれている。戦争、飢餓、仕事、取引、政治。このような出来事に、なんら倫理的な内容や人間の執行主体としての力を見ないということは、あるいは、われわれが、それらを一般的な意味と、とりわけ永続的で普遍的な意味とに結びつけることができないと述べることは、ひとつの奇妙で特殊な破綻を認めることである。それは、悲劇についてのいかなるレトリックも最終的には隠すことができない。[☆28]

ジェームズ、フック、ニーバーそしてトリリングが、最初に神義論や「悲劇的なもの」と取り組み始めたとき、英雄的行為の内容と性格に焦点をあてたのは偶然ではない。彼らは、革命にたいして、ほとんど、あるいはまったく関心をもっていなかったが、人間の執行主体としての力、意志、力にたいする彼らの強い執着は、プロメテウス的ロマン主義者――たとえば、ブレークや、バイロン、シェリー――のそれに似ている。しかし、ジェームズたちが考える「悲劇」の概念のイデオロギー的源泉は、彼らのその語の用い方にはっきりとあらわれている。

ジェームズは、個人に焦点をあて、大きな制度や集団を信頼しなかったことで、道徳的な英雄的行為を幻視するようになった。そのような英雄的行為では、改革のための一歩はすべて一種の勝利であり、ごく小さな戦いに勝つことは、戦いが終わっていない、したがってまだ戦いに勝つことができるという合図としてあった。初期のフックのマルクス主義は、フックにある種の歴史的感覚を与えた。その感覚においては、「悲劇的なもの」が、証明された悪――たとえば資本主義――と善である可能性があるもの――たとえば社会主義――のどちらかを選択す

☆28 Raymond Williams, *Modern Tragedy* (Stanford: Stanford University Press, 1966), pp. 48-49.

ることを要求する。善である可能性があるものが、より悪であるということが明らかになるにつれ、以前は、「悪だと証明されたもの」がますます善に見えるようになる。フックの「悲劇」の概念は変容をとげ、ユートピアの探求はすべて、限界、拘束力、状況の名のもとに捨て去られてしまうことになった。後期のトリリングはより極端である。というのも、彼はしばしば、意志を働かせること自体が、条件に拘束されない状態を求める自我のユートピア的探求の徴候だととらえたからである。

ニーバーは、プラグマティズムの伝統においてもっとも複雑な「悲劇」観を擁していた。キーツの神義論に関する中期トリリングの興味深い沈思以上に、ニーバーはリベラル・プロテスタンティズムとの――とりわけ、リチャード・ローティの祖父ウォルター・ラウシェンブッシュとの――格闘の結果、プロメテウス的ロマン主義とアウグスティヌス的悲観主義のあいだで綱渡りせざるをえなくなった。実際、ニーバーは、そのどちらにも完全に降伏したわけではないし、限界と状況に対抗する絶え間ない人間の執行主体としての力と人間の意志を推奨することを止めたことはなかった。左翼だったころは、新しく構想された社会的秩序における新しい悪のかたちを十分に意識しつつ、現在の悪に飽き飽きしていたニーバーは、搾取された労働者たちの反逆を支持した。リベラルだったころには、共産主義世界における悪の構造に取り憑かれ、アメリカにおける制度的な悪にはますます（とはいえ完全にではないが）忘れがちとなったニーバーは、ソヴィエト連邦に対抗する国家的行為とアメリカ国内における漸次的な改革主義的実践を奨励した。

預言的プラグマティズムは、現在における人間――個人と集団の両方――の執行主体としての力にとって益となる新しい可能性をけっしてあきらめないニーバー流の奮闘精神を肯定している。しかし、その新しい可能性を、労働者や黒人や女性の反抗に焦点をあてるデュボイスの構造的社会分析の知見に照らし合わせて位置づけようとする。ハンス＝ゲオルク・ガダマーやエドワード・シルズの先駆的な仕事に倣って、預言的プラグマティズムは、伝統の不可避的でぬぐい去ることのできない性格、すなわち、過去から現在に伝達されるものの重さと浮揚力を認めている。[☆29] この伝達の方法は、社会化と横領、および文化変容と構築のそれである。この意味において、伝統とは、どの伝統が引き合いに出され、内面化され、創造されるかによって、息がつまることもあれば、同時に解放的となることもある出来事なのである。

このような意味で、悲劇と革命（あるいは抵抗）の関係は、伝統と進歩（あるいは改善）の関係と絡み合っているのである。左翼ロマン主義第三の波の一形態である預言的プラグマティズムは、そのユートピアへの衝動を生と歴史の悲劇的な性格にたいする深い感覚によって抑制する。この悲劇的なものにたいする感覚は、恐怖、絶望、幻滅、病気、死、および人びとを非人間化する制度的な抑圧を経験するかけがえのない個人がおちいる、いかなる還元にもおさまらない苦境を強調する。悲劇的思考は、個人の窮状のみに限定されるのではない。それは、抵抗、革命、社会の再建といった社会的経験にも適用される。預言的プラグマティズムは、個人や制度が抱える悪を個人や集団が経験することを正面から――世界からすべての悪を排除しようなどという期待はほとんどせずに――見据えるという点において、悲劇的思考の一形態であ

☆29 Hans-Georg Gadamer, *Truth and Method* (New York: Seabury Press, 1975), pp. 245-341.〔轡田收ほか訳『真理と方法II――哲学的解釈の要綱』法政大学出版局、一九八六年、四三七―五八二頁〕Edward Shils, *Tradition* (Chicago: University of Chicago Press, 1981).

る。しかし、それは、ロマン主義の一種でもある。というのも、預言的プラグマティズムは、悪のさまざまな経験を不可避であるとか必要なものとするのではなく、人間の執行主体としての力の結果（つまり、選択や行動の結果）とみなすからだ。

悲劇的思考とロマン主義的衝動、不可避な悪と変容可能な悪とのこのような相互作用によって、預言的プラグマティズムは分裂症気味に見えてしまう。一方で、それは、人間の悪への抵抗は発展することがないという、シーシュポス的な徒労感に満ちた見方を肯定するかのように見える。また片方では、楽園にたいするユートピア的な探求を認めているかに見える。実際には、預言的プラグマティズムは、すべては徒労に終わるにちがいないとするシーシュポス的な悲観主義とユートピアを夢想する完全主義の両方を否定する。むしろそれは、人間の進歩の可能性と人間が楽園を実現する不可能性を唱導するのである。この進歩は信念に満ち、引き延ばされたプロメテウス的試みの結果なのだ。もっとも、そのような試みさえもけっして結果が保証されているものではないが。悪の特定の形態にたいするすべての人間の奮闘は――成功したものも含めて――新しい、しかしおそらくは前よりも比較的小さな悪を生み出す。人間の奮闘は、預言的プラグマティズムの中央に位置する。民主主義的でリバタリアン的なヴィジョンによって導かれ、道徳的勇気と実存的誠実さによって維持され、人間の有限性ともろさへの認識によって抑制されている奮闘である。それは、ユートピア的なエネルギーと悲劇的な行動を要求する。つまり、われわれの時代の現状に反対する永続的で絶え間ない革命的、反抗的、改革的な戦略を生み出すエネルギーと行動である。これらの戦略は、それ自体が目的となることは絶対にない。むしろそれは、人間の社会と生活にはびこるさまざまなかたちをとった悪を前にしてかきたてられるほかない、道徳的な憤怒と人間の自暴自棄を方向づける手段でありつづけるのだ。そのような憤怒はけっして終わらせてはならないし、そのような自暴自棄はけっしてなくならない。しかし、革命的、反抗的、改革的な戦略がなければ、信頼できる効果的な対抗は衰えていくだけなのだ。預言的プラグマティズムは、過去の最良の例にならって、生や奮闘の現状とは別のあり方の感覚を生かしておこうと試みるのである。この意味で、預言的プラグマティズムの実践は、革命的意図をともなった悲劇的行為なのである。それは、たいていは改革につながる結果をもたらし、そしてつねに幻視的な視野をもつ。それは、レイモンド・ウィリアムズの悲劇的で革命的な視点と重なり合う。

悲劇的行動は、そのもっとも深い意味において、無秩序を確認することではなく、それを経験することであり、理解することであり、解決することなのだ。われわれ自身の時代においては、この行動は一般的であり、それは普通、革命と呼ばれる。われわれは、革命を必要なものにする現実の混乱に、そしてその混乱にたいする無秩序な奮闘に、悪と苦しみを見なければならない。密着して直接的な経験としてこの苦しみを見つめながらも、それをもろもろの名前で覆うことがないようにしなければならない。しかし、われわれは行動全体を見なければならない。悪だけではなく、悪と戦った人びとを、危機だけではなく、それによって解放されたエネルギー、そこで学ばれる精神を見なければならない。われわれはこうしたつながりを作る。というのも、それこそが悲劇の筋だからだ。そしてわれわれが苦しみながら学ぶのは、やはり革命なのだ。なぜならば、われわれは他者を人間として認識するのだが、そのような認識はどれもみな奮闘の始まりなのであり、われわれの生の止むことのなくつづく現実であるからだ。したがって、このような悲劇的な見方において革命を見ることは、それを維持する唯一の方法なのである。☆30

このような反体制的な意識は、主に抵抗の伝統からその養分を得ている。生やたたかいのもうひとつのあり方の感覚を生かしておくためには、そのような生と苦闘を過去に先取りした人たちの記憶が必要である。この意味で、伝統は、たんに無知と不寛容、偏見と偏狭、独断主義と隷従に結びついているだけではない。むしろ伝統は、洞察と知性、合理性と抵抗、批判と異議申し立てとも重ね合わせられなければならない。伝統それ自体が問題であったことはない。他の伝統にたいして支配権を握ってきて、いまも握っている伝統が問題なのである。人間が基本的にもっているものが、伝統である。人間のアイデンティティ、態度、見方、気質を決定づける制度や慣習、価値や感性、物語と記号、概念と比喩のことである。こういった伝統は躍動的であり、可鍛的であり、修正可能であるが、伝統にたいする変更は、なんらかの古くからある、ないしは新しく出現した伝統に照らし合わせておこなわれる。革新的なものはなんらかの伝統を前提とし、別の伝統を始めさせる。預言的プラグマティズムは、そのきわめて高い歴史意識によって、エマソン流の過去の軽視を斥ける。しかし、それは、個性を引き上げ、民主主

☆30 Williams, *Modern Tragedy*, pp. 83-84.

義を拡張するという目的のために、古くからある伝統と新しい伝統のなかにある革新と抵抗を促進する要素を強調しもする。この引き上げと拡張が人類の進歩を形作るのである。そしてそういった進歩はすべて、衝突する伝統の枠内で発生する。このようにして、悲劇的行動が変わりそうもない現状への抵抗となるように、伝統を批判的に扱い、育てることが人類の進歩を生み出すのである。悲劇は反体制的な活動の障害ではなく、起動力になるのである。伝統は、人間の進歩にとって障壁ではなく、刺激となることが可能なのだ。

預言的プラグマティズムは、エマソン流の認識論の回避――そしてアメリカ知識人が哲学を回避すること――を、哲学を徹底的に拒否することと理解するのではなく、個人が発展し民主主義が活動する場を広げるという目的のために、言語的、社会的、文化的、政治的伝統を変容させようと試みる文化批評として哲学を新たに定義しなおすものと理解する。預言的プラグマティズムは、実存的な支えと政治的今日性を強めるために、過去の伝統に則って世界の新しい解釈を打ち立てようとする知恵にいたる、歴史的に限定された探求として哲学を考えるのである。エマソンと初期のプラグマティストたちがそうであったように、預言的プラグマティズムは、真を善の一種、人間の進歩をますます増進させるものととらえている。こう述べるのは、哲学が生と歴史の醜い事実や不快な現実を無視していることを意味するのではない。そうではなく、哲学は、そういった事実や現実を、それらが、まさにそれらを乗り越える努力をかき立てる疑惑や好奇心、怒りや絶望を誘発するという理由で、強調するのである。こういった努力は、批判と実践のかたち、つまり存在するものをより良い存在へと変更する試みのかたちをとる。

預言的プラグマティズムは、アントニオ・グラムシのメタ哲学的視点と良く似ているし、ある意味で重なってもいる。両方とも哲学的活動を「大衆の「知力」を変容させるための文化的戦い」[☆31]とみなしている。グラムシがつぎのように書くのは驚きではない。

> プラグマティストたちが、この問題について述べたことは再検討に値する。（中略）彼らは真の必要性を感じ、それをけっして的はずれではない精密さで「描いた」のである。問題の全体像を明らかにしたり、解決をもたらすことはできなかったにしても。[☆32]

預言的プラグマティズムは、アントニオ・グラムシの模範に影響を受けている。というのも第一に、彼が理論を軽視したり、権力の一面的な概念を採用したり、あるいは挑発をクラウゼヴィッツ流の戦争の計算に切り詰めたりせずに、実践、権力、挑発を論じる二十世紀における主要な哲学者であるからだ。グラムシの仕事は歴史的に具体的であり、理論的に魅力的であり、政治的に活動的であって、模範的である。彼の具体的で詳細な考察は、局所的な苦闘に根ざし、それを反映しているが、構造的な力学と国際的な現象に理論的な関心を払ってもいる。階級に支配された経済的生産様式においてたえず変化する諸形式が演じる決定的な役割をいまだに確信していながらも、社会的に構築されたアイデンティティと人間の執行主体としての力との複雑なつながりに、グラムシは関心を寄せるのである。政治的な組織化と動員に関する柔軟

☆31　Antonio Gramsci, *Selections from the Prison Notebooks*, ed. and trans. Quintin Hoare and Geoffrey Nowell Smith (New York: International Publishers, 1971), p. 348.

☆32　Ibid., pp. 348, 349.

なレーニン主義的概念（それは、預言的プラグマティストたちがもつ民主主義的でリバタリアン的な価値を軽視する）、そして洗練されたマルクス主義の社会理論（これは預言的プラグマティストたちにとっては欠かすことのできない、しかし最終的には不適切な武器である）にたいする揺らぐことのない忠誠心をもちながら、グラムシは、預言的プラグマティズムの批判精神と反体制的感性を体現しているのである。

このことは、哲学と「常識」の関係に関するグラムシの考えにもっとも明瞭にあらわれている。彼にとって哲学の目的とは、エリート知識人たちの見方を人びとに押しつけることで世間の一角を占めるようになることだけではなく、抑圧された人びと自身の哲学的なものの見方に養分を与えると同時にそこから養分を与えられることで、社会改革と個人にとっての意味という目標をめざす社会運動の一部となることであった。グラムシはこの相互に批判的な過程を世界史的枠組みでとらえていた。

ヘーゲル主義の崩壊から、新しい文化的過程の始まりが誕生した。その前身とは性格が異なり、実際的な運動と理論的な思考が統一された（あるいは理論的かつ実際的なたたかいをとおして両者が統一しようとしている）過程である。

この運動が凡庸な哲学的な著作、あるいは良くても哲学的な大傑作とは呼べないものから始まっていることは、重要ではない。大事なのは、世界と人間について考える新しい方法が誕生したことであり、この考えが、もはや偉大な知識人や職業的哲学者に限定されているのではなく、大衆的で大規模な現象となっていることであり、はっきりとした世界規模としての性格をもちつつ、大衆の考えとひからびた大衆文化を改良（かりにその結果が大衆とエリートの混成物だとしても）する能力をそなえていることだ。

新しい文化の過程のこの始まりが、見たところ異質なさまざまな要素の集合から生まれているとしても驚くに値しないだろう。（中略）実際、このような激変は、宗教とかかわりをもたざるをえないだろう。☆33

グラムシのここでの大胆な提案は、社会改革への共通の努力の名のもとに、エリートの哲学的活動と抑圧された人びとの文化を結びつける。預言的プラグマティストの感性は、多くの現代の哲学者や知識人たちの横柄な科学者ふうの自我特権化と傲慢で世俗的な自我像にたいすることのような拒否を許容する（あるいはそれを奨励しさえする）。強調しておきたいのは、現代のまじめな思想家はみずからの批判的知性を放り出すべきだ、ということではない。むしろ彼らが、すべての人びとに自分たちの考える批判的知性を真似せよと要求すべきではないということだ。社会改革へ向けて共通の努力をより強めることができるためとあればなおさらだ。この点についてはエドワード・サイード――今日のアメリカの知的舞台でもっとも重要で突出したグラムシ的批評家――のニュアンスに富んだ世俗主義も疑問に付されうる。☆34 グラムシにとって、世俗主義や宗教のイデオロギーとは、自分たちの社会的、政治的、知的力を合法化し保存するという目的のために、特定の集団が作り上げ、流通させる信仰と価値、態度と感性の集合体と

☆33 Ibid., p. 417. このグラムシ的な観点に関する詳細な論は、Cornel West, "Religion and the Left," *Prophetic Fragments* (Grand Rapids, Mich.: Erdmans, 1988), pp. 13-21を参照。
☆34 Said, *The World, the Text, and the Critic*, pp. 1-30.〔前掲山形訳、一―四八頁〕

いうよりも、もろもろの生活様式であり、たたかい方なのである。したがって大学と教会、学校とシナゴーグ、大衆メディアとモスクが、イデオロギー的、政治的な論争の決定的に重要な場になるのである。哲学者は、けっしてこの熾烈な戦いから免除されているわけではない――たとえ「平穏な」学園の壁の内側や校舎のなかにいても。アメリカのプラグマティストの伝統に似て、グラムシは要するに、哲学者はより意識的にこういった戦い自体を研究の対象とし、そうすることで、知的誠実さとイデオロギー的正直さとを携えてこれらの戦いに介入すべきだと提案するのである。

預言的プラグマティズムは、みずからを反体制的文化批評というだけではなく、個性と民主主義のための物理的な力だと称する。「物理的な力」ということばで私が意味しているのは、なんらかの衝撃力と効果がある、あるいは世界に影響を与える実践のことのみである。預言的プラグマティズム運動などというものは存在しない――また、存在すべきではない。哲学的見方を社会的運動へと翻訳するのはそう簡単ではない。実際に、預言的プラグマティストであり、なおかつ別の政治的運動（たとえば、フェミニスト運動、チカーノ運動、黒人運動、社会主義運動、左翼リベラル運動など）に属することは可能である。預言的プラグマティズムを信じながら、別の宗教的および／または世俗的伝統に属することもまた可能だ。なぜそうなのかと言えば、個性と民主主義、歴史意識と体系的な社会分析、および邪悪さに支配された世界における悲劇的行動に預言的プラグマティストが乗り出していくのは、さまざまな伝統――通常はその周縁でだが――においておこりうるからだ。預言的プラグマティストの顕著な特徴はひとつの普遍的な意識である。それが唱導するのは、包括的で民主主義的でリバタリアン的な道徳的ヴィジョン、人間が有限であり条件づけられていることを認める歴史意識、社会変革と個人的な謙虚さという目的のために情け容赦ない他者批判と自己批判を奨励する批判意識である。

私自身にとって預言的プラグマティズムは、キリスト教の伝統の内部に位置している。グラムシとちがって私は、たんに政治的な目的のために宗教的であるのではなく、個人的な傾倒によっても宗教的なのである。雑な言い方をすれば、私は、キリスト教の遺産の流れにおいて解釈されてきたものとしての聖書にあらわれるさまざまな物語に、実存的な支えを見出すし、地に呪われたる者の苦しみにたいして聖書が焦点をあてていることには、政治的今日性があると見ている。言うまでもないことだが、人種、ジェンダー、平等、寛容そして民主主義にたいする現代的解釈が付け加えられることがなければ、キリスト教の伝統は斥けられるだけである。しかし、静的な教理や老朽化した教義をはぎ取られたキリスト教の叙事詩は、現代というレンズをとおしてみれば（それこそはわれわれ現代人がもつ唯一のレンズなのだ！）、実存的な力と政治参加の豊かな源泉でありつづけるだろう。

ジェームズ、ニーバー、そしてある程度デュボイスと同じように私は、プラグマティズムを宗教的にとらえている。私がそれに「預言的」と冠をつけたのは、みずからの時代の悪にたいして、ユダヤ教とキリスト教の伝統において切迫感と共感にみちた批判をなげかけた預言者たちを思い返すことになるからだ。預言者のしるしとは、愛における真実を勇気をもって語る

――その結果がどうなろうとも――ことにある。預言的プラグマティズムはこのような衝動から前進する。それは宗教的基盤を必要とはしないし、宗教的見方をもたらすものではない。しかし預言的プラグマティズムは宗教的展望と共存可能なのだ。

　私自身の預言的プラグマティズムがキリスト教の伝統に位置づけられるのは、二つの基本的な理由からだ。第一に、実存的なレベルで、生の危機とトラウマにたいするこの伝統の洞察から生まれる自己理解とみずからのアイデンティティは、**私にとっては**、正気でいるために必要なのである。それは、生の悲劇を消し去ったり取り除いたりすることなく、生において明らかな正真正銘の不条理をよせつけないでいてくれる。キリスト教の信仰にたいする省察がとても深いと同時に、フラストレーションに満ちたものであったキルケゴールと同様に、私も、自分の信仰の誠実さを証明したり、あるいは批判者にたいしてそれを納得させる合理的な擁護論を打ち出すことは不可能だと思っている。しかし、自分が、力を与える伝統と批判的に手を結んでいるのでなければ感じるであろう、深い空虚感と蔓延する無意味さの感覚を他者に伝えることは可能だろう。自分は、論理的な一貫性のなさではなく、現実の狂気という危険性にさらされているのである。問題なのは、理性か不合理性かではなく、生か死かなのである。もちろん、キリスト教の福音は究極的に真実であるのかということは、根本的な哲学的問題でありつづける。[☆35] 一過性かつ暫定的な第二義的問題に取り組むことに主眼をおきつつ、その先の問題にも希望をもっているキリスト教的預言的プラグマティストとして私は、福音の真実性という問題にたいして肯定的に答える。持てるものすべてをそこに預けている。しかし気分が滅入って

☆35　この点に関する預言的プラグマティズムの対応に関しては、Cornel West, "The Historicist Turn in Philosophy of Religion," in *Knowing Religiously*, ed. Leroy S. Rouner (Notre Dame: University of Notre Dame Press, 1985), pp. 36-51を参照。また、Cornel West, "On Leszek Kolakowski's Religion," in *Prophetic Fragments*, pp. 216-21も参照。

いるときには、自分が惑わされているのだという可能性を受け入れる気になる。

第二に、政治的なレベルで、地に呪われたる者の文化はきわめて宗教的である。彼らと団結することは、彼らが戦っているものを認識することだけではなく、彼らが自分たちのおかれた状況にどのように対処しているかを理解することでもある。このような理解をするのに、宗教的でなければならないわけではない。しかし、宗教的であれば、彼らの生活世界にたいしてより広く接触できるようになる。このような理解はまた、宗教的物語やそれらの解釈、そしてもっとも重要なことだが、それらのしばしば抑圧的な結果を無批判に受け入れることを意味しない。しかし、宗教的であることは、抑圧された集団の日々の実践や、それらの集団が強く保持している見方を形作る伝統のなかにある預言的で進歩的な可能性を強めることに、みずからの人生を捧げることを可能にする。これはなんとすばらしい特権であり使命であることか！

預言的で宗教的な人間は、C・ライト・ミルズの活動的知識人と同じように、苦闘する人びとを教育し、そのような人びとから教育を受けること、あるいは、抵抗する集団を組織し、そのような集団から組織されることを重視する。キリスト教の伝統において実践される預言的プラグマティズムのこのような政治的側面は、ひとを有機的知識人になるように駆り立てる。つまり、精神的生活に非常な喜びを感じながら、思想を集団的な実践に結びつける人間になるのである。しばしば学界に快適に巣ごもりする伝統的な知識人とは対照的に、有機的知識人は、草の根の人びとの組織や組合や運動に身を置き、加わろうとする。もちろん、彼ないしは彼女が、宗教的であることも宗教的制度に結びついていることも必要ではない。労働組合、共同体の集団、政治的組織でも十分である。しかし、十八世紀ヨーロッパの啓蒙主義以来、インテリゲンチャの進歩的エネルギーの大半は宗教方面に向かうことを避けてきた。世界規模で宗教が復興する今日、進歩的勢力はその罰を受けている。宗教的領域にいるわれわれには、そのような反宗教的戦略がいかに近視眼的であるかがはっきりとわかる。教会、シナゴーグ、寺院、モスクとの関係を左翼インテリゲンチャが絶ったことは、政治的自殺行為だった。それは、自己を軽視し、みずからを哀れむ反宗教的な進歩的知識人の悲観主義を、実現されることがはじめから自明な予言へと変えた。この点は、C・ライト・ミルズにはけっして理解されなかった。W・E・B・デュボイスはよくわかっていたが。

グラムシと同じようにデュボイスは、抑圧された共同体の反体制的な力と強い関係をもちつづけた。そして彼の場合、これらの勢力は、黒人のキリスト教の伝統における預言的な人物に指導されていた（いまも導かれている）のである。黒人の解放運動の一部になることは、預言的な黒人説教師や教会区民と親しくつきあうことである。そしてアメリカにおける進歩勢力の一部になることは、これらの黒人解放活動家の何人かに近づくことである。

もし預言的プラグマティズムが学園の内外で文化批評家たちの会話の話題以上のものになることがあるならば、それは進歩的で預言的な社会運動を鼓舞するにちがいない。このような社会運動のひとつの前提条件は、教会、シナゴーグ、寺院、モスクで影響力のある預言的な宗教的実践が出現することである。アメリカの過去においてそのような実践がもつ重要性を考慮すれば、社会運動の触媒になる可能性があるのは黒人教会の預言的な陣営だろう。二十世紀アメリカ――アメリカの歴史全体かもしれない――におけるもっとも重要で成功した有機的知識人は、黒人教会の預言的陣営が輩出した人物であり、その指導者であったことをわれわれは思い出す必要があるだろうか。近代の歴史における人物で、選挙で選ばれて公共の役職についているわけではない人物が、これほどの道徳的説得力と政治的有効性をもって、精神的な生を社会改革へと結びつけた例はほとんどない。

マーティン・ルーサー・キング・ジュニアによって導かれた社会運動は、預言的プラグマティズムの政治的側面の最良の部分とはどのようなものであるかを体現している。キングは、ソジャナー・トゥルース、ウォルター・ラウシェンブッシュ、エリザベス・ケイディ・スタントン、そしてドロシー・デイと同様、預言的プラグマティストではなかった。しかし、これらの人びとと同じように彼は預言者であった。そういう役割を演じながら、彼は預言的プラグマティズムの政治的企てのために強力な貢献をした。彼の包括的な道徳的ヴィジョンは、人種、ジェンダー、階級、宗教の境界線を越えて、人びとが同盟を結び、一体化することを容易にした。彼のガンジー流の非暴力による抵抗は、共感的な預言者にふさわしい愛、勇気、規律のかたちを強調した。そして彼によるアメリカ教という市民の宗教の換骨奪胎や解釈は、アメリカのエレミア式嘆き節の伝統を広げた。それは公民にたいして警告を発する伝統であり、アメリカの社会批判と道徳的再生をつなぎ合わせ、この国に自由、平等、民主主義という建国の理想に忠実になることを諭す伝統のことである。キングは、このような理想を真剣に受け止める結果が反人種差別であり反帝国主義であることを強調し、そうすることで、アメリカでの自由をめざした苦闘と、南アフリカ、ポーランド、韓国、エチオピア、チリ、そしてソヴィエト連邦での運動とを結びつけたのである。

預言的プラグマティズムは、いかなるイデオロギー的祭壇にも礼拝しない。いかなる場所であれ、いたるところに存在する抑圧、第三世界の独裁者による虐殺であれ、ソヴィエト連邦やソヴィエト陣営の国々でのさまざまな民族の統制と抑圧であれ、あるいは第一世界の資本主義国家における人種差別、父権制、ホモフォビア、経済的不平等であれ、預言的プラグマティズムはそういう抑圧を非難する。こうして個性と民主主義という預言的プラグマティズムの貴重な理想は、軍隊の将軍に率いられたものであれ、官僚的な党派のトップや企業の大物に率いられたものであれ、公共にたいする説明責任を欠いた権力構造に対抗する。預言的プラグマティズムは、労働者階級、黒人、女性といったあらかじめ定まった歴史的執行主体だけを対象としているのではない。むしろ、地に呪われたる者たちの苦しみを軽減する創造的民主主義というエマソン的文化のために、アメリカ国内でも外国でも戦う善意あるすべての人びとを迎え入れるのである。

預言的プラグマティズムとポストモダニティ

預言的プラグマティズムは、北大西洋圏文明の歴史のある瞬間――ポストモダニティの瞬間――にあらわれた。預言的プラグマティズムの批判的な自己総括――その出現と今後の発展を歴史的に位置づけること――には、このポストモダニティの瞬間を理解することが必要である。

ポストモダニティは、三つの基本的な歴史的過程と照らし合わせて理解できる。第一に、《ヨーロッパの時代》（一四九二―一九四五年）の終焉が、ヨーロッパ人の自信を粉砕し、厳しい自己批判と自己蔑視にさえ走らせた。この記念碑的なヨーロッパの脱中心化は、ヨーロッパの文化的ヘゲモニーの脱神秘化、西洋の形而上学の伝統の破壊、北大西洋圏哲学体系の脱構築といった、模範となる知的反省を生み出した。第二に、ヨーロッパが荒廃し没落するにつれヨーロッパの支配が陰り始めたころ、アメリカ合衆国が、軍事力、経済的繁栄、政治的方向づけ、さらには文化的生産の点において世界の強国として出現した。第三に、アジアとアフリカにおける民族的な政治的独立の到来が、第三世界の脱植民地化の最初の段階のきっかけとなった。

今日の「ポストモダニズム」に関する論争は、建築であれ、文学、絵画、写真、批評や哲学であれ、差異、周縁性、他者性、逸脱、分裂、シミュレーションといったテーマを強調している。不幸なことに、これらの問題を扱った議論のほとんどは、依然としてヨーロッパの、そしてヨーロッパ系アメリカ人の苦境に狭く限定された焦点をあてている。たとえば、ジャン＝フランソワ・リオタールの有名で影響力のある著作『ポストモダンの条件』は、ポストモダニズムを支配的物語《マスター・ナラティヴ》（たとえば、宗教、マルクス主義、リベラリズム）にたいする信仰の漸進的な喪失として定義する。それは、認識論的な見方における表象の拒絶であり、ラディカルな芸術的実験への要求である。リオタールにとって、ポストモダニズムはモダンの内部で何度も繰り返される瞬間であり、性格的には行為遂行的であり、内容的には審美的なのである。リオタ―

ルが主に借用する元になっているもの——カントの崇高の概念、ウィトゲンシュタインの言語ゲーム——は、特定のモダンな実践を促進するために用いられる。具体的には、総体と全体性を探求することを回避しこれを粉砕する、非表象的な実験的技術と視点のことである。

ジャック・デリダとミシェル・フーコーは二人とも、「ポストモダニズム」という語を拒絶するが、彼らの哲学は、ポストモダンの思想の代表例だと広く見られている。彼らと同じフランス人であるリオタールと同様に、デリダとフーコーの仕事には、ヨーロッパ中心の枠組みとモダニズムにたいする忠誠が大きく浮かび上がっている。デリダが提唱する脱構築派のポスト構造主義は、ニーチェ、ハイデッガー、マラルメ、アルトーの逸脱と破壊の要素を強調している。アルジェリア出身でフランスのカトリック社会(また反ユダヤ社会でもあった)におけるユダヤ人としてデリダは、魅力的であるが究極的には単調な脱構築というかたちで、西洋の主要な哲学の伝統を攻撃する。論理的な一貫性と理論的な統一性にたいする情け容赦ない懐疑のこの形態は、新しい再構築を受け入れたり、奨励したりすることを拒否するのだが、それは、周縁的な人間集団が相対的に政治的な無力にとどまり、《ヨーロッパの時代》の曖昧な遺産を創造的に変容させ拡大する能力に欠如していることを示す徴候であるかもしれない。

フーコーは、狂気の人間や監禁された人間にたいする彼の研究において、他者性や周縁性の働きに関する現代の研究に、豊かな社会的・歴史的内容を付け加えた。しかし、彼が研究する「他者」さえも、ヨーロッパの(たいていはフランスの)境界線の内側に存在するにすぎなかった。彼にとってのヒーローは、デリダにとってのヒーローと同様に、ニーチェやバタイユといった逸脱的なモダニストであった。言うまでもないことだが、「ポストモダニズム」の主要な批判者――穏健な左翼主義者であるユルゲン・ハーバーマスと極右のヒルトン・クレイマー――は、過去のヨーロッパ人の企てを引き合いにだす。たとえば、それぞれ、ドイツ啓蒙主義と英国系アメリカのモダニズムである。

「ポストモダニズム」論争を建築や絵画に焦点をあてた昨今の潮流から、第二次大戦後のアメリカの文化実践や人工品一般にまで広げようとする注目すべき試みは、ウィリアム・スパノスと初期のポール・ボーヴェに見られる。[☆36] ウォレス・スティーヴンズ、ロバート・クリーリー、チャールズ・オルソンといったアメリカの詩人にたいする彼らの新ハイデッガー主義的で啓発的な読解において、時間性、差異、異種混交性に関するポストモダンの定式が打ち出されている。しかし、スパノスとボーヴェは二人とも、哲学的見方や芸術的戦略といったレベルにとどまっている。つまり、彼らはポストモダニズムを、感性、スタイル、世界観の複雑な組合せだと理解しているのだ。ロザリンド・クラウスの画期的な仕事にもこれは当てはまる。[☆37]

フレドリック・ジェームソン、クレイグ・オーエンズ、ハル・フォスター、アンドレアス・ユイセンが遂げた重要な前進は、「ポストモダニズム」論争を狭い学問分野の境界、隔離された芸術的実践、男性・女性の文学者の曖昧な発言の向こうへと押し広げていくものだった。[☆38]「ポストモダニズム」をひと組のスタイル、感性あるいは観点としてみるのではなく、社会的な範疇、文化のなかの支配的な要素ととらえた。彼らは、「ポストモダニズム」を、世界で進行している新しい構造的で制度的な過程にたいするいくつかの模範的な社会的・文化的反応を

☆36 William Spanos, *Repetitions: Essays on the Postmodern Occasion* (Bloomington: Indiana University Press, 1987); Paul Bové, *Destructive Poetics: Heidegger and Modern American Poetry* (New York: Columbia University Press, 1980). ボーヴェはこののち、アメリカにおける数少ない洗練されたフーコー派の批評家になった。このことは *Intellectuals in Power: A Genealogy of Critical Humanism* (New York: Columbia University Press, 1986) に確認できる。また、*Criticism without Boundaries: Directions and Crosscurrents in Postmodern Critical Theory*, ed. Joseph Buttigieg (Notre Dame: Notre Dame University Press, 1987) における Jonathan Arac, Donald Pease, Joseph Buttigieg の論考も参照。

☆37 Rosalind E. Krauss,

奉じるものと理解した。
たとえば、ジェームソンは、底がなく偏在するイメージとシミュラークラ、弱まった歴史意識、高められた感情的強度、分裂症的な主体、上位文化と下位文化の区別の崩壊といった、蔓延する社会的・文化的特色を、商品生産が現代生活のすべての領域に支配力を及ぼしている後期資本主義社会によって形作られ、これを形作っているものととらえている。重要なのは、ポストモダニズムを構成する特徴としてジェイムソンが挙げている長ったらしいリストに全面的に同意するか否か、あるいは個別の文化的人工物にたいする彼の議論を認めるか否かといったことではない。ジェームソンの企ての健全なところは、この論争を力づくで、より歴史的、社会的、政治的イデオロギー的意識の強いものにしようとしている点である。ジェームソンは、読者が「ポストモダニズム」論争のより大きな意味を自発的に発見できるような枠組み（彼の場合は、マルクス主義）を提供することで、「ポストモダン」論争の出現を、より大きな社会的・歴史的発展との関連で位置づける手助けをしているのである。

預言的プラグマティズムは、そのルーツに意識的で批判的で、そして展望においてはラディカルに歴史的で政治的なアメリカ流の介入の仕方として登場した。さらにそれは、虐げられた他者性、従属させられた異邦性、サバルタン化された周縁性、すなわち地に呪われたる者（貧困にあえぐ有色人種、女性、労働者）といった「ポストモダン」なテーマを体現し、実演する人びとの苦しみを浮き彫りにする。

預言的プラグマティズムは、《ヨーロッパの時代》の終焉、合衆国の世界大国としての台頭、

The Originality of the Avant-Garde and Other Modernist Myths (Cambridge: MIT Press, 1985).

☆38 *The Anti-Aesthetic: Essays on Postmodern Culture*, ed. Hal Foster (Port Townsend: Bay Press, 1983); Hal Foster, *Recordings: Art, Spectacle, Cultural Politics*; Andreas Huyssen, *After the Great Divide: Modernism, Mass Culture, Postmodernism* (Bloomington: Indiana University Press, 1986); Fredric Jameson, "Postmodernism, or the Cultural Logic of Late Capitalism," *New Left Review* (July-August 1984), 53-92.

そして第三世界の脱植民地化にたいするきわめてアメリカ的な反応なのである。この反応が「アメリカ的」であるのは、文化批評というアメリカの主要な伝統を自分のものとし、これを促進しているからだけではない。身近なアメリカの知的状況によって、それが形作られているからでもある。この状況とは、アラン・ブルームの人気ある著作によってノスタルジアと偏向を込めて理解されている「アメリカン・マインドの終焉」などではない。それは、ヨーロッパの脱中心化、合衆国の中心化、そしてアジアとアフリカの脱植民地化が、アメリカの知的生活に及ぼした結果の複雑な配列なのである。

　これらの三つの歴史的過程がアメリカの知的生活に及ぼした影響の第一は、非ワスプ知識人による最初の主要なサブカルチャーの誕生である。いわゆるニューヨーク知識人、抽象表現主義者集団、ビバップ・ジャズのミュージシャンである。これらのサブカルチャーは、より古く、衰退しつつあるヨーロッパ型の文化、上品な伝統の文化に忠実なアメリカの男性ワスプ文化エリートたちにたいして挑戦状を突きつけた。学界の内部におけるアーヴィング・バビットによるハイブラウなヒューマニズムの熱烈な擁護と、学界の外部でロイヤル・コーティーザスが専念したモダニズムにたいする俗物的こきおろしが、上品な伝統の頽落の二つの極みを象徴している。

　最初の重要かつ有益な打撃は、有能でアメリカ社会に順応したライオネル・トリリングのようなユダヤ系アメリカ人が、最高学府の上層部、とりわけ反ユダヤ的な四〇年代のアイヴィー・リーグ大学に入りこんだことであった。この展開は、それまで男性ワスプによって維持されていた文化的調和や同質性にたいして、ゆっくりとした、しかし確実な揺さぶりをかけていった。そのうえ、戦後アメリカの経済的発展によって、高等教育機関の拡張、その職業化、専門化のため基盤整備がおこなわれ、人文学の学者は、科学的な実直さと厳密性をともなった存在という自己イメージを作り上げた。そのような自己イメージを作り上げるのに力を貸した新しい方法は、文学におけるニュークリティシズムの精読の手法であり、分析哲学の論理的正確さであり、社会学におけるパーソンズ派の構造的機能主義の理論的な用語であった。五〇年代のアメリカン・スタディーズという新しい分野のみが、広範な文化批評にたいする学問的空間を提供した。そのような批評もマッカーシズムの抑圧的な雰囲気のために、しばしば押し黙りがちであったが。

六〇年代は、現代アメリカの知的生活において分水嶺となる時代であった。学園に、アフリカ系アメリカ人、スペイン語を第一言語とするアメリカ人、アジア系アメリカ人、ネイティブ・アメリカン、女性のアメリカ人、労働者階級の白人男性が多数参入したことで、男性ワスプによる文化的主流としての立場と文化にたいする支配力が崩れることとなった。はなやかなファンファーレとすさまじい騒動をともなったこの展開は、それゆえ現状肯定派と否定派の両方の知的真剣さがしばしば疑われたほどだったが、アメリカの大学生活が徹底的に政治的な性格をもっていることを明らかにした。六〇年代はアメリカの知的生活を政治化したというだけではない。それは、それまで明示的には政治的とはされなかったものを明示的に再政治化したのである。その結果もたらされたのが、複雑な定式化を単純化し、真の会話を嘲る傾向をもつ、方向性を見失った論争術と不可避的なイデオロギー的二極化だったのだが、それらは六〇年代がもたらした永続的な遺産であった。この傾向は、新左翼の最悪の部分により始められ、新右翼の最良の部分によって完璧なものにされたのである。

もうひとつの六〇年代の遺産は、ヨーロッパ大陸の理論にアメリカ人が取りつかれてしまったことだ。こういった理論は、アメリカの人文系諸学の言説を国際化したと同時に、アメリカの知識人たちに、自分たちの国民的思想の伝統から背を向けさせてしまった。アメリカの知識人は歴史学の分野においてのみ探究を深めて、合衆国の裏面に位置づけられる人びとの観点からアメリカの過去にたいする理解を取り戻し、修正した。最終的な遺産は、テレビや映画といった大衆文化の諸形式による、ハイブラウな教養文化への猛攻撃だった。講壇人文学者は、この国の知的生活の周縁に追いやられた。その代役を果たせるだけの能力にはたいてい欠けるにしても、増えつつある中産階級の聴衆に向けて語りかけるのには熱心なジャーナリストたちによって、追放されたのである。

有色人種の学生、労働者階級出身の学生、女子学生が大幅に大学に参入したことは、制度的多元主義を背景にしたさまざまなイデオロギーを生み出し、構造的に断片化する人文学関係の諸学科やコースにおいて対立するさまざまな方法論や見方を仲裁した。意見の不一致が君臨し、支配することになった。多元主義が、解決不能なイデオロギー的対立を封じ込め、しばしば覆い隠すことになった。しかし、そのおかげで、野心的で上昇志向をもつ若い左翼の大学教員がいくつかのポジションを獲得することになった。彼らはみずからの大胆な反体制的レトリックに魅了されていたが、自分たちの職業人・管理者階級としての身分の保持に執着するあまり、より大きなアメリカ社会において政治的に人畜無害な存在以外にはなりえなかった。保守派の効果的な戦略は、基準、伝統、文化的リテラシーの名のもとに、この「新しい野蛮人」の大学への参入を攻撃することであった。皮肉なことに、右翼と左翼の両方の批評家たちは、アカデミズムと商業主義をアメリカの知的生活における主要な元凶に据え置いたのである。

預言的プラグマティズムは、われわれのポストモダンな瞬間におけるアメリカの左翼思想と行動の一形態である。それは、マルクス主義、構造主義、ポスト構造主義といった大陸間を移動する諸理論に深く影響を受けているが、アメリカの地に根ざしたままである。それは、アメリカのラディカリズムの最良のものに根ざしつつ、イデオロギーのスペクトル上におけるまたひとつの論争上の立場にとどまることを拒否する。預言的プラグマティズムは、正気で、醒めていて、洗練されたアメリカの知的生活の再活性化と、不利な状況に置かれた者たち、虐げられた者たち、落胆した者たちに力を与える社会勢力の再生を要求する。それは知識階層や一般大衆にはびこる浅薄なシニシズムや流行の保守主義を拒絶する。預言的プラグマティズムは、アメリカ人が哲学を回避することは、真剣な思想や道徳的行動の回避ではないという確信のうえに成り立っている。むしろ、そのような回避は、豊かで修正可能な伝統であり、エマソン的文化である創造的民主主義に奉仕する文化批評や政治参加の機会として機能しているのである。

訳者あとがき

プラグマティズムがアメリカ合衆国の思想的潮流として復活したと言われるようになって久しい。復活は、一九六〇年代の政治的、社会的、文化的激動のあとにあらわれた学問領域の再編にともなって遂げられた。この再編は、米国の大学における人文諸学、とりわけ英文学科や近代語文学研究（ＭＬＡ関係）諸学科で、ヨーロッパ大陸系の現代思想が「理論」として受容されるなかで進んだ。ポスト構造主義ともポストモダニズムとも称される「理論」は、いっさいの形而上学を斥け、いわゆる「大きな物語」とか「基礎づけ主義」とか「本質主義」とかに敵意をむき出しにした。「理論」のそういう特徴は、米国本来の思想であるプラグマティズムと相性がよかったし、「理論」が受け入れられやすかったのは米国プラグマティズムの土壌のおかげであったともいえよう。

とはいえ、「理論」が盛行しているうちは、プラグマティズムと「理論」との相互浸透が誰の目にも明白だったわけではない。むしろ、それまでほとんど眠れる獅子のような状態にあったプラグマティズムが、「理論」に刺激されて俄然息を吹き返してきたという成り行きだったのではないかと思われる。プラグマティズム復活の機運は一九八〇年代に顕著になってきたが、その機運を敏速にとらえて、その意義を解き明かそうとしたのが本書である。

著者のコーネル・ウェストは、現代においてもっともめざましい活躍をしているアフリカ系アメリカ人知識人である。一九五三年生まれのウェストは、二〇一三年現在六十歳になるが、本書を一九八九年に発表したときは三十六歳であった。ウェストの著作は社会評論ふうのものが多く、日本でもすでに翻訳、紹介されている『人種の問題――アメリカ民主主義の危機と再生』（山下慶親訳、新教出版社、二〇〇八年、*Race Matters*, Boston: Beacon Press, 1993）は、一九九三年に出版されてアメリカ社会に広く影響を及ぼしたベストセラーである。『民主主義の問題――帝国主義との闘いに勝つこと』（越智博美・松井優子・三浦玲一訳、法政大学出版局、二〇一四年、*Democracy Matters: Winning the Fight against Imperialism*, New York: Penguin, 2004）も最近、翻訳出版された。だが本書は、現実的政治課題を論じたこれらの書物とはやや異なって、哲学や思想を論じた彼の初期の学術的著作であり、プラグマティズムを米国思想の重要な伝統として位置づけなおそうとしている。

俊英のウェストは、ハーヴァード大学、プリンストン大学大学院で学んだあと、イェール大学、ハーヴァード大学、プリンストン大学などで教鞭をとり、現在は、はじめて教職に就いたときの勤務先だったニューヨークのユニオン神学校教授に戻っている。ウェストは哲学で学位を得たが、教授としては哲学に加えて、キリスト教神学、宗教学、社会学など広い範囲の分野の講義を担当し、とくにアフリカン・アメリカン・スタディーズでは旗頭的存在である。

ウェストの活動の場は講壇に限られない。人種差別撤廃のためのさまざまな社会運動に早くから飛び込んで活躍している。アメリカ民主社会党に入党し、社会主義やマルクス主義を奉じる政治活動にも携わっている。『マトリックス』シリーズや、数々のドキュメンタリーなどへの映画出演にも積極的である。みずからラッパー役を演じるバンドのミュージックCDも何枚か出している。テレビやラジオのトーク番組にもひっきりなしに登場し、キリスト教会の牧師だった祖父の遺志を継ごうとするかのように語りつづけている。マスメディアでの露出度がきわめて高い文化人である。

ウェストのそういう「派手な」活躍は名門大学の教授に似つかわしくないと、クリントン政権の財務長官を務めたあとハーヴァード大学総長に就任したローレンス・サマーズによってたしなめられた。これに憤慨したウェストは、二〇〇二年にハーヴァード大学を辞職し、プリンストン大学へ移った。両者のあいだの仲違いは物議を醸したが、本書でもたびたび言及されるグラムシ由来の「有機的知識人」像を目標として掲げるウェストにとって、サマーズの苦言は、受け入れることのできない干渉であっただろう。

このような経緯に照らせば、本書がしばしばプラグマティズムをラディカル派による模索の所産とみなして論じていることもうなずける。現代におけるプラグマティズム復活を唱える本書の特異性は、プラグマティズムの系譜を米国独自のラディカリズムの伝統に照らして評価している点にあり、そのために本書は、プラグマティズム再評価の波のなかでも問題作とみなされる。本書で論じられるプラグマティスト知識人にたいする批判は、ときにはきわめて厳しく、そのためにプラグマティズムがほんとうは肯定されているのか、否定されているのか、よくわからなくなるほどでさえあるが、究極的には、最終章で鮮明に述べられているように、ウェスト自身が「預言的プラグマティズム」と名づけ、レイモンド・ウィリアムズ『現代の悲劇』の見地をも取りこんだ左翼的プラグマティズムが推奨されている。

だが、そもそも第二次世界大戦後の米国や世界の左翼とプラグマティズムとは、あまり折り合いがよくはなかった。論理性や体系性に乏しく、厳密な理論的検証にたえないとも思われたプラグマティズムは、体制を基本的には許容して、その機能不全にたいする改良に専念するばかりであり、悲劇的ともいえそうな切迫感にみちた献身を必要とするたぐいの社会変革運動の指導原理にはなりえないと受けとめられた。そのために、思想界におけるその地位は凋落したかに見えた。戦後日本の思想界や大学でも、英米哲学を専攻する一部の知識人を除いて、プラグマティズムの受けはあまりよくなかったという印象が強い。とりわけ、左翼学生運動の最盛期だったころの若い知識人のあいだでは、プラグマティズムは、哲学も理論もろくにないと侮られがちだった米国の唯一独自な思想的伝統であると受けとめられていたにしても、肩身が狭かったにちがいない。

しかし、一九六〇年代に世界各地で民族解放闘争が前進し、また、米国や「先進」諸国で学生運動や反戦運動、公民権運動などの激しい社会運動が起こって一定の成果を収めたものの、やがて運動が退潮の局面に入っていくと、それまでの左翼思想にたいする見直しが始まった。最初に述べたように、米国でこの風潮につけこみ、「理論」とならんで浮上してきたのがプラグマティズムなのであった。新しい文脈においては、ウェストによって「哲学を回避する」という表現で特徴づけられたプラグマティズムの思考法が、現実の変化に応じて枠組みを変える柔軟性とか、実践や実効を重んじる志向とかの利点をもたらす特質であるとみなされるにいたった。プラグマティズム復活の背景をなしているのは、現代社会では体制の革命的変革よりも、限定された課題に取り組む漸進的な市民運動が中心になってきたという事情なのかもしれない。論理実証主義や分析哲学と類縁関係にあるプラグマティズムは、思想的、理論的営為における言語の果たす役割を重視し、いわゆる言語論的転回につらなるという面でも、脱構築批評を方法的基盤とする「理論」と競合しながら共存している。

プラグマティズムのもうひとつの特徴は、その営みが哲学や神学、政治経済学や社会学など広範囲の分野でおこなわれるとはいえ、とくに文化の分野に強い関心を寄せることであろう。プラグマティズムにおいてはさまざまな社会問題が、根本的には文化や文学の問題として把握される傾向にある。本書で著者がプラグマティズムの系譜をたどりながら、主要な担い手が文化批評に取り組んだことに注目しているのも、エマソンから始まり、デュボイス、トリリングなど、ふつうは文学の分野で知られている知識人が系譜のなかに並べられているのも、この特徴に起因していると思われる。

本書が世に出たあと、米国プラグマティズムの理論的遺産をふりかえりながら整理する類書が続々とあらわれたが、なかでもたとえば『プラグマティズム読本』（*Pragmatism: A Reader*, ed. Louis Menand, New York: Vintage Books, 1997）を編集しているルイ・メナンドは、ハーヴァード大学英文科教授である。メナンドはまた、『メタフィジカル・クラブ』（野口良平・那須耕介・石井素子訳、みすず書房、二〇〇一年、*The Metaphysical Club: A Story of Ideas in America*, New York: Farrar, Straus and Giroux, 2001）によってピューリッツァー賞を受けたが、これは、オリヴァー・ウェンデル・ホームズ・ジュニア、ウィリアム・ジェームズ、チャールズ・サンダース・パースなどが「メタフィジカル・クラブ」を形成する過程をたどりながら、ジョン・デューイにまで説き及ぶことによって、プラグマティズム思想の成立を描き出したインテレクチュアル・ヒストリーである。あるいはまた、プラグマティズム復権に正面から取り組んだ論集『プラグマティズムの復活』（*The Revival of Pragmatism: New Essays on Social Thought, Law, and Culture*, ed. Morris Dickstein, Durham: Duke UP, 1998）も、その編集と序論執筆は、文学研究者であるモリス・ディックスタインが担当している。米国社会文化史であるジェイムズ・リヴィングストン『プラグマティズムと一八五〇―一九四〇年の文化革命をもたらした政治経済』（*Pragmatism and the Political Economy of Cultural Revolution, 1850-1940*, Chapel Hill: U of North Carolina P, 1994）も、アメリカ資本主義の出現と世界制覇の過程を文化革命ととらえ、この時代にあらわれたアメリカ文学作品にたいする読解を論述の要所に据えている。

さらに、メナンド編『プラグマティズム読本』の後半「現代のプラグマティズム」には、スティーヴン・ナップ、ウォルター・ベン・マイケルズ、リチャード・ポイリアーなど、文学畑の論者による著作からの抜粋が採録されている。もうひとつの『プラグマティズム読本』（*Pragmatism: A Contemporary Reader*, ed., Russell B. Goodman, New York: Routledge, 1995）でも、ポイリアーやスタンリー・フィッシュ、スタンリー・カヴェルからの抜粋を収めている。ちなみに、現代のプラグマティズム復活のなかで重要な役割を果たし、この種の『読本』の現代篇にかならず取りあげられるリチャード・ローティは、プリンストン大学でウェストにも影響を与えながら本書では厳しく批判されている、もともとは哲学の教授であったが、文学に深い関心を示しつづけて文学関係の著作も多く、晩年はスタンフォード大学比較文学講座の教授になった。（ついでながら指摘すれば、前記二点の『読本』はもちろん、もうひとつの『読本』（*The Pragmatism Reader: From Peirce Through the Present*, ed., Robert B. Talisse & Scott F. Aikin, Princeton: Princeton UP, 2011）も、ウェストの著作の一部や本書からの抜粋を掲載しており、ウェストを「現代のプラグマティズム」の代表的論者のひとりとみなす点において一致している。）

このように見てくれば、いずれの書物からも浮かび上がるように、現代米国のプラグマティズムにおいては文学研究が重要な一角を占めているとわかる。訳者たちがアメリカ文学研究の学徒でありながら本書の翻訳に取り組んだのは、プラグマティズムにひそむこのような文学研究、文化批評との親近性に触発されたからにほかならない。本書の視野から見れば、アメリカ文学研究もまた新たな相貌を帯びてくると思われる。

翻訳はつぎのように分担しておこない、全体の統一は村山が図った。

序説、第1章、索引など……村山
第2章、第3章、第5章……堀
第4章、第6章…………権田

引用されている文献で既訳書を参照できたものについては、引用の都合による若干の改変を施した以外なるべく既訳にしたがった。日本語訳書の書誌は、該当箇所の注に補足し、訳注として括弧〔 〕内に記した。また、本文中の括弧〔 〕内に最小限の訳注を記した。人名などの固有名詞の表記は、『リーダーズ英和辞典第三版』に掲出されている場合、原則的にそれにしたがい、その他の場合はすでに日本で流布していると思われる表記にしたがった。索引は原書の索引をもとに、多少の補足を加えて作製した。原書には、本文にも注や索引にも誤記誤植のたぐいがいくつか認められたが、いちいちことわることなく訂正したうえで訳出した。

本訳書の出版にあたり、未來社の西谷能英氏にお世話になり、訳者一同おおいに救われ励まされた。編集や校正については、長谷川大和氏にもお世話になった。御二方に厚く御礼申し上げたい。

二〇一四年五月

訳者を代表して　村山淳彦

リオタール、ジャン＝フランソワ（Lyotard, Jean-Francois）　518, 519
『理性の破壊（*Destruction of Reason, The*）』（ルカーチ）　394
リッグス、フレデリック（Riggs, Frederick）　173
リップマン、ウォルター（Lippmann, Walter）　58, 228
リプリー、ジョージ（Ripley, George）　50, 51
リプリー、ソフィア（Ripley, Sophia）　51
『リベラル・イマジネーション（*Liberal Imagination, The*）』（トリリング）　382, 391
ルイス、C・I（Lewis, C. I.）　16, 97, 405, 415
ルカーチ、ジェルジ（Lukács, Georg）　224, 240, 252, 284, 376, 394
ルクセンブルク、ローザ（Luxemburg, Rosa）　224
ルソー、ジャン＝ジャック（Rousseau, Jean-Jacques）　373, 476, 481, 482, 492
ルナン、エルネスト（Renan, Ernest）　178
レーヴェンハイム、レオポールト（Lowenheim, Leopold）　406
レーニン、V・I（Lenin, V. I.）　252, 256, 322, 480, 481
『歴史と階級意識（*History and Class Consciousness*）』（ルカーチ）　252
『歴史の中の英雄（*Hero in History, The*）』（フック）　256
「レニングラードは手がかりを与える（"Leningrad Gives the Clue"）」（デューイ）　236
レントリッキア、フランク（Lentricchia, Frank）　9, 10
ロイス、ジョサイア（Royce, Josiah）　308
労働騎士団（Knights of Labor）　177
ローズヴェルト、セオドア（Roosevelt, Theodore）　131, 141, 143, 144
ローズヴェルト、フランクリン・D（Roosevelt, Franklin D.）　158, 234, 359
ローティ、リチャード・J（Rorty, Richard J.）　9, 10, 15, 191, 208-10, 431-460, 462, 463, 465, 467. 468, 488, 495, 502
ロシア（Russia）　157, 235-37, 259, 315, 323, 326, 329, 330, 480
ロシア革命（Russian Revolution）　256, 321-23
ロック、ジョン（Locke, John）　85, 164, 448, 473
ロックフェラー、ジョン・D（Rockfeller, John D.）　183, 341
ロビンソン、ジェフリー・ケーン（Robinson, Jeffrey Cane）　379
ロペス、マイケル（Lopez, Michael）　45
ロレンス、D・H（Lawrence, D. H.）　396
『論理学――探究の理論（*Logic: The Theory of Inquiry*）』（デューイ）　217
ワイス、ポール（Weiss, Paul）　432
ワイスマン、フリードリッヒ（Waismann, Friedrich）　407, 435
ワグナー、アドルフ（Wagner, Adolf）　309
「わたしが信じること（"What I Believe"）」（デューイ）　241
「われわれの観念を明晰にする方法（"How to Make Our Ideas Clear"）」（パース）　112
「われわれの国とわれわれの文化（"Our Country and Our Culture"）」（トリリング）　380

マクドナルド、ドワイト（Macdonald, Dwight） 285
マクドナルド、ラムゼイ（MacDonald, Ramsay） 351
『マクルーアズ・マガジン（*McClure's Magazine*）』 138
『マシュー・アーノルド（*Matthew Arnold*）』（トリリング） 367
マッキンタイア、アラスデア（McIntyre, Alasdair） 300
マッキントッシュ、ダグラス・クライド（Macintosh, Douglas Clyde） 335
マッケイ、クロード（McKay, Claude） 321
マッケオン、リチャード（McKeon, Richard） 432, 438
マッハ、エルンスト（Mach, Ernst） 249, 406
マディソン、ジェームズ（Madison, James） 240
『幻の公衆（*Phantom Public, The*）』（デューイ） 228
マルクス、カール（マルクス主義）（Marx, Karl [Marxism]） 13, 18, 20, 22-25, 154, 156, 157, 179, 190, 222, 224, 226, 227, 234, 235, 237-41, 245-47, 252-59, 271, 272, 276, 280, 281, 283, 285, 297, 322, 323, 350, 367, 372, 376, 408, 431, 451, 463, 472-74, 477, 479-90, 492, 494-97, 501, 509, 518, 521, 525
『マルクス主義と形式（*Marxism and Form*）』（ジェームソン） 20
『マルクス主義と哲学（*Marxism and Philosophy*）』（コルシュ） 252
マルコムX（Malcolm X） 331
『マンスフィールド・パーク（*Mansfield Park*）』（オースティン） 393
ミード、ジョージ・ハーバート（Mead, George Herbert） 16, 178
ミシガン大学（アナーバー）（University of Michigan [Ann Arbor]） 172, 173, 177, 180, 182
ミラー、アーサー（Miller, Arthur） 296
ミラー、ペリー（Miller, Perry） 256
ミル、ジョン・スチュアート（Mill, John Stuart） 25, 154, 223, 407
ミルズ、C・ライト（Mills, C. Wright） 17, 222, 223, 244, 246, 272-305, 306, 325, 327, 363, 381, 399-401, 468, 514, 515
「民主主義（"Democracy"）」（H・C・アダムズ） 177, 238
「民主主義の倫理（"Ethics of Democracy, The"）」（デューイ） 173, 177
ムーア、G・E（Moore, G. E.） 407, 408
「無力な人びと——社会における知識人の役割（"Powerless People: The Role of the Intellectual in Society, The"）」（ミルズ） 285
メイラー、ノーマン（Mailer, Norman） 391
メイン、サー・ヘンリー（Maine, Sir Henry） 173
メーテルリンク、モーリス（Maeterlinck, Maurice） 58 注 51, 159
メキシコ戦争（1846-48年）（Mexican-American War [1846-48]） 49, 90
メタフィジカル・クラブ（マサチューセッツ州ケンブリッジ）（Metaphysical Club [Cambridge, Massachusetts]） 97, 118
『メノラー・ジャーナル（*Menorah Journal*）』 365
メルヴィル、ハーマン（Melville, Herman） 25, 98, 356, 402
モリス、ウィリアム（Morris, William） 227
ユイセン、アンドレアス（Huyssen, Andreas） 520
『有閑階級の理論（*Theory of the Leisure Class, The*）』（ヴェブレン） 183, 290
「勇気（"Courage"）」（エマソン） 54
ユダヤ人（Jews） 77, 79, 248, 291, 292, 359-61, 365, 375, 519
ユニオン神学校（Union Theological Seminary） 171, 334, 341
ユニテリアニズム（Unitarianism） 90
『ヨーロッパ（*Europe*）』（ブレーク） 250
《ヨーロッパの時代》（European Age [1492-1945]） 518, 519, 521
『預言的断章（*Prophetic Fragments*）』（ウェスト） 18
『預言は救済！——アフロアメリカンの革命的キリスト教（*Prophesy Deliverance! An Afro-American Revolutionary Christianity*）』（ウェスト） 18

ラ行・ワ行

ライシェンバッハ、ハンス（Reichenbach, Hans） 406
ライス、ジョゼフ・メイヤー（Rice, Joseph Mayer） 185
ライト、チョーンシー（Wright, Chauncey） 97 注 1, 118
ライル、ギルバート（Ryle, Gilbert） 432, 448, 449
ラウシェンブッシュ、ウォルター（Rauschenbusch, Walter） 343, 502, 516
ラッセル、バートランド（Russell, Bertrand） 217, 218, 406, 407
『ラディカル・レリジョン（*Radical Religion*）』（雑誌） 354
「ラルフ・ウォルドー・エマソン（"Ralph Waldo Emerson"）」（デューイ） 160-165
ランドルフ、A・フィリップ（Randolph, A. Phillip） 321
ランパーサッド、アーノルド（Rampersad, Arnold） 312

(“Pragmatist Turns toward Action and Power, A”)」(W・ジェームズ)　133
『プラグマティズム（*Pragamatism*）』(W・ジェームズ)　128
「プラグマティズムと生の悲劇的感覚（“Pragmatism and the Tragic Sense of Life”)」(フック)　260
『プラグマティズムの形而上学（*Metaphysics of Pragmatism, The*）』(フック)　249
ブラストウ、ルイス・オーモンド（Brastow, Lewis Ormond）　171
ブラック・パワー（Black Power）　391
『ブラック・レコンストラクション（*Black Reconstruction*）』(デュボイス)　323-25
ブラッドリー、F・H（Bradley, F. H.）　408, 434
プラトン（Plato）　15, 69, 161, 162, 165, 168, 189, 251, 374, 380, 437, 448, 449
ブラム、ジョン（Blum, John）　375
フランク、ジョゼフ（Frank, Joseph）　390
フランクフルト学派（Frankfurt School）　288
ブランシャード、ブランド（Blanshard, Brand）　432
プリンストン大学（Princeton University）　19
『プリンキピア・マテマティカ（*Principia Mathematica*）』(ラッセル、ホワイトヘッド)　406
ブルーム、アラン（Bloom, Allan）　522
ブルーム、ハロルド（Bloom, Harold）　39
ブルックファーム（Brook Farm）　50, 52
ブルトマン、ルドルフ・K（Bultmann, Rudolf K.）　347, 349
プルマン・ストライキ（1894年）（Pullman strike [1894]）　184注37, 185
ブルンナー、エミール（Brunner, Emil）　347, 348
ブレーク、ウィリアム（Blake, William）　501
フレーゲ、ゴットローブ（Frege, Gottlob）　407, 451
ブレンターノ、フランツ（Brentano, Franz）　407
フロイト、ジークムント（Freud, Sigmund）　355, 364, 389-91, 395, 451
フロスト、ロバート（Frost, Robert）　159
プロティノス（Plotinus）　165
『文化と社会（*Culture and Society*）』(ウィリアムズ)　20
『文化を超えて（*Beyond Culture*）』(トリリング)　391
「奮闘的生活（“Strenuous Life, The”)」(T・ローズヴェルト)　141
『文明とそれへの不満（*Civilization and Its Discontents*）』(フロイト)　390
「米国民の知的独立宣言（“National Intellectual Declaration of Independence”)」(エマソン)　26
ペイン、トム（Paine, Tom）　287, 290
ヘーゲル、G・W・F（Hegel, G. W. F.）　43, 85, 87, 154, 157, 171-73, 179, 184, 187, 202, 210, 235, 237, 265, 389, 390, 396, 408, 430, 438, 440, 451, 456, 494, 495, 497, 509
『ヘーゲルからマルクスへ（*From Hegel to Marx*）』(フック)　252
ヘッジ・クラブ（Hedge Club, ）　53
ベラミー、エドワード（Bellamy, Edward）　235
ペリー、ラルフ・バートン（Perry, Ralph Barton）　405
ベルリン（ドイツ）（Berlin [Germany]）　252, 309, 310
ベンサム、ジェレミー（Bentham, Jeremy）　104, 223
ベントリー、アーサー（Bentley, Arthur）　208, 209
ヘンペル、カール（Hempel, Carl）　406
ホイジンガ、ヨハン（Huizinga, Johan）　154
ホイットマン、ウォルト（Whitman, Walt）　25, 233, 270
ホイットマン、ヘンリー、夫人（Whitman, Mrs. Henry）　133
ボーヴェ、ポール（Bové, Paul）　520
ホーナイ、カレン（Horney, Karen）　355
ホームズ、オリヴァー・ウェンデル（Holmes, Oliver Wendell）　26
ホール、G・スタンリー（Hall, G. Stanley）　171, 172
ボーン、ランドルフ（Bourne, Randolph）　276
『ポストモダンの条件（*Postmodern Condition, The*）』(リオタール)　518
ホフスタッター、リチャード（Hofstadter, Richard）　401
ホメロス（Homer）　414
ホルクハイマー、マックス（Horkheimer, Max）　394
ホワイト、モートン（White, Morton）　430, 431
『ホワイト・カラー——アメリカの中流階級（*White Collar: The American Middle Classes*）』(ミルズ)　282, 296, 298
ホワイトヘッド、アルフレッド・ノース（Whitehead, Alfred North）　200, 406, 432, 434

マ行・ヤ行

マーシャル・プラン（Marshall Plan）　328
マイノング、アレクシウス（Meinong, Alexius）　407
マクダーモット、ジョン（McDermott, John）　430

Charles Sanders)　16, 98-122, 123-26, 140, 144, 146, 151-55, 157, 159, 168-71, 192, 195, 198, 207, 208, 216, 217, 243, 244, 249, 270, 276, 305, 412, 430, 432, 456
パーソンズ、タルコット（Parsons, Talcott）　246, 400
『パーティザン・レヴュー（*Partisan Review*）』　367, 380
ハート、アルバート・ブシュネル（Hart, Albert Bushnell）　308, 309, 317
ハーパー、ウィリアム・レイニー（Harper, William Rainey）　186
バーバー、ベンジャミン（Barber, Benjamin）　10, 469
ハーバーマス、ユルゲン（Habermas, Jürgen）　231, 520
パールマン、セリグ（Perlman, Selig）　292
ハーレム（ニューヨーク）ルネッサンス（Harlem [New York] Renaissance）　321
バーンスタイン、リチャード（Bernstein, Richard）　10, 430, 431
ハイデッガー、マルティン（Heidegger, Martin）　201, 408, 435, 439, 440, 443, 444, 451, 452, 457, 495, 519, 520
ハウエルズ、ウィリアム・ディーン（Howells, William Dean）　389
ハクスリー、T・H（Huxley, T. H.）　171
パスカル、ブレーズ（Pascal, Blaise）　85, 161
『肌の色と民主主義――植民地と平和（*Color and Democracy: Colonies and Peace*）』（デュボイス）　328
ハッキング、イアン（Hacking, Ian）　10
パトナム、ヒラリー（Putnam, Hilary）　10, 217
バトラー、ニコラス・マレイ（Butler, Nicholas Murray）　374
バビット、アーヴィング（Babbitt, Irving）　396, 522
パリ・コミューン（1871年）（Paris Commune [1871]）　373
ハリス、ウィリアム・T（Harris, William T.）　171
パルメニデス（Parmenides）　434
『パワー・エリート（*Power Elite, The*）』（ミルズ）　282, 298
パン・アフリカ会議（運動）（Pan-African Congress [movement]）　320
反帝国主義連盟（Anti-Imperialist League）　132
ハンドリン、オスカー（Handlin, Oscar）　375
パンネクーク、アントン（Pannekoek, Anton）　224
ビアード、チャールズ（Beard, Charles）　240
『光の子と闇の子（*Children of Light and the Children of Darkness, The*）』（ニーバー）　360
『悲劇を超えて（*Beyond Tragedy*）』（ニーバー）　354
ビスマルク、オットー・フォン（Bismarck, Otto von）　306, 309
ピッツバーグ大学（University of Pittsburgh）　426
『美徳なき時代（*After Virtue*）』（マッキンタイア）　300
『ひとつの時代の終わりにたいする省察（*Reflections on the End of an Era*）』（ニーバー）　350
「ヒューマニズムと悲劇的贖罪（"Humanism and Tragic Redemption"）」（W・スタイン）　403
ヒューム、デーヴィッド（Hume, David）　85, 87, 164, 200, 434
ファイグル、ハーバート（Feigl, Herbert）　406
ファイヤアーベント、ポール（Feyerabend, Paul）　454
『ファイロン（*Phylon*）』　328
『不安の概念（*Concept of Dread, The*）』（キルケゴール）　354
フィスク大学（Fisk University）　306, 307
フィッシュ、スタンリー（Fish, Stanley）　10, 531
フィッツジェラルド、F・スコット（Fitzgerald, F. Scott）　356
『フィラデルフィアの黒人（*Philadelphia Negro, The*）』（デュボイス）　312
フィリップス、E・B（Phillips, E. B.）　93
フィリピン人（Filipinos）　142
フーコー、ミシェル（Foucault, Michel）　395, 457, 486, 492-499, 519
フォード、コリドン（Ford, Corydon）　181, 182
フォード、フランクリン（Ford, Franklin）　178, 181-83, 231
『フォーラム（*Forum*）』　185
フォスター、ハル（Foster, Hal）　520
不況（1837年の恐慌）（Depression [Panic, 1837]）　63, 90
フック、シドニー（Hook, Sidny）　226, 227, 234, 244-46, 248-72, 306, 325, 327, 332, 350, 362, 384, 385, 402, 468, 499, 501, 502
フッサール、エドムンド（Husserl, Edmund）　408, 435, 449
フラー、マーガレット（Fuller, Margaret）　31, 51, 53
ブラウン、ジョン（Brown, John）　54, 91, 170
「ブラウン対教育委員会（*Brown v. Board of Education*）」　362
「プラグマティストは行動と力に向かう

「デカルト主義の精神（"Spirit of Cartesianism, The"）」（パース）　100, 111
デカルト派（Cartesians）　→「デカルト」を見よ。
テキサス（Texas）　82, 273
「哲学的概念と実践的結果（"Philosophical Conceptions and Practical Results"）」（W・ジェームズ）　125
『哲学と自然の鏡（*Philosophy and the Mirror of Nature*）』（ローティ）　439, 441, 443
「哲学と民主主義（"Philosophy and Democracy"）」（デューイ）　189
「哲学の回復の必要（"Need for a Recovery of Philosophy, The"）」（デューイ）　190
『哲学の再構成（*Reconstruction in Philosophy*）』（デューイ）　204
デュアン、ピエール（Duhem, Pierre）　410
デューイ、アリス・チップマン（Dewey, Alice Chipman）　173, 186, 219, 231
デューイ、ジョン（Dewey, John）　10, 16, 24, 58, 154-243, 244, 245, 247-63, 265, 269-72, 274-81, 285, 287, 289, 293, 394, 397, 398, 300-02, 304, 305, 309, 319, 325, 327, 333, 342, 343, 347, 355, 363, 370, 371, 374, 389, 390, 398, 405, 410, 412, 413, 415-19, 426, 430, 437-45, 451-53, 455, 465, 468, 472-74, 481, 482, 486-92, 495
「デューイの形而上学（"Dewey's Metaphysics"）」（ローティ）　208
「デューイの自然科学理論（"Dewey's Theory of Natural Science"）」（ネーゲル）　417
デュボイス、W・E・B（Du Bois, W. E. B.）　17, 244, 246, 305-332, 363, 399, 402, 403, 463, 465, 468, 503, 512, 515
デュルケーム、エミール（Durkheim, Emile）　463
デリダ、ジャック（Derrida, Jacques）　201, 457, 519
「ドイツ系アメリカニズムの挫折（"Failure of German-Americanism, The"）」（ニーバー）　340
『道徳的人間と非道徳的社会（*Moral Man and Immoral Society*）』（ニーバー）　342, 346
ドゥフェール、ダニエル（Defert, Daniel）　498 注 27
逃亡奴隷取締法（1793 年）（Fugitive Slave Law [1793]）　31
逃亡奴隷取締法（1850 年）（Fugitive Slave Law [1850]）　49
トーリー、ヘンリー・A・P（Torrey, Henry A. P.）　172
トマス、ノーマン（Thomas, Norman）　234
トライチュケ、ハインリッヒ・フォン（Treitschke, Heinrich von）　309
トリリング、ライオネル（Trilling, Lionel）　17, 244, 246, 247, 292, 364-397, 468, 499, 501, 502, 522
トロツキー、レオン（Trotsky, Leon）　234, 258
トロッター、ウォーカー（Trotter, Walker）　319
ナチス（Natzis）　406
南部再建時代（1865-77 年）（Reconstruction Era [1865-77]）　90, 91, 324
南北戦争（1861-65）（Civil War [1861-65]）　49, 52, 90, 98, 262, 326
ニーチェ、フリードリッヒ（Nietzsche, Friedrich）　22, 25, 56, 85, 161, 349, 392, 467, 493, 519
ニーバー、H・リチャード（Niebuhr, H. Richard）　341, 344
ニーバー、ラインホルド（Niebuhr, Reinhold）　17, 244, 246, 249, 332-64, 380, 402, 468, 499, 501-03, 512
ニコロフ、フィリップ（Nicoloff, Philip）　66, 76, 83
『ニューイングランダー（*New Englander*）』　177
ニュー・ヒューマニスト（New Humanists）　396
ニューヨーク市立大学（College of the City of New York）　248
ニューヨーク大学（New York University）　252
「人間のある盲目性について（"On a Certain Blindness in Human Beings"）」（W・ジェームズ）　142
「人間の活力（"Energies of Man, The"）」（W・ジェームズ）　131
「人間の力（"Powers of Man, The"）」（W・ジェームズ）　131
ネーゲル、アーネスト（Nagel, Ernest）　417, 418
『ネーション（*Nation*）』（ゴドキン）　136
ノイラート、オットー（Neurath, Otto）　407, 454
ノックス、ジョン（Knox, John）　79, 81

ハ行

ハーヴァード大学（Harvard College）　53, 74, 91, 172, 306, 307, 405
パーカー、セオドア（Parker, Theodore）　73
パーカー、フランシス（Parker, Francis）　185
バーク、エドマンド（Burke, Edmund）　146, 362
パーク、ロバート（Park, Robert）　181
バークリー、ジョージ（Berkeley, George）　116, 164
バージェス、ジョン・W（Burgess, John W.）　324
パース、チャールズ・サンダーズ（Peirce,

94, 95
スキナー、B・F（Skinner, B. F.） 413, 419
スコーレム、トアルフ（Skolem, Thoralf） 406
スコトゥス、ドゥンス（Scotus, Duns） 114, 115
「スコラ学者と思弁家（“Scholastic and the Spectator, The”）」（デューイ） 180
スターリン、ヨシフ・V（Stalin, Joseph V.） 157, 237, 242, 245, 256, 258, 266, 272, 368, 376, 395, 475, 480, 487
スタイン、ウォルター（Stein, Walter） 403
スタイン、ガートルード（Stein, Gertrude） 403
スタウト、ジェフリー（Stout, Jeffrey） 10
ストローソン、ピーター・F（Strawson, Peter F.） 435
スパノス、ウィリアム（Spanos, William） 520
『スペクテーター（*Spectator*）』 360
スペンサー、ハーバート（Spencer, Herbert） 171
スミス、ジョン（Smith, John） 430, 431
スミス、ニューマン（Smith, Newman） 172
スミス大学（Smith College） 179
スロトキン、リチャード（Slotkin, Richard） 47, 48
「政治（“Politics”）」（エマソン） 31, 40
『政治（*Politics*）』（雑誌） 285
セージ、ラッセル（Sage, Russell） 177
『政治学（*Politics*）』（アンガー） 472, 478, 479, 482, 485
『〈誠実〉と〈ほんもの〉（*Sincerity and Authenticity*）』（トリリング） 391, 394, 396
『精神の概念（*Concept of Mind, The*）』（ライル） 448
『精神の領域（*Realm of Mind*）』（ウッドブリッジ） 251
「生成過程にある世界（“New World in the Making, A”）」（デューイ） 236
『セールスマンの死（*Death of a Salesman*）』（ミラー） 296
「世界のあり方（“Way the World Is, The”）」（グッドマン） 421
セナンクール、エティエンヌ・ド（Senancour, Etienne de） 369
セラーズ、ウィルフリド（Sellars, Wilfrid） 197, 426, 427, 429, 430, 434, 438, 443-46, 448, 452
『世論（*Public Opinion*）』（リップマン） 228
全国有色人種向上協会（NAACP）（National Association for the Advancement of Colored People [NAACP]） 319, 328, 329
「戦争の道徳的等価物（“Moral Equivalent of War, The”）」（W・ジェームズ） 131
ソヴィエト連邦（Soviet Union） 157, 235, 236, 246, 257, 259, 267, 280, 502, 517
『創造のなごり（*Vestiges of Creation*）』（チェンバーズ） 74

タ行・ナ行

ダーウィン、チャールズ（Darwin, Charles） 104, 114, 118, 119, 193
ターナー、フレデリック・ジャクソン（Turner, Frederick Jackson） 229
『ダイアル（*Dial* [the]）』 53
第一次世界大戦（World War I） 190, 320, 328, 339, 340
「大学育ちの社会的価値（“Social Value of the College-Bred, The”）」（W・ジェームズ） 138
ダイキューゼン、ジョージ（Dykhuizen, George） 183
第二次世界大戦（World War II） 234, 242, 247, 350, 354, 442, 480, 529
『タイム（*Time*）』 362
《第四の時代》（Fourth Epoch [the]） 304, 305
ダニング、ウィリアム（Dunning, William） 324
『旅の途中（*Middle of the Journey, The*）』（トリリング） 377
タフツ、ジェームズ・H（Tufts, James H.） 183
タルスキ、アルフレト（Tarski, Alfred） 406
「単純さの試験（“Test of Simplicity, The”）」（グッドマン） 422
チェロキー・インディアン（Cherokee Indians） 49, 50
チェンバーズ、ホイッティカー（Chambers, Whittaker） 362
チェンバーズ、ロバート（Chambers, Robert） 74
「畜群（“Herd, The”）」（エマソン） 56
「知識人の社会的役割（“Social Role of the Intellectual, The”）」（ミルズ） 280 注 36, 289 注 46
チペワ・インディアン（Chippewa Indians） 173
チャーチ、アロンゾ（Church, Alonzo） 406
朝鮮戦争（Korean War） 170
帝国大学（東京）（Imperial University [Tokyo, Japan]） 204
ティリッヒ、パウル（Tillich, Paul） 338, 339
デーヴィッドソン、ドナルド（Davidson, Donald） 191
デカルト、ルネ（デカルト派）（Descartes, Rene’ [Cartesians]） 85, 87, 100, 101, 114, 125, 126, 192, 195, 197, 202, 309, 338, 412, 429, 432, 434, 443, 444, 448, 449, 463, 469

284, 408
サンタヤナ、ジョージ（Santayana, George）
39注25, 40注27, 56, 150, 153, 159, 189, 229, 271, 308
ジェームズ、ウィリアム（James, William）
16, 24, 58, 98, 122-153, 154, 155, 157, 159, 168-70, 172, 178, 180, 189, 192, 198-200, 207-09, 217, 218, 243, 244, 246, 249, 250, 261, 265, 270, 276, 305, 307-09, 311, 319, 327, 332, 333, 335-39, 342, 365, 367, 371, 372, 378, 405, 410, 412, 416, 430, 442, 452, 468, 501, 512
ジェームズ、C・L・R（James, C. L. R.）　224
ジェームズ、ヘンリー（James, Henry）　14, 26注7
ジェームズ、ヘンリー、シニア（James, Henry, Sr.）　21, 62注57, 136, 169
ジェームソン、フレドリック（Jameson, Fredric）
520, 521
ジェファソン、トマス（Jefferson, Thomas）
294, 476, 481, 482, 492
シオニズム（Zionism）　360
シカゴ（Chicago）　184, 185, 187, 235
シカゴ大学（University of Chicago）　181, 183, 186, 432
「自己信頼（"Self-Reliance"）」（エマソン）　48
『自然（*Nature*）』（エマソン）　33, 36, 41, 76注77, 91, 478
『思想ニュース（*Thought News*）』　178, 181, 182, 231
「詩と哲学（"Poetry and Philosophy"）」（デューイ）　179
『思弁哲学ジャーナル（*Journal of Speculative Philosophy*）』　171
『資本論（*Capital*）』（マルクス）　224, 237
『社会学とプラグマティズム——アメリカ思想研究（*Sociology and Pragmatism: The Higher Learning in America*）』（ミルズ）　274
《社会主義キリスト教徒団》（Fellowship of Socialist Christians）　354
社会主義連盟（Socialist League）　351
社会党（Socialist party）　234, 321, 342
『社会と孤独（*Society and Solitude*）』（エマソン）
54
ジャクソン、アンドルー（Jackson, Andrew）
61, 90, 93
『宗教的経験の諸相（*Varities of Religious Experience, The*）』（W・ジェームズ）　150
「宗教的知識の有効性と確実性（"Validity and Certainty of Religious Knowledge, The"）」（ニーバー）　335
『自由主義と社会的行動（*Liberalism and Social Action*）』（デューイ）　226, 481
『自由と文化（*Freedom and Culture*）』（デューイ）
238, 241, 481
『種の起源（*Origin of Species, The*）』（ダーウィン）
118, 119
シュモラー、グスタフ・フォン（Schmoller, Gustav von）　309
シュリック、モーリッツ（Schlick, Moritz）
407
シュレージンガー、アーサー、ジュニア（Schlesinger, Arthur, Jr.）　337
ジョージ、ヘンリー（George, Henry）　184, 235
ジョーンズ、ハワード・マンフォード（Jones, Howard Mumford）　75注77
「職業化した哲学と超越論主義文化（"Professionalized Philosophy and Transcendentalist Culture"）」（ローティ）
442
女性（Women）　14, 19, 46, 47, 52, 74, 89, 93, 135, 141, 212, 321, 325, 403, 404, 460, 503, 517, 521, 523
「女性の断罪（"Damnation of Women, The"）」（デュボイス）　403
職工学院（英国）（Mechanics' Institute [England]）
54
「所与の神話（"Myth of the Given, The"）」（セラーズ）　197
『ジョン・デューイ——ある知識人の肖像（*John Dewey: An Intellectual Portrait*）』（フック）　255
ジョンズ・ホプキンズ大学（Johns Hopkins University）　111, 171, 176
シラー、F・C・S（Schiller, F. C. S.）　416
シルズ、エドワード（Shils, Edward）　503
新右翼（New Rights）　524
「進化する愛（"Evolutionary Love"）」（パース）
103
新左翼（New Left）　395, 490, 524
「人種（"Race"）」（エマソン）　77
「人生は生きる価値があるか（"Is Life Worth Living?"）」（W・ジェームズ）　130
「人生を意義深いものにするのは何か（"What Makes a Life Significant?"）」（W・ジェームズ）　130, 134
「信念のかため方（"Fixation of Belief, The"）」（パース）　115
新批評家（New Critics）　382
『人民政府（*Popular Government*）』（メイン）
173
ジンメル、ゲオルク（Simmel, Georg）　276
『心理学原理（*Principles of Psychology*）』（W・ジェームズ）　124, 125, 178
『心理学（*Psychology*）』（デューイ）　172, 178
「心理学における反射弓の概念（"Reflex Arc Concept in Psychology, The"）」（デューイ）
184
スキッドモア、トマス（Skidmore, Thomas）

Cuba)』（ミルズ）　304
教会間共同世界運動（Interchurch World Movement）　341
共産党（Communist party）　23, 258, 323, 329, 330, 489
キリスト教（Christianity）　18, 19, 31 注 17, 39 注 25, 98, 104, 106, 108, 109, 111, 112, 118, 121, 174, 238, 265, 332, 333, 339, 341, 342, 344, 345, 348-52, 354, 356-58, 362-64, 380, 500, 512-15
『キリスト教と危機（*Christianity and Crisis*）』　359
『キリスト教人間観（*Nature and Destiny of Man, The*）』（ニーバー）　354
『キリスト教倫理の一解釈（*Interpretation of Christian Ethics, An*）』（ニーバー）　354
キルケゴール、セーレン（Kierkegaard, Søren）　85, 280, 338, 354, 513
キング、マーティン・ルーサー、ジュニア（King, Martin Luther, Jr.）　331, 363, 480, 516
ギンズバーグ、アレン（Ginsberg, Allen）　391
クーン、トマス（Kuhn, Thomas）　443, 450, 454
グッドマン、ネルソン（Goodman, Nelson）　420-26, 438, 443-46, 452
クラーク、サラ（Clarke, Sarah）　70
『クライシス（*Crisis, The*）』　319, 321
クラウス、ロザリンド（Krauss, Rosalind）　520
グラムシ、アントニオ（Gramsci, Antonio）　24, 408, 467, 474, 481, 482, 484-86, 488-92, 497, 508-12, 515
クリール、ジョージ（Creel, George）　339
グリーン、T・H（Green, T. H.）　173, 176, 219, 231, 235
クリップス、サー・スタフォード（Cripps, Sir Stafford）　351
クリントン、ジョージ（Clinton, George）　232
クレイ、ヘンリー（Clay, Henry）　31
クレイマー、ヒルトン（Kramer, Hilton）　520
クワイン、W・V・O（Quine, W. V. O.）　191, 405, 408-10, 412-15, 417-20, 423, 425, 438, 443-46, 448, 449, 452
ゲイ、R・M（Gay, R. M.）　52
「経験（"Experience"）」（エマソン）　43, 208-210
『経験科学としての神学（*Theology as an Empirical Science*）』（マッキントッシュ）　335
「経験主義におけるプラグマティストの位置（"Pragmatists' Place in Empricism, The"）」（デューイ）　415
「経験主義のふたつのドグマ（"Two Dogmas of Empiricism"）」（クワイン）　191, 409, 411
『経験と自然（*Experience and Nature*）』（デューイ）　206, 208-11, 440
『経験としての芸術（*Art as Experience*）』（デューイ）　209
『啓蒙とは何か（*What Is Enlightenment*）』（カント）　287
『啓蒙の弁証法（*Dialectic of Enlightenment*）』（ホルクハイマー、アドルノ）　394
ゲーデル、クルト（Gödel, Kurt）　406, 407
『言語論的転回（*Linguistic Turn, The*）』（ローティ）　434, 436
『現代の君主（*Modern Prince, The*）』（グラムシ）　481
『現代の悲劇（*Modern Tragedy*）』（ウィリアムズ）　403
『公衆とその諸問題（*Public and Its Problems, The*）』（デューイ）　228, 481
強欲の福音（Greed, Gospel of）　104, 118
コーエン、エリオット（Cohen, Elliot）　365
コーエン、モリス・ラファエル（Cohen, Morris Raphael）　249
コーク、ジム（Cork, Jim）　224
コーティーザス、ロイヤル（Cortissoz, Royal）　522
コーネル大学（Cornell University）　177
国際連盟（League of Nations）　320, 321
黒人（アメリカ人）（Negro [the American]）　18, 19, 46, 47, 66, 68-73, 75, 78, 89, 90, 260, 306-08, 310, 312, 313, 315-21, 323-29, 331, 391, 395, 503, 511, 515-17
『黒人のたましい（*Souls of Black Folk, The*）』（デュボイス）　314
『個人主義——昔と今（*Individualism: Old and New*）』（デューイ）　225, 481
ゴドキン、E・L（Godkin, E. L.）　136
『ことばと対象（*Word and Object*）』（クワイン）　449
『コメンタリー（*Commentary*）』　365
コルシュ、カール（Korsch, Karl）　224, 240, 252
コロンビア大学（Columbia University）　186, 206, 249, 291, 365, 374
コンクリン、ポール（Conklin, Paul）　125
コント、オーギュスト（Comte, Auguste）　171, 249

サ行

サーディ（ペルシャの詩人）（Sa'di [Persian poet]）　53
サイード、エドワード（Said, Edward）　465, 496, 510
『最初と最後のもの（*First and Last Things*）』（ウェルズ）　135
サルトル、ジャン＝ポール（Sartre, Jean-Paul）

The")」（ローティ）　437, 438
ウッドブリッジ、F・J・E（Woodbridge, F. J. E.）　207, 249-51
ヴント、ウィルヘルム（Wundt, Wilhelm）　172
「英雄としての詩人——書簡におけるキーツ（"Poet as Hero: Keats in His Letters, The"）」（トリリング）　384
『エッセイ第一集（*Essays, First Series*）』（エマソン）　35
『エッセイ第二集（*Essays, Second Series*）』（エマソン）　31, 43
エディ、シャーマン（Eddy, Sherman）　342
エマソン、ウォルドー（Emerson, Waldo）　91
エマソン、エレン・タッカー（Emerson, Ellen Tucker）　91
エマソン、ラルフ・ウォルドー（Emerson, Ralph Waldo）　15-17, 21-96, 97-101, 103, 104, 106, 108, 110-12, 120-25, 127, 129, 130, 133, 135, 136, 137, 140, 141, 144, 148-50, 152-55, 157, 159-70, 187-90, 193, 197-200, 202, 203, 206-08, 216, 219-21, 225-28, 230, 232, 233, 235, 237, 238, 242-45, 247, 248, 252, 253, 256, 257, 260, 269-73, 277, 278, 281, 288, 289, 292, 296-300, 302, 304, 305, 307, 314-16, 319, 325, 331-33, 338, 339, 346, 347, 355-58, 363, 364, 366, 370, 386, 388-90, 396, 397, 399, 404, 408, 412, 415, 423, 442, 452-54, 465, 467-70, 477-82, 492, 499, 506, 507, 517, 525
エマソン、リディア・スティーヴンソン（Emerson, Lydia Stevenson）　91
「エマソン流の天才とアメリカの民主主義（"Emersonian Genius and the American Democracy"）」（P・ミラー）　256
エリオット、チャールズ・W（Eliot, Charles W.）　54, 153 注 73
「円（"Circles"）」（エマソン）　35
エンクルマ、クワメ（Nkrumah, Kwame）　330
エンジェル、ジェームズ・B（Angell, James B.）　177
オーエンズ、クレイグ（Owens, Craig）　520
オーエンズ、チョーンシー（Owens, Chauncey）　321
オークショット、マイケル（Oakeshott, Michael）　451, 468
オースティン、J・L（Austin, J. L.）　191, 432, 435
オースティン、ジェーン（Austen, Jane）　389, 391, 393
オーバーリン大学（Oberlin College）　409
『オーベルマン（*Obermann*）』（セナンクール）　369
オールコット、ブロンソン（Alcott, Bronson）　51, 95

カ行

ガーヴィー、マーカス（Garvey, Marcus）　321
ガーナ（Ghana）　246, 330, 331
カーライル、トマス（Carlyle, Thomas）　25, 62
『カール・マルクスの理解に向けて——ひとつの革命的解釈（*Towards the Understanding of Karl Marx*）』（フック）　252
カールス、ポール（Carus, Paul）　116
外交問題評議会（Council on Foreign Relations）　362
会衆派教会（Congregational Church）　174
「概念枠という考えそのものについて（"On the Very Idea of a Conceptual Scheme"）」（デーヴィッドソン）　191
『快感原則の彼岸（*Beyond the Pleasure Principle*）』（フロイト）　390
カヴェル、スタンリー（Cavell, Stanley）　43, 531
カウツキー、カール（Kautsky, Karl）　224
『科学革命の構造（*Structure of Scientific Revolution, The*）』（クーン）　443
『科学の将来（*Future of Science, The*）』（ルナン）　178
『確実性の探求（*Quest for Certainty, The*）』（デューイ）　196, 415, 443
ガダマー、ハンス＝ゲオルク（Gadamer, Hans-Georg）　503
合衆国（United States）　19, 47, 49, 156, 170, 172, 174, 181, 187, 190, 235, 236, 242, 259, 267, 284, 306, 317, 323, 329, 330, 342, 363, 401, 480, 518, 521, 522, 524
カリフォルニア大学（バークリー）（University of California [Berkeley]）　125、189
カルナップ、ルドルフ（Carnap, Rudolf）　406-10, 415, 420-22
カルフーン、ロバート（Calhoun, Robert）　358
カレン、ホレス（Kallen, Horace）　158, 365
カント、イマニュエル（Kant, Immanuel）　85, 87, 114, 116, 125, 154, 172, 200, 202, 210, 287, 348, 435, 438, 439, 444, 446, 449, 463, 469, 473, 493-95, 497, 498, 519
キーツ、ジョン（Keats, John）　379, 384-89, 396, 502
「犠牲（"Sacrifice"）」（エマソン）　331
ギフォード講義（Gifford Lectures）　196, 198
キプリング、ラドヤード（Kipling, Rudyard）　131
ギャリー、W・B（Gallie, W. B.）　102
キューバ（Cuba）　304
『キューバの声（*Listen, Yankee: The Revolution in*

索引

ア行

アーノルド、マシュー（Arnold, Matthew） 247, 364, 367-75, 379, 380, 382, 386, 389-391, 393, 395, 396, 455
アールストロム、シドニー（Ahlstrom, Sydney） 39
IWW（世界産業労働組合）（IWW [Industrial Workers of the World]） 290, 291
アイルランド人（についてのエマソンの見解）（Irish, Emerson on the） 54, 55, 57
アインシュタイン、アルバート（Einstein, Albert） 422
アガシ、ルイス（Aggasiz, Louis） 74
アクイナス、トマス（Aquinas, Thomas） 432
アグニュー、ジャン＝クリストフ（Agnew, Jean-Christophe） 61
アセニーアム・クラブ（Athenaeum Club [London]） 53
アダムズ、ジェーン（Addams, Jane） 183, 184, 235
アダムズ、ブルックス（Adams, Brooks） 131
アダムズ、ヘンリー・カーター（Adams, Henry Carter） 176, 177, 219, 231
『新しい権力者（*New Men of Power: America's Labor Leaders, The*）』（ミルズ） 282
アドラー、アルフレッド（Adler, Alfred） 355
アトランタ大学（Atlanta University） 313, 319, 328
『アトランティック・マンスリー（*Atlantic Monthly*）』 314, 340
アドルノ、テオドール（Adorno, Theodor） 394
アフリカ（アフリカ人）（Africa [Africans]） 67-72, 312, 314, 316, 320, 475, 477, 518, 522
アフリカ百科事典（Encyclopedia Africana） 330
アフリカ系アメリカ人（Afro-Americans） 175, 244, 305, 306, 308, 318, 322, 523
アメリカ女子卒業生協会（Association of American Alumnae） 138
アメリカ哲学協会（American Philosophical Association） 131, 455
『アメリカにおける人間の権利（*Rights of Man in America, The*）』（パーカー） 73
「アメリカのプラグマティズムの発展（"Development of American Pragmatism, The"）」（デューイ） 199, 398
アメリカ民主社会党（Democratic Socialists of America） 19, 527
アリストテレス（Aristotle） 180, 207, 210, 249-51, 300, 432, 437
アレン、ゲイ・ウィルソン（Allen, Gay Wison） 153 注 73
アンガー、ロベルト（Unger, Roberto） 472, 473-492
イーストマン、マックス（Eastman, Max） 157 注 2, 224, 234
イェール神学校（Yale Divinity School） 334
イェール大学（Yale University） 358, 527
『いかに生くべきか（*Conduct of Life, The*）』 76
『イギリスの国民性（*English Traits*）』（エマソン） 75, 76 注 77, 82, 396
《偉大なる社会（共同体）》（Great Society [Community]） 225, 228, 231-33
『インランダー（*Inlander*）』 180
ヴァーモント大学（University of Vermont） 171
ヴァイゲル神父（Weigel, Father） 348
ヴァン・ビューレン、マーティン（Van Buren, Martin） 50
ヴィーコ、ジョヴァンニ・バティスタ（Vico, Giovanni Battista） 25, 154
ウィーン学団（Vienna Circle） 407
ウィスコンシン大学（University of Wisconsin） 273, 292, 375
ウィトゲンシュタイン、ルートヴィヒ（Wittgenstein, Ludwig） 86, 191, 429, 432, 434, 435, 439, 443, 444, 451, 495, 519
ウィリアムズ、レイモンド（Williams, Raymond） 20, 403, 505
ウィルソン、ウッドロー（Wilson, Woodrow） 319
ウィルバーフォース大学（Wilberforce University） 311
ウィンストン、ヘンリー（Winston, Henry） 331
ウェスト、コーネル（West, Cornell） 18-20, 512-14
ウェーバー、マックス（Weber, Max） 276, 287, 309, 463
ウェブスター、ダニエル（Webster, Daniel） 31
ヴェブレン、ソースティン（Veblen, Thorstein） 183, 235, 290-92
ウェルズ、H・G（Wells, H. G.） 135
ヴェン、ジョン（Venn, John） 407
ウォブリー（Wobblies [the]） 290-93
ウォリン、シェルドン（Wolin, Sheldon） 10, 465
ウォルツァー、マイケル（Walzer, Michael） 10
ウォレス、ヘンリー（Wallace, Henry） 259, 328
「失われてしまった世界（"World Well Lost,

■訳者略歴

村山淳彦（むらやま・きよひこ）

1944年、北海道生まれ。

東京大学大学院人文科学研究科博士課程満期退学。

東洋大学文学部教授。東京都立大学名誉教授。

主な著訳書＝『セオドア・ドライサー論――アメリカと悲劇』（南雲堂）、レイモンド・タリス『アンチ・ソシュール――ポスト・ソシュール派文学理論批判』（未來社）、フランク・レントリッキア『ニュー・クリティシズム以後の批評理論』（共訳、未來社）、カレン・カプラン『移動の時代――旅からディアスポラへ』（未來社）、キース・ニューリン編『セオドア・ドライサー事典』（雄松堂）、ドライサー『シスター・キャリー』（岩波文庫）、クーパー『開拓者たち』（岩波文庫）

堀 智弘（ほり・ともひろ）
ルイジアナ州立大学博士課程修了（アメリカ文学専攻、Ph. D.）。
弘前大学人文学部講師。
主要論文＝“The Melodramatic Imagination and the Colonial Event: Transatlantic Interculturation in M. G. Lewis's *Journal of a West India Proprietor*”（『英文学研究』第84巻、日本英文学会第30回新人賞佳作）、「十九世紀中葉における「抵抗する奴隷」の表象――フレデリック・ダグラスとハリエット・ビーチャー・ストウの間テキスト的対話」（権田建二・下河辺美知子編著『アメリカン・ヴァイオレンス――見える暴力・見えない暴力』所収）

権田建二（ごんだ・けんじ）
東京都立大学人文科学研究科英文学専攻博士課程修了。博士（文学）。
成蹊大学文学部准教授。
主な著訳書＝キャシー・カルース編、下河辺美知子監訳『トラウマへの探求――証言の不可能性と可能性』（作品社、共訳）、『アメリカン・ヴァイオレンス――見える暴力・見えない暴力』（彩流社、共編著）、『アメリカン・テロル』（彩流社、共著）、「「劣等生のしるし」を取り除くこと――アメリカの公立学校における人種統合の施行について」（『成蹊英語英文学研究』第16号）

【ポイエーシス叢書62】
哲学を回避するアメリカ知識人
二〇一四年九月三十日　初版第一刷発行

定価……本体五八〇〇円＋税
著者……コーネル・ウェスト
訳者……村山淳彦・堀智弘・権田建二
発行所……株式会社　未來社
東京都文京区小石川三―七―二
振替〇〇一七〇―三―八七三八五
電話（03）3814―5521
http://www.miraisha.co.jp/
info@miraisha.co.jp
発行者……西谷能英
印刷・製本……萩原印刷
ISBN978-4-624-93262-6 C0310

ポイエーシス叢書

（消費税別）

☆は近刊

1 起源と根源　カフカ・ベンヤミン・ハイデガー　小林康夫著　二八〇〇円
2 未完のポリフォニー　バフチンとロシア・アヴァンギャルド　桑野隆著　二八〇〇円
3 ポスト形而上学の思想　ユルゲン・ハーバーマス著／藤澤賢一郎・忽那敬三訳　二八〇〇円
4 アンチ・ソシュール　ポスト・ソシュール派文学理論批判　レイモンド・タリス著／村山淳彦訳　四二〇〇円
5 知識人の裏切り　ジュリアン・バンダ著／宇京頼三訳　二八〇〇円
6「意味」の地平へ　レヴィ＝ストロース、柳田国男、デュルケーム　川田稔著　一八〇〇円
7 巨人の肩の上で　法の社会理論と現代　河上倫逸著　二八〇〇円
8 無益にして不確実なるデカルト　ジャン＝フランソワ・ルヴェル著／飯塚勝久訳　一八〇〇円
9 タブローの解体　ゲーテ「親和力」を読む　水田恭平著　二五〇〇円
10 余分な人間　『収容所群島』をめぐる考察　クロード・ルフォール著／宇京頼三訳　二八〇〇円
11 本来性という隠語　ドイツ的なイデオロギーについて　テオドール・W・アドルノ著／笠原賢介訳　二五〇〇円
12 他者と共同体　湯浅博雄著　三五〇〇円
13 境界の思考　ジャベス・デリダ・ランボー　鈴村和成著　三五〇〇円
14 開かれた社会―開かれた宇宙　哲学者のライフワークについての対話

15 討論的理性批判の冒険　ポパー哲学の新展開
カール・R・ポパー、フランツ・クロイツァー／小河原誠訳　二〇〇〇円
小河原誠著　三二〇〇円
16 ニュー・クリティシズム以後の批評理論（上）
フランク・レントリッキア著／村山淳彦・福士久夫訳　四八〇〇円
17 ニュー・クリティシズム以後の批評理論（下）
フランク・レントリッキア著／村山淳彦・福士久夫訳　三八〇〇円
18 フィギュール
ジェラール・ジュネット著／平岡篤頼・松崎芳隆訳　三八〇〇円
19 ニュー・クリティシズムから脱構築へ　アメリカにおける構造主義とポスト構造主義の受容
アート・バーマン著／立崎秀和訳　六三〇〇円
20 ジェイムスン、アルチュセール、マルクス　『政治的無意識』入門講座
ウィリアム・C・ダウリング著／辻麻子訳　二五〇〇円
21 スーパーセルフ　知られざる内なる力
イアン・ウィルソン著／池上良正・池上冨美子訳　二八〇〇円
22 歴史家と母たち　カルロ・ギンズブルグ論
上村忠男著　二八〇〇円
23 アウシュヴィッツと表象の限界
ソール・フリードランダー編／上村忠男・小沢弘明・岩崎稔訳　三二〇〇円
24 オートポイエーシス・システムとしての法
グンター・トイプナー著／土方透・野崎和義訳　三二〇〇円
25 地上に尺度はあるか　非形而上学的倫理の根本諸規定
ウェルナー・マルクス著／上妻精・米田美智子訳　三八〇〇円
26 ガーダマーとの対話　解釈学・美学・実践哲学
ハンス＝ゲオルク・ガーダマー著／カルステン・ドゥット編／巻田悦郎訳　一八〇〇円
27 インファンス読解
ジャン＝フランソワ・リオタール著／小林康夫・竹森佳史ほか訳　二五〇〇円
28 身体　光と闇
石光泰夫著　三五〇〇円

29 マルティン・ハイデガー　伝記への途上で　フーゴ・オット著／北川東子・藤澤賢一郎・忽那敬三訳　五八〇〇円
30 よりよき世界を求めて　カール・R・ポパー著／小河原誠・蔭山泰之訳　三八〇〇円
31 ガーダマー自伝　哲学修業時代　ハンス＝ゲオルク・ガーダマー著／中村志朗訳　三五〇〇円
32 虚構の音楽　ワーグナーのフィギュール　フィリップ・ラクー＝ラバルト著／谷口博史訳　三三〇〇円
33 ヘテロトピアの思考　上村忠男著　二八〇〇円
34 夢と幻惑　ドイツ史とナチズムのドラマ　フリッツ・スターン著／檜山雅人訳　三八〇〇円
35 反復論序説　湯浅博雄著　二八〇〇円
36 経験としての詩　ツェラン・ヘルダーリン・ハイデガー　フィリップ・ラクー＝ラバルト著／谷口博史訳　二九〇〇円
37 アヴァンギャルドの時代　1910年-30年代　塚原史著　二五〇〇円
38 啓蒙のイロニー　ハーバーマスをめぐる論争史　矢代梓著　二六〇〇円
39 フレームワークの神話　科学と合理性の擁護　カール・R・ポパー著／M・A・ナッターノ編／ポパー哲学研究会訳　三八〇〇円
40 グローバリゼーションのなかのアジア　カルチュラル・スタディーズの現在　伊豫谷登士翁・酒井直樹・テッサ・モリス＝スズキ編　二五〇〇円
41 ハーバマスと公共圏　クレイグ・キャルホーン編／山本啓・新田滋訳　三五〇〇円
42 イメージのなかのヒトラー　アルヴィン・H・ローゼンフェルド著／金井和子訳　二四〇〇円
43 自由の経験　ジャン＝リュック・ナンシー著／澤田直訳　三五〇〇円
44 批判的合理主義の思想　蔭山泰之著　二八〇〇円

62 哲学を回避するアメリカ知識人　コーネル・ウェスト著／村山淳彦・堀智弘・権田建二訳　五八〇〇円

☆赦し　ジャック・デリダ著／守中高明訳

☆信と知　ジャック・デリダ著／湯浅博雄訳

☆問題解決としての生　カール・R・ポパー著／萩原能久訳